"十二五"职业教育国家规划教材
经全国职业教育教材审定委员会审定

高等职业教育路桥类专业"新形态一体化"系列教材

道路工程概论

第 2 版

主　编　邓　超　吴　琼　吴继锋
参　编　黄玉萍　芮丽君　谌润水
主　审　王昭春

机械工业出版社

本书系统地介绍了道路的分级与技术标准，道路平面、纵断面、横断面、路线交叉、沿线设施的设计，道路建设的基本程序，道路选线与定线的勘测和道路路基的稳定性与排水设计，路基防护与加固，土质与石质路基施工，路基养护，沥青路面与水泥混凝土路面设计，路面的垫层、基层、面层施工与养护等基本内容。

本书既可作为高等职业教育建设工程监理、道路工程检测技术、道路工程造价、道路养护与管理、市政工程技术等专业，以及中等职业教育道路与桥梁工程施工、公路养护与管理等专业的教材，也可供相关专业的工程技术和管理人员学习参考。

本书配有电子课件，供选用本书作为教材的教师参考，需要者可登录 www.cmpedu.com 注册下载。

图书在版编目（CIP）数据

道路工程概论/邓超，吴琼，吴继锋主编.—2版.—北京：机械工业出版社，2023.5

"十二五"职业教育国家规划教材

ISBN 978-7-111-73078-1

Ⅰ.①道… Ⅱ.①邓…②吴…③吴… Ⅲ.①道路工程-职业教育-教材 Ⅳ.①U41

中国国家版本馆 CIP 数据核字（2023）第 073305 号

机械工业出版社（北京市百万庄大街22号　邮政编码100037）
策划编辑：沈百琦　　　　责任编辑：沈百琦　陈将浪
责任校对：张晓蓉　赵文婕　封面设计：鞠　杨
责任印制：单爱军
北京虎彩文化传播有限公司印刷
2023年7月第2版第1次印刷
184mm×260mm・21.75 印张・537 千字
标准书号：ISBN 978-7-111-73078-1
定价：65.00元

电话服务　　　　　　　　　网络服务
客服电话：010-88361066　　机　工　官　网：www.cmpbook.com
　　　　　010-88379833　　机　工　官　博：weibo.com/cmp1952
　　　　　010-68326294　　金　书　网：www.golden-book.com
封底无防伪标均为盗版　　机工教育服务网：www.cmpedu.com

第 2 版前言

随着我国交通运输事业的发展,道路工程建设规模不断扩大,先进的设计理论和新知识、新技术、新工艺、新方法、新材料、新设备在道路建设中已得到广泛的运用。因此,对道路建设一线的高技能型人才需求量越来越大,对人员素质的要求也越来越高。

本书编者在第 1 版的基础上贯彻落实二十大精神进教材、进课堂、进头脑,结合专业课程教学改革和道路工程职业岗位对从业人员知识、技能与素质的要求,对部分重点内容进行了修订,使本书能满足道路工程施工员、试验检测员、造价员、监理员等岗位的典型工作任务要求;同时,对本书的知识体系进行了整体设计,按照学生的认知规律和职业成长规律,确定了基于职业岗位能力分析、符合职业活动过程导向的课程内容。本书具有如下特点:

1. 从职业岗位分析入手,构建课程框架体系

本书以路桥工程施工、试验检测能力培养为本位,对本专业的职业领域进行学习目标分析,将典型工作任务整合成学习情境,从而构建课程内容框架体系,以适应本行业发展的需要,并充分体现以学生为主体、以教师为主导的特点,切实强化实践性和可操作性。

2. 根据工作任务单元整合教学内容

以围绕工作任务单元应具备的能力目标所构建的知识框架为主线,以企业真实工程项目中工作过程为载体,并融合相关职业资格证书对知识、技能和态度的要求,将课程内容进行整合,设计出符合由简单到复杂的基于工作过程的认知规律。

3. 根据教学模式确定编写形式

本书采用"学做合一"教学模式进行编写,参照岗位任职要求,将新知识、新技术、新工艺、新方法、新材料、新设备充实到书中,有针对性地强化岗位核心技能,并注重对学生的过程性考核评价。本书编写尽可能适应以工程项目为导向的教学方法,强调理论适度,与行业企业的生产实际相衔接,注重实训教学。

4. 依据行业发展,引用现行规范

本书根据《公路工程技术标准》(JTG B01—2014)、《城市道路工程设计规范》(CJJ 37—2012)、《公路路线设计规范》(JTG D20—2017)、《公路路基设计规范》(JTG D30—2015)、《公路水泥混凝土路面设计规范》(JTG D40—2011)、《公路沥青路面设计规范》(JTG D50—2017)、《公路路基施工技术规范》(JTG/T 3610—2019)、《公路沥青路面施工技术规范》(JTG F40—2004)、《公路水泥混凝土路面施工技术细则》(JTG/T F30—2014)等规范进行修订。

本书由江西交通职业技术学院邓超、吴琼、吴继锋任主编;参加编写的人员有福建船政交通职业学院黄玉萍、南京交通职业技术学院芮丽君、江西中煤建设集团有限公司谌润水。

本书由吴琼负责全书的统稿工作;由江西省交通运输厅王昭春主审。

本书适用教学时数为 90 个学时,具体安排可参照学时分配建议表:

学时分配建议表

学习情境	课程内容	教学时数		
		讲课	实践	小计
一	道路基本知识	4	—	4
二	道路设计	28	2	30
三	道路勘测	10	2	12
四	路基设计	8	2	10
五	路基施工	10	—	10
六	路面设计	8	2	10
七	路面施工	12	—	12
	机动学时	2	—	2
	总　　计	82	8	90

由于编者水平有限,书中难免有不妥之处,欢迎读者批评指正。

编　者

本书微课视频清单

序号	名称	图形	序号	名称	图形
1	学习情境一　道路分级		9	学习情境五　路基施工-石质路基施工	
2	学习情境二　道路设计的依据		10	学习情境五　路基施工-路基的养护	
3	学习情境二　道路平面设计		11	学习情境六　路面设计-路面结构层次的划分	
4	学习情境二　道路交叉口		12	学习情境六　路面设计-沥青路面的特点与分类	
5	学习情境三　山岭选线		13	学习情境六　路面设计-既有沥青路面的结构补强设计	
6	学习情境四　路基设计-路基排水设计		14	学习情境七　路面施工-石灰稳定土的施工	
7	学习情境四　路基设计-路基的防护与加固		15	学习情境七　路面施工-面层接缝施工	
8	学习情境五　路基施工-土质路基施工				

目　录

第 2 版前言
本书微课视频清单

第一篇　道路勘测设计

学习情境一　道路基本知识 …………………………………………………… 2
单元 1　道路认知 ……………………………………………………………… 2
单元 2　道路分级与技术标准 ………………………………………………… 5
小结 …………………………………………………………………………… 14
思考题 ………………………………………………………………………… 15

学习情境二　道路设计 ………………………………………………………… 16
单元 1　道路设计认知 ………………………………………………………… 16
单元 2　平面设计 ……………………………………………………………… 25
单元 3　纵断面设计 …………………………………………………………… 57
单元 4　横断面设计 …………………………………………………………… 70
单元 5　道路交叉设计 ………………………………………………………… 82
单元 6　道路沿线设施设计 …………………………………………………… 89
小结 …………………………………………………………………………… 90
思考题 ………………………………………………………………………… 91
习题 …………………………………………………………………………… 91

学习情境三　道路勘测 ………………………………………………………… 93
单元 1　道路勘测认知 ………………………………………………………… 93
单元 2　道路选线与定线 ……………………………………………………… 98
小结 …………………………………………………………………………… 112
思考题 ………………………………………………………………………… 112

第二篇　路基路面

学习情境四　路基设计 ………………………………………………………… 114
单元 1　路基设计认知 ………………………………………………………… 114

单元 2	路基的强度与稳定性	120
单元 3	路基的稳定性设计	127
单元 4	路基排水设计	138
单元 5	路基防护与加固	145
小结		159
思考题		159

学习情境五　路基施工　161

单元 1	路基施工认知	161
单元 2	土质路基施工	162
单元 3	石质路基施工	171
单元 4	路基的养护	178
小结		192
思考题		192

学习情境六　路面设计　194

单元 1	路面设计认知	194
单元 2	沥青路面设计	202
单元 3	水泥混凝土路面设计	235
小结		250
思考题		251

学习情境七　路面施工　252

单元 1	路面施工认知	252
单元 2	基层（底基层）施工	256
单元 3	路面垫层施工	278
单元 4	沥青路面施工	280
单元 5	水泥混凝土路面施工	305
单元 6	路面的养护	332
小结		338
思考题		338

参考文献　339

第一篇

道路勘测设计

学习情境一
道路基本知识

学习目标

1. 知道道路运输业在国民经济建设中的作用与发展规划。
2. 能结合《公路工程技术标准》（JTG B01—2014）（以下简称"标准"）与《城市道路工程设计规范》（CJJ 37—2012）进行公路与城市道路等级的划分。
3. 掌握"标准"与《城市道路工程设计规范》（CJJ 37—2012）的主要内容。

学习指南

本学习情境重点在于公路与城市道路技术分级的划分与选用，以及"标准"与《城市道路工程设计规范》（CJJ 37—2012）主要内容的理解；尤其是涉及道路工程中各名词的概念以及"标准"与《城市道路工程设计规范》（CJJ 37—2012）中的内涵等内容。

单元 1　道路认知

一、道路运输的特点与地位

（一）道路运输的特点

现代交通运输方式有铁路运输、道路运输、水路运输、航空运输及管道运输等，这些运输方式在技术上、经济上各具特点。铁路运输主要用于远程的大宗货物及客流运输，具有运输量大的特点；水路运输运价相对低廉；航空运输具有快速捷达的特点；管道运输多用于运输液体和气体或散装物品；道路运输具有灵活性高、迅速直达、适应性强、服务面广、设施少等特点。

（二）道路运输的地位

道路运输是国民经济的命脉，是国民经济发展的"先行官"。道路运输在整个交通运输事业中占有较大的比重。特别是高速公路的发展、道路运输速度的提高、载重量的增大、集装箱运输的增多，使道路运输发挥了更加重要的作用，并显示出更广阔的发展前景。

二、道路的历史、现状与发展规划

（一）道路的历史

"道路"名称始于周朝，秦朝时称"驿道"，元朝称"大道"。我国是历史悠久的文明古国，公元前2600多年前的原始社会时期的轩辕氏就发明了舟车，采用圆形车轮来运输货物，之后马车、战车和乘车相继问世，到周朝就有了专门管理道路的"司空官"，可见当时的车辆运输与道路建设就已有了较大的发展。但是，由于封建制度经济的固有弱点和统治者的腐败，加之近代帝国主义的压迫和掠夺，我国道路运输在中华人民共和国成立前极端落后，从1902年我国输入第一批汽车，1906年修建的第一条公路（广西友谊关），到中华人民共和国成立前夕，全国公路通车里程只有7.5万km，到1949年底有8.1万km，但质量不高。

（二）道路的现状

新中国成立以来，道路建设事业和其他各项事业一样，得到了迅猛的发展。国民经济恢复期至第一个五年计划期间（1949~1957年），我国完成了青藏、康藏、川藏、昆洛等干线公路，这些公路的建设在我国公路建设史上谱写了光辉灿烂的篇章，全国公路里程达到30万km。1958~1965年，我国公路建设有了很大的发展，总里程达52万km。1975年，我国公路建设里程达到78万km。与此同时，我国石油工业崛起，沥青得到了较广泛的应用，共修建了10万km的渣油和沥青路面，加快了黑色路面的发展。至2021年底，全国公路总里程达到528万km。高速公路也随着国民经济的快速发展而腾飞，自1988年10月我国第一条高速公路——沪嘉高速公路的建成，至2021年底，我国已建成高速公路里程达16.9万km，已居世界第一。

目前，我国道路建设的状况，对于具有960万km^2的国土和14亿多人口的国家，无论在数量上或质量上都远远不能适应国民经济发展的需要。与世界上道路发达的国家相比，还有一定的差距。

（三）道路的发展规划

我国道路发展主要有两方面的基本任务，一方面是增建一批急需的新线，打通断头线，使之布局合理；另一方面是改建一批重点的老线，以提高道路的技术标准和通行能力。

1. 新建任务

为了实现我国的战略目标，赶上和超过世界发达国家的水平，我国需要建设大量的、符合标准的、高技术等级的道路，尤其是高速公路的国道主干线。目前，世界上已有50多个国家和地区建成数十万千米的高速公路。

我国高速公路干线网建设的着眼点是：连通和覆盖20万以上人口的所有城市；建立城际、省际、国际间的高速公路网络通道；形成比较完善的、区域经济较发达的城际快速运输网络，以及加强与东盟、西亚国家的交通编织。

我国早在1991年就正式提出了"五纵七横"十二条通道的国道主干线系统规划，总长3.5万km，主要功能是将首都同省会城市、大城市、重要的交通枢纽和经济中心连接起来。1998~2004年，我国公路建设年投资额仅高速公路一项就超过1400亿元，已经完成京津塘高速公路、沈大高速公路、沪宁高速公路、广深珠高速公路、广佛高速公路、成渝高速公路等工程。

我国交通运输部一直在反复修改和论证《国家公路网规划》，按照《国家公路网规划（2013年—2030年）》，国家高速公路网由7条首都放射线、11条南北纵向线和18条东西横向线，以及地区环线、并行线、联络线等组成；另在西部地广人稀的地区规划了1.8万km的远期展望线。

中国高速公路网是具有全国性的政治、经济意义的重要干线公路，并为战争、自然灾害等突发性事件提供交通保障，整个规划已经完成。

未来的国家高速公路网将按照"实现有效连接、提升通道能力、强化区际联系、优化路网衔接"的思路，保持原国家高速公路网规划总体框架基本不变，补充、连接、新增20万以上城镇人口城市、地级行政中心的运输通道，以及重要的港口和重要的国际运输通道，在运输繁忙的通道上布设平行路线，增设区际、省际通道和重要城际通道，适当增加能有效提高路网运输效率的联络线。

至此，我国高速公路在未来若干年的发展，从规模上和速度上均已定格，高速路网更趋科学、完善。

发展高级、次高级路面也是公路现代化的重要标志之一。

2. 改建任务

无论是经济效益还是时间要求，改建比新建更为重要。

随着交通量的高速增长和汽车速度的快速增大，对原有公路不断加以技术改造，是世界各国道路交通适应国民经济发展的重要措施和必然趋势。我国的汽车制造厂和改装厂越来越多，汽车的技术性能越来越好，再加上中国加入世界贸易组织（WTO）以后，国外汽车进入中国市场，全社会拥有的汽车量很大，给道路建设带来很大压力。我国各地交通部门在修建道路新线的同时，对现有道路进行了充分的技术改造，2021年我国完成交通固定资产投资3.62万亿元，比2020年增长4.1%，2020年与2021年两年平均增长5.6%；新（改）建高速公路里程9028km，新（改）建国（省）道干线2.13万km，新（改）建农村公路超过16万km，大大降低了公路的养护费用，提高了汽车的运行速度，降低了道路的运输成本。

3. 发展趋势

由于道路运输具有机动、灵活、方便、直达等优点，许多国家的中短程客货运输及港口、车站装卸货物的集散运输，都是以道路运输为主体。另外，道路运输手续较简便且运输过程中可能发生的差错及损耗较少，使道路运输越来越受到欢迎。另一方面，道路等级的不断提高、道路网的逐渐形成、汽车性能的提高等因素使道路运输成本大大降低，道路运输在运输业中的竞争力大大提高。目前，欧美地区的一些发达国家的高速公路网络已经建成，基本上形成了一个系统规划、科学设计、整体建设和综合管理的完整体系，并加强了养护和运营管理，包括养护管理、交通管理和环境管理等，其目的是提高道路的使用功能、保证行车安全和改善道路状况对环境及人文景观的影响。

我国同世界发达国家一样，高度重视高新技术开发，应用计算机技术、电子信息技术、自动控制技术和新材料来改造道路交通行业。普遍利用地理信息系统（GIS）建立道路数据库，通过计算机模拟来建立多种分析评价模型，多次修订通行能力手册，为道路交通规划设计提供分析手段和决策依据；全面利用北斗卫星定位系统、航测遥感技术取代人工勘测设计，将采集到的数据通过数字地面模型与计算机辅助设计技术（CAD）衔接配套，进行道路和交通的规划设计，并扩展到环境设计，以提供动态的景观评价；同时，利用智能运输系统（ITS）分析近期、中期和远期交通运输系统的开发目标，将先进的信息技术、数据传输技术、电子控制技术和计算机处理技术等综合运用到地面交通运输体系中，将驾驶员、车辆、道路及有关服务部门、管理部门有机地联系起来，使道路运输得到完善与协调，充分发挥最优的服务功能。

单元 2　道路分级与技术标准

一、道路分级

道路分级

道路按其服务功能和所处的不同区域分为两大类型：公路与城市道路。为满足公共交通并位于城市范围以外连接城市间的道路称为公路；为城市交通服务并位于城市范围内的道路称为城市道路。

（一）公路分级

1. 技术等级

公路的技术等级是表示公路的通过能力、技术水平和服务水平的指标。一般来说，公路等级越高，公路的各项技术指标越高，汽车在公路上允许的运行速度越高，其交通量和车辆荷载越大，服务水平就越高，反之则低。

2014 年交通运输部颁布实施的"标准"中根据路网规划、功能和适应的交通量将公路分为高速公路、一级公路、二级公路、三级公路和四级公路共五个技术等级。

高速公路是指专供汽车分向、分车道行驶并应全部控制出入的多车道公路。一级公路是指供汽车分向、分车道行驶，并可根据需要控制出入的多车道公路。二级公路是指供汽车行驶的双车道公路。三级公路是指供汽车、非汽车交通混合行驶的双车道公路。四级公路是指供汽车、非汽车交通混合行驶的双车道或单车道公路。公路技术等级的划分及适应的交通量见表 1-1。

表 1-1　公路技术等级的划分及适应的交通量　　　　（单位：辆/日）

类　　型		公路等级	车　道　数	适应交通量
干线公路	—	高速公路	四车道	15000 以上
			六车道	
			八车道	
	集散公路	一级公路	四车道	15000 以上
			六车道	
		二级公路	二车道	5000~15000
—	—	三级公路	二车道	2000~6000
		支线公路	四级公路	二车道	2000 以下
			单车道	400 以下

各级公路中所能适应的设计交通量均是指远期设计年限将各种汽车折合成小客车（标准车型）的年平均日交通量。

新建和改建公路项目的设计交通量的预测应符合下列规定：

1) 高速公路和一级公路的设计交通量应按 20 年预测；二级公路、三级公路的设计交通量应按 15 年预测；四级公路可根据实际情况确定。

2) 设计交通量预测年限的起算年应为该项目的计划通车年。

3) 设计交通量的预测应充分考虑走廊带范围内远期社会经济的发展规划和综合运输体系的影响。

2. 行政等级

公路网是综合运输网中的一个重要组成部分，是按道路运输的特点以及与其他运输方式的合理分工来规划的。公路网规划的制定依据是国民经济发展计划对于公路运输的要求。公路新建与改造的依据是公路网的远景规划。公路网的组成有国道、省道、县（乡）道三级体系。

《中华人民共和国公路管理条例实施细则》规定，我国公路管理工作实行"统一领导，分级管理"的原则，把公路分为国家干线公路（简称国道）、省干线公路（简称省道）、县公路（简称县道）、乡公路（简称乡道）和专用公路。

国道由交通运输部负责编制，征求省及有关部门意见；省道由各省、市、自治区的交通部门负责编制，征求地县及有关部门意见，交通运输部核备；县（乡）道由各县交通部门负责编制，省、市、自治区核备；专用公路是供厂矿企业专用的公路。

国道规划以北京为中心，连接各省、市的重要大中城市、港站枢纽和工农业基地等。国道网由放射线、南北线、东西线组成，其编号前加字母"G"，以北京为中心的放射线共计12条，编号为G101~G112，如G107线为北京—深圳，G109线为北京—拉萨。南北线共28条，编号为G201~G228，如G209线为呼和浩特—北海，G212线为兰州—重庆。东西线共30条，编号为G301~G330，如G310线为连云港—天水，G320线为上海—瑞丽。

连接省内中心城市和主要经济区的公路，以及不属于国道的省际间的重要公路称为省道。其编号方式在各省（自治区、直辖市）辖区内，以省会（首府）放射线、南北纵线、东西横线分别按顺序编号，编号前加字母"S"，编号区间为S001~S999。

县道是指具有全县（旗、县级市）性政治、经济意义，连接县城和县内主要乡（镇）、商品生产和集散地以及不属于国道、省道的县际间的公路，其编号前加字母"X"，编号区间为X001~X999。

乡道是指主要为乡（镇）内经济、文化、行政服务的公路以及不属于县道的乡与乡之间的公路，其编号前加字母"Y"，编号区间为Y001~Y999。

专用公路是指专供或主要供厂矿、林区、油田、农场、旅游区、军事要地等对外联系的公路，其编号前加字母"Z"，编号区间为Z001~Z999。

为了加快我国道路建设的步伐，应着重解决两方面的问题：

（1）**技术方面** 在公路科学技术上，必须解放思想，实事求是，尊重科学技术，讲求实效，从我国国情和公路交通的特点出发，努力学习国内外先进经验及先进技术，采用新方法、新技术、新工艺、新材料，做到学习与创新相结合，使公路测设、施工、养护的科技水平大大向前推进。

（2）**管理方面** 在管理上，坚持全面规划，统筹安排，充分发挥中央和地方的积极性；贯彻自力更生、艰苦奋斗、建养并重、平战结合、分期改善、逐步提高的原则；实行专业队伍与民工建勤相结合、国家投资与地方自筹资金相结合、民办公助相结合的方针，充分调动各方面的积极因素，努力实现我国公路交通运输的现代化。

目前，我国的公路体系在管理方面距世界发达国家还有一定的差距，尤其是在高等级公路的交通管理和养护管理方面。但是随着改革开放的深入和国民经济的蓬勃发展，我国在公路科技方面也取得了很大成就。目前，我国已经系统地开发了公路、桥梁和交通工程的

CAD 技术及航测遥感技术，在新建、改建、养护和管理方面应用了大量的数据信息，建立和开发了区域集成网公路数据库，提供现代科学管理依据。智能高速公路 ITS 技术的引进大大提高了我国高等级公路运输、管理和安全监控的水平。

3. 公路等级选用

1）公路等级的选用应根据路网规划、公路功能及远景交通量，并充分考虑项目所在地区的综合运输体系的远期发展等，经论证后确定。

2）主要干线公路应选用高速公路，次要干线公路应选用二级及二级以上公路；主要集散公路宜选用一级及二级公路，次要集散公路宜选用二级及三级公路；支线公路宜选用三级及四级公路。

3）一条公路根据需求可分段选用不同的公路等级或同一公路等级选用不同的设计速度与路基宽度，但不同公路等级设计速度与路基宽度间的衔接应协调、过渡应顺适。

一条公路一般应采用相同的等级和技术标准，但路线较长且跨越不同的地形或连接不同运量的集散点时，允许采用不同的车道数和公路等级。

选用公路等级时要正确掌握两个阶段：在编制阶段要选用正确合理的等级；在设计阶段要掌握具体的技术标准。

各级公路的设计年限规定：高速公路、一级公路为 20 年；二级、三级公路为 15 年；四级公路一般为 10 年，也可依据具体情况适当缩短。

4. 各级公路的设计路段长度划分的相关规定

1）按同一设计速度或不同技术指标的分段设计路段长度，对于高速公路不宜小于 15km；一级、二级公路不宜小于 10km；其他等级公路依据具体情况确定，通常不宜小于 5km。

2）交通量不同、地形分区相同、不同公路等级、相邻设计路段的等级差不应超过一级。

3）不同速度的路段应设置过渡段进行衔接，衔接处应由低向高或由高向低逐渐变化，避免速度发生突变。

4）不同设计路段的衔接地点，原则上应选在交通量发生变化的交叉口或地形发生明显变化的地段等。

（二）城市道路分级

《城市道路工程设计规范》（CJJ 37—2012）按照道路在城市道路网中的地位、交通功能以及对沿线的服务功能的要求，将城市道路分为快速路、主干路、次干路和支路四个等级。

快速路为城市中长距离交通、快速交通服务。快速路对向行车道之间应设中间分车带，其进出口应采用全控制或部分控制。快速路两侧不应设置吸引大量车流、人流的公共建筑物的进出口，两侧一般建筑物的进出口应加以控制；在进出口较多时，宜在两侧另建辅助道路。

主干路是指连接城市各主要分区的干路，以交通功能为主。自行车交通量较大时，宜采用机动车与非机动车分隔的形式，如三幅路或四幅路。主干路两侧不应设置吸引大量车流、人流的公共建筑物的进出口。

次干路应与主干路相结合组成城市干路网，应以集散交通的功能为主，并兼有服务功能。

支路宜与次干路和居住区、工业区、交通设施等内部道路相连接，解决局部地区交通问题，以服务功能为主。

主干路、次干路、支路根据城市规模、交通量、地形等因素可分为三个等级，其中Ⅰ级为大城市采用、Ⅱ级为中等城市采用、Ⅲ级为小城市采用，见表1-2。

表1-2 城市道路主要技术指标

项目	快速路	主干路			次干路			支路		
		级别			级别			级别		
		Ⅰ	Ⅱ	Ⅲ	Ⅰ	Ⅱ	Ⅲ	Ⅰ	Ⅱ	Ⅲ
设计车速/(km/h)	60、80、100	60	50	40	50	40	30	40	30	20
双向机动车道数/条	≥4	≥4	3~4	2~4	2~4	2~4	2	2	2	2
机动车道宽度/m	3.75	3.75	3.75	3.5~3.75	3.75	3.5~3.75	3.5	3.5	3.5	3.5
分隔带设置	必须设	应设	应设	可设	可设	不设	不设	不设	不设	不设
横断面形式	双幅、四幅	单幅、双幅、三幅	单幅、双幅、三幅	单幅、双幅、三幅	单幅、双幅、三幅	单幅	单幅	单幅	单幅	单幅

设计年限是以达到饱和状态时的交通量来确定的，同时应考虑与各种类型路面结构和桥梁结构的设计使用年限相适应。快速路与主干路为20年、次干路为15年、支路为10~15年。

城市规模的大小是以城市人口的多少来确定的，大城市为50万以上人口（市区、近郊区非农业人口总数）；中等城市为20万~50万的人口；小城市为20万以下的人口。

二、技术标准

（一）标准体系

标准分为国家标准和行业标准两大类。公路工程的技术标准主要是采用行业标准，它涉及各专业工程的设计与施工技术。标准体系一般按专业和建设过程进行简单划分。经过几十年的发展，标准体系范围既包括公路工程从规划到养护管理全过程所需要制定的技术、管理与服务标准，也包括相关的安全、环保和经济方面的评价等标准。

从标准发展的过程看，具有分工越来越细、周期越来越短、内容越来越丰富、覆盖面越来越宽、理论不断完善、技术不断更新、与国际接轨的趋势越来越明显的特点。

公路工程标准体系由总体、通用、公路建设、公路管理、公路养护、公路运营六个板块构成。总体板块是公路工程标准体系、标准管理及标准编制的总体要求，明确公路工程标准的定位，是公路工程标准管理及编写时应执行的规定和要求。通用板块是公路建设、公路管理、公路养护、公路运营所遵循的基本要求，明确公路建设、公路管理、公路养护和公路运营四个板块的共性功能、指标及相互关系。公路建设板块是实施公路新建和改（扩）建工程所遵循的技术和管理要求。公路管理板块是公路管理和运政执法所遵循的技术和管理要求。公路养护板块是公路既有基础设施维护所遵循的技术和管理要求。公路运营板块是公路运营、出行服务和智能化所遵循的技术、管理和服务要求。公路建设、公路管理、公路养护、公路运营板块中对同一事物从不同角度提出的要求应相互协调、互为补充。

公路工程标准体系的分类与编号见表1-3。

表1-3 公路工程标准体系的分类与编号

序号	板块	模块	标准体系编号	名称
1	总体	—	JTG 1001—2017	公路工程标准体系
2			JTG 1002—2022	公路工程行业标准制修订管理导则
3			JTG/T A04—2013	公路工程标准编写导则
4	通用	基础	JTG B01—2014	公路工程技术标准
5			JTG 2111—2019	小交通量农村公路工程技术标准
6			JTG/T 3311—2021	小交通量农村公路工程设计规范
7			JTJ 002—1987	公路工程名词术语
8			JTJ 003—1986	公路自然区划标准
9			JTG 2120—2020	公路工程结构可靠性设计统一标准
10			JTG F80/1—2017	公路工程质量检验评定标准 第一册 土建工程
11			JTG 2182—2020	公路工程质量检验评定标准 第二册 机电工程
12		安全	JTG B05—2015	公路项目安全性评价规范
13			JTG B05-01—2013	公路护栏安全性能评价标准
14			JTG B02—2013	公路工程抗震规范
15			JTG/T 2231-01—2020	公路桥梁抗震设计规范
16			JTG/T 2231-02—2021	公路桥梁抗震性能评价细则
17			JTG 2232—2019	公路隧道抗震设计规范
18			JTG F90—2015	公路工程施工安全技术规范
19		绿色	JTG/T 2321—2021	公路工程利用建筑垃圾技术规范
20			JTG B03—2006	公路建设项目环境影响评价规范
21			JTG B04—2010	公路环境保护设计规范
22			JTG/T 2340—2020	公路工程节能规范
23		智慧	JTG/T 2420—2021	公路工程信息模型应用统一标准
24			JTG/T 2421—2021	公路工程设计信息模型应用标准
25			JTG/T 2422—2021	公路工程施工信息模型应用标准
26	公路建设	勘测	JTG C10—2007	公路勘测规范
27			JTG/T C10—2007	公路勘测细则
28			JTG C20—2011	公路工程地质勘察规范
29			JTG/T C21-01—2005	公路工程地质遥感勘察规范
30			JTG/T C21-02—2014	公路工程卫星图像测绘技术规程
31			JTG/T 3222—2020	公路工程物探规程
32			JTG 3223—2021	公路工程地质原位测试规程
33			JTG C30—2015	公路工程水文勘测设计规范

(续)

序号	板块	模块	标准体系编号	名　称
34			JTG/T 3310—2019	公路工程混凝土结构耐久性设计规范
35			JTG D20—2017	公路路线设计规范
36			JTG/T D21—2014	公路立体交叉设计细则
37			JTG D30—2015	公路路基设计规范
38			JTG/T D31—2008	沙漠地区公路设计与施工指南
39			JTG/T D31-02—2013	公路软土地基路堤设计与施工技术细则
40			JTG/T D31-03—2011	采空区公路设计与施工技术细则
41			JTG/T D31-04—2012	多年冻土地区公路设计与施工技术细则
42			JTG/T D31-05—2017	黄土地区公路路基设计与施工技术规范
43			JTG/T D31-06—2017	季节性冻土地区公路设计与施工技术规范
44			JTG/T D32—2012	公路土工合成材料应用技术规范
45			JTG/T D33—2012	公路排水设计规范
46			JTG/T 3334—2018	公路滑坡防治设计规范
47			JTG D40—2011	公路水泥混凝土路面设计规范
48			JTG D50—2017	公路沥青路面设计规范
49			JTG/T 3350-03—2020	排水沥青路面设计与施工技术规范
50			JTG D60—2015	公路桥涵设计通用规范
51	公路建设	设计	JTG/T 3360-01—2018	公路桥梁抗风设计规范
52			JTG/T 3360-02—2020	公路桥梁抗撞设计规范
53			JTG/T 3360-03—2018	公路桥梁景观设计规范
54			JTG D61—2005	公路圬工桥涵设计规范
55			JTG 3362—2018	公路钢筋混凝土及预应力混凝土桥涵设计规范
56			JTG 3363—2019	公路桥涵地基与基础设计规范
57			JTG D64—2015	公路钢结构桥梁设计规范
58			JTG/T D64-01—2015	公路钢混组合桥梁设计与施工规范
59			JTG/T 3364-02—2019	公路钢桥面铺装设计与施工技术规范
60			JTG/T 3365-01—2020	公路斜拉桥设计规范
61			JTG/T 3365-02—2020	公路涵洞设计规范
62			JTG/T D65-05—2015	公路悬索桥设计规范
63			JTG/T D65-06—2015	公路钢管混凝土拱桥设计规范
64			JTG 3370.1—2018	公路隧道设计规范　第一册　土建工程
65			JTG D70/2—2014	公路隧道设计规范　第二册　交通工程与附属设施
66			JTG/T D70—2010	公路隧道设计细则
67			JTG/T D70/2-01—2014	公路隧道照明设计细则
68			JTG/T D70/2-02—2014	公路隧道通风设计细则
69			JTG/T 3374—2020	公路瓦斯隧道设计与施工技术规范
70			JTG D80—2006	高速公路交通工程及沿线设施设计通用规范

学习情境一　道路基本知识

（续）

序号	板块	模块	标准体系编号	名　　称
71	公路建设	设计	JTG D81—2017	公路交通安全设施设计规范
72			JTG/T D81—2017	公路交通安全设施设计细则
73			JTG/T 3381-02—2020	公路限速标志设计规范
74			JTG D82—2009	公路交通标志和标线设置规范
75			JTG/T 3383-01—2020	公路通信及电力管道设计规范
76			JTG/T L11—2014	高速公路改扩建设计细则
77			JTG/T L80—2014	高速公路改扩建交通工程及沿线设施设计细则
78		试验	JTG E20—2011	公路工程沥青及沥青混合料试验规程
79			JTG 3420—2020	公路工程水泥及水泥混凝土试验规程
80			JTG 3430—2020	公路土工试验规程
81			JTG E41—2005	公路工程岩石试验规程
82			JTG E42—2005	公路工程集料试验规程
83			JTG E50—2006	公路工程土工合成材料试验规程
84			JTG E51—2009	公路工程无机结合料稳定材料试验规程
85			JTG 3450—2019	公路路基路面现场测试规程
86			JT/T 828—2019	公路水运试验检测数据报告编制导则
87		检测	JTG/T 3512—2020	公路工程基桩检测技术规程
88		施工	JTG/T 3610—2019	公路路基施工技术规范
89			JTG/T F20—2015	公路路面基层施工技术细则
90			JTG/T F30—2014	公路水泥混凝土路面施工技术细则
91			JTG F40—2004	公路沥青路面施工技术规范
92			JTG/T 3650—2020	公路桥涵施工技术规范
93			JTG/T 3650-02—2019	特大跨径公路桥梁施工测量规范
94			JTG/T 3660—2020	公路隧道施工技术规范
95			JTG/T 3671—2021	公路交通安全设施施工技术规范
96			JTG/T F72—2011	公路隧道交通工程与附属设施施工技术规范
97		监理	JTG G10—2016	公路工程施工监理规范
98		造价	JTG 3810—2017	公路工程建设项目造价文件管理导则
99			JTG/T 3811—2020	公路工程施工定额测定与编制规程
100			JTG/T 3812—2020	公路工程建设项目造价数据标准
101			JTG 3820—2018	公路工程建设项目投资估算编制办法
102			JTG/T 3821—2018	公路工程估算指标
103			JTG 3830—2018	公路工程建设项目概算预算编制办法
104			JTG/T 3831—2018	公路工程概算定额
105			JTG/T 3832—2018	公路工程预算定额
106			JTG/T 3833—2018	公路工程机械台班费用定额

（续）

序号	板块	模块	标准体系编号	名称
107			JTG H10—2009	公路养护技术规范
108			JTG 5120—2021	公路桥涵养护规范
109			JTG H12—2015	公路隧道养护技术规范
110		综合	JTJ 073.1—2001	公路水泥混凝土路面养护技术规范
111			JTG 5142—2019	公路沥青路面养护技术规范
112			JTG/T 5142-01—2021	公路沥青路面预防养护技术规范
113			JTG 5150—2020	公路路基养护技术规范
114			JTG/T 5190—2019	农村公路养护技术规范
115			JTG 5210—2018	公路技术状况评定标准
116			JTG/T E61—2014	公路路面技术状况自动化检测规程
117		检测评价	JTG/T H21—2011	公路桥梁技术状况评定标准
118			JTG/T J21—2011	公路桥梁承载能力检测评定规程
119	公路养护		JTG/T J21-01—2015	公路桥梁荷载试验规程
120			JTG 5220—2020	公路养护工程质量检验评定标准 第一册 土建工程
121			JTG 5421—2018	公路沥青路面养护设计规范
122		养护设计	JTG/T J22—2008	公路桥梁加固设计规范
123			JTG/T 5440—2018	公路隧道加固技术规范
124			JTG/T F31—2014	公路水泥混凝土路面再生利用技术细则
125		养护施工	JTG/T 5521—2019	公路沥青路面再生技术规范
126			JTG/T J23—2008	公路桥梁加固施工技术规范
127			JTG H30—2015	公路养护安全作业规程
128			JTG 5610—2020	公路养护预算编制导则
129		造价	JTG/T M72-01—2017	公路隧道养护工程预算定额
130			JTG/T 5612—2020	公路桥梁养护工程预算定额
131			JTG/T 5640—2020	农村公路养护预算编制办法
132	公路运营	收费服务	JTG/T 6303.1—2017	收费公路移动支付技术规范 第一册 停车移动支付
133			JTG B10-01—2014	公路电子不停车收费联网运营和服务规范

注：表格中体系编号已有发布年份的，应采用发布的新标准，原标准则作废。

  标准编号由标准代号、板块序号、模块序号、标准序号、标准发布年号组成。标准编号规则为 JTG(/T) ××××.×—××××。推荐性标准的编号在标准代号后加"/T"表示；JTG 是交、通、公三字汉语拼音的首字母；后面的第一位数字为标准的板块序号，其中 1 代表总体、2 代表通用、3 代表公路建设、4 代表公路管理、5 代表公路养护、6 代表公路运营；第二位数字为标准的模块序号，根据《公路工程标准体系》（JTG 1001—2017）图 3.1.2 中所表示的模块顺序由左往右分别从 1 开始相应编号，未设模块一级的，按 0 编号；第三、第四位数字为所属模块的标准序号，按顺序编号，在具体标准编制中，若同属同一标准，但需要分成若干部分单独成册，并构成系列标准的，从 1~9 按顺序编号，前面加"·"表示；破折号后为标准发布年份,按 4 位编号。标准编号示意如图 1-1、图 1-2 所示。

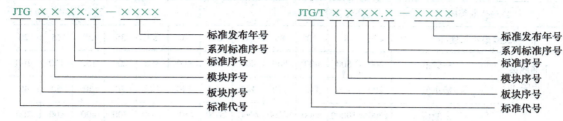

图 1-1　公路工程强制性标准编号示意　　　图 1-2　公路工程推荐性标准编号示意

（二）标准

公路工程设计、施工与养护必须符合"标准"的要求。

"标准"是我国公路建设的技术法规,它既是进行公路建设前期工作,制订或修订其他公路工程建设标准、规范、定额、规程等的重要依据,也是对公路建设进行宏观控制的主导法规之一,反应了我国公路建设的技术方针,因此在公路设计、施工时必须遵守。

"标准"是根据公路设计交通量及设计速度对路线和各项工程结构设计的要求,把这些要求列成指标,再用标准规定下来的技术文件。它是根据理论计算和公路设计、修建的经验,并结合我国的国情而确定的。

各级公路的主要技术指标见表 1-4,其决定的因素主要有路线在公路网中的任务与性质、远景交通量及交通组成、地形和其他自然条件、设计速度等。

设计速度是"标准"中十分重要的指标,对工程费用和运输效率的影响很大,它由公路的任务与性质、交通量及交通组成、地形和其他自然条件三个因素根据政策制定。路线在公路网中的任务与性质越重要、交通量越大、自然地形越平坦,采用的设计速度就越高,反之则越低。设计速度高,路线的线形指标就高,虽然会增加一定的工程造价,但能较好地满足国民经济发展的需要,也能从运输上较快地得到补偿。

归纳起来"标准"大体上可分为三大类,即"线形标准""载重标准""净空标准"。

1)"线形标准"是用于确定路线线形几何尺寸的主要技术指标。

表 1-4　各级公路的主要技术指标汇总

公路技术等级			高速公路			一			二		三		四	
设计速度/(km/h)			120	100	80	100	80	60	80	60	40	30	30	20
车道宽度/m			3.75	3.75	3.75	3.75	3.75	3.5	3.75	3.5	3.5	3.25	3.25	3.0
圆曲线最小半径/m	最大超高	4%	810	500	300	500	300	150	300	150	65	40	40	20
		6%	710	440	270	440	270	135	270	135	60	35	35	15
		8%	650	400	250	400	250	125	250	125	60	30	30	15
		10%	570	360	220	360	220	115	220	115	—	—	—	—
	不设超高	路拱≤2%	5500	4000	2500	4000	2500	1500	2500	1500	600	350	350	150
		路拱>2%	7500	5250	3350	5250	3350	1900	3350	1900	800	450	450	200

（续）

公路技术等级			高速公路			一			二		三		四	
回旋线最小长度/m			100	85	70	85	70	50	70	50	35	25	25	20
平曲线最小长度/m		一般值	600	500	400	500	400	300	400	300	200	150	150	100
		最小值	200	170	140	170	140	100	140	100	70	50	50	40
竖曲线最小半径/m	凸形	一般值	17000	10000	4500	10000	4500	2000	4500	2000	700	400	400	200
		极限值	11000	6500	3000	6500	3000	1400	3000	1400	450	250	250	100
	凹形	一般值	6000	4500	3000	4500	3000	1500	3000	1500	700	400	400	200
		极限值	4000	3000	2000	3000	2000	1000	2000	1000	450	250	250	100
竖曲线最小长度/m		一般值	250	210	170	210	170	120	170	120	90	60	60	50
		极限值	100	85	70	85	70	50	70	50	35	25	25	20
最大纵坡（%）			3	4	5	4	5	6	5	6	7	8	8	9
最小坡长/m			300	250	200	250	200	150	200	150	120	100	60	—
行车视距/m		停车视距	210	160	110	160	110	75	110	75	40	30	30	20
		会车视距	—	—	—	—	—	—	220	150	80	60	60	40
		超车视距	—	—	—	—	—	—	550	350	200	150	150	100
汽车荷载等级			公路—Ⅰ级			公路—Ⅰ级			公路—Ⅰ级 公路—Ⅱ级		公路—Ⅱ级		公路—Ⅱ级	
服务水平			三级						四级				—	

2)"载重标准"主要用于结构设计，目前我国的载重标准有公路—Ⅰ级和公路—Ⅱ级两个等级。

3)"净空标准"主要用于确定公路的净宽度和净高度。

在"标准"的采用上要防止两种错误倾向：一种倾向是只顾降低工程造价，而一味采用低标准；另一种倾向是只求线形好，不顾工程造价而采用高标准。同时，也要避免两种错误观念：一种观念是只求合法、不求合理；另一种观念是只求合理、不求合法。

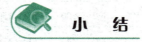

小 结

我国道路运输业在整个交通运输事业中占有很大的比重，优先发展道路运输业是国民经济发展的必然，道路的发展与建设则是国民经济发展的前提和保障。建立和完善"标准"内容是道路等级选用、道路设计与建设的需要，标准体系是工程技术人员必须严格遵循的法规体系。

思 考 题

1-1 "标准"制定的依据是什么？它的主要技术指标有哪几项？
1-2 公路分几个等级？各级公路的作用是什么？
1-3 公路设计、修建和养护的主要依据是什么？
1-4 设计路段的长度划分应符合什么规定？
1-5 各级公路能适应的年平均昼夜交通量的范围和远期设计年限各为多少？

学习情境二
道路设计

学习目标

1. 了解汽车行驶的特性，平面、纵断面与横断面设计的规定与要求，平面交叉口的交通分析与常见形式，立体交叉设计要求与分类，道路沿线设施的种类。

2. 掌握道路设计的依据（设计车辆、设计速度、交通量），平面线形三要素（直线、圆曲线、缓和曲线）的应用，道路平曲线加宽与超高的设计，行车视距的计算与保证，纵断面与横断面设计的方法与步骤。

学习指南

本学习情境重点在于道路设计的依据、平曲线几何元素的计算、纵坡设计、路基土石方数量计算与调配的理解；尤其是缓和曲线的性质、平曲线超高的计算、竖曲线设计和平纵组合设计。

单元1 道路设计认知

道路设计的依据

一、道路设计的依据

（一）设计车辆

在道路上行驶的车辆种类很多，不同的汽车又有不同的型号和规格，如小汽车、载重汽车、铰接式汽车等。

汽车的外廓尺寸以及行驶于道路上各种车辆的交通组成是公路几何设计的重要控制因素。在道路设计过程中，"设计车辆"是一种虚拟的、作为设计控制的、有代表性的标准型号的汽车。设计所采用的有代表性的车型，其外廓尺寸、载重量和运行性能是用于确定道路几何设计、交叉口设计和路基宽度的主要依据。根据我国行驶车辆的具体情况、汽车发展远景规划和经济发展水平，并考虑经济性及实用性，设计车辆的外廓尺寸按现有车型的尺寸进行统计后，以满足85%以上车型的外廓尺寸作为设计标准，我国公路路线与路线交叉几何设计所采用的设计车辆外廓尺寸规定见表2-1。根据公路的使用任务与性质，我国公路设计通常把小客车作为设计车辆，而城市道路则以铰接式汽车作为设计车辆。

表 2-1　设计车辆外廓尺寸　　　　　　　　　　　　　　　（单位：m）

车辆类型	总长	总宽	总高	前悬	轴距	后悬
小客车	6	1.8	2	0.8	3.8	1.4
大型客车	13.7	2.55	4	2.6	6.5+1.5	3.1
铰接客车	18	2.5	4	1.7	5.8+6.7	3.8
载重汽车	12	2.5	4	1.5	6.5	4
铰接列车	18.1	2.55	4	1.5	3.3+11	2.3

注：前悬是指车体前部保险杠到前轮车轴中心的距离；轴距是指前轮车轴中心到后轮车轴中心的距离；后悬是指后轮车轴中心到车体后面尾部的距离。

（二）设计速度

设计速度是确定道路几何线形的基本要素。它作为道路设计的基本依据，直接或间接地决定了汽车行驶的曲线半径、超高、视距、纵坡、合成坡度、路幅宽度和竖曲线设计等。因此，设计速度是体现道路等级的一项重要指标。

设计速度是进行道路设计时所依据的汽车速度。设计速度是指在气候正常、交通密度小、汽车运行只受道路本身条件（几何要素、路面、附属设施等）的影响时，一般驾驶员能保持安全而舒适地行驶的最大行驶速度。汽车设计时根据其机械性能和动力性能可达到的最高时速称为汽车的最高时速。而汽车在一般公路上行驶时耗油少、磨耗小的最经济时的时速称为汽车的经济时速。

设计速度的制约因素主要有工程费用、运输效率、几何形状等方面。设计车速规定过大，会造成工程费用增大，且对地形要求较高，适应的交通量变大；规定过小，工程费用减少，对地形要求降低，适应的交通量变小。

从工程的难易程度、工程量大小及技术经济的合理性考虑，我国各级公路按不同的使用要求分为不同的设计速度，二级至四级公路的设计速度分为两种；高速公路与一级公路由于设计的时速高、线形指标高、工程造价大，设计速度对其影响的程度相对较大，所以将高速公路与一级公路的设计速度分为三种，供设计时增加灵活度、更好地配合地形和景观、进行合理优化。对于山岭地区的高速公路有特殊困难的局部路段，因新建工程可能诱发工程地质病害时，经论证该局部路段的设计速度可采用 60km/h，但长度不宜大于 15km，或仅限于相邻两互通式立体交叉之间，与其相邻路段的设计速度不应大于 80km/h；二级公路位于地形、地质等自然条件复杂的山区局部路段，经论证其设计速度可采用 40km/h，但长度不宜大于 10km，且相邻路段的设计速度不应大于 60km/h。

同一等级的公路可按不同的条件采用不同的设计车速。按不同设计速度设计的各路段长度不宜过短，以免车速频繁变化引起交通事故或造成技术指标多变。高速公路和一级公路一般连续路段长度不小于 20km，特殊情况下可为 10km；其他等级公路及城市出入口的一级公路连续路段长度一般不小于 10km，特殊情况下可为 5km。

设计速度与运行速度是不同的两个概念。运行速度是指在公路上的实际行驶速度，它受气候、地形、交通密度以及公路本身条件的影响，同时与驾驶员的技术也有很大关系。而设计速度是指在气候和交通量正常、汽车运行只受公路自身条件（几何要素、路面状况、附属设施等）影响时，一般驾驶员能保持安全和舒适行驶的最大速度。当行车条件比较好时，运行速度能够达到或超过设计速度，在设计速度较低的等级公路上这种超过设计速度的实际运行速度是常见的；相反，如果公路上行车条件较差，则运行速度大多低于设计速度。

设计速度较高时，平均实际运行速度为设计速度的 60%~70%；设计速度较低时，实际运行速度为设计速度的 80%~90%，甚至超过设计速度。超过设计速度的情况是危险的，所以在地形良好，线形顺适，视野开阔容易产生超速行驶（超过设计速度）的路段，要特别注意曲线半径、超高、纵坡等方面的合理配置。

公路设计应以运行速度进行检验。相邻路段运行速度之差应小于 20km/h，同一路段运行速度与设计速度之差宜小于 20km/h。公路限制速度应根据设计速度、运行速度及路侧干扰与环境等因素综合论证确定。

我国各级公路的技术指标是在保证安全行驶的条件下，考虑运行速度与设计速度间的关系后进行适当调整规定的，这样的设计速度作为各级公路的技术指标的计算依据是合理的。

城市道路与公路相比，具有功能多样、组成复杂、行人交通量大、车辆多、类型复杂、车速差异大、道路交叉点多等特点，故运行速度比公路有较大的降低。

我国"标准"规定的各级公路设计速度见表 1-4。

（三）交通量

交通量是道路与交通工程中的一个基本交通参数，是确定公路等级的主要依据。交通量是指单位时间内通过道路某地点或某断面的车辆、行人数量，一般是指机动车交通量，且为来往两个方向的车辆数。单位时间既可以是 1h 或 1d（昼夜），也可以是年平均日交通量；断面既可以是某条车道，也可以是各车道合计；来往既可以是单向，也可以是双向；数量既可以是在道路现场进行的交通调查，也可以是根据道路规划进行的交通预测。

影响交通量变化的因素主要有季节、气候、时间、非机动车等。

交通调查、分析和预测是建设项目可行性研究阶段进行现状评价、分析建设项目的必要性和可行性的基础，是建设项目的建设规模、技术等级、工程设施、经济效益评价及几何线形设计的主要依据。其预测水平的高低、质量和可靠程度，直接影响到项目决策的科学性、经济的合理性。

1. 设计交通量

设计交通量是指拟建道路到达预测设计年平均日交通量（辆/日）。它具有确定道路等级、论证道路的计划费用和论证各项结构设计的作用。

预测设计年平均日交通量依据道路使用任务及性质、历年交通观测资料推算求得，按年平均增长率累计计算，即

$$N_d = N_0(1 + nr) \tag{2-1}$$

式中 N_d ——预测设计年平均日交通量（辆/日）；

N_0 ——设计使用第一年的平均日交通量（辆/日）；

r ——年平均增长率（%）；

n ——远景设计年限。

年平均日交通量在城市道路与交通工程中是一项极其重要的控制性指标，常用作道路交通设施规划、设计、管理的依据，其他的平均交通量仅作为进行交通量统计分析、求各时段交通量变化时的系数，以便将各时段的平均交通量进行相互换算。

2. 设计小时交通量

设计小时交通量是以小时为计算时段的交通量，它具有确定车道数、车道宽度和评价道路服务水平的作用。高峰小时交通量是指一天内的车流高峰期间连续 60min 的最大交通量（辆/小时）。

设计小时交通量的确定通常以通过观测站观测得到的第 30 位小时交通量为准；也可根据当地公路小时交通量的变化特征，采用年第 20~40 位小时之间最为经济合理时位的交通量。无观测资料时则采用有关资料进行推算。

第 30 位小时交通量是指将一年内的 8760 个小时（365 天×24 小时/天）的交通量按照以小时交通量÷年平均日交通量×100%的大小顺序排列，其中从大到小排列为第 30 位的那个小时的交通量。在进行道路设施规划设计时，必须考虑交通量具有随时间变化和出现高峰小时的特点。若采用其中最大的高峰小时交通量作为设计依据，则会造成浪费；若采用日平均小时交通量则不能满足实际需要，造成交通拥挤和阻塞。高峰小时交通量采用值的大小，既要保证交通安全畅通，又要使工程造价经济合理，国内外多采用第 30 位小时交通量作为设计小时交通量。

从图 2-1 中可看出，第 1~第 29 位小时交通量曲线急剧变化；第 30~第 50 位小时交通量曲线变化较大；第 50~第 100 位小时交通量曲线变平缓，如果以第 30 位小时交通量作为设计依据，则全年仅有 29 个小时超过设计值会发生交通拥挤和阻塞现象，只占全年小时数的 0.33%，即顺利通过的保证率达 99.67%。

设计小时交通量的计算式如下：

$$N_h = N_d k D \tag{2-2}$$

式中　N_h——单向设计小时交通量（辆/小时）；

　　　N_d——年平均日交通量（辆/日）；

　　　k——设计小时交通量系数（%），为选定时位的小时交通量与年平均日交通量的比值，新建公路可参照公路功能、交通量、地区气候、地形等条件相似的公路的观测数据确定；缺乏观测数据的地区，可参照《公路路线设计规范》（JTG D20—2017）取值；

　　　D——方向不均匀系数，宜取 50%~60%，也可根据当地交通量观测资料确定。

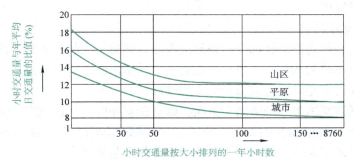

图 2-1　全年高峰小时交通量曲线图

3. 交通量换算

我国道路多为混合交通，非机动车占有很大的比重，为了求得交通量的统一尺度，根据各种不同类型车辆的时速、行驶的规律性、在车道上所占面积、影响通行能力的程度等因素，将不同的车辆统一换算成小客车，称为交通量换算。

交通量换算采用小客车为标准车型确定公路等级的各汽车代表车型和车辆折算系数见表 2-2。

表 2-2 汽车代表车型和车辆折算系数

汽车代表车型	车辆折算系数	说　明
小客车	1.0	座位≤19 座的客车和载重量≤2t 的货车
中型车	1.5	座位>19 座的客车和 2t<载重量≤7t 的货车
大型车	2.5	7t<载重量≤20t 的货车
汽车列车	4.0	载重量>20t 的货车

注：1. 畜力车、人力车、自行车等非机动车按路侧干扰因素考虑。
2. 公路上行驶的拖拉机每辆折算为 4 辆小客车。
3. 公路通行能力分析所要求的车辆折算系数应针对路段、交叉口等形式，按不同的地形条件和交通需求，采用相应的折算系数。

因交通量是确定公路等级的主要依据，所以合理地、科学地确定各级公路所能适应的交通量就显得十分重要。但由于所能适应交通量的大小除与道路自身条件有关外，还与管理水平、驾驶技术、服务等级、车辆性能、交通工程设施和环境等因素有关，所以"标准"规定的各级公路所能适应的交通量还有待进一步探讨和研究。

（四）道路通行能力

道路通行能力是指在一定的道路和交通条件下，道路上某一路段适应车流的能力，以单位时间内通过的最大车辆数表示。单位时间通常以小时计（辆/小时）或以昼夜计（辆/昼夜）。

$$Q = KV \tag{2-3}$$

式中　Q——交通量，是指固定地点、一定时间内通过的车辆数；
　　　K——交通密度，是指固定时间、一定路段长度上的车辆数，又称为运行密度；
　　　V——运行速度。

1. 基本通行能力

基本通行能力是指道路组成部分在理想的道路、交通、控制和环境条件下，该组成部分的一条车道或一个车道的均匀段上或一个横断面上，不论服务水平如何，一小时所能通过的标准车辆的最大值。它是计算各种通行能力的基础。

理想条件包括道路本身和交通两个方面，即道路本身应在车道宽度、侧向净宽方面有足够的余量；平（纵）线形和视距良好；交通上只有标准车辆行驶，且不限制车速。而实际上的道路条件并非理想条件，故可能通过的车辆数低于基本通行能力。

基本通行能力的计算采用"车头时距"或"车头间距"推求。车头时距是指连续两车通过车道或道路上同一地点的时间间隔；车头间距是指交通流中连续两车之间的距离。如以车头时距为例，则一条车道的通行能力按下式计算：

$$C = 3600/t \tag{2-4}$$

式中　t——连续车流中两车的车头间隔时间（s），可通过观测求得。

2. 可能通行能力

可能通行能力是指一条已知道路的组成部分在实际或预计的道路、交通、控制和环境条件下，该组成部分的一条车道或一车道对上述各条件有代表性的均匀段上或一个横断面上，不论服务水平如何，一小时所能通过的车辆数最大值（在混合交通道路上为标准汽车）。

3. 设计通行能力

（1）服务水平及服务交通量　在道路上交通量少，行车自由度就大，反之，就会受到限制。我国按照车流运行状态，把从小交通量自由流至交通量达到可能状态的受限制车流这一运行条件范围分为四级服务水平。《公路路线设计规范》（JTG D20—2017）（以下简称"规范"）规定了各级公路设计采用的服务水平等级。服务交通量是与每一级服务水平相应的交通量。

（2）设计通行能力　设计通行能力是指设计中道路的组成部分在预计的道路、交通、控制和环境条件下，该组成部分的一条车道或一车道对上述各条件有代表性的均匀段上或一个横断面上，在所选用的设计服务水平下，一小时所能通过的车辆数最大值。

设计通行能力由可能通行能力乘以与该服务水平相对应的交通量和基本通行能力之比 Q/C 得到。当 Q/C 值小时，说明服务交通量小、车流运行条件好、服务水平高；当 Q/C 值大时，说明服务交通量大、车流运行条件差、服务水平低。

当设计小时交通量大于等于设计通行能力时，则交通运行拥挤、发生堵塞。

影响设计通行能力的因素有道路条件、交通条件、汽车性能和气候环境等。

二、汽车行驶特性

道路设计除必须满足汽车行驶中对道路的要求外，即解决汽车怎样行驶（行驶特性）的问题，还应考虑汽车的运动规律。

汽车行驶的总要求是满足安全、迅速、经济、舒适等方面的要求。

道路的路线设计主要是保证以下几个方面：

（1）汽车行驶稳定性　这是指汽车能沿道路安全行驶，不致发生翻车、倒溜或侧滑的性能。

（2）汽车尽可能提高车速　这是指提高汽车的平均速度，充分发挥汽车行驶的动力特性。

（3）汽车行车畅通　这是指要有足够车辆通行的宽度，减少平面交叉，设置快慢车道、自行车道。

（4）汽车行车舒适　这是指避免车辆行驶的离心力过大，路面平整、少尘。

汽车行驶理论是道路线形设计的理论基础，它们的关系十分密切。汽车行驶的技术性能有动力性能、稳定性能、制动性能、燃料经济性能等，车型不同，汽车的技术性能各不相同。

（一）汽车的驱动力

汽车行驶必须有足够的驱动力来克服各种行驶阻力。驱动力的产生是由发动机里的热能转化成机械能，产生有效功率 N，再经过传动系统至驱动轮，产生扭矩驱动汽车行驶。

1. 发动机扭矩（曲轴扭矩）M

发动机特性曲线是发动机功率 N、扭矩 M、燃料消耗率 g 及发动机转速（曲轴转速）n 之间的函数关系曲线。发动机外特性曲线是油门全开时的特性曲线，而发动机部分负荷特性曲线则是油门部分开启（部分供油）时的特性曲线。

在分析汽车驱动性能时，只需研究外特性曲线中发动机功率 N、扭矩 M、转速 n 之间的关系。

扭矩曲线是扭矩 M 与转速 n 之间的函数关系 $M = M(n)$；而功率曲线是功率 N 与转速 n 之间的函数关系 $N = N(n)$，由发动机制造厂商经试验得到。

若已知发动机最大功率 N_{max} 和发动机曲轴对应的最大转速 n_N，则可计算出发动机功率 N 与发动机扭矩 M。

2. 驱动轮扭矩 M_K

发动机扭矩 M 经过变速箱、主传动器两次变速，传到驱动轮上的扭矩为 M_K。

驱动轮是由发动机曲轴传来的扭矩为 M_K 的车轮，驱使车轮滚动。而从动轮则是无扭矩 M_K 的车轮，从属于驱动轮滚动。

影响驱动轮扭矩的因素主要有汽车轮胎的变形半径与内胎气压、外胎构造、路面的刚性、路面的平整度以及汽车的荷载等。

3. 汽车的牵引力 T

牵引力（驱动力）是作用在轮轴上推动汽车前进的力。从汽车驱动轮受力图（图2-2）可知：M_K 分解为 Tr，以及一对力偶 T_a 和 T。T_a 作用在轮缘上与路面水平反力 F 平衡；T 作用在轮轴上与汽车行驶阻力 R 平衡。则：

$$T = \frac{M_K}{r} = \frac{Mi_g i_0 \eta_T}{r}$$
$$= 0.377 \frac{nM\eta_T}{v} = 3600 \frac{N\eta_T}{V}$$

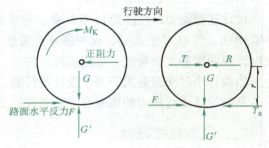

图 2-2 汽车驱动轮受力

式中　T——汽车的牵引力（kN）；
　　　M_K——驱动轮扭矩（kN·m）；
　　　r——车轮滚动半径（m）；
　　　M——发动机扭矩（kN·m）；
　　　i_g——变速器传动比；
　　　i_0——主减速器传动比；
　　　η_T——整个传动系统的机械效率；
　　　n——发动机的转速（r/min）；
　　　N——发动机的功率（W）；
　　　v——车速（m/s）；
　　　V——车速（km/h）。

由上式可知：车轮半径 r 增大、车速 V(km/h) 则提高；要使牵引力 T 增大，又要提高

车速 v(m/s)，则是不可能发生的情况。

（二）汽车的行驶阻力 R

汽车行驶过程中受到空气阻力、道路阻力（滚动阻力、坡度阻力）、惯性阻力的影响。

1. 空气阻力 R_w

空气阻力 R_w 是指汽车在行驶中，由于迎风面空气质点的压力、汽车后面的真空吸力及空气质点与车身表面的摩擦力，共同阻碍汽车行进的阻力。汽车速度越高，空气阻力也就越大。

空气阻力的构成主要有：

1）压差阻力，由汽车前后部的压力差引起，与车外形有关，占总阻力的 55%~60%。
2）干扰阻力，由汽车外凸部分引起，占总阻力的 12%~18%。
3）诱导阻力，由汽车上下部分压力差引起，占总阻力的 5%~8%。
4）摩擦阻力，由空气介质与车身表面摩擦引起，占总阻力的 8%~10%。
5）冷却系统阻力，由散热器和发动机罩内腔产生，占总阻力的 10%~15%。

空气阻力的计算式为

$$R_w = C\rho K A v^n = \frac{1}{2}\rho K A v^2 = \frac{K A v^2}{21.15}$$

式中　C——流线型系数，取 $\frac{1}{2}$；

　　　ρ——空气密度（kg/m³），$\rho = 1.2258$ kg/m³；

　　　A——汽车迎风面积，即纵轴垂直平面上的投影面积，对于载重汽车和公共汽车，$A = $ 轮距 $B×$ 总高 H；对于小汽车，$A = 0.78 B_1 H$，B_1 为小汽车轮距；

　　　K——空气阻力系数，由道路风洞试验测得；

　　　v——汽车与空气的相对速度（m/s）；

　　　n——随车速变化的指数，取 $n = 2$；

　　　KA——汽车的流线型因数。

每个挂车的空气阻力为牵引车的 20%，则：

$$R_w = (1 + 0.2n)\frac{KAv^2}{21.15}$$

空气阻力下的消耗功率计算式为

$$N_w = \frac{R_w v}{3600} = 2.1 \times 10^{-5} KAv^3$$

2. 道路阻力 R_R

道路阻力 R_R 是由弹性轮胎变形和道路的不同路面类型及坡度产生的阻力，包括滚动阻力和坡度阻力。

1）滚动阻力 R_f 是指汽车在路面行驶中产生的轮胎变形和路面变形所形成的摩擦而产生的。

滚动阻力的计算式为

$$R_f = Gf\cos\alpha \approx Gf \quad （当 \alpha \to 0 时，\cos\alpha \approx 1）$$

式中　G——车辆总重力；

f——滚动阻力系数。

滚动阻力系数是车轮在一定条件下滚动时,所需推力与车轮负荷之比,即单位车重所需的推力,考虑了轮胎与路面变形、车轮与路面接触摩擦等因素,其大小与路面类型、运行速度、轮胎的构造、轮胎的材料、气压等有关,由试验确定。

滚动阻力下的消耗功率计算式为

$$N_f = \frac{GfV\cos\alpha}{3600}$$

2)坡度阻力 R_i 是指汽车上坡时,汽车重力在平行路面方向的分力与汽车行进的方向相反,阻碍汽车行驶的力;相反,汽车下坡时,上述分力与汽车行进的方向相同,此时形成坡度助力。

坡度阻力的计算式为

$$R_i = G\sin\alpha = \pm Gi \quad \text{(上坡为正,下坡为负)}$$

坡度 i 为纵坡的垂直高度与其水平长度之比的百分率,即

$$i = \frac{h}{H} = \tan\alpha \approx \sin\alpha \quad \text{(当 } \alpha \text{ 较小时)}$$

坡度阻力下的消耗功率计算式为

$$N_i = \frac{R_i V}{3600} = \frac{GiV}{3600}$$

综上,道路阻力 $\quad R_R = R_f + R_i = Gf \pm Gi = G(f \pm i)$

式中 $f \pm i$——道路阻力系数。

3. 惯性阻力 R_I

惯性阻力 R_I 是指汽车在变速行驶中需克服惯性力和惯性力矩而增加的阻力。

惯性阻力计算式为

1)平移情况下:

$$R_{I1} = ma = \frac{G}{g} \times \frac{dv}{dt}$$

2)回转情况下,发动机的飞轮、车轮数值最大,可忽略其他部件阻力不计,则有

飞轮惯性阻力

$$R_{I2} = \frac{\eta J_z i_0^2 i_k^2}{r_k^2} \times \frac{dv}{dt}$$

车轮惯性阻力

$$R_{I3} = \sum \frac{J_k}{r_k^2} \times \frac{dv}{dt}$$

则:$R_I = R_{I1} + R_{I2} + R_{I3} = \dfrac{G}{g} \times \dfrac{dv}{dt} + \dfrac{\eta J_z i_0^2 i_k^2}{r_k^2} \times \dfrac{dv}{dt} + \sum \dfrac{J_k}{r_k^2} \times \dfrac{dv}{dt}$

$$= \frac{G}{g}\left(1 + \frac{g}{G}\frac{\eta J_z i_0^2 i_k^2}{r_k^2} + \frac{g}{G}\sum \frac{J_k}{r_k^2}\right)\frac{dv}{dt} = \frac{G}{g}(1 + \delta_1 + \delta_2 \times i_k^2)\frac{dv}{dt} = \frac{G}{g}\delta \times a$$

惯性力系数 δ 与飞轮、车轮、传动比有关,令非满载时的驱动轮荷载为 G_x,有

$$\delta = (1 + \delta_1 + \delta_2 \times i_k^2)\frac{G}{G_x}$$

惯性阻力下的消耗功率计算式为

$$N_I = \frac{R_I V}{3600} = \frac{G\delta a V}{3600g}$$

综上，汽车总的行驶阻力 $R = R_w + R_R + R_I$。

（三）汽车的运动方程式与行驶条件

1. 汽车的运动方程式

驱动平衡是牵引力 T 与各种行驶阻力的代数和相等时的平衡。

1）节流阀全开时：$T = R = R_w + R_R + R_I$，此式称为驱动平衡方程式。

2）节流阀部分开启时：$T = \frac{UMr\eta_T}{r} = \frac{KAV^2}{21.15} + G(f \pm i) + \frac{G}{g}\delta a$

式中　U——负荷修正系数，$U = 80\% \sim 90\%$。

2. 汽车的行驶条件

当 $T = R$ 时，汽车等速行驶，加速度 $a = 0$；当 $T > R$ 时，汽车加速行驶，$a > 0$；而当 $T < R$ 时，汽车则减速行驶，$a < 0$。

汽车行驶的<u>必要条件</u>（驱动条件、第一必要条件）是有足够的牵引力来克服各种行驶阻力，即牵引力 $T \geq$ 行驶阻力 R；而汽车行驶的<u>充分条件</u>（附着条件、第二必要条件）则是牵引力不能大于轮胎与路面间的摩擦力，即牵引力

$$T \leq \varphi G_x$$

式中　φ——附着条件，取决于路面的粗糙程度和潮湿泥泞程度、轮胎的花纹和气压、车速和荷载等；

G_x——驱动轮荷载，对于小汽车，$G_x = 0.5 \sim 0.65G$；对于载重汽车，$G_x = 0.65 \sim 0.80G$。

在进行道路设计时，要求路面有一定的平整性以降低滚动阻力；同时，又要求路面有一定的粗糙性以提供较大的摩阻系数。

单元 2　平面设计

道路是一条带状的空间构造物实体，它由路基、路面、桥梁、涵洞、隧道、沿线设施等部分组成。

道路平面设计

路线是指道路中线的空间位置。道路的平面是空间路线在水平面上的投影；纵断面是沿道路中线竖直剖切后再行展开的断面；横断面则是道路中线上的任意一点的法向方向竖直剖切的断面。

路线设计是确定路线空间的位置和各部分几何尺寸的工作，制约路线设计的因素主要有社会经济条件、自然地理条件、技术条件等。

路线设计的主要任务是满足汽车行驶平稳，工程费用最省，平、纵、横指标均衡、合理、恰当等方面的要求。

路线设计的基本程序是先进行平面线形设计（高程测量、横断面测量），再进行纵断面设计，最后进行横断面设计（使土石方数量最省）。

一、平面线形设计的基本要求

（一）汽车行驶轨迹

汽车的行驶规律是道路设计的基本课题，平面设计主要考察汽车的行驶轨迹，平面线形要与汽车行驶轨迹相符，才能保证行车安全。汽车行驶轨迹在几何性质上有以下特征：

1) 轨道连续且圆滑，不出现短头和转折。
2) 曲率连续，在任一点上不出现两个曲率值。
3) 曲率变化是连续的，在同一点上不出现两个变化值。

（二）平面线形要素

汽车行驶的轨迹与汽车车身纵轴之间的角度关系分以下三种情况：

1. 角度为零

行驶轨迹与车身纵轴之间的角度为零，则汽车的行驶轨迹曲率为零。行驶轨迹曲率为零的线形是直线。

2. 角度为常数

行驶轨迹与车身纵轴之间的角度为常数，则汽车的行驶轨迹曲率为常数。行驶轨迹的曲率为常数的线形是圆曲线。

3. 角度为变数

行驶轨迹与车身纵轴之间的角度为变数，则汽车的行驶轨迹曲率为变数。行驶轨迹的曲率为变数的线形是缓和曲线。

平面线形的三要素由直线、圆曲线、回旋线构成。三要素组合使用情况如下：四级公路以直线和圆曲线组合为主；其他等级的公路以直线、圆曲线和回旋线三种要素组合为主。各要素在使用中应配置合理，并满足汽车安全行驶的要求。平面线形必须与地形、景观、环境等相协调，同时注意线形的连续与均衡性，并同纵断面、横断面相互配合。

二、平面线形的要素设计

（一）直线要素的设计

1. 直线的特点

直线具有视线较好、行驶方向明确、距离最短、选线容易等优点；但当直线过长时，又具有线形单调、司机易疲劳、易超速行驶、曲率为无穷大的缺点。

2. 直线的运用

适宜采用直线路段的地点主要有以下几个地方：

1) 不受地形、地物限制的平坦地区或山间的开阔谷地。
2) 市镇及其近郊或规划方正的农耕区等以直线条为主的地区。
3) 长大桥梁、隧道等构造物路段。
4) 路线交叉点及其前后。
5) 双车道公路提供超车的路段。

3. 长直线的概念

各国对长直线的理解各不相同，如德国与日本认为超过20倍的行车速度为长直线；苏联则认为8km长为长直线；美国则以180s行程为控制值；我国的京津塘高速公路直线段长度达 3.2km，沈大高速公路则有 13km 的长直线，通常采用 20 倍的设计速度作为控制指标。

通过调查 100km/h 的车速时驾驶员与乘客的心理反应和感受，得出以下规律：

1）在城市附近，由于建筑物多，无单调感觉，驾驶员与乘客无不良反应，故可采用 20 倍设计速度以上的长直线。

2）在乡间平原，由于景色单调，情绪易受影响，希望尽快驶完直线，故应将直线控制在 20 倍设计速度以内。

3）在戈壁、大草原，由于地形特殊，设置弯道已不能改善单调状况，故采用直线更好。

4. 直线长度的限制

任何情况下都要避免追求长直线的错误倾向。若确实需要采用长直线，则应采用相应的措施予以弥补，如：

1）长直线上纵坡不宜过大。

2）长直线宜与大半径凹形竖曲线相组合。

3）道路两侧地形过于空旷时，宜采用植树、设置构造物等措施来改善单调性。

4）长直线或长下坡尽头的平曲线，应满足半径、超高、视距、标志、抗滑的要求。

5. 直线的最小长度

相邻曲线之间（如回旋线终点与直线的交点 HZ 至直线与回旋线起点的交点 ZH 或圆曲线终点与直线的交点 YZ 至直线与圆曲线起点的交点 ZY）应有一定的直线长度。

当设计速度 $V \geq 60$km/h 时，对于同向或反向曲线间的直线最小长度（以 m 计），"规范"中规定应分别以 $6V$ 和 $2V$ 控制。若无法满足其要求，则应将同向曲线改成复曲线，反向曲线以回旋线相连。

当设计速度 $V \leq 40$km/h 时，可参照上述规定执行。

（二）圆曲线要素的设计

1. 圆曲线的几何元素

圆曲线是平曲线中的主要组成部分，常采用的线形有单曲线、复曲线、双交点曲线、多交点曲线、虚交点曲线、回头曲线等。

圆曲线具有能与地形、地物、环境相适应，自然表明方向，现场容易设置，诱导驾驶视线，曲率为某个常数等优点。其缺点是相对直线来说设置困难。

如图 2-3 所示，圆曲线几何元素的计算式如下：

$$T = R\tan\frac{\alpha}{2} \quad (2\text{-}5)$$

$$L = \frac{\pi \alpha R}{180} = 0.01745\alpha R \quad (2\text{-}6)$$

$$E = R\left(\sec\frac{\alpha}{2} - 1\right) \quad (2\text{-}7)$$

$$J = 2T - L \quad (2\text{-}8)$$

以上各式中，α 为路线的转角（°）；R 为平曲线半径（m）；T 为平曲线的切线长（m）；L 为平

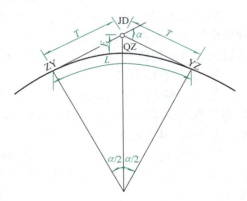

图 2-3　圆曲线几何元素

曲线的长度（m）；E 为平曲线的外距（m）；J 为平曲线的切曲差（m）。

2. 圆曲线半径

汽车在曲线上行驶受到重力和离心力的影响。离心力的产生会使汽车发生滑移和倾覆。

（1）计算式与因素　路面外侧抬高（超高），向内侧倾斜，得

$$R = \frac{v^2}{g(\mu \pm i_h)} = \frac{V^2}{127(\mu \pm i_h)} \tag{2-9}$$

式中，v 的单位为 m/s；V 的单位为 km/h。下文同。

1）横向力系数 μ。横向力系数是汽车单位重力下横向力的大小，即 $\mu = X/G$。

从危及行车安全角度，主要考虑汽车在弯道上行驶的稳定性，即横向倾覆（危险很小）和横向滑移（主要研究对象），保证汽车在超高斜面上不产生横向滑移的条件是 $\mu \leqslant f$，f 为轮胎与路面之间所能提供的横向摩阻系数。横向摩阻系数取决于路面的潮湿程度、车速、路面类型、轮胎状态等。对于干燥路面取 $\mu = 0.4 \sim 0.8$；对于潮湿黑色路面取 $\mu = 0.25 \sim 0.4$；对于结冰路面取 $\mu < 0.2$；对于光滑的冰面取 $\mu < 0.06$。

从驾驶员操纵方向盘的角度，考虑汽车在横向力的作用下，使轮胎产生横向变形，在行驶中汽车的轮迹会产生偏移角，给驾驶员操纵方向盘造成困难，车速越大，越不易保持方向上的稳定。

从汽车燃料消耗和轮胎磨损角度考虑，以汽车运营经济性出发，应取 $\mu < 0.15$ 为宜；从乘客舒适角度考虑，应取 $\mu \leqslant 0.1$ 为宜。

综合考虑以上因素，宜取 $\mu \leqslant 0.16$，通常取 $\mu = 0.11 \sim 0.16$。

2）最大超高 $i_{h,max}$。依据气候条件，驾驶员和乘客的心理安全感确定的最大超高 $i_{h,max}$ 应小于等于一年中气候恶劣季节路面的横向摩阻系数 f_w，即 $i_{h,max} \leqslant f_w$。

（2）最小半径的计算

1）极限最小半径 $R_{极限}$（汽车在设计速度行驶时的极限最小允许半径）。当式（2-9）中取 $\mu = 0.15$ 与 $i_h = 0.06 \sim 0.08$ 时，计算出的半径为极限最小半径，它是在特殊困难条件下才使用的。

2）一般最小半径（汽车在设计速度行驶时的一般情况下采用的最小半径）。当式（2-9）中取 $\mu = 0.10 \sim 0.15$ 与 $i_h = -0.035 \sim 0.05$ 时，计算出的半径为一般最小半径。

3）不设超高的最小半径 $R_{不设}$。当式（2-9）中取 $\mu = 0.035$ 与 $i_h = -0.02 \sim -0.015$ 时，计算出的半径为不设超高的最小半径，因汽车在沿路拱外侧行驶，离心力较小，摩阻力完全可以保证汽车的稳定性，其半径见表 1-4。

4）应注意以下事项：

① 对于路线所经地区地形特别复杂的改建二级公路，极限最小半径 $R_{极限}$ 可用 50m，新建的二级公路规定 $R_{极限} = 60$m；改建的三级公路的 $R_{极限}$ 可用 25m，新建三级公路规定 $R_{极限} = 30$m；其差值用增大超高来调整。

② 在实用过程中 $R < R_{不设}$，则需设超高坡度 i_h。高速公路和一级公路的 $i_h \leqslant 10\%$，其他公路的 $i_h < 8\%$。当 $i_h < i_1$（路拱横坡）时，应采用 $i_h = i_1$；积雪寒冷地区的 $i_h \leqslant 6\%$，应增大 R。

③ 采用较大的圆曲线半径时，因其几何性质和行车条件与直线无太大区别，易给驾驶

员造成判断错误,带来不良后果,也会给计算、测量、施工增加麻烦,故圆曲线最大半径值采用 $R \leqslant 10000\mathrm{m}$ 为宜。

(三) 回旋线要素的设计

回旋线是设置在直线与圆曲线之间或半径相差较大的圆曲线之间的一种曲率连续变化的曲线。回旋线的优点是曲率为变化值,符合汽车行驶的自然轨迹;缺点是放样、施工、计算均较困难。

1. 回旋线的作用与性质

(1) 回旋线的作用

1) 曲率连续变化,符合汽车行驶轨迹。回旋线的曲率变化适应于汽车行驶轨迹的几何性质变化的要求。因为汽车行驶轨迹是连续的,而且是圆滑的,轨迹的曲率是连续的,轨迹的曲率变化率是连续的,故回旋线的曲率变化与汽车行驶轨迹相一致。

2) 离心加速度逐渐变化,旅客感觉舒适。汽车从一条曲线过渡到另一条曲线的行驶过程中,会使离心加速度逐渐变化,而汽车在回旋线上行驶可避免突变产生的不舒适感。

3) 超高和加宽逐渐变化,行车更加平稳。行车道从直线上的双向横坡过渡到圆曲线上的单向横坡和从直线上的正常宽度过渡到圆曲线上的加宽宽度,均在回旋线中过渡完成,可避免突变给行车造成左右摇摆的影响。

4) 与圆曲线配合得当,增加线形美观。回旋线适应汽车转向操作的行驶轨迹,且路线更顺畅,使路线线形在视觉上达到美观协调的显著效果。

(2) 回旋线的性质

1) 轨迹的曲率半径 r 与转角 ϕ 成反比例变化。

因为 $\phi = k\varphi = k\omega t$,且 $\sin\phi = \dfrac{d}{r} \approx \phi = k\omega t$

所以 $r = \dfrac{d}{\phi} = \dfrac{d}{k\omega t}$,或 $t = \dfrac{d}{k\omega r}$

2) 回旋线上任一点的曲率半径 r 与其距起点的距离 l 成反比例。

$$l = vt = \dfrac{vd}{k\omega r} = \dfrac{C}{r} \quad \left(令 C = \dfrac{vd}{k\omega}\right)$$

3) 曲线半径 R 与回旋线长度 L 成反比。

回旋线终点处:$r = R$,$L = \dfrac{C}{R}$,$LR = C = A^2$(令 $C = A^2$)。

以上计算式中,k 为常数,φ 为方向盘转动的角度(rad),ω 为角速度(rad/s),d 为车辆前后轮的轴距(m),t 为时间(s),A 为回旋线参数。

2. 回旋线的数字表达式与几何要素

(1) 回旋线的数学表达式 任意点 P 的坐标为

$$\begin{cases} x = l - \dfrac{l^3}{40r^2} + \dfrac{l^5}{3456r^4} - \cdots \\ y = \dfrac{l^2}{6r} - \dfrac{l^4}{336r^3} + \dfrac{l^6}{42240r^5} - \cdots \end{cases}$$

终点处 $l=L$，$r=R$，则：

$$\begin{cases} X = L - \dfrac{L^3}{40R^2} + \dfrac{L^5}{3456R^4} - \cdots \\ Y = \dfrac{L^2}{6R} - \dfrac{L^4}{336R^3} + \dfrac{L^6}{42240R^5} - \cdots \end{cases}$$

采用切线支距法敷设回旋线的近似计算式为

$$\begin{cases} x = l - \dfrac{l^5}{40C^2} \\ y = \dfrac{l^3}{6C} - \dfrac{l^7}{336C^3} \end{cases}$$

$$C = RL_s \tag{2-10}$$

式中　R——圆曲线半径；
　　　L_s——回旋线长度。

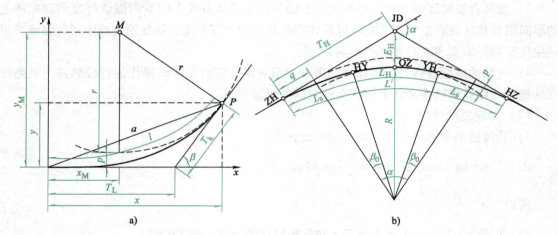

图 2-4　几何元素图
a）回旋线　b）平曲线

（2）回旋线的几何元素　由图 2-4a 可知，回旋线的几何元素计算式如下：

终点处 P 的曲线半径：$\quad R = \dfrac{A^2}{L} = \dfrac{A}{C} = \dfrac{L}{2\beta} = \dfrac{A}{\sqrt{2\beta}}$

回旋线长度：$\quad L = \dfrac{A^2}{R} = \dfrac{A}{r} = 2\beta R = A\sqrt{2\beta}$

回旋线角度：$\quad \beta = \dfrac{L}{2R} = \dfrac{l^2}{2A^2} = \dfrac{A^2}{2R^2} = \dfrac{l}{2r}$

回旋线参数：$\quad A^2 = LR = \dfrac{L^2}{2\beta} = 2\beta R^2$ 或 $A = \sqrt{LR} = \dfrac{L}{\sqrt{2\beta}} = \sqrt{2\beta}R$

P 点坐标：

$$\begin{cases} X = L - \dfrac{L^3}{40R^2} + \dfrac{L^5}{3456R^4} \\ Y = \dfrac{L^2}{6R} - \dfrac{L^4}{336R^3} + \dfrac{L^6}{42240R^5} \end{cases}$$

P 点的内移值：

$$p = y + r\cos\beta - r$$

M 点的坐标：

$$\begin{cases} x_M = x - r\sin\beta \\ y_M = r + p \end{cases}$$

长切线长度：

$$T_L = x - y\cos\beta$$

短切线长度：

$$T_k = \dfrac{y}{\sin\beta}$$

P 点的弦长：

$$a = \dfrac{y}{\sin\delta}$$

P 点的弦偏角：

$$\delta = \arctan\dfrac{y}{x} \approx \dfrac{\beta}{3}$$

3. 有回旋线的道路平曲线几何元素

切线增值：

$$q = x - R\sin\beta = L - \dfrac{L^3}{40R^2} - R\left(\beta - \dfrac{\beta^3}{3!}\right)$$

$$= L - \dfrac{L^3}{40R^2} - \dfrac{RL}{2R} + \dfrac{RL^3}{6 \times 8R^3} = \dfrac{L}{2} - \dfrac{L^3}{240R^2}$$

曲线内移值：

$$p = y + R\cos\beta - R = \dfrac{L^2}{6R} - \dfrac{L^4}{336R^3} + R\left(1 - \dfrac{\beta^2}{2!} + \dfrac{\beta^4}{4!}\right) - R$$

$$= \dfrac{L^2}{6R} - \dfrac{L^4}{336R^3} + R - \dfrac{RL^2}{8R^2} + \dfrac{RL^4}{384R^4} - R = \dfrac{L^2}{24R} - \dfrac{L^4}{2688R^3}$$

由图 2-4b 可知：

回旋线角：

$$\beta_0 = \dfrac{L_s^2}{2C} = \dfrac{L_s}{2R}(\text{rad}) = \dfrac{L_s}{2R} \times \dfrac{180}{\pi} = 28.6479\dfrac{L_s}{R}$$

切线总长：

$$T_H = (R + p)\tan\dfrac{\alpha}{2} + q$$

曲线总长：

$$L_H = \dfrac{R(\alpha - 2\beta_0)\pi}{180} + 2L_s$$

外距：

$$E_H = (R+p)\sec\frac{\alpha}{2} - R$$

切曲差：

$$J_H = 2T_H - L_H$$

采用切线支距法敷设圆曲线的计算式为

$$\begin{cases} x = q + R\sin\phi_M \\ y = p + R(1-\cos\phi_M) \end{cases}$$

上式中的 $\phi_M = \alpha_M + \beta_0 = 28.6479\dfrac{2l_M + L_s}{R}$。其中，$l_M$ 为圆曲线上任意点 M 至回旋线起点的弧长（m）；α_M 为 l_M 所对应的圆心角（rad），$\alpha_M = \dfrac{l_M}{R}$。

4. 回旋线的长度及参数

（1）回旋线的最小长度 $L_{s,\min}$ 的确定　回旋线的最小长度应满足直线与圆曲线平顺过渡、限制离心力突变和有必要时间来顺适操作方向盘的要求。

1）从旅客感觉舒适角度考虑，离心加速度随回旋线曲率的变化而变化。

因为　　$\alpha_s = \dfrac{a}{t} = \dfrac{v^2/R}{L_s/v} = \dfrac{v^3}{RL_s} = 0.0214\dfrac{V^3}{RL_s} \leqslant 0.6$

所以　　回旋线的最小长度 $L_{s,\min} = 0.0214\dfrac{V^3}{R\alpha_s}$，式中的 α_s 为离心加速度变化率，根据实际情况选用，通常不大于 0.6。

【例 2-1】　设计速度为 80km/h 的二级公路有一半径 $R=260m$ 的弯道，应设多长的回旋线？

【解】　$L_{s,\min} = 0.0214\dfrac{V^3}{R\alpha_s} = 0.0214 \times \dfrac{80^3}{260 \times 0.6}\text{m} \approx 70\text{m}$

2）从超高渐变率适中角度考虑，超高过渡段上行车道外侧的超高变化率应控制在适中的范围，变化过大对行车不利，过小则对排水不利，则：

$$L_{s,\min} = \frac{B\Delta i}{p} \tag{2-11}$$

式中　$L_{s,\min}$——回旋线的最小长度（m）；

　　　B——旋转轴至行车道（设路缘带时为路缘带）外侧边缘的宽度（m）；

　　　Δi——超高坡度与路拱坡度的代数差（%）；

　　　p——超高渐变率，即旋转轴线与行车道外侧边缘线之间的相对坡度。

3）从行驶时间恰当角度考虑，因为驾驶员的操作反应需要时间，行驶的时间不宜过短，否则操纵方向盘过于匆忙，通常取 $t=3s$ 的行程，则：

$$L_{s,\min} = vt = \frac{V}{3.6} \times 3 = \frac{V}{1.2} = 0.83V \tag{2-12}$$

4）从视觉条件良好角度考虑，从回旋线起点至终点形成的方向变位最好是 $\beta = 3° \sim 29°$，

即 $\frac{R}{3} \leq A$（回旋线参数）$\leq R$。根据实践研究得到 $\beta = \frac{A^2}{2R^2}$，则：$A = \sqrt{2\beta R}$。

当 $\beta = 3° = 0.0556\text{rad}$ 时，则：$A = \sqrt{2 \times 0.0556}R \approx \frac{R}{3}$，$L = \frac{A^2}{R} = \frac{R}{9}$。

当 $\beta = 29° = 0.5\text{rad}$ 时，则：$A = \sqrt{2 \times 0.5}R = R$，$L = \frac{A^2}{R} = R$，$L_s = \frac{R}{9} \sim R$。

按上述四点要求，计算回旋线长度的计算式与运行速度关系较大，与半径关系则有差异，其中第二点、第三点与半径无关；第一点、第四点则计算的结果相反。"标准"规定按运行速度来求回旋线的最小长度，同时考虑了行车时间和行车道外侧超高变化率的要求。因此，在设计速度相同的道路上，不论曲线半径大小如何都可采用同一个回旋线长度。

综合考虑上述四种情况，各级公路及城市道路规定的回旋线最小长度见表2-3。选用回旋线长度时取用 5m 的整倍数。回旋线长度应随圆曲线半径的增大而增长。圆曲线按规定需设置超高时，回旋线长度还应大于超高过渡段长度。

表 2-3　回旋线最小长度

设计速度/(km/h)	120	100	80	60	50	40	30	20
公路回旋线最小长度/m	100	85	70	50	—	35	25	20
城市道路回旋线最小长度/m	—	—	70	50	45	35	25	20

注：四级公路为超高、加宽过渡段长度。

(2) 回旋线参数 A 的确定

1) 从汽车在回旋线上缓和行驶（离心加速度的变化率 α_s 适中）角度考虑：

因为 $\alpha_s = \frac{a}{t} = \frac{v^2/R}{L_s/v} = \frac{v^3}{RL_s} = 0.0214\frac{V^3}{A^2}$，所以 $A = \sqrt{\frac{0.0214V^3}{\alpha_s}}$

2) 从行驶时间（取 $t = 3\text{s}$）角度考虑：

$$A = \sqrt{RL_s} = \sqrt{Rvt} = \sqrt{R\frac{V}{3.6} \times 3} = \sqrt{\frac{RV}{1.2}}$$

3) 从超高允许变化率角度考虑：

因为 $L_s = \frac{B\Delta i}{p}$，所以 $A = \sqrt{RL_s} = \sqrt{R\frac{B\Delta i}{p}}$

4) 从视觉条件角度考虑：

$$\frac{R}{3} \leq A \leq R \quad \text{或} \quad A \leq R \leq 3A$$

"规范"规定：回旋线参数宜依据地形条件及线形要求确定，并与圆曲线半径相协调。设计中当 R 接近于 100m 时，取 $A = R$；若 $R < 100$m，则取 $A \geq R$；若 R 较大或接近 3000m，取 $A = \frac{R}{3}$；若 $R > 3000$m，则取 $A < \frac{R}{3}$。

(3) 回旋线的省略　设置回旋线后圆曲线的位移量为 $p = \frac{L^2}{24R}$。

省略回旋线的条件：位移量 p 与车道中的富裕宽度相比很小。

1) 不设回旋线的临界半径（取 $t=3s$）：

$$R = \frac{L^2}{24p} = \frac{V^2 t^2 / 3.6^2}{24 \times 0.2} = \frac{9V^2}{3.6^2 \times 24 \times 0.2} = 0.144V^2$$

考虑司机的视觉与舒适感，"标准"所采用的不设回旋线的半径与不设超高的平曲线半径相同。

2) 同向间小圆的半径 $R > R_{不设}$。

3) 复曲线中小圆的半径 $R > R_{临界}$（$R_{临界}$见表 2-4），且符合下列条件之一者：

① 小圆按最小回旋线长度设回旋线时，大圆与小圆的内移值之差小于 0.1m 时。

② 设计速度大于或等于 80km/h，大圆半径（R_1）与小圆半径（R_2）之比小于 1.5 时。

③ 设计速度小于 80km/h，大圆半径（R_1）与小圆半径（R_2）之比小于 2 时。

表 2-4 复曲线中小圆的临界圆曲线半径 $R_{临界}$

设计速度/(km/h)	120	100	80	60	40	30
临界圆曲线半径/m	2100	1500	900	500	250	130

为了在直线和圆曲线之间设置回旋线，必须将原来的圆曲线向内移动，才能使回旋线的起点切于直线上，而回旋线的终点又与圆曲线上某一点相切，圆曲线向内移动有两种方式：

1) 圆曲线长度不变，而圆心沿内角的分角线向内移动一定的距离，使其达到回旋线既与直线相切又与圆曲线相切的目的。该方法不是平行移动圆曲线上各点的内移值，即内移值不相等，其差异随圆曲线半径的增大而减小，测设工作较麻烦。

2) 圆曲线的圆心不动，把圆曲线半径减小，使圆曲线沿圆心方向移动，同样达到既与直线相切又与圆曲线相切的目的。该方法平行移动圆曲线上各点的内移值，即内移值相等，测设工作方便。

设置回旋线的条件：

$$\alpha \geq 2\beta$$

式中　α——路线的转角；

　　　β——回旋线角。

能否设置回旋线取决于圆曲线长度是否大于回旋线长度，则有

$$d\beta = \frac{dl}{r} = \frac{l}{C}dl \quad \beta = \frac{l^2}{2C} = \frac{L^2}{2C} \quad （当 l = L 时）$$

当 $\alpha = 2\beta$ 时，两条回旋线在弯道中央连接，形成一条连续的回旋线。

当 $\alpha < 2\beta$ 时，不能设置规定的回旋线，采取的措施主要有缩短回旋线长度与增大圆曲线半径。

(4) 里程桩号计算　各里程桩号的计算按下列公式进行：

$$JD - T_H = ZH; \quad ZH + L_s = HY; \quad HY + (L_H - 2L_s) = YH; \quad YH + L_s = HZ;$$
$$HZ - L_H/2 = QZ; \quad QZ + J_H/2 = JD$$

【例 2-2】　某三级公路，已知交点（JD）的里程桩号为 K12+476.21，转角 $\alpha = 37°16'$，圆曲线半径 $R = 300$m，设计速度 $V = 60$km/h，回旋线长度 $L_s = 60$m，试计算各曲线要素及各主点桩的桩号里程。

【解】　各曲线要素计算：

$$q = \frac{L_s}{2} - \frac{L_s^3}{240R^2} = \frac{60}{2}\text{m} - \frac{60^3}{240 \times 300^2}\text{m} = 29.99\text{m}$$

$$p = \frac{L_s^2}{24R} = \frac{60^2}{24 \times 300}\text{m} = 0.5\text{m}$$

$$\beta_0 = 28.6479\frac{L_s}{R} = 5°43'46''$$

$$T_H = (R+p)\tan\frac{\alpha}{2} + q = \left[(300+0.5)\tan\frac{37°16'}{2} + 29.99\right]\text{m} = 131.31\text{m}$$

$$L_H = \frac{R(\alpha - 2\beta_0)\pi}{180} + 2L_s = \left[\frac{300 \times (37°16' - 2 \times 5°43'46'')\pi}{180} + 2 \times 60\right]\text{m} = 255.13\text{m}$$

$$E_H = (R+p)\sec\frac{\alpha}{2} - R = \left[(300+0.5)\sec\frac{37°16'}{2} - 300\right]\text{m} = 17.12\text{m}$$

$$J_H = 2T_H - L_H = (2 \times 131.31 - 255.13)\text{m} = 7.49\text{m}$$

$$L_y = \frac{R(\alpha - 2\beta_0)\pi}{180} = \frac{300 \times (37°16' - 2 \times 5°43'46'')\pi}{180}\text{m} = 135.13\text{m}$$

各主点桩的桩号里程计算：
ZH = JD − T_H = K12 + 476.21 − 131.31 = K12 + 344.90
HY = ZH + L_s = K12 + 344.90 + 60 = K12 + 404.90
YH = HY + (L_H − 2L_s) = K12 + 404.90 + (255.13 − 2 × 60) = K12 + 540.03
HZ = YH + L_s = K12 + 540.03 + 60 = K12 + 600.03
QZ = HZ − L_H/2 = K12 + 600.03 − 255.13/2 = K12 + 472.47
校对：JD = QZ + J_H/2 = K12 + 472.47 + 7.49/2 = K12 + 476.21，无误。

（四）要素坐标的计算

我国道路勘测、设计常用的坐标系统主要有大地坐标系统、高斯正投影3°带平面直角坐标系统和平面直角坐标系统等。道路的勘测、设计根据路线地理位置和几何关系计算出路线上各桩号的坐标，编制逐桩坐标表，供施工放样用。

1. 导线点的坐标计算

道路的勘测设计一般应先布设导线进行控制测量，导线常与国家三角控制点进行连接，使路线的导线点与国家三角点形成整体，取得导线坐标起算数据。联测的方法优先采用北斗卫星定位系统进行导线测量，或采用电子全站仪进行导线测量，直接读取导线点坐标；其他方法则需测出导线各边长和夹角后，用坐标增量法逐点推算各导线点的坐标，如图2-5所示。

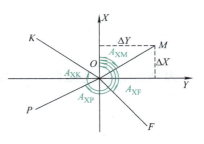

图2-5 方位角计算

（1）方位角的确定

$$\tan\theta_i = \left|\frac{\Delta Y}{\Delta X}\right| \qquad (2-13)$$

方位角：$A_i = \theta_i$ $\qquad \Delta Y > 0, \Delta X > 0$
$\qquad\quad A_i = 180° - \theta_i \qquad \Delta Y > 0, \Delta X < 0$

$$A_i = 180° + \theta_i \quad \Delta Y < 0, \ \Delta X < 0$$
$$A_i = 360° - \theta_i \quad \Delta Y < 0, \ \Delta X > 0$$

（2）坐标计算

$$\begin{cases} X_{i+1} = X_i + D\cos A_i \\ Y_{i+1} = Y_i + D\sin A_i \end{cases} \tag{2-14}$$

式中　　X_{i+1}，Y_{i+1} ——计算导线点的 X 与 Y 的坐标（m）；

　　　　X_i，Y_i ——已知导线点的 X 与 Y 的坐标（m）；

　　　　D ——两导线点间的水平距离（m）；

　　　　A_i ——方位角（°）。

2. 交点坐标计算

根据初测布设导线测绘的地形图进行纸上定线，完成平面线形设计。路线交点的坐标可以利用导线点的坐标推算，或从初测坐标网格地形图中直接导出。

3. 中桩坐标计算

（1）平曲线起、终点坐标计算　如图 2-6 所示，JD 的坐标为 (X_b, Y_b)，交点前后直线边的方位角分别为 A_{i-1}、A_i，圆曲线的半径为 R，回旋线长度为 L_s，平曲线切线长为 T_h，曲线起、终点的坐标可用下式计算：

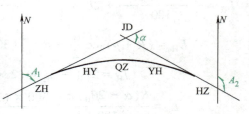

图 2-6　平曲线坐标计算图

$$\begin{cases} X_{ZH} = X_b - T_h\cos A_{i-1} \\ Y_{ZH} = Y_b - T_h\sin A_{i-1} \end{cases} \tag{2-15}$$

$$\begin{cases} X_{HZ} = X_b + T_h\cos A_i \\ Y_{HZ} = Y_b + T_h\sin A_i \end{cases} \tag{2-16}$$

（2）平曲线上任意点坐标计算

1) ZH~QZ 段的坐标计算。以曲线起点 ZH 为坐标原点，切线为 X' 轴，法线为 Y' 轴，建立直角坐标系，计算各桩号的坐标。

① 回旋线段 X'、Y'：

$$\begin{cases} X' = l - \dfrac{l^5}{40R^2L_s^2} \\ Y' = \dfrac{l^3}{6RL_s} \end{cases} \tag{2-17}$$

② 圆曲线段任意点的 X'、Y'：

$$\begin{cases} X' = R\sin\left(\beta + \dfrac{l'}{R}\dfrac{180}{\pi}\right) + q \\ Y' = R - R\cos\left(\beta + \dfrac{l'}{R}\dfrac{180}{\pi}\right) + p \end{cases} \tag{2-18}$$

利用上述计算式计算出回旋线段内各加桩和圆曲线段内各加桩 X'、Y' 的值，则 ZH~QZ 段各点的坐标和方位角为

$$\begin{cases} X = X_{ZH} + X'\cos A_{i-1} + Y'\cos(A_{i-1} + \xi 90°) \\ Y = Y_{ZH} + X'\sin A_{i-1} + Y'\sin(A_{i-1} + \xi 90°) \end{cases} \tag{2-19}$$

回旋线段的方位角：$A_{xi} = A_{i-1} + \xi\beta_x$ $\left(\beta_x = \dfrac{l^2}{2RL_s}\dfrac{180}{\pi}\right)$

圆曲线段的方位角：$A_{xi} = A_{i-1} + \xi\left(\beta + \dfrac{l'}{R}\dfrac{180}{\pi}\right)$ $\left(\beta = \dfrac{L_s}{2R}\dfrac{180}{\pi}\right)$

式中　ξ——路线转向，右转角时 $\xi=1$，左转角时 $\xi=-1$；

　　　β_x——回旋线任意点切线角度（°）；

　　　l——回旋线任意点至 ZH 点的弧长；

　　　l'——圆曲线上任意点至 HY 点的弧长。

2）QZ~HZ 段的坐标计算。以曲线终点 HZ 为坐标原点切线为 X' 轴，法线为 Y' 轴，建立直角坐标系，利用式（2-17）和式（2-18）计算出回旋线段和圆曲线段内各点的 X'、Y' 的坐标，则 QZ~HZ 段各点的坐标和方位角为

$$\begin{cases} X = X_{HZ} + X'\cos A_i + Y'\cos(A_i + \xi 90°) \\ Y = Y_{HZ} + X'\sin A_i + Y'\sin(A_i + \xi 90°) \end{cases} \quad (2\text{-}20)$$

回旋线段的方位角：　$A_{xi} = A_i - \xi\beta_x$ $\left(\beta_x = \dfrac{l^2}{2RL_s}\dfrac{180}{\pi}\right)$

式中　l——回旋线任意点至 HZ 点的弧长；

其余符号意义同前。

圆曲线段的方位角：$A_{xi} = A_i - \xi\left(\beta + \dfrac{l'}{R}\dfrac{180}{\pi}\right)$ $\left(\beta = \dfrac{L_s}{2R}\dfrac{180}{\pi}\right)$

式中　l'——圆曲线上任意点至 YH 点的弧长；

其余符号意义同前。

(3) 直线段中桩坐标的计算　位于 ZH 之前或 HZ 点之后的直线段上的点，可利用 JD 点的坐标或 ZH、HZ 点的坐标与该点的距离计算出该点的坐标值。

三、平曲线设计

（一）平面线形设计一般原则

1）平面线形应直捷、连续、顺适，并与地形、地物相适应，与周围环境相协调。对于平原微丘区，路线直捷、舒适，三要素中直线占比较大；而山岭重丘区，路线曲折，三要素中曲线占比较大。

路线要与地形相适应，这既是美学问题、经济问题，也是保护生态环境的问题。三要素的选用与合理组合取决于地形、地物等具体条件，片面强调路线要以直线为主或以曲线为主，或人为规定三者比例都是错误的。

2）应尽量满足汽车在行驶过程中有关力学，以及人的视觉和心理方面的要求。当运行速度 $V \geq 60$km/h 时，应注重主体线形设计，要求线形连续、指标均衡、视觉良好、景观协调、安全舒适；当运行速度 $V \leq 40$km/h 时，应正确地运用平面线形，各要素应合理组合，以充分发挥投资效益。

3）保持平面线形的均衡与连贯。线形要素应保持连续性，不应出现技术指标的突变，并注意以下几点：

① 长直线尽头不能接小半径曲线，特别是下坡方向的尽头处。

② 高、低指标间的使用应有过渡段：同一等级公路，地形变化而使指标发生变化处；同一条公路，不同等级而使指标发生变化处。

4）应避免连续急弯的线形。设计时可在曲线间插入足够长的直线或回旋线。

5）平曲线应有足够的长度。平曲线长度不宜太短，否则驾驶员操纵困难，"规范"规定了平曲线最小长度。若设置回旋线或缓和段，平曲线长度应满足表2-5的要求，操作方向盘的需要时间$t>6s$。平曲线由两段回旋线和一段圆曲线组成，回旋线不能小于其最小长度，圆曲线长度宜大于汽车3s的行程。特殊情况下圆曲线可以等于零。

各级公路平面无论转角大小，均应设置圆曲线。在选用圆曲线半径时，应与设计速度相适应。转角的大小反映了路线的舒适程度，小一些为好，但转角$\alpha<7°$时，会使汽车在行驶过程中对路线的线形产生错觉，宜按表2-5确定平曲线长度。

表 2-5 平曲线最小长度

设计速度/(km/h)		120	100	80	60	40	30	20
平曲线最小长度/m	一般值	600	500	400	300	200	150	100
	最小值	200	170	140	100	70	50	40
$\alpha\leq7°$时平曲线最小长度/m		$1400/\alpha$	$1200/\alpha$	$1000/\alpha$	$700/\alpha$	$500/\alpha$	$350/\alpha$	$280/\alpha$

注：表中α为路线的转角值（°）。

转角较小时应设置较长的曲线，使驾驶员产生道路顺适转弯的感觉，避免驾驶员做出不当动作。但当$\alpha<2°$时，应按$\alpha=2°$计。

（二）平面线形要素的组合类型

1. 基本型

基本型按直线—回旋线—圆曲线—回旋线—直线的顺序组合，如图2-7所示。为使线形连续、协调，回旋线、圆曲线、回旋线的长度之比宜按1∶1∶1设置。

2. S形

S形是指两反向曲线用回旋线连接的组合，如图2-8所示。

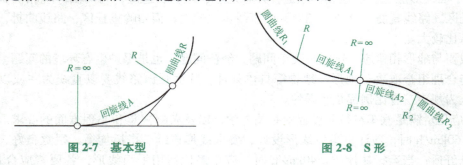

图 2-7 基本型　　　　　　　图 2-8 S形

回旋线参数A_1与回旋线参数A_2宜相等；不相等时，应满足$\dfrac{A_1}{A_2}<2.0$的要求。回旋线间不宜设短直线，直线段长度需大于2倍的设计速度所对应的距离，不得已时可采用式（2-21）计算短直线。

$$L \leqslant \frac{A_1 + A_2}{40} \tag{2-21}$$

半径比 $\frac{R_2}{R_1} = \frac{1}{3} \sim 1$ 为宜，其中 R_2 为小圆半径，R_1 为大圆半径。

3. 卵形

卵形是指用一个回旋线连接两个同向圆曲线的组合，如图 2-9 所示。回旋线参数 A 应满足"规范"要求，且满足：

$$\frac{R_2}{2} \leqslant A \leqslant R_2$$

两圆曲线半径之比的界限： $0.2 \leqslant \frac{R_2}{R_1} \leqslant 0.8$

两圆曲线间距 D 的界限： $0.003 \leqslant \frac{D}{R^2} \leqslant 0.03$

4. 凸形

两同向回旋线径相衔接的组合（凸形）如图 2-10 所示，仅在特殊情况下采用。回旋线参数和圆曲线一般最小半径均需符合容许值的要求。

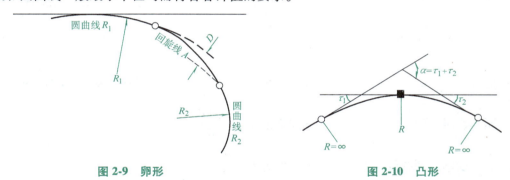

图 2-9　卵形　　　　　　　　图 2-10　凸形

5. 复合形

两个以上同向回旋线间在曲率相等处相互连接的形式（复合形）如图 2-11 所示，回旋线参数之比宜为 $A_1 : A_2 = 1 : 1.5$。

6. C 形

同向曲线的两回旋线在曲率为零处相衔接的组合（C 形）如图 2-12 所示，仅在特殊情况下采用。

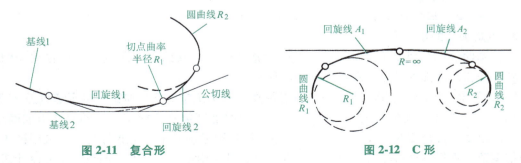

图 2-11　复合形　　　　　　　　图 2-12　C 形

四、圆曲线加宽及其过渡

1. 设置加宽的原因

1）汽车在曲线上行驶时各个车轮的轨迹半径是不等的，后轴内侧车轮的行驶轨迹半径最小，前轴外侧车轮的行驶轨迹半径最大，因而在车道内侧需要更宽一些的路面，以供后轴内侧车轮行驶轨迹需要，故需加宽曲线上的行车道。

2）汽车在曲线上行驶时，前轴中心的轨迹并不完全符合理论轨迹，而是有较大的摆动偏移（其偏移值的大小与实际运行速度有关）。所以也需要加宽曲线上的行车道，以利于行车摆移时的安全。

2. 加宽值的确定

根据勾股定理，由图2-13可知：

$(B+R_1)^2 + A^2 = R^2$ 或 $(R-b)^2 + A^2 = R^2$

双车道路面加宽值：$b_j = 2b$，$b = \dfrac{b_j}{2}$，则：

$$\left(R - \dfrac{b_j}{2}\right)^2 + A^2 = R^2$$

$$R^2 - Rb_j + \dfrac{b_j^2}{4} + A^2 = R^2$$

因为 $\dfrac{b_j^2}{4} \approx 0$ 所以 $Rb_j = A^2$，$b_j = \dfrac{A^2}{R}$

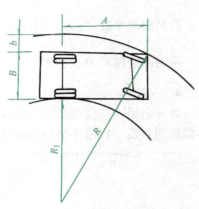

图 2-13 普通汽车的加宽

不同车速时，汽车摆动偏移所需的加宽值 $b' = \dfrac{0.1V}{\sqrt{R}}$。

因此，双车道圆曲线上中面的全加宽值为 $b_j = \dfrac{A^2}{R} + \dfrac{0.1V}{\sqrt{R}}$。

半挂车对加宽的要求：

$$b_j = \dfrac{A^2}{R} + \dfrac{A_1^2}{R} + \dfrac{0.1V}{\sqrt{R}}$$

式中 A——汽车的轴距加前悬（m）；

R——圆曲线半径（m）；

V——汽车的运行速度（km/h）；

A_1——牵引车的后轴至被拖的车后轴之间的距离（m）。

3. 设置加宽的规定和要求

公路圆曲线部分根据圆曲线半径、交通组成等情况，其路面在曲线内侧设置相应的加宽。各级公路的路面加宽后，路基也应相应加宽。

"规范"规定当 $R \leq 250$m 时，必须设置加宽；双车道按表2-6加宽；单车道则按表2-6折半加宽；三条以上车道的公路，另行计算；圆曲线加宽类别应根据公路的交通组成确定。二级公路以及设计速度为40km/h的三级公路有集装箱运输的半挂车通行时，应采用第3类路面加宽值；不经常通行集装箱运输的半挂车时，可采用第2类加宽。四级公路和设计速度为 30km/h 的三级公路，若交通组成以轴距加前悬为 5m 的车辆为主，可采用第 1 类路面加宽值。

双车道公路当采取强制性措施实行分向行驶的路段，其圆曲线半径较小时，内侧车道的加宽值应大于外侧车道的加宽值，设计时应通过计算确定其差值。

4. 加宽过渡

（1）比例过渡　此种方式下，加宽段终点与圆曲线起点相接，这种方式的相连处会产生明显的突出，半径小时尤为明显，路容不美观，施工不方便，常用于二级~四级公路。加宽过渡段中任意断面处的加宽值计算式：

$$b_x = \frac{l_x}{l} b_j$$

式中　b_x——加宽过渡段中任意断面处的加宽值（m）；
　　　l_x——加宽的起点至任意断面处的距离（m）；
　　　l——加宽过渡段的全长（m）；
　　　b_j——圆曲线上的加宽长度（m）。

表 2-6　双车道路面加宽值

加宽类别	设计车辆	平曲线半径/m								
		200~250	<150~200	<100~150	<70~100	<50~70	<30~50	<25~30	<20~25	<15~20
1	小客车	0.4	0.5	0.6	0.7	0.9	1.3	1.5	1.8	2.2
2	载重汽车	0.6	0.7	0.9	1.2	1.5	2.0	—	—	—
3	铰接列车	0.8	1.0	1.5	2.0	2.5	—	—	—	—

（2）高次抛物线过渡　加宽段的内侧边线向圆曲线全加宽内侧圆弧作切线，使其与圆曲线部分的全加宽内侧边缘相切，从而消除突出的转折，路面内侧边缘圆滑美观，适用于高等级公路。加宽过渡段中任意断面处的加宽值的计算式：

$$b_x = \left[4 \left(\frac{l_x}{l} \right)^3 - 3 \left(\frac{l_x}{l} \right)^4 \right] b_j$$

（3）回旋线过渡　路面边线也用与行车轨迹相同的回旋线进行加宽，能保证行车的顺适与线形的美观，常用于高等级公路、位于大城市近郊的路段，以及有构造物和安全防护设施的地段。

（4）插入二次抛物线过渡　插入二次抛物线后，加宽过渡段长度有所增加，路容有所改进。加宽过渡段中任意断面处的加宽值的计算式：

$$b_x = \frac{b_j}{4Tl}(T + l_x)^2$$

式中　T——二次抛物线的切线长度（m）；
　　　其他符号的含义同前。

（5）其他过渡　其他过渡包括直线与圆弧相切法、修正系数法等。

5. 加宽过渡段的长度

1）设置回旋线或超高过渡段时，加宽过渡段长度应采用与回旋线或超高过渡段长度相

2) 不设回旋线或超高过渡段时，加宽过渡段长度应按加宽渐变率为 1：15 且长度不小于 10m 的要求设置。

五、圆曲线超高及其过渡

1. 超高及其作用

当圆曲线半径小于不设超高最小半径时，为了使汽车能安全、经济、舒适地通过圆曲线，必须将圆曲线部分的路面做成向内侧倾斜的单向坡。这个单向坡坡度称为超高横坡度，用 $i_{超}$ 表示。在直线路段上，路面的形式是中间高、两边低的双向路拱。如果汽车直接由双向坡驶入单向坡，将有一个突变过程，不可能顺利行车，所以在直线与圆曲线之间必须设置过渡段，才能使汽车顺利地由直线驶入圆曲线，这种为了使汽车平稳地从直线上的双向横坡逐渐过渡到圆曲线上的单向横坡的过渡段称为超高过渡段。

超高的作用是让汽车在圆曲线上行驶时能获得一个向圆曲线内侧的横向分力，以克服离心力，减小横向力；提高汽车行驶的稳定性和舒适性；同时，解决汽车平稳地从直线上的双向横坡过渡至曲线上的单向横坡的行驶问题。

在确定超高横坡度时，还要考虑在圆曲线上行驶的车辆可能以低速行驶，甚至完全停在圆曲线上的可能性。这时，如果超高横坡度太大，汽车有可能向内滑移，特别是在冬季结冰的季节里，但超高横坡度太小，又不足以克服离心力。超高横坡度应根据设计速度、圆曲线半径、路面类型、自然条件和车辆组成等情况确定，必要时应按运行速度予以验算。高速公路和一级公路圆曲线最大超高值在正常情况下采用 8%，以通行中小客车为主时可采用 10%；其他各级公路的圆曲线最大超高值不大于 8%，在积雪冰冻地区不宜大于 6%，城镇区域不宜大于 4%。当计算的 $i_{超}$ 小于路拱横坡度 i_1 时，取 $i_{超}=i_1$。

二级、三级、四级公路接近城镇且混合交通量较大的路段，车速受到限制时，圆曲线最大超高值可按表 2-7 执行。

表 2-7　车速受限制时的圆曲线最大超高值

设计速度/(km/h)	80	60	40	30	20
超高值（%）	6	4	2		

2. 超高值计算

$i_{超}$ 和圆曲线半径 R 有密切的关系，$i_{超}$ 的计算式为

$$i_{超} = \frac{V^2}{127R} - \mu \tag{2-22}$$

$i_{超}$ 和横向力系数 μ 的分配方法：

1）方法 1：与曲线曲率（1/R）成比例增加的 $i_{超}$，在曲率最大值处的超高，汽车行驶在曲线上会因曲线半径不同而不同，大半径车速接近设计车速，小半径车速较低，易造成小半径时的 $i_{超}$ 偏大，大半径时的 $i_{超}$ 又偏小，横向力系数过大的缺点。

2）方法 2：车辆按设计车速行驶，使乘客感受不到横向力作用，离心力全部由横向力平衡。它克服了方法 1 的缺点，实际车速因车型不同而异，与交通密度也有关系。

3）方法 3：在方法 2 的基础上加以改进，将方法 2 的设计车速改为运行（实际）车速。

4）方法 4：在方法 1 与方法 2 中插入曲线，曲线曲率较小时采用方法 3，方法 4 克服了上述方法的缺点。当 $\mu = 0$ 时，$i_{h,\max} = \dfrac{V^2}{127R}$ 或 $R_A = \dfrac{V^2}{127i_{超,\max}}$。

各方法的特点是大半径曲线，横向力由超高来承受，$i_超$ 增大，设置逐渐接近最大超高的曲线超高。作用于汽车的横向力系数随曲率的变化而变化，兼顾了大半径和小半径，对大半径曲线更有利。

超高渐变率与超高旋转轴位置的关系见表 2-8。

表 2-8 超高渐变率与超高旋转轴位置的关系

设计速度/(km/h)		120	100	80	60	40	30	20
超高旋转轴位置	中线	1/250	1/225	1/200	1/175	1/150	1/125	1/100
	边线	1/200	1/175	1/150	1/125	1/100	1/75	1/50

3. 超高的过渡

（1）无中间带道路的超高过渡 此种方式下，路中成为脊线，两侧为倾斜路拱，由双向倾斜形式过渡到具有超高的单向倾斜的超高形式，外侧逐渐提高到与内侧横坡相同（$i_h = i_g$）。

当 $i_h > i_g$ 时，可采用三种过渡方式，其构成是：

1）绕路面内侧边缘为轴旋转。先在超高过渡段之前，将两侧路肩横坡度分别绕内外侧未加宽时的路面边缘线旋转至路拱横坡；然后将路面中心至路肩外侧边缘部分，以路面中心线为轴在旋转的同时向前推进，旋转至与内侧路面同一坡度时为止；再将路面未加宽前的内侧边缘线作为旋转轴保持在原有位置上不动，整个路面连同两侧路肩绕其旋转的同时向前推进，直至达到设计的超高横坡度，如图 2-14a 所示。该方式的内侧车道不降低，利于排水，一般在新建工程中采用。

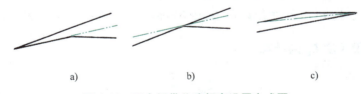

a)　　　　　　b)　　　　　　c)

图 2-14　无中间带公路超高设置方式图

a）绕内侧边缘轴　b）绕路中线轴　c）绕外侧边缘轴

2）绕路面中心线为轴旋转。先在超高过渡段之前，将两侧路肩横坡度分别绕内外侧未加宽时的路面边缘线旋转至路拱横坡；然后将外侧路面连同路肩绕路面未加宽时的中心线旋转的同时向前推进，直至与内侧路面同一坡度后，整个路面及两侧路肩继续绕原来的轴旋转的同时向前推进，直至达到设计的超高横坡度，如图 2-14b 所示。此种方式的中线标高不变，内外侧变化较小，一般在改建工程中采用。

3）绕路面外侧边缘为轴旋转。先在超高过渡段之前，将两侧路肩横坡度分别绕内外侧未加宽时的路面边缘线旋转至路拱横坡，然后将外侧路面与路肩绕未加宽时的路面外侧边缘旋转并向前推进；与此同时，内侧路面和路肩随中心线的降低而相应降坡，使外侧路面、路肩与内侧路面和路肩逐渐变成同一单向坡度；此时，将内外侧路面和路肩整体绕原来的轴旋转并向前推进，直至达到设计的超高横坡度，如图2-14c所示。此种方式下外边缘不动，可在特殊设计时（如路基外缘标高受限制或强调路容美观及高填方路段）采用或用于某些改善路宽的地点。

（2）有中间带公路的超高过渡

1）绕中间带的中心线旋转。将中间带中心线保持在原有位置上，内侧行车道先不动，先将外侧行车道绕中间带中心线向上旋转；旋转至与内侧行车道同一坡度后，整个行车道以中心线为轴继续旋转，直至达到设计的超高横坡度，此时中央分隔带呈倾斜状，如图2-15a所示，用于中间带宽度小于等于4.5m的公路。

2）绕中央分隔带边缘旋转。将内外两侧行车道分别绕中央分隔带边缘旋转，使之各自成为独立的单向超高平面，此时中央分隔带维持原水平状态，如图2-15b所示，各种宽度中间带的公路都可采用。

3）绕各自行车道中线旋转。将两侧行车道分别绕各自中心线旋转，使它们各自成为独立的单向超高平面，此时中央分隔带成为倾斜断面，再将中央分隔带两边缘分别升高与降低成为倾斜断面，如图2-15c所示，用于车道数大于4条的公路。

上述三种方式的优（缺）点与无中间带的公路相似，城市道路超高过渡方式与公路相同。分离式界面的道路超高各自独立，其超高的设置过渡可按两条无中间带的道路分别予以处理。

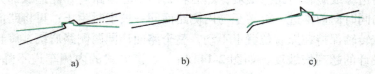

图2-15 有中间带公路超高设置方式图

a) 绕中间带的中心线 b) 绕中央分隔带边缘 c) 绕各自行车道中线

4. 超高过渡段长度 L_c 的计算

$$L_c = \frac{B\Delta_i}{p} \quad (2-23)$$

式中 L_c——双车道超高缓和段长度（m），计算值取5m的整数倍，并规定不小于10m；

B——旋转轴至行车道（设路缘带时为路缘带）外侧边缘的宽度（m）；

Δ_i——超高坡度与路拱坡度的代数差（%）；

p——超高渐变率，即旋转轴线与行车道（设路缘带时为路缘带）外侧边缘线之间的相对坡度。

多车道时的计算值要乘以相应的系数，一般超高缓和段长度同回旋线长度相等。若回旋线较长使渐变率过小，对路面排水不利时，不一定在回旋线的全长内设超高，需满足渐变率不小于1/330的要求。渐变率为外侧边缘纵坡较路中线纵坡增加的坡度与相对应的长度的比值。

5. 横断面上超高值的计算

在明确超高过渡段上超高的构成及过渡段长度计算的基础上，就可以计算过渡段上任意一点处横断面上的超高值。在设计中为了施工方便，实际使用的既不是超高横坡度，也不是路面内外侧的超高值，而是加宽后由超高横坡度推算出的路肩内外侧边缘和路中线对原设计标高（未加宽超高时的路肩边缘标高）而言的超高值。因为设计标高一般以原路肩边缘的标高为准（有时也可能以路中心作为设计标高），所以超高值也应以路肩边缘标高来比较，这样施工放样就方便。

（1）绕内边轴旋转（图2-16）

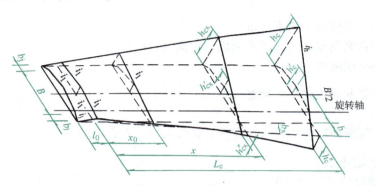

图 2-16　绕内边轴旋转超高过渡方式

1）过渡段终点断面处的超高值，是圆曲线部分相应的全超高值 h_c、h_c'、h_c''。

外侧超高值：
$$h_c = h_1 + h_2 = b_j i_j + (b_j + B) i_h$$

中心超高值：
$$h_c' = h_1' + h_2' = b_j i_j + \frac{B}{2} i_h$$

加宽后的内侧超高值：
$$h_c'' = h_1'' - h_2'' = b_j i_j - (b_j + b) i_h$$

式中　b_j——路肩宽度（m）；

i_j——路肩横坡度（%）；

B——路面宽度（m）；

i_h——超高横坡度（%）；

b——弯道的加宽值（m）。

2）过渡段上任意断面处的超高值 h_{cx}、h_{cx}'、h_{cx}''。

临界长度 x_0 是由直线段双向路拱横坡度 i_1 变为弯道段单向路拱横坡度 i_c 时，需要的过渡段长度。

由图2-16知：$x_0 : L_c = i_c : i_h$，则有 $x_0 = \dfrac{i_c}{i_h} L_c$。

外侧超高值：
$$i_3 \approx \frac{h_{cx}}{x} \approx \frac{h_c}{L_1}$$

$$h_{cx} = h_1 + h_2 = b_j i_j - b_j i_1 + \frac{x}{L_c}[b_j i_1 + (b_j + B) i_h]$$

$$= b_j(i_j - i_1) + [b_j i_1 + (b_j + B) i_h] \frac{x}{L_c} \approx \frac{x}{L_c} h_c$$

当 $0 \leq x \leq x_0$ 时，中心超高值为 $h_{cx}' = h_1' + h_2' = b_j i_j + \dfrac{B}{2} i_1$；内侧超高值为 $h_{cx}'' = h_1'' - h_2'' = b_j i_j - (b_j + b_x) i_1$。

当 $x_0 \leq x \leq L_c$ 时，中心超高值为 $h_{cx}' = h_1' + h_2' = b_j i_j + \dfrac{B}{2} i_x = b_j i_j + \dfrac{B}{2} \dfrac{x}{L_c} i_h$，$i_x = \dfrac{x}{L_c} i_h$；内侧超高值为 $h_{cx}'' = h_1'' - h_2'' = b_j i_j - (b_j + b_x) \dfrac{x}{L_c} i_h$。

式中　L_c——超高过渡段的长度（m）；

　　　x——计算断面至超高过渡段起点的距离（m）；

　　　i_1——路拱横坡度（%）；

　　　i_x——计算断面的超高横坡度（%），$i_x = \dfrac{x}{L_c} i_h$；

　　　b_x——计算断面对应的弯道加宽值（m），$b_x = \dfrac{x}{L_c} b_j$；

其他符号含义同前。

（2）绕中轴旋转（图 2-17）

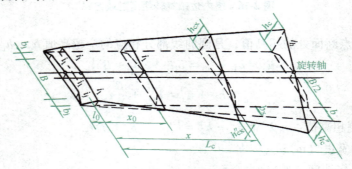

图 2-17　绕中轴旋转超高过渡方式

1）过渡段终点断面处超高值：

外侧超高值：$\quad h_c = h_1 + h_2 + h_3 = b_j i_j + \dfrac{B}{2} i_1 + \left(b_j + \dfrac{B}{2}\right) i_h$

$$= b_j(i_j + i_h) + \dfrac{B}{2}(i_1 + i_h)$$

中心超高值：$\quad h_c' = b_j i_j + \dfrac{B}{2} i_1$

内侧超高值：$\quad h_c'' = b_j i_j + \dfrac{B}{2} i_1 - \left(b_j + \dfrac{B}{2} + b\right) i_h$

2）任意断面处的超高值。设临界长度为 x_0，则临界长度 x_0 处的外侧路肩边缘超高值为 $h_{x_0} = 2\left(b_j + \dfrac{B}{2}\right) i_1$；过渡段 L_c 处的外侧路肩边缘超高值为 $h_{Lc} = \left(b_j + \dfrac{B}{2}\right) i_1 + \left(b_j + \dfrac{B}{2}\right) i_h$。

则有

$$h_{x_0} : x_0 = h_{Lc} : L_c$$

$$2\left(b_j + \frac{B}{2}\right)i_1 : x_0 = \left[\left(b_j + \frac{B}{2}\right)i_1 + \left(b_j + \frac{B}{2}\right)i_h\right] : L_c, \quad x_0 = 2\frac{i_1}{i_1 + i_h}L_c$$

外侧超高值： $h_{cx} = b_j(i_j - i_1) + \left(b_j + \frac{B}{2}\right)(i_1 + i_h)\frac{x}{L_c} \approx \frac{x}{L_c}h_c$

中心超高值： $h_{cx}' = b_j i_j + \frac{B}{2}i_1$

内侧超高值： $0 \leq x \leq x_0$ 时, $h_{cx}'' = b_j i_j - (b_j + b_x)i_1$ $x_0 \leq x \leq L_c$ 时,

$$h_{cx}'' = b_j i_j + \frac{B}{2}i_1 - \left(b_j + \frac{B}{2} + b_x\right)\frac{x}{L_c}i_h$$

式中符号含义同前。

绕内边轴旋转方法的内侧降低较小，过渡段较长，常用于新建道路。

绕中轴旋转方法的过渡段较短，内侧降低较多，常用于挖方地段，以及排水困难的旧路改建地段与中线标高不动的城市道路。

对于一条道路宜只采用一种方法施工，以利于排水。

六、行车视距

为了确保行车安全，应使驾驶员能看到前方一定距离的道路路面，以便在发现路面上的障碍物或迎面来车时，能在一定的车速下及时制动或避让，从而避免事故，这一必要的最短距离为行车视距。

行车视距的要求：

1) 行车视距应有充分的长度以保证行车安全。

2) 对于平面上的暗弯，必须保证行车所需的通视区域（图2-18a）。

3) 对于纵断面上的凸坡，必须保证在行车时能看到坡度另一侧行车视距内对向行驶的车辆（图2-18b）。

4) 对于桥下行驶的车辆，应在一定视线高度上看到行车视距内行驶的车辆，设计时以小客车为准，采用的视线高度为1.2m（图2-18c）。

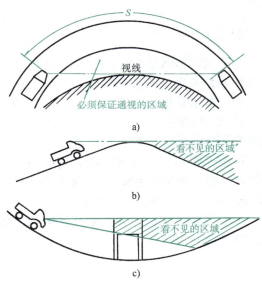

图2-18 影响行车视距的地点
a) 平面视距 b) 纵断面视距 c) 桥下视距

行车视距的种类有停车视距、会车视距（通常为2倍的停车视距）、超车视距、错车视距等。

（一）停车视距

停车视距是指驾驶员发现前方有障碍物到汽车在障碍物前停住所需要的最短距离。停车视距由三部分组成：

$$S_T = S_1 + S_2 + S_0$$

(1) 司机反应时间内汽车行驶的距离 S_1　反应时间是从驾驶员发现障碍物开始,经判断是否采用制动措施,到决定制动而开始制动所需的时间。

反应时间 t = 判断时间(0.5s) + 制动生效时间(1s) = 1.5s

我国采用 $t = 1.0 \sim 1.2$s,则:

$$S_1 = vt = \frac{V_1}{3.6} \times 1.2 = \frac{V_1}{3}$$

(2) 司机开始制动到完全停止时的行驶距离(制动距离) S_2　制动距离是指汽车从制动生效到汽车完全停住,这段时间内所走的距离,按功能转换原理求得。

制动时,汽车的牵引力为零,汽车前进是靠原来的动能所产生的惯性促使汽车运动,直至其动能消耗到零。

汽车制动作用力 P 的最大值不会超过汽车与路面之间的纵向摩阻力 ϕG 和坡度阻力 Gi(其他阻力不计),即

$$P \leq \phi G \pm Gi = G(\phi \pm i)$$

因为当 $P > \phi G$ 时汽车会倒退。

功 = 力×距离 = v_1 到 v_2 所消耗的动能,则有

$$G(\phi \pm i)S_2 = G\frac{K(v_1^2 - v_2^2)}{2g}$$

当 $v_2 = 0$ 时,$S_2 = \dfrac{Kv_1^2}{2g(\phi \pm i)} = \dfrac{KV_1^2}{2 \times 9.8 \times 3.6^2(\phi \pm i)} = \dfrac{KV_1^2}{254(\phi \pm i)}$。

考虑到汽车制动性能有好坏,摩阻力有大小,车速有快慢,驾驶员技术有高低,故用制动使用系数 K 来反映,一般 K 在 $1.2 \sim 1.4$ 之间选用。

纵向摩阻系数 ϕ:计算时一般考虑路面潮湿状态。

路段的纵坡坡度 i:规定上坡为正、下坡为负,考虑到各级道路最大纵坡下坡时最危险,故常采用负值计算。

行驶速度 V_1:制动前的速度 V_1 取各级道路的设计车速 V 的百分率,设计车速 $V = 80 \sim 120$km/h 时,采用 $V_1 = 85\%V$;设计车速 $V = 40 \sim 60$km/h 时,采用 $V_1 = 90\%V$;设计车速 $V = 20 \sim 30$km/h 时,采用 $V_1 = 100\%V$。

(3) 安全距离 S_0　为保证汽车有一定的安全距离,在障碍物前停车不致冲到障碍物上,一般取 $S_0 = 5 \sim 10$m。

$$S_T = S_1 + S_2 + S_0 = \frac{V_1}{3} + \frac{KV_1^2}{254(\phi \pm i)} + S_0 \tag{2-24}$$

各级公路每条车道的停车视距见表2-9。

表2-9　各级公路每条车道的停车视距

设计速度/(km/h)		120	100	80	60	40	30	20
停车视距/m		210	160	110	75	40	30	20
会车视距/m		420	320	220	150	80	60	40
超车视距/m	一般值	—	—	550	350	200	150	100
	极限值	—	—	350	250	150	100	70

注:"一般值"为正常情况下的采用值;"极限值"为条件受限制时可采用的值。

高速公路、一级公路以及大型车比例高的二级公路、三级公路的下坡路段，应采用下坡段货车停车视距对相关路段进行检验。下坡段货车停车视距见表 2-10。

表 2-10　下坡段货车停车视距　　　　　　　　　　　　　　　　（单位：m）

设计速度/(km/h)		120	100	80	60	40	30	20
纵坡坡度（%）	0	245	180	125	85	50	35	20
	3	265	190	130	89	50	35	20
	4	273	195	132	91	50	35	20
	5	—	200	136	93	50	35	20
	6	—	—	139	95	50	35	20
	7	—	—	—	97	50	35	20
	8	—	—	—	—	—	35	20
	9	—	—	—	—	—	—	20

【例 2-3】　设计速度为 60km/h 的二级公路的停车视距 S_T 为多少？取 $V=60$km/h，$\phi=0.4$，$i=6\%$，$K=1.4$（速度快），$S_0=10$m。

【解】　$S_T = \dfrac{V_1}{3} + \dfrac{KV_1^2}{254(\phi \pm i)} + S_0 = \left[\dfrac{60 \times 0.9}{3} + \dfrac{1.4 \times (60 \times 0.9)^2}{254(0.6-0.06)} + 10\right]$m ≈ 75m

（二）会车视距

当障碍物是对向来车时，要求在两相对行驶的车辆在相碰之间均能安全停车，并留有保险距离，两相对行驶的车能安全行驶需要的最短视距称为会车视距。

会车视距由两对向车的反应距离 S_1、两对向车的制动距离 S_2 和两对向车之间的安全距离 S_3 三部分组成：

$$S_H = S_1 + S_2 + S_0 = \dfrac{V_1}{3} + \dfrac{V_2}{3} + \dfrac{KV_1^2}{254(\phi \pm i)} + \dfrac{KV_2^2}{254(\phi \pm i)} + S_0$$

$$\approx 2\left[\dfrac{V_1}{3} + \dfrac{KV_1^2}{254(\phi \pm i)} + S_0\right] \approx 2S_T$$

假使两相对行驶的车辆速度相同，道路状况相同，驾驶员的技术水平也相近，则这时两车辆相对行驶能保证在相碰之前安全停车的最短距离为停车视距的两倍。

由于高速公路和一级公路均采用带有分隔带的多车道或单车道，每一个车道上只有同向行驶的车辆，无对向行驶的车辆，故只考虑停车视距；二级~四级公路由于一般不设分隔带，在单车道、双车道或多车道上有对向的车辆，且这些对向行驶的车辆在一般情况下均愿在路面中间行驶，故应考虑两倍的停车视距。

二级~四级公路当工程施工有特殊困难或受其他条件限制时，若采用两倍停车视距不可能时，则采用 1 倍的停车视距，但必须采取分道行驶措施：设分车道、分隔带、两分离的单车道。

（三）超车视距

为了超车时的安全，司机必须能看到前面足够长度的车流空隙，以便在相邻车道上没有出现对向驶来的汽车之前完成超车，而不阻碍被超车的行驶，这种快车超越前面慢车后再回到原来车道所需要的最短距离称为超车视距。

超车视距由下列四部分组成，如图2-19所示。

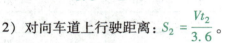

图 2-19 超车视距

1) 加速行驶距离：

$$S_1 = \frac{V_0 t_1}{3.6} + \frac{1}{2} a t_1^2$$

2) 对向车道上行驶距离：$S_2 = \dfrac{V t_2}{3.6}$。

3) 安全距离：$S_3 = 15 \sim 100 \mathrm{m}$。

4) 对向车行驶距离：$S_4 = \dfrac{V(t_1 + t_2)}{3.6}$ 或 $S_4 = \dfrac{2}{3} S_2$（对向车为 t_2 的 $\dfrac{2}{3}$ 时）。

全超车视距（一般值）：

$$S_{超} = S_1 + S_2 + S_3 + S_4 = \frac{V_0 t_1}{3.6} + \frac{1}{2} a t_1^2 + \frac{V t_2}{3.6} + S_3 + \frac{V(t_1 + t_2)}{3.6} \tag{2-25}$$

式中 V_0——超车前的运行速度（km/h）；

V——超车速度采用设计速度（km/h）；

t_1——加速行驶的时间（s），根据实测确定，$t_1 = 2.9 \sim 4.5 \mathrm{s}$；

t_2——对向车道上行驶的时间（s），根据实测确定，$t_2 = 9.3 \sim 10.4 \mathrm{s}$。

最小必要超车视距（低限值）为 $S_{超} = \dfrac{2}{3} S_2 + S_3 + S_4$，只有当地形困难或有特殊原因时采用。

二级～四级公路的超车视距见表2-9。具有干线功能的二级公路宜在3min的行驶时间内提供一次满足超车视距要求的超车路段；其他双车道公路可根据情况间隔设置具有超车视距的路段。

【例2-4】 求 $V = 40 \mathrm{km/h}$ 时的超车视距 $S_{超}$。取 $V_0 = 30 \mathrm{km/h}$，$a = 0.61 \mathrm{km/h}^2$，$t_1 = 3.1 \mathrm{s}$，$t_2 = 8.5 \mathrm{s}$，$S_3 = 25 \mathrm{m}$。

【解】 超车视距一般值：

$$S_{超} = S_1 + S_2 + S_3 + S_4 = \frac{V_0 t_1}{3.6} + \frac{1}{2} a t_1^2 + \frac{V t_2}{3.6} + S_3 + \frac{V(t_1 + t_2)}{3.6}$$

$$= \left[\frac{30 \times 3.1}{3.6} + \frac{0.61 \times 3.1^2}{2} + \frac{40 \times 8.5}{3.6} + 25 + \frac{40 \times (3.1 + 8.5)}{3.6} \right] \mathrm{m}$$

$$= (29 + 94 + 25 + 63) \mathrm{m} = 211 \mathrm{m} \approx 200 \mathrm{m}$$

超车视距低限值：

$$S_{超} = \frac{2}{3} S_2 + S_3 + S_4 = \left(\frac{2}{3} \times 94 + 25 + 63 \right) \mathrm{m}$$

$$= 151 \mathrm{m} \approx 150 \mathrm{m}（规定值）$$

七、视距的保证

在一条道路的车流中,经常会出现停车、错车、会车和超车,特别是我国以混合交通为主的双车道的道路更是如此,在各种视距中,以超车视距为最长,会车视距次之,停车视距为最短。暗弯是路线弯道的内侧有树林、房屋、边坡等障碍物阻挡司机视线处于隐蔽地段的弯道。对暗弯需进行视距检查,若不能满足视距要求则应给予清除或采取相应的措施(加宽中间带,设置护栏,开挖视距台等)。如果所有暗弯和凸形变坡处都能满足超车视距的要求当然最好;但事实上是很难做到的,也是不经济的,故对于不同的道路按其实际需要作了不同的规定。

各级公路都应保证停车视距的要求;对于快慢分道行驶的多车道公路可不作超车视距要求;有中央分隔带的公路无会车视距要求;二级~四级公路的视距不得小于两倍的停车视距的要求;对向行驶的双车道公路要保证有一定比例的路段满足超车视距的要求;交通量不大的低级公路上开挖过大、拆迁困难,不能保证会车视距的路段处,应采取其他措施予以保证。相关措施有在路中画线,设置高出路面的明显标志带、标志牌等。

平曲线内侧设置的人工构造物,或平曲线内侧挖方边坡妨碍视线,或中间带设置防眩设施时,应对视距予以检查与验算。不符合规定要求时,可加宽路肩或中间带,或将构造物后移,或设置交通安全设施。

(一)视距曲线

从汽车行驶轨迹上的不同位置引出一系列视线,它们的弧长就等于视距 S,与这些视线相交点的连线所构成的曲线(包络线)为视距曲线。

(二)横净距及其计算

横净距 h 是汽车轨迹线与视距曲线上的横向距离,视距曲线与轨迹曲线之间的空间范围是保证通视的区域,在这个区域内如果有障碍物则要予以清除,如图2-20所示。因此,当横净距 $h>h_0$(轨迹线与障碍线间的距离)时,要清除障碍;当横净距 $h<h_0$ 时无须清除障碍。

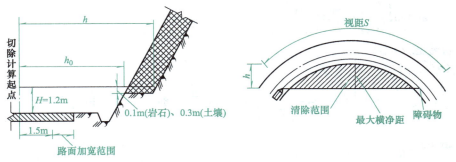

图2-20 横净距计算及清除范围图式

1. 不设回旋线的横净距计算

1)当汽车行驶轨迹圆曲线长 $L>$ 设计视距 S 时:

$$h = R_s\left(1 - \cos\frac{r}{2}\right) \approx \frac{S^2}{8R_s}$$

式中 R_s——曲线内侧行驶轨迹的半径（m），其值为未加宽前路面内侧边缘的半径加上 1.5m；

r——设计视距对应的圆心角（rad），$r=\dfrac{180S}{\pi R_s}$。

2) 当汽车行驶轨迹圆曲线长 $L<$设计视距 S 时：

$$h = R_s\left(1-\cos\dfrac{\alpha}{2}\right) + \dfrac{S-L}{2}\sin\dfrac{\alpha}{2} = R_s\left(1-\cos\dfrac{L}{2R_s}\right) + \dfrac{S-L}{2}\sin\dfrac{L}{2R_s} \approx \dfrac{L}{8R_s}(2S-L)$$

式中 L——汽车行驶轨迹圆曲线长（m），$L=\dfrac{\pi\alpha R_s}{180}$；

α——L 对应的圆心角（°）。

2. 设回旋线的横净距计算

1) 当 $L>S$ 时：

$$h = R_s\left(1-\cos\dfrac{r}{2}\right) \approx \dfrac{S^2}{8R_s}$$

式中符号意义同前。

2) 当 $L'>S>L$ 时：

$$h = R_s\left(1-\cos\dfrac{\alpha-2\beta}{2}\right) + (L_s-L_0)\sin\left(\dfrac{\alpha}{2}-\delta\right)$$

式中 L'——汽车行驶轨迹上的平曲线总长（m）；

L_s——回旋线长度（m）；

α——路线的转角（°）；

β——回旋线的回旋角（°）；

L_0——汽车计算位置到回旋线起点的距离（m），$L_0=\dfrac{L'-S}{2}$；

δ——计算位置处的切线与平曲线的切线相平行的直线的夹角（°），$\delta=\arctan\left\{\dfrac{L_s}{6R_s}\left[1+\dfrac{L_0}{L_s}+\left(\dfrac{L_0}{L_s}\right)^2\right]\right\}$；

其余符号意义同前。

3) 当 $L'<S$ 时：

$$h = R_s\left[1-\cos\dfrac{\alpha-2\beta}{2}\right] + L_s\sin\left(\dfrac{\alpha}{2}-\delta\right) + \dfrac{S-L'}{2}\sin\dfrac{\alpha}{2}$$

式中 $\delta=\arctan\dfrac{L_s}{6R_s}$；

其余符号意义同前。

（三）视距包络图

视距包络图（图 2-21）的作图步骤：

1) 按比例画出弯道平面图，在图上示出路面两边缘线（包括路面加宽在内）、路基边缘线（包括路基加宽在内）、路中心线和行车轨迹线。行车轨迹线是距加宽前路面边缘 1.5m 处的轨迹线，有缓和曲线时也应示出。

2) 量取设计视距 S 的长度并定出零点。由平曲线的起点与终点向直线方向沿轨迹线量取。

3) 从零点向平曲线方向沿轨迹线把设计视距 S 的长度分成若干等份。一般以视距 S 的长度进行等分，如果图示曲线半径较大，轨迹线在 S 长度范围内可近似地看成直线；否则，采用计算的弦长进行等分。

4) 用直线分别连接相应各点，即保持弧长为 S 长度。

5) 用曲线板内切于各交叉点，画出内切曲线，即为视距包络线。

6) 视距包络线两端与障碍线相交，在视距包络线与障碍线之间的部分，就是应该清除障碍物的范围，轨迹线至包络线间的距离就是横净距。

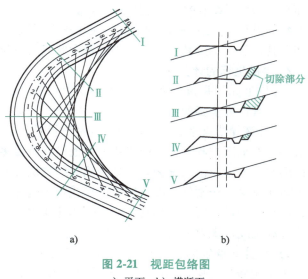

图 2-21　视距包络图
a) 平面　b) 横断面

（四）视距台开挖

用计算方法或作视距包络图法求出其横净距后，就可以按比例在各桩号的横断面图上画出视距包络线与障碍线之间应清除障碍物的距离，供施工放样所用。

八、道路平面设计成果

完成路线平面设计后应及时整理和绘制各种图样和表格。主要的图样有路线平面设计图、路线交叉设计图、道路平面布置图、纸上移线图等。主要的表格有直线、曲线及转角表，路线交点坐标表（或含在"直线、曲线及转角表"中），逐桩坐标表，路线固定表，总里程及断链桩号表等。各种图样和表格的样式均参照交通运输部颁布的"设计文件图表示例"。

（一）直线、曲线及转角表

该表能全面反映路线的平面位置和路线平面线形的各项指标，它是道路设计的主要成果之一。只有在完成"直线、曲线及转角表"后，才能据此计算"逐桩坐标表"和绘制"路线平面设计图"，同时在进行路线的纵断面设计、横断面设计和其他构造物设计时都要使用该表的数据。

（二）逐桩坐标表

高等级道路的线形指标高，表现在平面上圆曲线半径较大，回旋线较长，在测设和放样时须采用坐标法才能保证其测量精度。

1. 坐标系统的采用

根据测区内的既有坐标系统，一般可作下列几种选择：

1) 采用统一的高斯正投影 3°带平面直角坐标系统。

2) 采用高斯正投影 3°带或任意带的平面直角坐标系统，投影面可采用 1985 年国家高程基准、测区抵偿高程面或测区平均高程面。

3) 三级和三级以下公路、独立桥梁、隧道及其他构造物等小测区，可不经投影，采用平面直角坐标系统在平面上直接进行计算。

4) 在已有平面控制网的地区，应尽量沿用既有的坐标系统，如精度不合要求，也应充分利用其点位，选用其中一点的坐标及含此点的方位角作为平面控制的起算依据。

2. 中桩坐标的计算

"逐桩坐标"是指各个中桩的坐标，其计算和测量的方法是按"从整体到局部"的原则进行的。其计算步骤如下：

1) 计算导线点坐标。采用两阶段勘测设计的公路或一阶段设计但遇地形困难的路段，一般要先作平面控制测量，而路线的平面控制测量多采用导线测量的方法，在有条件时可优先采用北斗卫星定位系统测量。导线测量的方法又有经纬仪导线法、光电测距仪法和全站型电子速测仪法。全站仪可以直接读取导线点的坐标，其他方法可以在测得各边边长及其夹角后，用坐标增量法逐点推算其坐标。采用北斗卫星定位系统时，则可在测站之间不通视的情况下，高精度、高效率地获取测点的三维坐标，这是公路勘测中作控制测量的发展方向。

2) 计算交点坐标。当导线点的精度满足要求并经平差后，即可展绘在图样上测绘地形图（纸上定线），或以导线点为依据在现场直接测得路线各交点的坐标（直接定线）。纸上定线的交点坐标可以在图样上量取，而直接定线的交点坐标用全站仪测量则很方便。

3) 计算各中桩坐标。先计算直线和曲线上主要点的坐标，然后计算回旋线、圆曲线上每一个中桩的坐标。

（三）路线平面设计图

路线平面设计图是道路设计文件的重要组成部分，它能全面、清晰地反映道路平面位置和所经地区的地形、地物等，是设计者设计意图的重要体现。平面设计图是供有关部门审批、专家评议、指导施工、恢复定线等方面的重要文件。

1. 公路路线平面设计图

（1）公路路线平面设计图的比例尺和测绘范围　公路路线平面设计图是指包括道路中线在内的有一定宽度的带状地形图。当用于工程可行性研究、初步设计的方案研究与比选时，可采用1:50000或1:10000的比例尺测绘（或向国家测绘部门和其他工程单位搜集）；当作为初步设计、施工图设计的设计文件的组成部分时，应采用较大的比例尺，常用1:2000的比例，在平原微丘区可用1:5000；用于地形特别复杂地段的路线初步设计、施工图设计时，可用1:500或1:1000；若用于纸上移线，则比例尺将更大。

公路路线平面设计图的测绘宽度，一般为中线两侧各100~200m。对1:5000的地形图，测绘宽度每侧应不小于250m。若有比较线，应将比较线也包括进去。

（2）公路路线平面设计图的内容及绘制方法

1) 导线及道路中线的展绘。在展绘导线或中线时，应根据图幅进行合理布局，绘出坐标方格网，坐标网格尺寸采用5cm或10cm，要求图廓网格的对角线长度和导线点间长度误差均不大于0.5mm；然后按导线点（或交点）坐标X、Y精确地点绘在相应位置上。每张导线图展绘完毕后，用三棱尺逐点复核各点间距，再用半圆仪校核每个角度是否与计算相符。复核无误后，再按"逐桩坐标表"所提供的数据展绘曲线，并注明各曲线的主要点以及公里桩、百米桩、断链桩的位置；对导线点、交点逐个编号，注明路线在本张图中的起点和终点里程等。

路线一律按前进方向从左至右展绘，在每张图的拼接处画出接图线。在图的右上角注明第×张、共×张。在图纸的空白处注明曲线元素及主要点里程。

2) 控制点的展绘。各种比例尺的地形图均应展绘和测出各等级三角点、导线点、图根点、水准点等，并以规定的符号表示。

3) 各种构造物的测绘。各类建筑物、构造物及其主要附属设施应按《工程测量标准》（GB 50026—2020）的规定测绘和表示。各种线状地物应实测其支架或电杆的位置。对穿越路线的高压线应实测其悬垂线距地面的高度并注明电压与电流。地下管线应详细测定其位置。道路及其附属物应按实际形状测绘。公路交叉口应注明每条公路的走向。铁路应注明轨面高程，公路应标记路面类型，涵洞应注明洞底标高。

4) 水系及其附属物的测绘。对于水系及其附属物，应测绘海洋的海岸线位置，水渠顶边及底边高程，堤坝顶部及坡脚的高程，水井井台高程，水塘顶边及塘底的高程。河流、水沟等应注明水流流向。

5) 地形、地貌、植被、不良地质地带等均应详细测绘并用等高线和测绘单位制定的"地形图图式"符号及数字注明。

（3）公路路线平面设计图示例（图 2-22）。

2. 城市道路平面设计图

（1）城市道路平面设计图的绘图比例尺和测绘范围　相对于公路而言，城市道路具有长度较短而宽度较宽的特点，因而绘图比例尺的选用一般比公路要大。在作技术设计时，可采用 1：1000～1：500 的比例尺绘制。绘图的范围依据道路等级确定，等级高的范围应大些，等级低的可小些；通常在道路两侧红线以外各 20～50m，或中线两侧各 50～150m，特殊情况可有例外。

（2）城市道路平面设计图的内容及绘制方法　城市道路平面设计图的导线、中线及路线两侧的地形、地物、水系、植被等的绘制方法与公路路线平面设计图相同，城市道路平面设计图与公路路线平面设计图绘制方法不同的地方有：

1) 规划红线。道路红线是道路用地与城市其他用地的分界线，红线之间的宽度也就是城市道路的总宽度，所以当道路的中心线画出以后，则应按城市道路的规划宽度画出道路红线。如果有远期规划和近期规划，都应画出并注明。

2) 坡口、坡脚线。新建道路由于原地面高低起伏不同，必然有填有挖。填方路段在平面图中应画出路基的坡脚线；挖方路段画出路基的坡口线。在路基横断面图上，量出坡口或坡脚至中线的距离，点绘在平面图中相应桩号的横断面线上（左右两侧），然后用平滑的曲线分别将坡口点、坡脚点顺序连接，最后画上示坡线。

3) 车道线。城市道路的车道线是城市道路平面设计图的重要内容。在路幅宽度内，有机动车道、非机动车道，在机动车道中还分快车道、慢车道等。各种车道线的位置、宽度可在横断面中查出后画在平面图中。车道的曲线部分应按设计的圆曲线半径、回旋线长度绘制。各车道之间的分隔带、路缘带等也应绘出。

4) 人行道线、人行横道线、交通岛均按设计要求绘制。

5) 地上、地下管线和排水设施。地上、地下管线的走向和位置，雨水进水口，窨井，排水沟等都应在图中标出。必要时，需另绘排水管线平面图样。

6) 交叉口。平面交叉口、立体交叉口虽然有专门的交叉口设计图，但在平面设计图中也应该按平面图的比例尺画出，并详细注明交叉口的各路去向、交叉角度、曲线元素以及路缘石转弯半径。

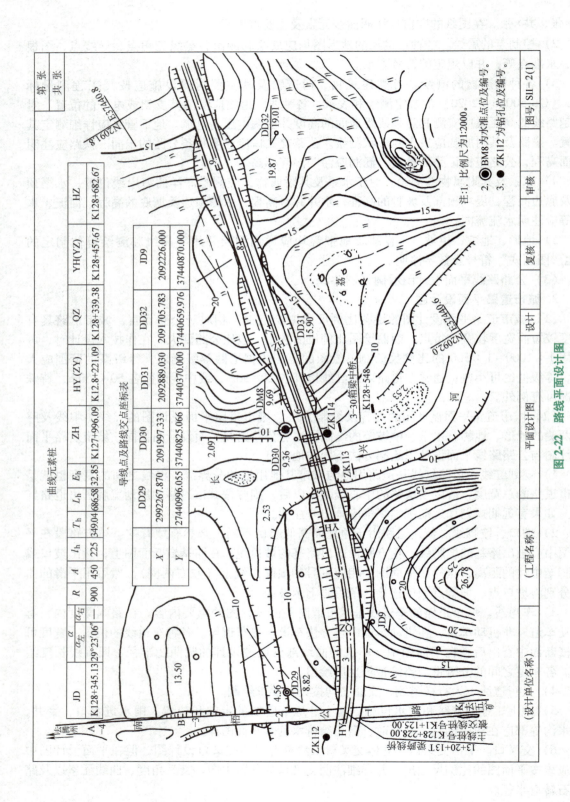

图 2-22 路线平面设计图

一张完整的平面设计图，除了清楚而正确地表达上述设计内容外，还可对某些细部设施或构件画出大样图；最后在图中的空白处作一些简要的工程说明，如工程范围、采用坐标系、引用的水准点位置等。

在城市道路设计文件中提供的平面设计图应包括两种图式：一种是直接在地形图上所作的平面布置图，红线以内和红线以外的地形地物一律保留，它的特点是可以看出设计人员是如何处理道路与地形地物之间的关系的（包括拆迁情况），一般用在方案研究和初步设计中；另一种是仅绘红线以外的地形地物，红线以内只绘车道线和道路上的各种设施而不绘地形地物，它的特点是可更清晰地表现道路上各种设施的位置和尺寸，一般用在技术设计中。

单元 3　纵断面设计

路线纵断面图是沿着道路中线作一垂直于水平面的剖切面，然后展开所得到的垂直面。由于道路所经过的地面是起伏不平的，铺筑在地面上的道路也往往随着地面而起伏，所以它是由不同的上坡段和下坡段组成有起伏的空间线面。纵断面图是道路纵断面设计的主要成果，是道路设计的重要技术文件，纵断面图与平面图结合起来，就能准确地定出道路的空间位置。

纵断面设计的任务是根据汽车的动力特性、道路等级、当地自然地理条件以及工程经济性等，研究起伏空间线形的几何构成的大小及长度，以便达到行车安全、迅速，运输经济合理及乘客感觉舒适的目的。

一、设计规定与要求

（1）地面线与设计线　如图 2-23 所示，在纵断面图上有两条主要的线：

1）地面线，它是通过路基中线的原地面各个桩的地面高程的连线，是一条不规则的折线。

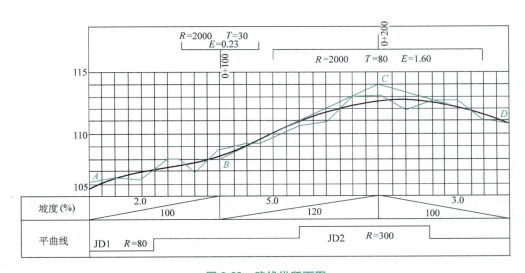

图 2-23　路线纵断面图

2) 设计线，对于高速公路和一级公路，它是中央分隔带外侧边缘各点的连线；对于二级~四级公路，它是公路未设置超高加宽前路基边缘各点的连线。它是经过技术、经济以及美学比选后定出来的。

(2) 坡度线与竖曲线　纵断面图上的设计线是由直线（坡度线）和曲线（竖曲线）组成的。

1) 坡度线（上坡、下坡）。坡度线是用两点间的高差与水平长度的比值来表示的。直线坡度和长度影响汽车的行驶速度和运输经济性，必需对其临界值作必要的限制，以确保行车安全。

2) 竖曲线。为了使汽车安全平顺地由一个坡段驶进另一个坡段，在相邻两个坡段间的转折处设置曲线连接起来，这种在纵断面上的曲线称为竖曲线。竖曲线有凹形和凸形两种，其大小用半径和水平长度来表示。

纵断面上的地面标高是指路中线各中桩处的地面各点的标高。路基设计标高，对于新建的高速公路和一级公路采用中央分隔带的外侧边缘标高，二级~四级公路采用路基边缘标高，在设置超高、加宽路段为设超高、加宽前该处边缘标高；对于改建公路的路基，设计标高应按新建公路的规定执行，也可依据具体情况采用中央分隔带中线或行车道中线标高。施工高度是在任一桩号断面上的设计标高与地面标高之差。施工高度的大小决定了道路施工时的填方高度或挖方深度。填方是设计线在地面线之上筑路堤；而挖方则是设计线在地面线之下挖路堑。

纵断面图的比例：竖向为 1∶200 或 1∶100；横向为 1∶2000 或 1∶1000。

二、纵坡设计

1. 最大纵坡

最大纵坡是指在纵坡设计时各级道路允许采用的最大坡度值。它是道路纵断面设计中的重要控制指标，尤其是山区的越岭线公路，采用越大的纵坡，路线就越短，工程量也越少。但由于汽车的牵引力有一定的限度，纵坡不能太大，尤其是汽车在下坡时，连续对汽车进行制动，易使汽车的制动系统失效，从而导致交通事故，所以必须对最大纵坡加以限制，见表 2-11。

表 2-11　公路最大纵坡

设计速度/(km/h)	120	100	80	60	40	30	20
最大纵坡（%）	3	4	5	6	7	8	9

确定最大纵坡应考虑的因素：

(1) 汽车的动力性能　根据道路上行驶的车辆，按行驶的必要条件和充分条件来确定。

(2) 道路等级　道路等级越高，行驶速度越大，汽车的爬坡能力就越低，不同等级有不同的最大纵坡值。

(3) 自然因素　道路所经地区、地形、海拔高度、气温、雨量、温度等均影响汽车的行驶条件和爬坡的能力。

纵坡设置过大的害处主要是汽车在陡坡上长时间低速上坡行驶，很容易使水箱沸腾产生气阻，导致汽车发动机熄火；而下坡时汽车制动次数增多，易使制动系统高热、失效，从而导致汽车行驶的事故增多。

不同的车型具有不同的爬坡性能，某品牌汽车上坡时，用Ⅱ档可顺利地通过11%的陡坡地段，但在11%的纵坡下坡段就非常危险了。一般情况下，最大纵坡不宜超过8%。由于各级道路的要求不同，所以8%的最大纵坡限制值不能作为各级道路的统一指标，道路等级越高，最大纵坡限制值就应越小，否则将大大降低车速、增大危险程度。四级公路位于海拔2000m以上或积雪冰冻地区的路段，最大纵坡不应大于8%。

城市道路的最大纵坡相当于公路按行车速度的最大纵坡减小1%，高速公路受地形条件或其他特殊情况限制时，或设计时速为40km/h、30km/h、20km/h的利用原有公路的改建路段，经技术经济论证，最大纵坡可增加1%。

桥上及桥头的最大纵坡的规定：小桥涵与路线规定相同；大（中）桥的桥上纵坡不大于4%、桥头行车道不大于5%；隧道内最大纵坡不大于3%，独立明洞及短于50m的隧道不受此限制。

非机动车道的最大纵坡：为照顾其交通要求可适当放缓，一般平微区不大于2%；山岭重丘区不大于5%。

2. 高原纵坡折减

高原区空气稀薄，发动机功率降低，导致爬坡能力下降，水箱中的水易沸腾而破坏冷却系统，故对设计速度小于或等于80km/h的位于海拔3000m以上高原地区的公路，最大纵坡应按表2-12的规定予以折减。最大纵坡折减后若小于4%，则仍采用4%。

表2-12　高原纵坡折减值

海拔高度/m	3000~4000	>4000~5000	>5000
折减值（%）	1	2	3

3. 最小纵坡

为了保证挖方地段、设置边沟的低填方地段和横向排水不畅地段的排水，以防止积水渗入路基而影响其稳定性，在这些路段上应避免采用水平纵坡，否则应采用纵向排水边沟排水措施，从而导致其边沟挖得大且深。所以，"标准"规定在上述情况下的最小纵坡不得小于0.3%，但干旱地区不受此限制。

4. 坡长限制

（1）最小坡长　以设计速度行驶9~15s的行程作为规定值，最小坡长为

$$S_{\min} = \frac{Vt}{3.6} \qquad (2-26)$$

当设计速度 $V \geqslant 60$km/h时，采用 $t=9$s；当 $V=40$km/h时，采用 $t=11$s；当 $V=30$km/h时，采用 $t=12$s；当 $V=20$km/h时，采用 $t=15$s。

坡长应满足设置相邻竖曲线、纵断面视距良好、道路平顺和有利于行车等方面的要求。我国综合考虑设计速度、地形后规定的最小坡长见表2-13。

表2-13　最小坡长

设计速度/(km/h)	120	100	80	60	50	40	30	20
公路最小坡长/m	300	250	200	150	—	120	100	60
城市道路最小坡长/m	—	—	290	170	140	110	85	60

（2）最大坡长 公路与城市道路不同纵坡时的最大坡长见表 2-14，城市道路非机动车的坡长限制见表 2-15。

表 2-14 不同纵坡最大坡长   （单位：m）

设计速度/(km/h)		120	100	80	60	50	40	30	20
公路纵坡坡度（%）	3	900	1000	1100	1200	—	—	—	—
	4	700	800	900	1000	—	1100	1100	1200
	5	—	600	700	800	—	900	900	1000
	6	—	—	500	600	—	700	700	800
	7	—	—	—	—	—	500	500	600
	8	—	—	—	—	—	—	300	400
	9	—	—	—	—	—	—	200	300
	10	—	—	—	—	—	—	—	200
城市道路纵坡坡度（%）	5	—	—	600	—	—	—	—	—
	5.5	—	—	500	—	—	—	—	—
	6	—	—	400	400	350	—	—	—
	6.5	—	—	—	350	300	300	—	—
	7	—	—	—	300	250	250	—	—
	8	—	—	—	—	200	—	—	—

表 2-15 城市道路非机动车的坡长限制

纵坡坡度（%）	自行车/m	三轮车、板车/m
2.5	300	150
3	200	100
3.5	150	—

5. 缓和坡段

缓和坡段的作用主要是为了改善汽车在坡度大于 5% 的坡道上行驶的紧张状况，避免汽车长时间使用低档爬坡或下坡而使汽车行车不安全的可能，减轻汽车机件负荷（上坡）和降低制动器过高的温度（下坡），所以"规范"规定：利用纵坡不大于 3% 的坡段作为缓和坡度。当纵坡大于 5% 时，应在表 2-14 及表 2-15 所规定的长度内设置不大于 3% 的缓和坡度，缓和坡段最小长度不得小于表 2-13 的规定值。

6. 平均坡度

平均坡度是指路线在一定长度的路段纵向克服的高差 H 与这段路线长度 L 之比，即 $i_{平均} = \dfrac{H}{L}$。平均坡度是为了合理运用最大纵坡、坡长及缓和坡段的规定，以保证车辆安全顺利行驶的限制性指标，它是衡量纵面线形设计质量的重要指标之一，是从行车顺利和安全角度考虑的，避免局部地段使用过大的平均坡度。

根据对山区道路行车的实际调查发现，有时虽然道路纵坡设计完全符合最大纵坡、坡长限制及缓和坡段的规定，但也不一定能保证汽车行驶安全。如对地形困难、高差较大的地段，设计者可能交替使用极限长度的最大坡长及缓和坡段，形成"台阶式"纵断面线形，这是一种合法但不合理的做法。在这种坡道上，汽车会较长时间频繁地使用低档行驶，对汽车机件和安全行驶都不利。

考虑到道路等级的提高，应尽量采用较小的平均坡度，以便提高行驶质量，减少改建时的困难，避免因旧路纵坡过大而不得不将旧路大段地废弃。

"规范"规定：二级~四级公路越岭路线连续上坡（或下坡）路段，相对高差为200~500m时的平均坡度不应大于5.5%；相对高差大于500m时平均坡度不应大于5%，且任意连续3km路段的平均坡度不应大于5.5%。城市道路的平均坡度按上述规定减少1.0%。对于海拔3000m以上的高原地区，平均坡度应较规定值减少0.5%~1.0%。

三、竖曲线设计

变坡点是两条坡度不同的相邻纵坡线的相交点。

竖曲线是两个坡段的转折处，为了适应行车的需要而设置的曲线。竖曲线既有圆弧形的，也有抛物线形的，在使用范围内两者几乎差不多，在设计和计算上，抛物线要比圆曲线方便得多，故仅介绍用二次抛物线作为竖曲线的计算方法。

变坡角是由于在纵断面上只计水平距离和竖直高度，斜线不计角度而计坡度，这点与平面上不同。因此，竖曲线的切线长与弧长在水平面上的投影长度相等。

相邻两坡度线的交角用坡度差 ω 表示。ω 的大小近似等于相邻两纵坡的代数差，即 $\omega = i_1 - i_2$；当 $\omega > 0$ 时为凸形竖曲线，在曲线上方保证视距要求；当 $\omega < 0$ 时为凹形竖曲线，在曲线下方保证车辆行驶顺适。

1. 竖曲线要素的计算式

（1）用二次抛物线作为竖曲线的基本方程式

$$y = ax^2 + bx$$

曲线上任意点的斜率 $k = \dfrac{dy}{dx} = 2ax + b$

当 $x = 0$ 时：$k = i_1$，则：$b = i_1$

当 $x = L$ 时：$k = 2aL + i_1 = i_2$，则：$a = \dfrac{i_2 - i_1}{2L} = \dfrac{\omega}{2L}$

因此，竖曲线的基本方程式为

$$y = \frac{\omega}{2L} x^2 + i_1 x \quad \text{或} \quad y = \frac{1}{2R} x^2 + i_1 x$$

（2）竖曲线要素计算式

1）曲线长：

$$L = R\omega \tag{2-27}$$

2）切线长：

$$T = \frac{L}{2} = \frac{R\omega}{2} \tag{2-28}$$

3）外矩：

$$E = \frac{T\omega}{4} = \frac{T^2}{2R} = \frac{R\omega^2}{8} = \frac{L\omega}{8} \tag{2-29}$$

4）曲线上任意点的竖距：

$$h = \frac{x^2}{2R} \tag{2-30}$$

2. 竖曲线的最小半径

（1）竖曲线设计限制因素

1）缓和冲击。汽车行驶在竖曲线上会产生径向离心力，在凹形竖曲线上行驶会产生增重，而在凸形竖曲线上行驶会产生减重，乘客都会产生不舒适的感觉，故应限制其离心加速度的大小，即 $a = \frac{V^2}{R} = 0.5 \sim 0.7 \mathrm{m/s^2}$。

$$R = \frac{V^2}{13a} = \frac{V^2}{3.6} \quad 或 \quad L_{\min} = \frac{V^2 \omega}{3.6} \text{（"规范"中取 } a = 0.278\mathrm{m/s^2}\text{）}$$

2）行程时间不宜过短，需满足 3s 的行程要求，则有

$$L_{\min} = \frac{V}{3.6}t = \frac{V}{3.6} \times 3 = \frac{V}{1.2}$$

3）满足视距的要求。需满足汽车在凹形竖曲线、凸形竖曲线与桥下及夜间行驶时视距的要求。

（2）凸形竖曲线最小半径和最小长度 半径的选定应能提供汽车所需的视距，各级道路在纵坡变更处均应设置竖曲线。

1）当竖曲线长度 L<视距长度 S_T 时（图 2-24）：

$$R_{\min} = \frac{2}{\omega}\left[S - \frac{(\sqrt{h_1} + \sqrt{h_2})^2}{\omega}\right]$$

① 当 $S = S_T$ 时：$h_1 = 1.2\mathrm{m}, h_2 = 0$

$$R_{\min} = \frac{2}{\omega}\left[S_T - \frac{h_1}{\omega}\right]$$

② 当 $S = S_H$ 时：$h_1 = h_2 = h$

$$R_{\min} = \frac{2}{\omega}\left(S_T - \frac{4h}{\omega}\right)$$

图 2-24 凸形竖曲线计算图式（$L<S_T$）

$$L_{\min} = 2S_T - \frac{2(\sqrt{h_1} + \sqrt{h_2})^2}{\omega} = 2S_T - \frac{4}{\omega}$$

"标准"中规定的极限最小半径值和一般最小半径值见表 1-4。

2）当竖曲线长度 $L \geq$ 视距长度 S_T 时（图 2-25）：

$$R_{\min} = \frac{S^2}{2(\sqrt{h_1} + \sqrt{h_2})^2}$$

① 当 $S = S_T$ 时：$h_1 = 1.2\mathrm{m}, h_2 = 0$

$$R_{\min} = \frac{S_T^2}{2h_1}$$

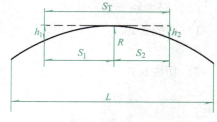

图 2-25 凸形竖曲线计算图式（$L \geq S_T$）

② 当 $S=S_H$ 时：$h_1=h_2=1.2\text{m}$

$$R_{\min}=\frac{S_T^2}{8h} \qquad L_{\min}=R\omega=\frac{S_T^2\omega}{4}$$

（3）凹形竖曲线最小半径和最小长度

1）行车舒适的要求。汽车在竖曲线上行驶时，产生的径向离心力为

$$F=\frac{G}{g}\times\frac{V^2}{R}=\frac{GV^2}{127R}$$

这个力在凹形竖曲线上会使汽车增加重力，如果这个离心力达到某种程度时，乘客就会感觉不舒适。根据试验得知，应将 $\frac{F}{G}$ 控制在 0.025 以内，因此，凹形竖曲线的最小半径为

$$R_{\min}=\frac{V^2}{127\dfrac{F}{G}}=\frac{V^2}{127\times 0.025}=\frac{V^2}{3.2}$$

$$L_{\min}=R_{\min}\omega=\frac{V^2}{3.2}\omega$$

2）夜间行车前灯照射距离的要求：

① 当 $L<S_T$ 时（图 2-26）：$L_{\min}=2\left(S_T-\dfrac{h+S_T\tan\alpha}{\omega}\right)=2\left(S_T-\dfrac{0.75+0.026S_T}{\omega}\right)$

② 当 $L\geqslant S_T$ 时（图 2-27）：

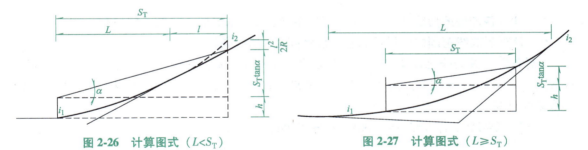

图 2-26 计算图式（$L<S_T$） 　　　　　图 2-27 计算图式（$L\geqslant S_T$）

$$L_{\min}=\frac{S_T^2\omega}{2(h+S_T\tan\alpha)}=\frac{S_T^2\omega}{1.5+0.0524S_T}$$

式中　S_T——停车视距（m）；

　　　h——车前灯高度（m），取 $h=0.75\text{m}$；

　　　ω——纵坡坡度差（%）；

　　　α——车前灯光束扩散角（°），取 $\alpha=1°$。

3）跨线桥下行车：

① 当 $L<S_T$ 时（图 2-28）：

$$L_{\min}=2S_T-\frac{4h_{\max}}{\omega}\left[1-\frac{h_1+h_2}{2h_{\max}}+\sqrt{\left(1-\frac{h_1}{h_{\max}}\right)\left(1-\frac{h_2}{h_{\max}}\right)}\right]=2S_T-\frac{26.92}{\omega}$$

② 当 $L \geqslant S_T$ 时（图2-29）：

$$L_{min} = \frac{S_T^2 \omega}{[\sqrt{2(h_{max}-h_1)} + \sqrt{2(h_{max}-h_2)}]} = \frac{S_T^2 \omega}{26.92}$$

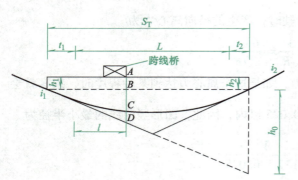

图2-28 跨线桥下计算图式（$L<S_T$）　　图2-29 跨线桥下计算图式（$L\geqslant S_T$）

(4) 竖曲线设计步骤及示例
1) 根据实际情况拟定半径。
2) 计算竖曲线基本要素（L、T、E）。
3) 计算竖曲线起讫点桩号。
4) 求加桩的横距 x 和纵距 h，$h=\frac{x^2}{2R}$。
5) 计算各加桩的切线高程，切线高程=转坡点高程±加桩与转坡点的高差。
6) 计算竖曲线范围内的设计高程：设计高程=切线高程±h。

【例2-5】 某山岭地区二级公路，转坡点在K8+030处，转坡点高程为369.21m，两相邻坡度 $i_1=+6\%$，$i_2=-4\%$，竖曲线半径 R 选用1500m，计算桩号为K7+994和K8+041处的路基设计标高。

【解】 $R=1500m$，$L=R\omega=1500\times|0.06+0.04|m=150m$

$$T=\frac{L}{2}=\frac{150}{2}m=75m \quad E=\frac{T^2}{2R}=\frac{75^2}{2\times 1500}m=1.88m$$

竖曲线起点桩号：K8+030-75=K7+955
竖曲线终点桩号：K8+030+75=K8+105

加桩K7+994：x_1=K7+994-K7+955=39m；$h_1=\frac{x_1^2}{2R}=\frac{39^2}{2\times 1500}m=0.51m$

切线高程=369.21-[K8+030-K7+994]×0.06=367.05m
设计高程=（367.05-0.51）m=366.54m

加桩K8+041：x_2=K8+105-K8+041=64m；$h_2=\frac{x_2^2}{2R}=\frac{64^2}{2\times 1500}m=1.37m$

切线高程=369.21-[K8+041-K8+030]×0.04=368.77m
设计高程=(368.77-1.37)m=367.40m

四、爬坡车道

爬坡车道是陡坡路段正线行车道外侧增设的供载重汽车行驶的专用车道。

载重汽车的爬坡能力有限，大型车与小型车速度差异较大，超车频率增加，对行车不利，且影响通行能力，故从正线上分离设置爬坡车道，可确保行车安全及提高道路的通行能力。

1. 设置爬坡车道的条件

四车道高速公路与一级公路以及二级公路连续上坡路段，符合下列情况之一的，宜在上坡方向行车道右侧设置爬坡车道：

1）沿连续上坡方向载重汽车的运行速度降低到表 2-16 的允许最低速度以下时。

2）上坡路段的设计通行能力小于设计小时交通量时。

3）经设置爬坡车道与改善主线纵坡不设爬坡车道的技术经济比较论证，设置爬坡车道的效益费用比、行车安全性较优时。

表 2-16　上坡方向允许最低速度

设计速度/(km/h)	120	100	80	60	40
允许最低速度/(km/h)	60	55	50	40	25

2. 爬坡车道的设计

（1）爬坡车道的横断面　爬坡车道设置在上坡方向正线的右侧，行车道宽度为 3.5m，还应增加左侧路缘带 0.5m 的宽度和右侧硬路肩 1.0m 的宽度。

（2）爬坡车道的横坡度　正线与爬坡车道的超高值有所不同，爬坡车道速度低，超高横坡的旋转轴为爬坡车道内侧边缘线，横坡同正线相同，坡面向外。爬坡车道的超高坡度规定见表 2-17。

表 2-17　爬坡车道的超高值

主线的超高坡度（%）	10	9	8	7	6	5	4	3	2
爬坡车道的超高坡度（%）	5				4			3	2

（3）爬坡车道的起点、终点与长度

1）爬坡车道的起点应设于陡坡路段上载重汽车运行速度降低至表 2-16 中"允许最低速度"处。

2）爬坡车道的终点应设于载重汽车爬陡坡路段后恢复至"允许最低速度"处，或陡坡路段后延伸的附加长度的端部。该陡坡路段后延伸的附加长度规定见表 2-18。

3）相邻两爬坡车道相距较近时，宜将两爬坡车道直接相连。

4）爬坡车道起点、终点处应设置分流、汇流渐变段，其长度规定见表 2-19。

表 2-18　陡坡路段后延伸的附加长度

附加段纵坡（%）	下坡	平坡	上坡			
			0.5	1.0	1.5	2.0
附加长度/m	100	150	200	250	300	350

表 2-19　爬坡车道分流、汇流渐变段长度

公路等级	分流渐变段长度/m	汇流渐变段长度/m
高速公路、一级公路	100	150~200
二级公路	50	90

五、合成坡度

公路在平曲线地段，纵向有纵坡坡度 $i_{纵}$，横向有超高或横向坡度 $i_{横}$ 时，则最大坡度既不在纵坡上，也不在超高上，而是在纵坡和超高的合成方向上，这时的最大坡度称为合成坡度 $i_{合}$ 或流水线坡度。由失量关系或勾股关系可导出其计算式如下：

$$i_{合} = \sqrt{i_{纵}^2 + i_{横}^2} \tag{2-31}$$

汽车在有合成坡度的地段行驶，若合成坡度过大，当车速较慢或汽车停在合成坡度上时，汽车可能沿合成坡度的方向产生侧滑或打滑；同时，若遇到急弯陡坡，行车可能会在短时间内沿合成坡度方向下坡，速度突然加快，汽车会冲出弯道而产生事故；在合成坡度上行车还会造成汽车倾斜、货物偏重，使汽车翻倒。因此，对合成坡度应加以限制，"标准"规定各级公路和城市道路的最大允许合成坡度见表2-20、表2-21。

表2-20　各级公路的最大合成坡度

公路等级	高速公路			一级公路			二级公路		三级公路		四级公路
设计速度/(km/h)	120	100	80	100	80	60	80	60	40	30	20
合成坡度值（%）	10.0	10.0	10.5	10.0	10.5	10.5	9.0	9.5	10.0	10.0	10.0

表2-21　城市道路的最大合成坡度

设计速度/(km/h)	80	60	50	40	30	20
城市道路合成坡度值（%）	7.0	6.5	6.5	7.0	7.0	8

设计时可由合成坡度推算出最大纵坡坡度，即 $i_{纵} = \sqrt{i_{合}^2 - i_{横}^2}$。

当陡坡与小半径圆曲线相重叠时，宜采用较小的合成坡度。特别是在冬季路面有积雪、结冰的地区，自然横坡较陡峻的傍山路段和非汽车交通量较大的路段的情况下，其合成坡度必须小于8%。

通常 $i_{合}$ 越小越好，在超高过渡的变化处，合成坡度不应设计为0%。但过小（$i_{合}$<0.5%）并不好，不利于排水要求，当 $i_{合}$<0.5%时，应采取综合排水措施，保证路面排水畅通的要求。

六、视觉分析及平面与纵断面的线形组合

1. 视觉分析

（1）意义　道路的线形、周围的景观、标志及其他信息都是通过驾驶员的视觉感受到的，因此视觉是连接道路与汽车的重要媒介。

（2）动态规律　视觉判断能力与车速密切相关，注意力集中和心理紧张程度随车速的增加而增加，注意力随车速的增加而向远方移动，当 V>97km/h 时，前景细节的视觉变模糊，周界感随车速的增加而减少，汽车在运动中的振动使司机不易看到前方的目标。

（3）视觉评价方法　用线性状况来评价视觉。线性状况是指道路平面和纵断面的线形所组成的立体形状，在汽车快速行驶中给驾驶员提供连续不断的视觉印象。

路线的平纵线形组合设计，可利用视觉印象随时间变化的道路透视图来评价，通过透视

图可直观地看出立体成形是否顺适，有无易产生判断错误或使人茫然的地方，路旁障碍是否有妨碍视线的地方。

2. 平面与纵断面的线形组合

平面与纵断面的线形组合是指在满足汽车运动学和力学要求的前提下，研究如何满足视觉和心理方面的连续性、舒适感，研究与周围环境的协调和良好的排水条件。

（1）平面与纵断面线形组合的基本原则

1）应能在视觉上自然地诱导驾驶员的视线，并保持视觉的连续性。

2）平面与纵断面线形的技术指标应大小均衡，不要悬殊太大。比如平面采用高标准的长直线，而纵断面则采用低标准的极限纵坡或竖曲线采用极限最小半径等，这样会使平面与纵断面技术指标悬殊太大，使线形在视觉上、心理上存在不协调。

3）选择组合得当的合成坡度，以利于路面排水和行车安全。

4）注意与道路周围环境的配合。

（2）平曲线与竖曲线的组合

1）平曲线与竖曲线应相互重合，且平曲线应稍长于竖曲线。平曲线（包括圆曲线和回旋线）与竖曲线两者重合时是平面与纵断面最好的组合，且平曲线应比竖曲线长，俗称"平包竖"。

若平曲线与竖曲线的半径都很大，则平曲线与竖曲线的位置可不受限制；若平曲线与竖曲线不能较好地配合，两者半径小于规定的限度，应把平曲线与竖曲线拉开一定的距离，平曲线位于直线坡段上，竖曲线位于直线路段上。

2）平曲线与竖曲线的大小保持均衡。平曲线半径大于 1000m 的情况下，竖曲线的半径应为平曲线半径的 10~20 倍方可获得线形的均衡性。

平曲线与竖曲线中若一方大而平缓，那么另一方就不要形成多而小。如一个长的平曲线内有两条以上的竖曲线，或一个大的竖曲线内含有两条以上的平曲线、看上去都会感觉非常别扭。

3）暗弯、明弯与凸形竖曲线、凹形竖曲线组合应合理。暗弯与凸形竖曲线、明弯与凹形竖曲线的组合是较为合理的，悦目的；对暗与凹、明与凸的组合，坡度差较大时给人留下的是舍弃平坦坡道、舍近求远、故意爬坡与绕弯的感觉；坡度差不大时，矛盾不是很突出。

4）平曲线与竖曲线应避免的组合。平曲线的中点与竖曲线的顶（底）点位置错开不超过平曲线长度的 1/4 时，仍可获得较满意的外观，否则会出现视觉效果很差的线形。

要避免使凸形竖曲线的顶部或凹形竖曲线的底部与反向平曲线的拐点重合。因为凸形竖曲线的顶部阻挡视线，看不到前进方向的路线而使驾驶员到达顶部时因急转方向盘造成操作失误；而凹形竖曲线的底部，汽车会加速且急转弯，无视线诱导，路面排水困难，易产生积水。

小半径竖曲线不宜与回旋线相重叠，原因与上述相同，但还应注意：

① 对于 $V \geqslant 40$km/h 的道路，应避免在凸形竖曲线顶部或凹形竖曲线底部插入小半径的平曲线。

② 选择适宜的合成坡度。合成坡度过大时，车辆易出事故，冬季结冰期更危险；合成坡度过小对排水不利，路面集水影响行车，妨碍汽车的高速行驶。

（3）直线与纵断面的组合　平面上的长直线与纵断面上的直线坡度配合，对超车有利，但单调乏味，易疲劳；直线上一次变坡为好，即包含一次凸形竖曲线为好，凹形则稍差点。若在长直线中反复变坡，会形成锯齿、驼峰、凹陷感、线形不连贯、视线中断；同样一个平曲线内，也必须避免纵断面线形反复凸凹。原因是只看见脚下和前方，看不见中间的凹陷部分的线形，产生视线中断的感觉。

（4）平面与纵断面的线形组合与景观的协调配合　具有圆滑的、优美的线形和景观，才能称为舒适和安全的道路。景观工程包括内部协调与外部协调两部分，内部协调是指平面与纵断面线形、视觉的连续性和立体协调性；外部协调是指两侧坡面、路肩、中央分隔带的协调设置与宏观的路线位置。线形与景观的配合应遵循以下原则：

1）应在道路的规划、选线、设计、施工全过程中重视景观要求。尤其在规划和选线阶段，比如对风景旅游区、自然保护区、名胜古迹区、文物保护区等景点和其他特殊地区，一般以绕避为主。

2）尽量少破坏沿线自然景观，避免深挖高填，比如沿线周围的地貌、地形、天然树林、池塘湖泊等。纵断面尽量减少填挖；横断面设计要使边坡造型和绿化与现有景观相适应，弥补必要填挖对自然景观的破坏。

3）应能提供视野的多样性，力求与周围的自然风景融为一体。应充分利用自然风景如孤山、湖泊、大树等，或人工建筑物如水坝、桥梁、高烟囱、农舍等，或在路旁设置一些设施，以消除单调感，并使道路与自然景观密切结合。

4）特殊情况下，可采用修整、植草皮、种树等措施加以补救。

5）条件允许时，可以适当放缓边坡或将其变坡点修整圆滑，以使边坡接近自然地面形状，增进路容美观。

6）应进行综合绿化处理，避免形式和内容上的单一化，将绿化视作引导视线、点缀风景以及改造环境的一种技术措施进行专门设计。

七、纵断面设计成果

（一）纵断面设计要点

纵断面设计的主要内容是根据道路等级、沿线自然条件和构造物控制标高等，确定路线合适的标高、各坡段的纵坡坡度和坡长，并设计竖曲线。基本要求是纵坡均匀平顺、起伏和缓、坡长和竖曲线长度适当、平面与纵断面组合设计协调以及填挖经济、平衡。这些要求虽在选线、定线阶段有所考虑，但要在纵断面设计中加以具体实现。

1. 纵坡极限值的运用

根据汽车动力特性和考虑经济性等因素制定的极限值，设计时不可轻易采用，应留有余量。在受限制较严时，如越岭线为争取高度、缩短路线长度或避开艰巨工程等，才有条件地采用。好的设计应尽量考虑人的视觉、心理上的要求，使驾驶员有足够的安全感、舒适感和视觉上的美感。一般来说，纵坡缓些为好，但为了路面和边沟排水，最小纵坡不应低于 0.3%。

2. 最短坡长

坡长是指纵断面两变坡点之间的水平距离。坡长不宜过短，以不小于设计速度 9s 的行程为宜。对连续起伏的路段，坡度应尽量小，坡长和竖曲线应争取到极限值的一倍或二倍以上，避免锯齿形的纵断面，以使增重与减重变化不致太频繁，从路容美观方面考虑也应以此设计为宜。

3. 各种地形条件下的纵坡设计

（1）平原微丘地形　纵坡均匀平缓，满足最小填土高度要求，不宜过分迁就丘陵地形而起伏过大。

（2）山岭重丘地形　沿河线尽量采用平缓纵坡；越岭线力求纵坡均匀，不采用极限值，更不能连续采用极限值，两陡坡间避免夹短的缓和坡段，避免设置反坡。

山脊线和山腰线，除结合地形必须采用较大的纵坡外，在可能条件下纵坡应平缓。

4. 竖曲线半径的选用

1）设计速度大于或等于60km/h的公路，竖曲线设计宜采用长的竖曲线和长直线坡段的组合。有条件时宜采用大于或等于表2-22所列视觉所需要的竖曲线半径值。

表2-22　视觉所需要的竖曲线半径值

设计速度/(km/h)		120	100	80	60	40
竖曲线半径/m	凸形	20000	16000	12000	9000	3000
	凹形	12000	10000	8000	6000	2000

2）竖曲线应选用较大的半径。当条件受限制时，宜采用大于或接近于竖曲线最小半径的"一般值"；地形条件有特殊困难时，方可采用竖曲线最小半径的"极限值"。

5. 相邻竖曲线的衔接

同向竖曲线（尤其是凹形）之间，直线坡度不长时应合并为单曲线或复曲线，避免出现断背曲线。

反向竖曲线之间最好插入直线坡段，为使增重与减重之间平缓过渡，直线坡段长度不得小于3s的行程。

（二）纵断面设计方法与步骤以及注意事项

1. 纵断面设计方法与步骤

（1）准备工作　点绘地面线，填写有关内容，收集和熟悉有关资料，领会设计意图和设计要求。

（2）标注控制点　控制点是影响纵坡设计的高程控制点。控制点有起点、终点、垭口、桥涵、最小填土高度、最大挖方深度、洪水水位、隧道进出口、交叉点、城镇点、重要高程点、经济点（填挖大致平衡的横断面的分界点）等。

（3）试坡　根据定线的意图，全面考虑地面线情况及各经济点和控制点的要求来试坡，如二者矛盾较大，应进一步研究控制点是否有改动的余地，最后仍应以控制点为依据进行施工。同时，在试坡时，每定一个转坡点都要全面考虑前后几个转坡点的情况，必要时试坡过程中还应给调坡留有余地。

（4）调整　根据"规范"要求，检查纵坡、坡长、纵坡折减、合成坡度、平面与纵断面配合等方面是否符合规定，坡长不要零碎，不符合规定要求的应进行调坡。常采用抬高、降低、延长、缩短坡度线、加大（减少）坡度值的方法进行调坡。调坡的原则是少脱离控制点，少变动填挖。

（5）核对　主要核对重点横断面的填挖、陡坡路基、挡土墙、桥涵等。

（6）定坡　核对无误后，逐段确定纵坡的坡度值、变坡点及标高。变坡点设在整10m

的桩位上,高程由坡长与坡度计算。

(7) 设置竖曲线　考虑平面与纵断面的线形组合,确定竖曲线半径,计算竖曲线要素。

2. 纵断面设计中应注意的事项

1) 设置回头曲线地段,拉坡时应按回头曲线技术标准先定出该地段的纵坡,然后从两端接坡,应注意在回头曲线地段不宜设竖曲线。

2) 大(中)桥上不宜设置竖曲线,桥头两端竖曲线的起点、终点应设在桥头 10m 以外。

3) 小桥涵允许设在斜坡地段或竖曲线上,为保证行车平顺,应尽量避免在小桥涵处出现"驼峰式"纵坡。

4) 注意平面交叉口纵坡及两端接线要求。道路与道路的交叉点一般宜设在水平坡段处,其长度应不小于最小坡长的规定。两端的接线纵坡应不大于 3%,山区工程艰巨地段不大于 5%。

5) 拉坡时如受"控制点"或"经济点"制约,导致纵坡起伏过大或土石方工程量太大,经调整仍难以解决时,可用纸上移线的方法修改原定纵坡线。

(三) 纵断面图的绘制

纵断面图的组成分上下两部分。上半部分包括地面线,设计线,竖曲线及其要素,坡度及坡长(有时标在下部),沿线桥涵及人工构造物的位置、结构类型、孔数和孔径,与道路、铁路交叉的桩号及路名,沿线跨越的河流名称、桩号、常水位和最高洪水水位,水准点的位置、编号和标高,断链桩的位置、桩号及长短链关系等方面内容。下半部分是有关数据,自下而上的内容是直线及平曲线,里程桩号,地面标高,设计标高,填挖高度,土壤地质说明,设计排水沟沟底线及其坡度、距离、标高、流水方向等方面内容。纵断面图最后进行描绘、晒图或计算绘制等整饰性工作。

单元 4　横断面设计

横断面是垂直于路中线方向的剖面,由设计线与地面线构成;横断面图是反映路基的形状尺寸的图,它是道路技术设计文件中重要的组成部分。

横断面设计的目的主要有以下几点:

1) 保证足够的断面尺寸、强度和稳定性,使之经济合理。

2) 为路基土石方工程量计算、道路的施工和养护提供依据。

3) 采用诱导和约束车流的方式来保证车辆正常行驶。

对山区复杂困难地段,正确合理的路线设计需综合考虑平面、纵断面和横断面的要求,经反复比较调整后,才能达到设计目的。

通常横断面设计是在平面设计和纵断面设计完成后进行的。

一、道路横断面组成

(一) 公路横断面组成

公路横断面一般由行车道、路肩、分隔带、边沟、边坡、截水沟、护坡道、护栏、变速车道、紧急停车带、慢车道和标志等组成。

各部分尺寸要根据设计交通量、交通组成、设计车速与地形条件等因素来确定。通常采用标准横断面的形式进行横断面设计，标准横断面图如图 2-30 所示。

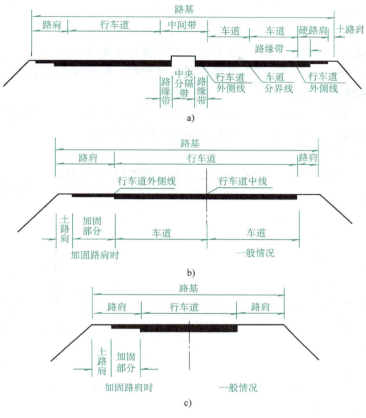

图 2-30　标准横断面图

a) 高速公路、一级公路　b) 二级、三级公路　c) 四级公路

1. 路幅的构成

路幅是公路路基顶面两侧路肩外边缘之间的部分。公路等级的不同，路幅的构成也不相同。对于交通量大的高速公路、一级公路，为确保安全、快速行车，通常将行车道用中央分隔带分为对向行驶的四车道路（每边两个车道）。当交通量很大时，车道数可按双数增加成六车道、八车道等。

2. 分隔的方式

分隔的方式有用分隔带分隔（整体式断面）和用不同平面行车道分隔（分隔式断面）两种。

当纵坡大于 4% 时，可沿上坡方向设置爬坡车道；当右侧硬路肩宽度小于 2.25m 时，应设紧急停车带等。

二级、三级公路一般在保证汽车正常运行的同时，允许自行车、拖拉机和行人等通行，是混合交通，行车道为对向行驶双车道。对混合交通量很大的二级公路和城镇附近混合交通较大的三级公路，为保证汽车行驶所必须的宽度，提高道路通行能力，以防止车流紊乱造成交通阻塞，可采取设置自行车道、慢车道、人行道（统称慢行道）的方式将行人分隔开。

慢行道的宽度按通行车辆的车型及交通量确定，当沿道路两侧设置时，应不小于双车行驶要求的宽度。横断面上超高、加宽及交叉口处的变速车道应按有关规定的要求进行设计。

3. 路幅布置类型

（1）单幅双车道 二级、三级公路及中小城市都是采用该类型。

（2）双幅多车道 高速公路、一级公路及大中城市采用该类型。

（3）单车道 特殊情况下的四级公路才采用该类型，但需设置错车道。

（二）城市道路横断面组成

城市道路的交通性质和组成比较复杂，非机动车和行人较多，需对行车道进行近远期综合考虑，还需考虑地上杆线、地下管线的布置及绿化带的设置。

1. 布置类型（图 2-31）

（1）单幅路（一块板） 混合行驶，地面既可画线也可不画线。

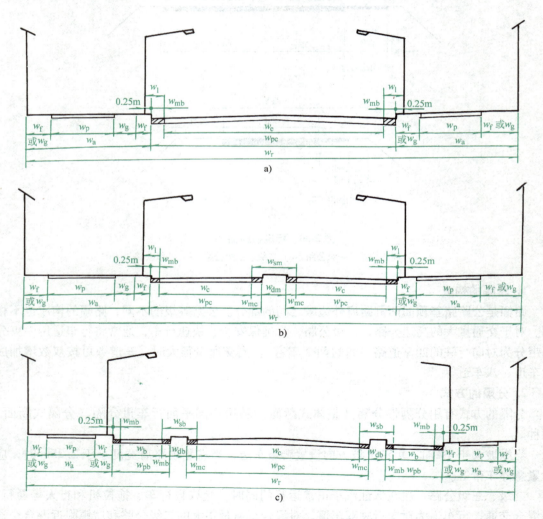

图 2-31 城市道路横断面的布置类型
a）单幅路 b）双幅路 c）三幅路

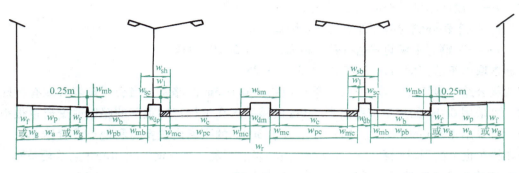

d)

图 2-31 城市道路横断面的布置类型（续）

d）四幅路

注：图中字母解释参考《城市道路工程设计规范》（CJJ 37—2012）。

（2）双幅路（二块板）　用分隔带将车行道分为两块。
（3）三幅路（三块板）　中间为机动车道，两侧为非机动车道。
（4）四幅路（四块板）　中间为双向分隔的机动车道，两侧为非机动车道。

2. 断面形式的选用

（1）单幅路　占地少、投资少、车辆混合行驶、交通安全性差。适用于机动车交通量不大与非机动车较少的次干路、支路，以及用地不足、拆迁困难的旧城改造的道路。

（2）双幅路　对向行车道分开，行车干扰少，车速高，分隔带常作绿化带、照明及管线布置用。适用于机动车与非机动车混合行驶的郊区道路或高差大、地形特殊的路段。

（3）三幅路　机动车与非机动车分开，交通安全性高，两条分隔带占地多，但能减少噪声和合理布置照明。适用于机动车与非机动车交通量大的道路及红线总宽度不小于 40m 的道路。

（4）四幅路　机动车与非机动车彻底分开，安全性高，车速快。适用于车速高、非机动车与机动车交通量大的道路。

二、行车道设计

行车道宽度主要由车道数和每条车道宽度决定。要根据设计车辆横向尺寸、设计交通组成和汽车行驶速度以及车辆间或车辆与路肩之间的距离来确定。

公路上的行车道通常是由两条以上的车道组成的，高速公路及一级公路则由四条以上的车道及中央分隔带组成。城市道路则根据行车道的流量、交通组织与管理来确定。

1. 一般双车道公路行车宽度的确定

行车道宽度＝汽车宽度（载重汽车车厢的总宽度 2.5m）＋富余宽度（对向行驶的两车厢之间的安全间隙与汽车轮胎至路面边缘的安全距离），如图 2-32 所示。

$B_单 = a + c + x$

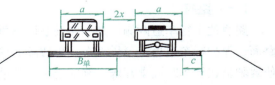

图 2-32 双车道公路的行车道宽度

式中　a——设计车型的外形宽度（m）；

　　　c——车辆外侧与路面外侧的安全距离（m）；

　　　x——车辆与车辆间安全行驶的距离，$x = 0.50 + 0.005V$。

通常取单车道宽度3m、3.25m、3.5m、3.75m。

四级公路一般情况下采用3.5m单车道路面和6.5m的路基；当交通量较大或有特殊需要时，可采用6.0m的双车道路面和7.0m的路基；在工程特别艰巨的路段或交通量很小的公路，可采用4.5m的路基，此时应在不大于300m的距离内选择有利地点设置错车道，以保证在错车道上的司机能看见相邻两错车道驶来的车辆，错车道形状和尺寸见"规范"。

2. 有中央分隔带的行车道宽度（单侧）的确定

$$B_{单侧} = b_1 + na + (n-1)d + m$$

式中　b_1——应急车道的宽度（m），通常取$b_1 = 5$m；

　　　n——单侧行车道的车道数；

　　　a——设计车型的外形宽度（m）；

　　　d——同向行驶车辆之间安全行驶的距离，$d = 0.35 + 0.005V$；

　　　m——内侧车道的车辆外侧与中央分隔带边缘的安全距离（m）。

3. 城市道路的行车道宽度的确定

1）靠路边的车道宽度：

一侧为对向车道时，$B_1 = \dfrac{x}{2} + a_1 + c$；

一侧为同向车道时，$B_1 = \dfrac{d}{2} + a_1 + c$。

2）靠路中心的车道宽度：$B_2 = \dfrac{x}{2} + a_2 + \dfrac{d}{2}$

3）同向行驶的中间车道宽度：$B_2 = \dfrac{d}{2} + a_2 + \dfrac{d}{2}$

式中　c——车辆外侧与路缘石间的安全距离（m），$c = 0.4 + 0.02V^{\frac{3}{4}}$；

　　a_1，a_2——设计车辆的外形宽度（m）；

　　　d——同向行驶时，车辆间安全行驶的距离（m），$d = 0.7 + 0.02V^{\frac{3}{4}}$；

　　　x——反向行驶时，车辆间安全行驶的距离（m），$x = 0.7 + 0.02(V_1 + V_2)^{\frac{3}{4}}$。

三、路肩、分隔带、路侧带与路缘石

（一）路肩

路肩位于行车道两侧，是公路横断面不可缺少的组成部分。它的主要作用是支撑并保护路面，保护行车道稳定，供汽车发生故障时临时停车；供行人通行和非机动车使用；同时，使驾驶员在行车时视觉开阔、有安全感，有助于增进行车的舒适感和避免驾驶的紧张感，还有助于提高道路的通行能力。在道路路面维修时，较宽的路肩还可以作为临时行车道。在挖方地段的平曲线段，较宽的路肩能够改善视距。

路肩的宽度是根据公路的等级，汽车、非机动车的交通量大小和行人交通稠密程度确定的。右侧路肩宽度见表 2-23；高速公路、一级公路的分离式路基，应设置左侧路肩，其宽度见表 2-24。左侧路肩内含左侧路缘带，左侧路缘带宽度为 0.50m。

表 2-23　右侧路肩宽度

设计速度/(km/h)		高速公路、一级公路				二级公路、三级公路、四级公路				
		120	100	80	60	80	60	40	30	20
右侧路肩宽度/m	一般值	3.50 3.00	3.00	2.50	2.50	1.50	0.75	—	—	—
	最小值	3.00	2.50	1.50	1.50	0.75	0.25			
土路肩宽度/m	一般值	0.75	0.75	0.75	0.50	0.75	0.75	0.75	0.50	0.25 （双车道） 0.50 （单车道）
	最小值	0.75	0.75	0.75	0.50	0.5	0.5			

注：1. 一般值为正常情况下的采用值；最小值为条件受限时，经技术经济论证后可采用的值。
　　2. 在高等级公路中还要铺筑硬路肩，当硬路肩宽度小于 2.5m 时，还应在路肩外侧设置紧急停车带。其间距不宜大于 500m，宽度包括硬路肩在内为 3.5m，有效长度不小于 30m。

表 2-24　高速公路、一级公路分离式路基的左侧路肩宽度

设计速度/(km/h)	120	100	80	60
左侧路肩宽度/m	1.25	1.00	0.75	0.75
左侧土路肩宽度/m	0.75	0.75	0.75	0.50

城市道路路肩的作用及宽度与公路路肩基本相同。

（二）分隔带

分隔带的作用是保证行车安全，其宽度根据占用土地、工程造价等情况确定。

1. 中间带

中间带位于路幅中间，由两条左侧路缘带及中央分隔带组成。主要是为了保证对向车辆能够高速、安全地行驶，减少事故，提高道路的通行能力。另外，在中央分隔带可以种植花草或合适的树木，起到绿化和保护环境的作用，而且树木又可为夜间行车时挡住对向车辆的灯光，避免眩目。路缘带的设置起到诱导视线的作用。常见的中间带是与两边的行车道在同一平面上的，也可因地制宜地放在不同高程上，形成分离式行车道。这样，不仅使夜间行车不会有对向汽车车灯导致的眩目，而且从工程经济上来看，可以减少一部分土石方数量。自然条件地面越陡，所减少的工程量也就越多。从景观开发方面考虑，分离式行车道比整体式行车道更有利于融入自然景观。

高速公路必须设置中间带，一级公路一般应设置中间带。当受到特殊条件限制时，一级公路可不设中间带，但必须设置分隔设施。

分离式断面的中间带宽度宜大于 4.5m。一条路上在不降低公路线形标准的前提下，可以根据地形、地质等自然条件，在不同的路段设置不同的中间带宽度，但不得频繁变更宽度。这对于减少工程造价、改善景观都能起到很好的作用。中间带减窄或增宽时，应设置过

渡段，中间带的过渡段以设在回旋线范围内为宜，其长度应与回旋线相等。当中间带宽度大于 4.5m 时，过渡段设在半径较大的平曲线路段为宜，如图 2-33 所示。

分隔带宽度是根据行车带以外的侧向余宽，防止驶入对向行车带的护栏、种植区、防眩网、交叉公路的桥墩等需要设置的。分隔带宽度一般大于 4.5m，通常越宽越好，但土地资源宝贵，故一般采用较窄的中间带。一般情况下，中间带应保持等宽，需变宽时应设在变化处，且需有过渡段，长度同回旋线长度。整体式断面的中间带宽度见表 2-25。

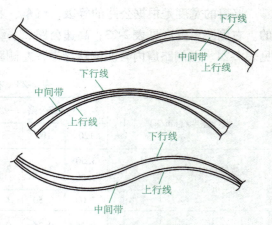

图 2-33　中间带过渡方法

表 2-25　整体式断面的中间带宽度

设计速度/(km/h)		120	100	80	60
中央分隔带宽度/m	一般值	3.00	2.00	2.00	2.00
	最小值	2.00	2.00	1.00	1.00
左侧路缘带宽度/m	一般值	0.75	0.75	0.50	0.50
	最小值	0.75	0.50	0.50	0.50
中间带宽度/m	一般值	4.50	3.50	3.00	3.00
	最小值	3.50	3.00	2.00	2.00

注：一般值为正常情况下的采用值；最小值为条件受限制时，经技术经济论证后可采用的值。

中间带的开口应设置在通视良好的路段，形状如图 2-34 所示。

2. 两侧带

两侧带布置在横断面两侧的分车带上，其作用与中间带相同，不同的是两侧带设置的位置有所不同，常用于城市道路，用于分隔快车道与慢车道或机动车道与非机动车道或机动车道与人行道等。两侧带的宽度一般为 2.0~2.5m。

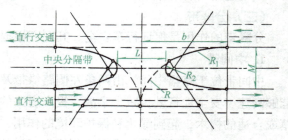

图 2-34　中间带开口

（三）路侧带

城市道路路侧带的组成包含人行道、绿化带、设施带等。宽度根据道路的类别、功能、行人流量、绿化，以及沿街建筑性质、布设公用设施等要求来确定。

1. 人行道

人行道供行人步行及立杆、埋设管线用。人行道宽度 w_p 等于行人的流量 N_w 与一条人行道的通行能力 N_p 之比，即 $w_p = \dfrac{N_w}{N_p}$；而一条人行道的通行能力 $N_p = \dfrac{1000V}{l}$（其中 V 为人行速度，l 为行人之间的间距）。

2. 绿化带

绿化带用于道路绿化、种植行道树，其间距一般为4m。

3. 设施带

设施带的宽度包括设置行人护栏、照明灯柱、标志牌、信号灯等所需宽度。常用的护栏宽度为0.25~0.5m，灯柱的间距为1.0~1.5m。

4. 地下管线

地下管线的宽度依据城市道路设计规范中的相关规定计取。

综合以上信息有

路侧带宽度 = 人行道宽度 + 绿化带宽度 + 设施带宽度 + 地下管线宽度

街道总宽度与路侧带宽度之比以 5：1~7：1 为宜。

（四）路缘石

路缘石设置在分隔带与路面之间或人行道与路面之间，形式有立式、斜式、曲线式。其作用是导向、连接、排水。其高度宜小于12cm，且高出路面10~20cm；宽度为10~15cm。

四、路拱

路拱是为了不让雨水滞留路面时间过长，以利于路面横向排水，并迅速将其导入公路的排水设施，而将路面设置成由中央向两侧倾斜的拱形，使其具有一定的坡度，其坡度称为路拱坡度，以百分率表示。

路拱对路面排水有利，对行车不利。路拱坡度的大小主要与路面的种类及表面粗糙度有关，路拱坡度根据路面类型和当地自然条件选用。

高速公路、一级公路整体式路基的路拱宜采用双向路拱坡度，由路中央向两侧倾斜。位于中等强度降雨地区时，路拱坡度宜为2%；位于降雨强度较大地区时，路拱坡度可适当增大。

高速公路、一级公路分离式路基的路拱，宜采用单向横坡，并向路基外侧倾斜，也可采用双向路拱坡度。积雪、冰冻地区，宜采用双向路拱坡度。

六车道、八车道高速公路，六车道一级公路，当超高过渡段的路拱坡度过于平缓时，可设置两个路拱。

二级~四级公路的路拱应采用双向路拱坡度，由路中央向两侧倾斜。路拱坡度应根据路面类型和当地自然条件确定，但不应小于1.5%。

路拱设置的原则是以利于路面排水和保证行车平稳为原则。

路拱可做成直线形、抛物线形、折线形或两直线中间接抛物线形等形式。直线形有利于机械化施工，为常用的形式；抛物线形适用于四车道的公路，其排水较为理想；两直线中间接抛物线形一般适用于高等级公路，在路拱两侧设斜直线，中间插入抛物线，抛物线长度约为路面行车道宽度的1/3。

非机动车道与人行道的路拱横坡宜设置成单向横坡，坡度值一般为1%~2%。

直线路段的路肩横坡设置向外倾斜的横坡，坡度较行车道大1%~2%，或采用与行车道相同的横坡（如路肩材料与行车道材料相同地段、行车道路拱大于4%的路段，以及少雨地区）。

曲线路段的路肩横坡，当路肩宽度大于1.5m、行车道超高横坡坡度大于或等于5%时，曲线外侧路肩应采用与行车道方向相同、坡度值也相同的横坡;当行车道超高横坡坡度在5%以下时,则做成坡度值为1%~2%的向外侧倾斜的横坡。曲线内侧路肩横坡应采用与行车道相同的横坡。当路肩宽度小于1.5m时,曲线外侧横坡的坡度值和方向原则上同行车道相同。

硬路肩的横坡应随邻近车道的横坡一同过渡,其过渡段的纵向渐变率应控制在1/330~1/150的区间。

位于直线路段或曲线路段内侧的土路肩的横坡,且车道或硬路肩的横坡坡度大于或等于3%时,土路肩的横坡应与车道或硬路肩横坡坡度相同;小于3%时,土路肩的横坡坡度应比车道或硬路肩的横坡坡度大1%或2%。位于曲线路段外侧的土路肩横坡,应采用3%或4%的反向横坡值。

大中桥梁、隧道区段的硬路肩横坡坡度应与车道相同。

五、道路建筑限界与道路用地

(一)道路建筑限界

建筑限界(净空)是保证交通行人安全通行所需要的高度和宽度,任何障碍物不得侵入其空间范围。

建筑限界是将路幅各要素作出合理的安排,它由净高和净宽两部分组成。

公路的一般载重汽车的净高要求为4.5m(汽车装载高度3.5m+富余高度1.0m)。考虑路面加厚及集装箱运输,二级以上公路需5.0m;城市道路的一般载重汽车的净高要求为4.5m、无轨电车为5.0m、有轨电车为5.5m、自行车与人行道为2.5m、其他非机动车为3.5m。

净宽是净高范围内应保证的宽度,含行车道和路肩宽和设置加(减)速车道、爬坡车道、慢车道、紧急停车带、错车道等部分的宽度。

净空范围以内不应有各种设施伸入,桥梁、隧道的压缩部分主要是压缩其宽度。

确定建筑限界边界线的原则是上缘边界线应与路面平行,两侧边缘线应与路面垂直。

(二)道路用地

公路用地应遵照保护、开发土地资源,合理利用土地,切实保护耕地,促进社会经济可持续发展的原则,合理拟定公路建设规模、技术指标、施工方案,确定公路用地范围。道路用地内不得修建非道路用的建筑物、开挖道路及设置其他设施。其用地范围的具体规定是:

1)新建公路路堤两侧排水沟外边缘(无排水沟时为路堤或护坡道坡脚)以外,或路堑坡顶截水沟外边缘(无截水沟为坡顶)以外不小于1m范围内的土地;在有条件的地段,高速公路和一级公路不小于3m、二级公路不小于2m范围内的土地。

2)高填深挖路段,依据计算结果确定。

3)特殊地质地带(风沙、雪害等),需设置防护林、种植固沙植物、安装防沙或防雪栅栏以及设置反压护道等设施时,应根据实际情况确定所需的用地范围。

4)有条件或环境保护要求种植多行林带的路段,应根据实际情况确定所需的用地范围。

5)桥梁、隧道、互通式立体交叉、分离式立体交叉、平面交叉、交通安全设施、服务设施、管理设施、绿化以及料场、苗圃等,应根据实际需要确定其用地范围。

改建公路参照上述规定执行。城市道路的用地范围是建筑红线以内的范围。

六、横断面设计成果

(一)公路横断面

1. 公路横断面组成

公路横断面主要由路幅、路基工程、排水工程、环保工程中的有关措施等组成。根据"标准"和地形对路基高度拟定横断面方案,设计的横断面作为计算土石方数量和以后施工的依据。

设计必须结合地形、地质、水文等条件,满足节约用地原则,合理选用横断面形式,以保证行车顺适、工程经济、路基稳定,且便于施工和养护。

2. 路基标准横断面图(典型横断面图)

路基标准横断面图中包括路堤、路堑、半堤半堑、护肩路基、挖土路基、砌石路基等。边坡坡率、边沟尺寸及断面按"规范"要求处理。

3. 设计方法

(1)绘制地面线 按 1∶200 的比例在厘米纸上,自下而上、自左而右布置,绘制地面线。

(2)填写路基设计数据 设计数据主要指路基的填挖高度、超高、加宽、左宽、右宽、左高、右高等。

(3)画路幅宽度 参照标准图进行。

(4)画其他设施 如路基的边沟、截水沟等位置和断面的取土坑、弃土堆、绿化、高速车道等。

4. 路基设计表

路基设计表是反映横断面设计成果的图表。

(二)城市道路横断面

1. 横断面设计图

按交通性质、地形条件、近远期结合的原则确定横断面组成和宽度。

城市道路横断面设计图的作用与公路的相同,也是用于指导施工与计算土石方数量。图中应绘出红线宽度,以及行车道、人行道、绿化带、照明、地下管线等的位置和宽度。

2. 横断面现状图

横断面现状图上绘制横断面地面线,图中包括地形、地物、原街道各组成部分、边沟、路侧建筑物等。

3. 横断面施工图

横断面施工图是指将施工的填挖高度点绘在相应的横断面现状图上所绘的图样,是施工时的主要依据。

(三)土石方计算与调配

路基土石方既是施工时的主要工程量,也是比较方案中进行评价的主要技术经济指标,地面形状是很复杂的,填挖方计算不是简单的几何体,只能近似计算。计算精度取决于中桩间距、横断面及采集点的密度和计算式。

1. 横断面面积计算

横断面面积是图中原地面线与路基设计线所包围的面积。高于地面线为填，低于地面线为挖，填挖面积应分别计算。

（1）积距法　将横断面按单位横宽划分成若干个梯形与三角形条块，每个条块的面积近似为单位宽度 b 与平均高度 h 的乘积，即 $F_i = bh_i$，则横断面面积 $F = bh_1 + bh_2 + \cdots + bh_n = b\sum h_i$，当 $b = 1$ 时，$F = \sum h_i$。

（2）坐标法　若已知横断面各转折点的坐标 (x_i, y_i)，则横断面面积为

$$F = \frac{1}{2}\sum(x_i y_{i+1} - x_{i+1} y_i)$$

2. 土石方数量计算

两相邻横断面 F_1 与 F_2 之间有一个拟柱体，其长度为 L，采用平均断面法计算该拟柱体的体积 V，其计算式为

$$V = \frac{(F_1 + F_2)L}{2}$$

或

$$V = \frac{(F_1 + F_2)L}{3}\left(1 + \sqrt{\frac{m}{1+m}}\right)$$

式中　$m = \dfrac{F_1}{F_2}$ 且 $F_2 > F_1$。

计算时，填方地段计入了路面的数量，而挖方地段则未计入路面的数量，当填挖相差不多时，则可相互抵消数量，计算结果会相差不多，但最好是填方要扣除，挖方要增加。

3. 路基土石方调配

调配路基土石方的目的是确定填方用土的来源，挖方弃土的去向，计算并计价土石方的数量和运量，解决各路段土石方的数量平衡与利用问题。将路堑的挖方合理地调运于路堤填方或适当的位置（弃土堆），并合理地布设取土坑，以满足路堤填方的需要，从而减少公路用地，且使运量最小，搬运方向最便利，以降低公路造价。

（1）调配原则　土石方进行调配时必须遵循的原则有：

1）首先考虑本桩位内的移挖作填，进行横向调配，然后再考虑纵向调配，以减少废方和借方，减少总的运量。

2）在半填半挖断面中，应首先考虑在本路段内移挖作填，进行横向平衡，然后再作纵向调配，以减少总的运输量。

3）土石方调配应考虑桥涵位置对施工运输的影响，一般大沟不作跨越调运，同时还应注意施工的便利性，尽可能避免和减少上坡运土。

4）为使调配合理，必须根据地形情况和施工条件，选用适当的运输方式，确定合理的经济运距，用以分析工程用土是调运还是外借。

5）土方调配的移挖作填固然要考虑经济运距问题，但这不是唯一的指标，还要综合考虑弃方或借方占地，赔偿青苗损失及对农业生产的影响等。有时，移挖作填虽然运距超出一些，运输费用可能稍高一些，但如能少占地，少影响农业生产，对整体造价来说也未必是不经济的。

6）不同的土方和石方应根据工程需要分别进行调配，以保证路基稳定和人工构造物的材料供应。

7）位于山坡上的回头曲线路段，要优先考虑上下线的土方竖向调运。

8）土方调配对于借土和弃土应事先同当地部门协商，妥善处理。借土应结合地形、农田规划等选择借土地点，并综合考虑借土还田、整地造田等措施。弃土应不占或少占耕地，在可能条件下宜将弃土平整为可耕地，防止乱弃乱堆或堵塞河流、损坏农田。

9）土石方工程集中的路段，因挖方运输的施工作业方案与一般路段有所不同，故可单独进行调配。

（2）调配方法　土石方调配方法有多种，如累积曲线法、调配图法及土石方计算表调配法等。现多采用在"路基土石方数量计算表"上作土石方调配，该法优点是方法简捷、调配清晰、精度符合要求、可由计算机自动完成等。其具体步骤为：

1）土石方调配是在土石方数量计算与复核完毕的基础上进行的，调配前应将可能影响运输调配的桥涵位置、陡坡、大沟等注在表旁，供调配时参考。

2）计算并填写表中"本桩利用""填缺"各栏，以石代土时，石方数量应填入"土"中，并以符号区别，然后按填方、挖方分别进行闭合核算，核算式为

$$填方 = 本桩利用 + 填缺$$
$$挖方 = 本桩利用 + 挖余$$

3）根据"填缺"与"挖余"的分布情况，可以大致看出调运的方向及数量，并按此进行初试调配，调配时应先按施工方法、运输方式选定经济运距，并以此确定最大调运距离；经调配后，如有填方不足，不足部分按借方计，如有未调用的挖方，则按废方计。

4）纵向调配。在符合上述要求的基础上，在表中"纵向调配示意"栏上用箭头线表示调配方向，算出调运土石方数量及平均超运运距的"级"数；调配时应将借方和废方数值、平均超运运距的"级"数填入相应的"借方数量及运距"与"废方数量及运距"栏内；最后计算运量，并填入"总运量"栏内。

5）调配完成后，应分页进行闭合核算，核算式为

$$填缺 = 远运利用 + 借方$$
$$挖余 = 远运利用 + 废方$$

6）本公里调配完毕后应进行本公里合计，并经闭合核算。除进行上述各项核算外，还应进行下列核算：

$$横向调运方 + 纵向调运方 + 借方 = 填方$$
$$横向调运方 + 纵向调运方 + 弃方 = 挖方$$
$$挖方 + 借方 = 填方 + 弃方$$

7）土石方调配一般在本公里内进行，必要时也可跨公里调配，但需将调配的方向及数量分别注明，以免混淆。

8）每公里在土石方数量计算与调配完成后，须汇总列入"路基每公里土石方数量表"中，并进行全线总计与核算，至此完成全部土石方计算与调配工作。

（3）关于土石方数量调配计算中的几个问题

1）免费运距 $L_{免}$。土石方作业包括挖、装、卸等工序，在某一特定距离内，只对土石的挖方数量计价，而不另计算运费，这一特定距离称为免费运距。

施工作业方法不同,其免费运距也不同,如人工作业时,人工运输的免费运距为20m;轻轨运输的免费运距为50m;机械作业时,推土机的免费运距为20m,铲运机的免费运距为100m。各种作业方法的免费运距,可从公路工程预算定额中查得。

2)经济运距 $L_{经}$。经济运距是指采用"调运"还是"借土"的限度距离,当调运距离小于经济运距时,采用纵向调运是经济的;反之,则可考虑就近借土。

$$L_{经} = \frac{B}{T} + L_{免}$$

式中　B——借土的单价(元/m³);
　　　T——超运运费的单价[元/(m³·km)];
　　　$L_{免}$——免费运距(km)。

公路工程预算定额中规定,土石方的运距,第一个20m(系指人工运输,若为轻轨运输则为50m)为免费运距,如不足20m的要按20m计,此后每增加10m(若为轻轨运输则为50m)为一个超运运距单位,尾数不满5m的不计,满5m的按10m计。

3)平均运距 $L_{均}$。土石方调配的平均运距是指从挖方体积的重心至填方体积的重心之间的距离。在进行土石方调配时,若平均运距小于或等于免费运距,可不计运费;若平均运距大于免费运距,超出免费运距的运距称为超运运距,超运运距的运输应另计运费。

4)运量 Q。在进行纵向调配时,当其平均运距超过公路工程预算定额规定的免费运距,应按其超运运距计算土石方运量。运量 Q 等于需调配的土石方数量与平均超运运距单位 n 的乘积,n 的计算式为

$$n = \frac{(L_{均} - L_{免})}{A}$$

式中　A——超运运距单位(m);
其他符号含义同前。

超运运距按运输方式不同有不同的计算单位,如人工运输时的 A 为10m,轻轨运输时的 A 为50m,推土机运输时的 A 为10m,铲运机运输时的 A 为100m,其他运输方式的超运运距单位 A 可从公路工程预算定额中查得。

5)计价土石方数量 $V_{计}$。在土石方计算与调配的过程中,所有挖方数量 $V_{挖}$ 均应计价。但填方数量则按土石方的来源决定是否计价,若是路外就近借土方 $V_{借}$,就应计价;若是"移挖作填"的纵向调配利用土方,则不应计价。即计价土石方数量为挖方数量(含弃方和调出土方)与借方数量之和 $V_{计} = V_{挖} + V_{借}$。

单元5　道路交叉设计

道路交叉口是由纵横交错的道路与道路或道路与铁路相交而形成的部位,它既是道路系统的重要组成部分,又是道路交通的咽喉。相交道路的各种车辆和行人都要在交叉口汇集和分流,最易发生交通事故。由于人、车,特别是非机动车的相互干扰,阻滞了交通,降低了道路的通行能力。此外,在交叉口处的周期性制动、起动,对于燃料、车辆机件和轮胎的消耗都很大。因此,设法减少或消灭道路交叉口的交通事故,提高交叉口的通行能力是道路设计的关键任务。

根据相交道路交会点的竖向标高设置和安排的不同,道路交叉口可分为平面交叉口和立体交叉口两种类型,平面交叉口是道路在同一平面上相交,立体交叉口是道路在不同平面上相交。

一、平面交叉设计

(一) 交叉口的交通分析

进出交叉口的车辆由于行驶方向不同,车辆与车辆之间的交错也有所不同,产生交错点的性质也不一样。同一行驶方向的车辆向不同方向分开的地点称为分流点;来自不同行驶方向的车辆以小于 45°向同一方向汇合的地点称为合流点;来自不同行驶方向的车辆以大于等于 45°相互交叉的地点称为冲突点,如图 2-35 所示。不同类型的交错点是影响交叉口行车速度和发生交通事故的主要原因,而产生冲突点最多的是左转和直行车辆,它对交通的影响最大,车辆容易产生碰撞;其次是合流点,它是车辆产生挤撞的危险地点,对交通安全不利。在交叉口的设计中,要尽量设法减少交错点,尤其是要减少或消灭冲突点。

在没有交通管制的情况下,三条、四条、五条道路平面相交时的冲突点分别如图 2-35 所示。通过交通分析,可得出如下结论:

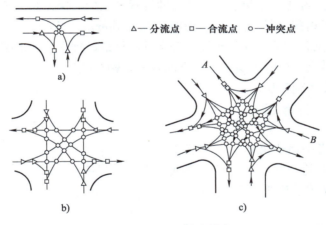

图 2-35 交叉口的交错点
a) 三路交叉　b) 四路交叉　c) 五路交叉

1) 在平面交叉口都存在冲突点,其数量随着相交道路条数增加而急剧增加。三条道路相交的冲突点有 3 个、合流点有 3 个、分流点有 3 个;四条道路相交的冲突点则增加到 16 个、合流点有 8 个、分流点有 8 个;而五条道路相交时,冲突点达到 50 个,合流点有 15 个,分流点有 15 个。

交错点数量的多少可依据相交道路的条数 n 采用下列计算式计算:

$$D_{合} = D_{分} = n(n-2)$$

$$D_{冲} = \frac{n^2(n-1)(n-2)}{6}$$

2) 产生冲突点最多的是左转弯车辆。如在四条道路相交,若没有左转弯车辆,则冲突点可从 16 个减少到 4 个。因此,在交叉口设计中正确处理左转弯车辆所引起的冲突点是交叉口设计中的关键。

通常消灭或减少冲突点的方法有：

① 实行交通管制。用交通信号灯或电子交警指挥，使直行和左转弯车辆通过交叉口时在时间上错开。

② 渠化交通。在交叉口合理布置交通岛，组织车辆分道行驶，将冲突点变为交织点，减少车辆行驶时的相互干扰。

③ 设置立体交叉。将相交道路互相冲突的车流分别设在不同平面的车道上，各行其道，互不干扰，这是保证行车安全、提高道路通行能力的有效措施。

（二）平面交叉口设计的要求

平面交叉是道路的重要组成部分，平面交叉选用的技术标准和形式是否合理，会直接影响道路的通行能力、使用品质以及交通安全。因此，设计交叉口时应符合如下要求：

1) 路线交叉部分的设计速度应符合"标准"规定的要求。在保证相交道路上所有车辆和行人安全的前提下，使车流和人流交通受到最小的阻碍，即保证车辆和行人在交叉口处能以最短时间顺利、安全通过，这样就能使交叉口的通行能力适应各条道路的行车要求。

2) 交叉口的形式应根据相交道路的交通量、交通性质及地形条件综合考虑后再确定。

3) 交叉口应选择在地形平坦、视线开阔的位置，至少应保证相交道路上汽车距冲突点前后的停车视距范围内能通视，在视距范围内有障碍物的应予清除。

4) 正确设计交叉口立面，立面布置要符合行车舒适、排水畅通的要求，使交叉口地面水能迅速排除，保持交叉口的干燥状态，保证转弯车辆行驶稳定，有利于车辆和行人通过，并可使路面使用寿命得到延长。

（三）平面交叉口的常见形式

1. 简单交叉口

简单交叉口是指平面交叉中，对交叉部位不作任何特殊处理的交叉口。常见的形式有十字形、X形、T形、Y形以及复合交叉等，如图2-36所示。

1) 采用较多的是十字形交叉口，如图2-36a所示。它形式简单，交通组织方便，街角建筑容易处理，适用范围广，可用于相同等级或不同等级的道路交叉，在任何一种形式的道路网规划中，它都是基本的交叉口形式。

2) X形交叉口是指两条道路以锐角或钝角斜交，如图2-36b所示。当相交的锐角较小时，形成狭长的交叉口，对转弯车辆行驶极为不利，锐角街口的建筑物也难以处理。因此，应尽量使相交道路的锐角大些。

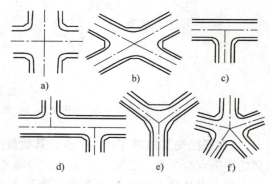

图2-36 简单交叉口形式

3) T形交叉口是一条尽头道路与另一条直行道路近于直角相交的交叉口，适用于不同等级道路或相同等级道路的相交，如图2-36c、d所示。

4) Y形交叉口是一条尽头道路与另一条道路以锐角或钝角（小于75°或大于105°）相交的交叉口，如图2-36e所示，适用于主要道路与次要道路的相交，主要道路应设在交叉口的顺直方向。

5) 复合交叉口是多条道路交汇的地方，容易起到突出中心的效果，但用地较大，并给交通组织带来很大困难，采用时必须慎重考虑，如图2-36f所示。

2. 拓宽路口式交叉口

当交通量较大，转弯车辆较多，而交叉口的通行能力不能满足交通量的需要时，可在简单交叉口的基础上增设候驶车道和变速车道，以适应车辆临时停候和变速行驶，如图2-37所示。

加宽路口的增辟车道，一般在车道右侧加宽3~3.5m，其长度主要根据候车的车辆数决定，减速车道长为50~80m，加速车道长为20~50m。

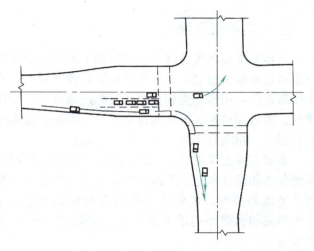

图2-37 拓宽路口式交叉口形式

二、环形交叉设计

为了减少车辆阻滞，在交叉口中心设一圆形交通岛（中心岛），使各类车辆按逆时针方向绕岛作单向行驶，这种平面交叉称为环形交叉。它的优点是把冲突点变为交织点，从而消除车辆碰撞的危险，对安全行车有利；车辆到达交叉口后可以连续行驶，不需要专人指挥交通；将交通岛绿化或布设景观可以美化环境。其缺点是占地面积大；直行车须绕岛通过，增加行驶距离；左转弯车辆绕行距离更长；当非机动车较多时，对环形交通的行驶速度、通行能力影响较大，甚至容易引起阻塞。因此，选用环形交叉口时要慎重。

环形交叉口的基本要素有中心岛、交织角、交织长度、环道宽度、进出口转弯半径等，如图2-38所示。其几何要素可根据道路等级、条数、计算车速、乘客的舒适程度以及交叉口地形、工程造价等论证选定，也可参考表2-26选用。环形交叉口的进口半径应与中心岛半径相同，出口半径则应稍大于进口半径。

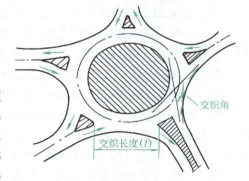

图2-38 环形交叉口形式

表2-26 环形交叉口中心岛与最小交织长度

环道设计速度/(km/h)	40	35	30	30	25	20
中心岛半径/m	55~60	40~50	30~35	30~35	20~25	10~15
环道宽度/m	12	12	12	12	9	9
最小交织长度/m	45	40	35	35	30	25
环形交叉口适应的交叉口性质	1. 与一级公路相交，公路交通量很少 2. 二级公路与其他公路相交 3. 二级、三级公路与城市道路相交			1. 一级公路与其他各级公路相交 2. 三级公路与三级公路相交 3. 三级公路与城市道路相交		

三、立体交叉设计

立体交叉是两条道路在不同高程上的相互交叉的形式。在立体交叉点上须设置跨路桥，一条道路自桥上通过，另一条道路则自桥下通过，彼此互不干扰；通过桥上及桥下的道路则由匝道连接。匝道是为相交路线互相连通而专门设置的连接道。两条道路上的车流能够互不干扰，各自保持原有车速通过交叉口。因此，道路的立体交叉是保证行车安全和提高交叉口通行能力，避免行车冲突点产生的有效办法。

影响立体交叉造价、用地面积、各组成部分尺寸及运输费用的主要因素是行车密度、车流分布和设计车速。干线公路或高速公路是从交叉跨线桥上通过还是从桥下穿过，取决于当地的地形情况。首先应当保证等级较高的公路在纵断面上最为平缓，并且视距最好。在平坦或起伏微小的地形条件下，最好将主要干道放在下面，使主要交通有均匀平缓的纵坡。

(一) 立体交叉设计的一般要求

1) 道路立体交叉应设置在线型顺直的路段，相交路线应尽量采用正交；必须斜交时，交叉角应不小于 45°，以免增大桥梁造价。

2) 公路立体交叉范围的视距，除一级公路应满足停车视距外，其他各级公路应满足会车视距的要求。立体交叉的布置，包括标志的设置，应使驾驶员易于辨别行驶的方向。

3) 跨线桥下的净宽，包括路面、路肩（或人行道）、中央分隔带和排水沟的总宽；跨线桥下的净高，在路肩或人行道以上应不小于 2.5m，在路面顶点处一般为 4.5m；有特殊车辆行驶的路线的净高，可根据具体情况确定。有匝道连接的立体交叉，一般不考虑特殊净高的要求，而采取交通管理措施，使特殊车辆经匝道越上其他路线通过。

4) 互通式立体交叉的形式与位置的选定应根据交通量、远景规划及其在公路网中的作用，并结合地形、用地条件、投资等因素确定。

5) 互通式立体交叉设置的间距在大城市、重要工矿区周围为 5~10km，一般地区为 15~25km，最大间距不超过 30km，最小间距不小于 4km。

6) 互通式立体交叉的设计应对该地区的交通条件、社会条件、自然条件等进行广泛、深入、细致的调查和勘测，经过多方案的技术经济比较，选择合理的形式及适当的规模，并根据"规范"的有关要求合理确定各设计指标。

立体交叉与平面交叉相比较，立体交叉具有技术复杂、占地面积大、造价高、需建立交桥等特点。因此，在采用立体交叉时应考虑：

1) 高速公路与其他各级公路相交时必须采用立体交叉，交叉类型除在控制出入的地点设置互通式立体交叉外，均采用分离式立体交叉；一级公路间的交叉，应尽量采用立体交叉，交叉的类型可根据具体情况，采用互通式立体交叉或分离式立体交叉；其他公路交叉，在交通条件需要及地形条件许可时，可采用立体交叉。

2) 其他各级道路通过交叉口的交通量超过 1000 辆/h。

3) 当地形与环境适当时，如各级公路在 3m 以上挖方地段与其他公路相交，或较高的桥头引道与滨河路相交等。

(二) 立体交叉的形式

立体交叉的交通组织方式不同，其组成部分也不相同。

1. 按结构物形式分类

立体交叉按相交道路结构物的形式划分为上跨式和下穿式（隧道式）两类。

上跨式立体交叉是用跨线桥从相交道路上方跨过的交叉方式。这种立体交叉施工方便、造价低、排水易处理；但占地面积大、引道较长、高架桥影响行车视线和路容，多用于市区以外或周围有高大建筑物处。

下穿式（隧道式）立体交叉是用地道（或隧道）从相交道路下方穿过的方式。它占地少、立面易处理、对视线及市容影响小；但施工复杂、造价高、排水困难，多用于市区处。

2. 按交通功能分类

立体交叉按交通功能可划分为分离式和互通式两类。

（1）分离式立体交叉　分离式立体交叉是指设置跨线构造物（跨线桥或地道），使相交道路空间分离，上、下道路间无匝道连接。这种立体交叉结构简单、占地少、造价低；但相交道路的车辆不能转弯行驶，只能保证直行方向的车辆在空间上分离行驶。

分离式立体交叉主要适用于直行交通量大、转弯车辆少、可不设置转弯车道的交叉处，以及公路与铁路的交叉处。高速公路与其他各级公路交叉时，除在控制出入的地点设置互通式立体交叉外，均采用分离式立体交叉；一般等级公路之间交叉时，因场地或地形条件受限制时，可采用分离式立体交叉，以减少工程量、降低造价。

（2）互通式立体交叉　互通式立体交叉是指设置跨线构造物使相交道路空间分离，而且上、下道路间有匝道连接，以供转弯车辆行驶。在这种立体交叉中，车辆可以转弯行驶，全部或部分消灭了冲突点，各方向行车相互干扰小；但结构复杂、占地多、造价高。互通式立体交叉适用于高速公路与其他各类道路、大城市出入口道路，以及重要港口、机场或游览胜地的道路相交处。

互通式立体交叉根据交叉处车流轨迹线的交叉方式和几何形状的不同，又可分为完全互通式、部分互通式和交织式三种类型。互通式立体交叉的形式如图 2-39 所示。

1) 跨线桥。跨线桥是立体交叉的主要结构物，高速公路从桥上通过，相交道路从桥下通过的称为上跨式，反之称为下穿式。

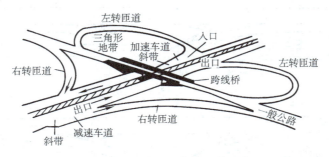

图 2-39　互通式立体交叉的形式

2) 匝道。匝道是连接互通式立体交叉上、下道路，供左右转弯车辆行驶的道路。匝道与高速公路或相交公路的交点称为终点，如图 2-40 所示。由高速公路驶出、进入匝道的道口称为出口；由匝道驶出、进入高速公路的道口称为入口。"出"和"入"都是针对高速公路本身而言的。

有的匝道分成内、外两条单向车道分道行驶。凡由高速公路右转弯进入相交道路或由相交道路右转弯进入高速公路的匝道都是设在外侧的，这些匝道称为外环。反之，凡左转弯的匝道，都是设在内侧的，这些匝道称为内环。

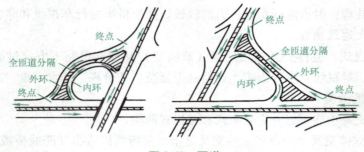

图 2-40　匝道

由于匝道既有弯道又有坡度，行车条件较差，且受地形限制，平曲线半径较小，故其设计速度只能取相交道路设计车速的 50%~70%。其最大纵坡不宜大于 5%，其最小平曲线、竖曲线半径可参考表 2-27 所列数值。

表 2-27　匝道最小平曲线、竖曲线半径

匝道计算车速/(km/h)		20	25	30	35	40	50	55	60	70	80
最小平曲线半径/m		15	20	25	40	50	80	100	125	180	250
最小竖曲线半径/m	凸形	500	500	500	750	1000	1500	2000	2500	3000	4000
	凹形	500	500	500	500	500	500	750	750	750	1000

3）变速车道。减速车道和加速车道统称变速车道。当由高速公路进入匝道或由匝道进入高速公路时，均须设置变速车道。

变速车道有平行式和定向式两种，如图 2-41 所示。当高速公路与匝道的车速相差较大

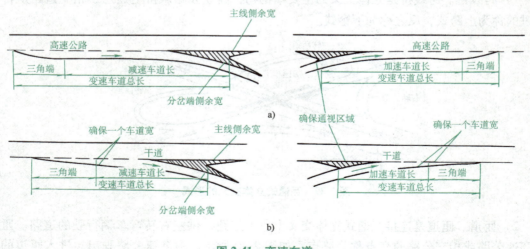

图 2-41　变速车道
a）平行式　b）定向式

时，需设置平行式变速车道；当两计算车速相差不大时，宜采用回旋线连接或设置定向式变速车道。

平行式变速车道的起点明显，比较容易识别，但变速车辆须沿反向曲线行驶，对行车不利。定向式变速车道线形平顺，比较符合实际的行车轨迹，变速车道可以得到充分利用；但定向式变速车道的起点不易识别，因此采用时最好用不同颜色的路面或在路面上画线，以便识别。

单元6　道路沿线设施设计

为了保证行车安全、迅速、舒适、美观，还需要在道路上设置交通管理设施、交通安全设施、服务设施及环境美化设施等。

一、交通管理设施

为保证行车安全，使驾驶员预知前面的路况，道路上应设置道路交通标志和路面标线。

1. 道路交通标志

（1）指示标志　指示驾驶员行驶方向、行驶里程及服务设施的位置、距离等。

（2）警告标志　警告前方有行车障碍物或行车危险的地点。

（3）禁令标志　指出各种车辆必须遵守的交通限制，如速度限制、载重限制、高度限制、不准停车等。

2. 路面标线

路面标线是布设在路面上的一种交通安全设施：白色连续实线是指不准逾越的车道分界；白色间断线是指可以逾越的车道分界；白色箭头指示线指引车辆左右转弯或直行；黄色连续实线是指严禁逾越的车道分界。为适应夜间行车安全，高等级公路的标线边缘还设有不同颜色的反光标志。

二、交通安全设施

为保证行车安全，在高速公路沿线以及其他各级公路必要的地方如急弯、陡坡、高路堤、地形险峻的路段，要设置护栏、护柱、护墙等。另外，因为高速公路是全封闭、全立体交叉的，在高速公路路界的边缘设置隔离栅以隔断外界对高速公路行车的影响，增强高速公路行车的安全性。

三、服务设施

服务设施包括高速公路的服务区及其他各级公路为公路交通服务的汽车站、加油站、旅馆、停车场、修理站等。

四、环境美化设施

道路绿化对保持生态平衡，保护、美化环境等具有重要的意义。城市道路绿化是整个城市点、线、面整体绿化的重要组成部分。

1. 道路绿化的作用

1）能稳固路基、美化路容、诱导视线、增加乘客的舒适感和安全感，能积累木材增加收益。

2）积雪、风沙地区能起防雪、防沙的作用。

3）改善城市环境和美化城市街景，并可作为城市备用地带。

4）绿化带下埋设管线，可减少管线维修对路面破坏造成的损失。

2. 道路绿化的布置

道路绿化常布置在路基边坡、中央分隔带、道路用地范围内的边角空地，但要注意在公路路肩上不得植树，在交叉口范围内和弯道内侧种树不应妨碍行车视距的要求。城市道路绿化应因地制宜地将乔木、灌木、草皮、花卉等组合成各种绿化形式。在环形交叉口、互通式立体交叉或大桥的桥头可以做一些景观造型和种植花草树木来美化环境。市郊、风景区、疗养区等路段应尽量选用常绿树种栽植风景林。行道树及风景林经过农田或经济作物区时，可植在护坡道或路堤边坡上，以减少占地。

绿化带宽度占道路总宽度的比例，一般在40m以上干道中绿化带占道路总宽度的27%左右，在40m以下道路中绿化带占道路总宽度的28%左右。

人行道较窄时，用方形、圆形树穴绿化，可以避免占用较大的交通面积。

为了保证车辆在车行道上行驶时，司机的视线不被绿化遮挡，在人行道上的绿化种植必须保证一定的株距，一般取4~5倍的树冠直径。

在道路两侧人行道上布置绿化时，通常采用对称式布置，限于条件时，也可错开布置或只在一侧种植。若人行道有足够宽度时，可设置绿化带。

分车带的宽度，因道路而异，没有固定尺寸。分车带上种乔木时，要求宽度不小于2.5m；若分车带宽度大于6m，可种两行乔木和花灌木；分车带宽度小于2m时，只能种草皮和灌木。

小　结

设计车辆、设计车速与设计交通量是道路设计的重要依据，道路设计必须满足汽车行驶安全、快速、经济与舒适等方面对道路的要求。

道路的直线、圆曲线与回旋线是平面线形设计的三要素，各要素的设计与选用应满足路线设计规范的要求。路线的加宽、超高与行车视距的设计是确保行车安全的前提条件。

道路纵断面设计用于解决纵坡设计中的纵坡坡度、纵坡长度、竖曲线、爬坡车道、合成坡度、视觉分析及平面与纵断面的线形组合等问题，设计成果采用纵断面设计图表来表示。

道路横断面设计对于公路而言较简单，主要是反映路基的形状、尺寸；而对于城市道路而言，横断面的组成就比较复杂了，涉及的内容主要有行车道、人行道、分隔带、路侧带、路缘石等。横断面设计还应解决路基土石方工程量的计算与调配等问题。设计成果采用横断面设计图表来表示，并作为施工放样的依据。

平面交叉是道路的重要组成部分，设计时应保证车辆和行人在交叉口处能以最少时间顺利、安全地通过。立体交叉是相交道路在不同高程上互不干扰的交叉，是保证行车安全和提高交叉口通行能力，避免行车冲突点产生的有效办法。

道路沿线设施包括交通管理设施、交通安全设施、服务设施、环境美化设施等，各项设施应按统筹规划、总体设计、分期实施的原则配置，并结合交通量的增长与技术发展状况等逐步补充、完善。

思 考 题

2-1　什么是交通量、日平均小时交通量、高峰小时交通量、年平均日交通量？
2-2　为何要对交通量进行调查和计算？
2-3　设计车辆有哪几种？为什么要确定设计车辆？
2-4　为什么要将不同的车辆换算成小汽车或载重汽车？车辆折算系数的大小与哪些因素有关？
2-5　什么是设计速度和行车速度？它们各自的影响因素是什么？
2-6　什么是公路路线的平面、纵断面、横断面？
2-7　汽车在圆曲线上行驶时，保证其横向稳定的两个必要条件是什么？
2-8　解释极限最小半径、一般最小半径与不设超高的最小半径的含义。
2-9　为什么在圆曲线内侧一般要对路基和路面进行加宽？加宽值如何确定？
2-10　什么是回旋线？设置回旋线的目的是什么？
2-11　叙述超高过渡段绕路面内边轴旋转的形成过程。
2-12　为什么要对平曲线最小长度进行限制？
2-13　什么是行车视距、停车视距、超车视距。
2-14　为什么要规定最大纵坡、平均坡度和最小纵坡？依据是什么？
2-15　为什么要设置缓和坡段、限制陡坡的最大长度和缓坡的最小长度？其作用是什么？
2-16　纵坡大于5%的坡段长度为什么要加以限制？
2-17　公路平面与纵断面的线型组合原则是什么？如何组合（绘图说明）？
2-18　纵断面图上应表示的主要项目有哪些？绘制纵断面图的具体步骤与方法是什么？
2-19　路基标准横断面和常用典型横断面各有哪几种形式？
2-20　横断面设计的方法和步骤是什么？
2-21　土石方调配的目的和主要任务是什么？
2-22　土石方调配的一般要求和步骤是什么？
2-23　什么是计价土石方？如何计算？计算计价土石方有何意义？
2-24　什么是交叉口、平面交叉、立体交叉？
2-25　如何保证交叉口的交通安全和畅通？
2-26　交叉口设计的基本要求和任务是什么？
2-27　公路与公路平面交叉的布置形式有哪几种？各种形式有何特点？其适用性如何？
2-28　公路与公路立体交叉一般有哪些要求？
2-29　公路与公路立体交叉的基本类型有哪几种？各种形式有何特点？其适用性如何？
2-30　什么是匝道？有哪几种形式？它的设计要求是什么？

习　题

2-1　设甲、乙、丙为县级以上城镇，甲、乙间位于城郊微丘地带，预计15年后的年平均日交通量大于4000辆；乙、丙间位于山岭地区，10年后预计年平均日交通量接近1000辆，问各应修几级公路？列出其主要技术指标。

2-2 某路在运输旺季一日中的高峰小时区段通过的车辆如下：大客车 6 辆、载重汽车 98 辆、拖拉机 12 辆、大平板车 10 辆、小汽车 20 辆、兽力车 3 辆、人力车 8 辆、自行车 120 辆。交通量年递增率为 8%，问该路应改建成哪个等级的公路？

2-3 调查某两大工矿间在运输旺季一日中的高峰小时区段通过的车辆如下：大客车 5 辆、载重汽车 150 辆、拖拉机 45 辆、大平板车 60 辆、兽力车 5 辆。交通量年递增率为 10%，问该路应修建成哪个等级的公路？

2-4 当设计速度为 60km/h，μ 值取 0.15，路拱超高横坡度 i_h 采用 8% 时，试求其极限最小半径值。

2-5 当设计速度为 80km/h，μ 值取 0.06，路拱超高横坡度 i_h 采用 6% 时，试求其一般最小半径值。

2-6 当设计速度为 80km/h，$\mu = 0.035$，路拱横坡度采用 $i_1 = 1.5\%$ 时，试求不设超高的最小圆曲线半径值。

2-7 某路线的设计速度为 60km/h，路拱超高横坡度为 2%~6%，求该路线三种最小平曲线半径值。

2-8 设 $R = 70m$，试分别计算其一类、二类、三类加宽值。

2-9 平原微丘区的四级公路有一弯道，半径 $R = 60m$，按标准分别求出绕边轴和中轴旋转的过渡段长度。

2-10 山岭重丘区二级公路，其半径 $R = 60m$，求该弯道处应设置的回旋线最小长度。

2-11 某二级公路有一弯道，转角 $\alpha = 12°45'$，半径 $R = 400m$，计算车速 $V = 80km/h$，试确定其回旋线长度（取整为 5m 的倍数），并计算回旋线各常数。

2-12 某三级公路，路面宽 $b = 7m$，路肩宽 $a = 0.76m$，路拱横坡度 $i_1 = 0.015$，路肩横坡度 $i_0 = 0.03$，计算车速 $V = 60km/h$；有一弯道，半径 $R = 250m$，已知加宽值 $B_j = 0.8m$，超高横坡度 $i_h = 0.06$，超高渐变率 $q = 1/125$，离心加速度变化率 $a_s = 0.6m/s^2$，超高与加宽均在回旋线内进行，超高绕内边轴旋转，加宽按正比例加宽，计算结果取到厘米，试进行以下计算：

（1）回旋线长度的确定。

（2）计算回旋线的起点、终点，以及 $x = 30m$ 处断面的 h_{cx}、h'_{cx}、h''_{cx}。

2-13 某山岭地区三级公路上的交点 JD_2，其转角 $\alpha = 7°$，回旋线 $L_s = 40m$，请拟定其平曲线长度值。若转角 $\alpha = 3°00'$，此平曲线应如何设计？

2-14 今有甲、乙两救护车，都以 54km/h 速度在较湿的水平段水泥路面上行驶。两车间距保持 30m。甲车驾驶员突然发现前方 50m 处有小孩跌倒在路上，甲、乙两车驾驶员先后紧急制动，问甲车撞倒小孩否？乙车撞到甲车否（取 $t_甲 = 1.25$，$t_乙 = 1.45$，$K_甲 = K_乙 = 1.2$，$\phi = 0.5$）？

2-15 某二级公路纵坡设计，第一坡段坡度为 6.5%，长度为 200m；第二坡段坡度为 5.4%，长度为 160m；第三坡段拟用 6.8% 的坡度，试问第三坡段的最大坡长允许多大？

2-16 某四级公路，若有一平面弯道处的设计坡度为 8%，问该弯路的平面线半径至少应选多少才能满足合成坡度规定的要求？

2-17 有一转坡点高程为 69.21m，其桩号为 K2+230，竖曲线半径受外距控制，$E = 1.5m$，试计算 K2+220、K2+250 处的路基设计标高（$i_1 = +0.06$，$i_2 = -0.03$）。

2-18 公路转坡点桩号为 K5+400、高程为 121.78m，相邻两坡段坡度分别为 $i_1 = -0.02$、$i_2 = 0.04$，竖曲线半径采用 $R = 3000m$，试确定竖曲线起（终）点桩号，并计算桩号为 K5+350 和 K5+420 处设置竖曲线后的高程。

2-19 立交桥下有一转坡点，其桩号为 K2+230，立交桥下净空要求为 5.00m，设 K2+230 高程为 180.40m。问该转坡点处最大能设多大的竖曲线半径（取 5m 整倍数）？根据所设半径求 K2+230 处的路线设计高程。

2-20 路段两相邻桩号分别为 K1+253 和 K1+300，计算出横断面面积分别为 $A_{t1} = 38.2m^2$、$A_{w1} = 12.1m^2$ 和 $A_{t2} = 3.2m^2$、$A_{w2} = 47.5m^2$。求此路段的土石方数量。

学习情境三
道路勘测

学习目标

1. 了解道路工程基本建设程序各阶段的内容。
2. 掌握道路选线的基本原则、各种地形下路线布设的方式与步骤，以及道路纸上定线与实地定线的方法。

学习指南

本学习情境重点在于道路勘测设计阶段、初步测量的工作内容、沿河线的路线布局、越岭线选线的步骤、纸上定线的方法与步骤，尤其是越岭线的选线和纸上定线的内容。

单元1　道路勘测认知

一、基本建设程序

道路工程项目的基本建设程序是根据国民经济长期规划及布局所确定的道路路网规划，通过调查，进行可行性研究，编制项目建议书和可行性研究报告；批准后进行初测和初步设计；在列入国家年度计划之后进行定测，编制施工图；组织施工；完工后，进行竣工验收；交付使用。一般来讲，这些程序必须循序渐进，不完成上一阶段的工作不能进入下一阶段。

（一）项目建议书阶段

项目建议书是要求建设某一具体建设项目的建议文件，是基本建设中的第一个阶段，是投资决策前对拟建项目的轮廓设想。项目建议书的主要作用是对推荐一个拟进行建设的项目的初步说明，论述拟建项目的必要性、条件的可行性和获利的可能性，供有关部门选择并确定是否进行下一步工作。项目建议书并不是项目的最终决策。

项目建议书的内容一般包括：项目建设的必要性和依据；拟建设的规模、建设地点和建设方案的初步设想；资源情况、建设条件和协作关系等的初步分析；投资估算和资金筹措的设想；建设进度设想；经济效果和社会效益的初步估计。

（二）可行性研究报告阶段

项目建议书批准后，即可进行可行性研究，对项目在技术上是否可行和经济上是否合理进行科学的分析和论证，以减少建设项目决策的盲目性。可行性研究应作为公路工程基本建设程序的首要环节，所有新建、扩建的大中型项目都必须要有，并要形成可行性研究报告。

道路建设项目可行性研究报告的主要内容包括：

1）建设项目的依据、历史背景。
2）建设地区总体运输现状和建设项目在交通运输网中的地位和作用，原有公路的技术状况和适应程度。
3）论述建设项目所在地区的经济特征，研究建设项目与经济发展的内在联系，预测交通量、运输量的发展水平。
4）建设项目的地理位置、地形、地质、地震、气候、水文等自然特征。
5）筑路材料的来源及运输条件。
6）论证不同建设方案的路线起讫点、主要控制点，建设的规模、标准，提出推荐性意见。
7）评价建设项目对环境的影响及可采取的环保措施及意见。
8）测算主要工程量、征地拆迁量，估算投资，提出资金筹措方案，提出勘察、设计、施工计划安排。
9）确定运输成本及相关经济参数，进行国民经济评价、敏感性分析、财务分析。
10）对收费的道路、桥梁、隧道还需进行财务分析，评价推荐方案，提出存在的问题及建议。

可行性研究报告是确定建设项目、编制设计文件的重要依据，要求必须有相当的深度和准确性。可行性研究报告批准后，一般不得随意修改和变更。

（三）勘测设计阶段

道路勘测设计工作包括经济调查和技术勘测设计两部分。道路勘测设计是在道路网规划的基础上，对一条道路进行具体布局、测量和设计的工作。它包括勘测和设计两个步骤。通过勘测，具体确定道路的位置，并进行调查和测量，收集各种资料。设计是对拟建工程的实施在技术上和经济上所进行的全面而详尽的安排，是基本建设计划的具体化。通过设计，将取得的资料进一步深化，作出修建一条道路的具体计划、安排，并编制成设计图表文件，经上级批准，作为组织施工的依据。

根据国家对基本建设程序的要求，道路、独立大桥的建设项目的勘测设计一般应采用两阶段设计，即初步设计和施工图设计；对于技术上复杂而又缺乏设计经验的项目或建设项目中的个别路段、特殊构造物等，必要时可进行三阶段设计，即初步设计、技术设计和施工图设计。对于修建任务紧急和方案明确、技术比较简单的项目及一般的小型项目，可采用一阶段设计，即一阶段施工图设计。

初步设计应根据批准的可行性研究报告的要求和初测的资料，拟订修建原则，制订设计方案，计算主要工程量，提出施工方案的意见，编制设计概算，提供文字说明和图表资料。经批准的初步设计和概算文件是招（投）标的必备条件之一，是国家控制建设项目投资及编制施工图设计文件或技术设计文件的依据。

技术设计应根据批准的初步设计和补充初测（或定测）资料，对重大、复杂的技术问题通过科学试验、专题研究、深度勘探调查及分析比较，解决初步设计的遗留问题，落实技术方案，计算工程量，提出修正的施工方案，编制修正概算。

施工图设计应根据批准的初步设计（或技术设计）和定测资料，进一步对审定的修建原则、设计方案、技术措施加以具体化和深化，确定最终工程量，提出文字说明和适应施工需要的图表资料及施工组织计划，编制施工图预算。

设计工作必须由具有相应资质等级的勘察设计单位通过招（投）标来完成。在勘测设计阶段的工作中，必须严格进行质量检查和现场核对，做到计算无误、资料全面、分析正确、结论无疑，并做好测量标志的固定和保护工作。所有设计成果复核无误、签署齐全后，经过审核后才能提交施工。

不论采用哪一种阶段设计，在勘测前都要对道路进行较周密的调查。调查是勘测前的重要步骤，但不作为一个设计阶段。

（四）编制年度基本建设投资计划阶段

建设项目的初步设计和概算文件完成并上报批准后，就列入国家基本建设年度计划。建设项目要根据批准的总概算和工期，合理地安排年度计划投资。年度计划投资的安排要与长远规划的要求相适应，保证按期建成。年度计划安排的建设内容，要和当年分配的投资、材料、设备相适应。配套项目要同时安排，相互衔接。

（五）建设前准备工作阶段

为保证施工顺利进行，项目在开工之前应切实做好各项建设准备工作。建设前准备工作阶段的主要内容有：

1) 征地、拆迁和场地平整。
2) 完成施工用水、用电、便道等工程。
3) 组织设备、材料订货。
4) 准备必要的施工图样。
5) 组织施工招（投）标，择优选择施工单位。
6) 组织施工监理招（投）标，择优选择施工监理单位。
7) 报批开工报告。

（六）建设实施阶段

在具备开工条件并经批准后，项目即可开工建设和组织实施。项目实施前由监理单位组织，业主、施工单位与设计单位参加对技术进行交底，举行第一次工地会议。

施工是将设计图样变为实际工程的决定性环节，施工参与各方均应按合同的规定，严格履行各自承担的义务。应在保证工程质量的前提下缩短工期，以节约投资。

（七）竣工验收阶段

竣工验收是工程建设过程的最后一环，既是全面考核建设成果、检验设计和工程质量的重要步骤，也是基本建设转入生产或使用的标志，是工程交付使用的一个法定手续。竣工验收包括对工程质量、数量、期限、生产能力、建设规模、使用条件等的审查，对建设单位和施工企业编报的固定资产移交清单、隐蔽工程说明和竣工决算等进行细致检查。

（八）项目后评价阶段

建设项目后评价是工程项目竣工运营一段时间后，再对项目的立项决策、设计施工、竣工投产、生产运营等全过程进行系统评价的一种技术经济活动，是固定资产投资管理的重要内容。通过建设项目后评价以达到肯定成绩、总结经验、研究问题、吸取教训、提出建议、改进工作、不断提高决策水平和投资效果的目的。

二、道路调查

(一) 调查的任务

调查是道路勘测设计前的重要步骤，主要是解决确定重要修建原则和路线方案等问题，它是作为主管部门编制和下达计划任务书的依据性资料。调查的主要任务是：

1) 通过室内研究和野外调查，分析比较提出路线的修建原则，即一次修建或分期修建，决定路线的基本走向、主要控制点和大桥跨河位置，对调查任务书提出的路线技术等级和标准加以验证并提出修订建议，供上级考虑。

2) 通过实地调查，了解和分析当地的施工条件，提出公路修建期限，概略统计工程量、主要材料（钢材、木材、水泥）用量及投资费用，以及重大的施工原则。

3) 调查中还要对下一步工作（路线勘测）将要采用的勘测设计手段、设计的重大原则、勘测设计中应注意的问题提出初步意见，并提出有关资料。

(二) 调查前的准备工作

调查任务是由上级机关（或其他部门委托设计单位）下达的，一般在任务书中指出了路线的起讫点和主要控制点，说明了路线性质，提出了原则要求以及技术等级和主要技术指标。调查人员接受任务后应进行下列准备工作：

(1) 搜集和研究有关资料　尽可能向有关部门搜集与路线有关的地形图、地质图、经济资料、水文资料、气象资料，以及以前对本路线做过的调查资料。同时，还要了解路线与其他铁路、电力、电信、水利、工矿等各项建设有无干扰，必要时应同有关部门联系，确切了解其对路线的要求，并取得必要的资料。

(2) 初步拟定路线方案　根据任务书指定的路线起讫点和中间控制点，以及搜集的有关资料，在地形图上研究各种可能的路线方案，并标明正线和比较线，算出大致里程和衔接关系。研究重点应放在地形复杂以及干扰多、牵涉面大的地段。

(3) 拟订调查计划　根据出发前搜集的资料和对路线方案初步研究的结果，提出调查组的组织分工和野外调查计划。调查组在技术方面要配备有经验的路线、桥涵、地质等方面的专业人员。如路线长、任务急，也可分段分组进行调查，各组分工不要按里程、分水岭、河界等来划分，而应以不存在比较方案的控制点进行分段为宜。同一段内的所有比较方案应由同一个调查组进行调查，以便统一比选标准。

(三) 野外实地调查

野外实地调查是整个道路调查的关键，应按初步拟定的路线走向进行实地勘察。野外调查要求做到以下几点：

1) 初步确定路线的起讫点和重要控制点的具体位置。对路线走向及全路线均应提出推荐方案，如确因调查条件所限不能肯定取舍的比较方案，应提出进一步勘测的范围和方法。

2) 对地形复杂的较长路线，应提出路线的地形分段、各段采用的技术标准和主要技术指标。

3) 沿河路线要同时调查河流两岸，通过分析比较确定走哪一岸或往返跨河的方案，越岭线要首先选择标高较低和两侧山坡利于展线的垭口，并用 GPS 测算出垭口及越岭起坡处的高程与高差；根据山坡地形和地质条件，选用适当的平均坡度并估算展线长度。对地形地质复杂地段，为了落实展线方案，应以大致放坡的形式进行控制。

4) 路线通过地质不良地段时，应通过地貌、地形、露头的观察和访问群众、判断病害的严重程度，提出绕避或采取措施通过的方案。对高填深挖、高挡墙、半山洞、隧道等特殊工程地段，也要做重点的地质调查和工程描述。

5) 对有比较价值的大中桥位，均应提出推荐方案，初步拟定桥长、桥高和桥型（包括跨径、孔数和结构形式），并提出勘探工作的具体要求。小桥可现场目估，拟定孔径、桥型；涵洞可根据当地自然条件等因素，分段估计道数和平均长度，并按就地取材原则和施工条件拟定结构类型。

6) 根据路线各段落的地表横坡变化情况，测出典型横断面，初步拟定填挖高度，求出横断面面积，分段算出路基土石方量。也可根据不同的路段地形进行估算。

7) 了解并简要描述沿线筑路材料（砂、石等）情况，缺料地段应进一步调查可能的料源和运输条件，以及可利用的工业副产品。此外，还应做必要的经济调查，为以后的公路勘测设计、施工和养护管理工作提供所需资料。

三、初步测量

（一）目的和要求

初步测量是两阶段设计第一阶段的勘测工作，其目的是进一步安排路线，落实路线局部方案的重要步骤。其任务是根据上级批准的计划任务书和调查报告已确定的基本路线走向、路线等级标准进行的外业勘测和调查工作。通过初步测量，对路线的基本走向和大的方案作进一步论证比较，粗略地拟定中线位置，提出设计方案，确定主要工程的概略工程量，为编制初步设计文件和工程概算提供更深入的资料。

初步测量的任务和要求如下：

1) 定出路线平面上的轮廓位置；做出粗略的纵断面设计。

2) 确定路基、路面、防护、路基排水、特殊地段路基处理以及病害防治等工程的设计原则，初步拟定结构类型、标准断面、主要尺寸，并估算工程量。

3) 拟定大中桥的设计方案和小桥涵、漫水工程的结构类型、位置和基本尺寸（包括孔径和长度），并核算工程量。

4) 拟定特殊结构物（如隧道、悬出路台、半山桥、明洞）的设计方案，并说明设计理由。确定沿线设施（如路线交叉、渡口码头、设备、标志、房屋、绿化、辅道等）的设置原则、标准和要求，并估算其工程量。

5) 确定主要筑路材料的数量和来源，并调查其运距和运输条件。

（二）工作内容

初步测量要实地选线和布设导线，并用仪器进行导线测量、水准测量、横断面测量，沿导线一定范围进行土壤、地质、路基、路面、筑路材料、桥涵以及补充经济等调查工作。初步测量工作内容分述如下：

1. 选线组

选线组主要承担选线及布设导线工作，并对路线局部方案、大中桥位进行选择。导线布设要尽可能接近路线通过位置。在地形复杂、纵坡受限制的山坡，导线可先按平均坡度布设，通过反复放坡比较，再选定路线布局。

2. 路线组

路线组主要承担导线、水准、横断面的测量工作。导线测量要求全线贯通，计算路线里程。常用全站仪或经纬仪测角，用全站仪测距。导线应有控制地形及必要的地物加桩，主要导线点还要采取固定措施。水准测量要求沿线设置水准点，并用全站仪或水准仪测导线的高程。横断面应逐桩施测，其宽度应满足估算工程和考虑设置人工构造物的需要。当有比较方案路段和地形、地质复杂情况时，根据需要应测绘路线地形图，图中应反映导线位置和两侧各 100~150m 范围内的主要地形和地物，绘图比例根据地形情况可采用 1:2000~1:1000。

3. 桥涵组

桥涵组主要承担桥涵水文及有关资料的搜集整理、分析计算等工作。大中桥根据前期调查提出的桥位方案（包括比较桥位）进行调查，搜集水文资料，确定流量和流速，选定桥位、桥型和孔径以及必要的构造物；进行大桥及复杂中桥纵（横）断面及桥位平面图测绘，并概略计算各桥位的主要工程数量，材料、劳动力数量及造价，并提出推荐方案。跨径大于 10m 的小桥，需进行水文调查、河沟断面测量等工作，并选定孔径、结构类型；跨径小于 10m 的小桥和涵洞，应根据地区暴雨特性、地形情况选取有代表性的河沟进行计算，据此确定孔径；其他小桥涵可目估孔径，并决定结构类型。

4. 调查组

调查组主要承担土壤、地质、筑路材料、补充经济的调查工作，以及占用土地、拆迁建筑物等的调查工作。

一般应分段调查沿线土壤，必要时可开挖一些探坑进行土层描述，研究并描述岩石的天然和人工露头，并初步确定土石成分、开挖工程等级和路基边坡坡率。在大中桥位处，设置探坑和钻孔，有条件时可进行电探。测量水井的水面以确定地下水位；调查地表水流和沿溪线洪水对路基的影响，以便拟定路基高度，布置排水系统，并确定路基防护工程的概略位置、结构形式和轮廓尺寸。

查明路线通过地带的主要筑路材料料场的分布情况。利用露头或探坑以及其他简易勘探和试验方法，初步确定材料的质量和产量，并调查其开采和运输条件。

路面工程应根据交通量、综合土基状况、自然条件、路面材料质量和产量等因素，通过计算，概略分段提出路面的结构类型、厚度和材料用量。

此外，还应作补充经济调查，搜集编制施工方案和设计概算需要的资料。

5. 初步测量的资料整理

初步测量外业期间，勘测和调查的资料应及时检查、复核、展绘和整理，发现问题或资料不足时应及时在现场修改或补充。

外业结束，应按规定编制初步设计文件，报送主管部门审批；批准后作为详细测量、编制施工图以及控制投资的依据。

单元 2　道路选线与定线

一、选线的基本原则

选线是在勘测过程中选定技术上可行、经济上合理、符合使用要求、满足技术标准的道路中线。

道路是一条带状结构物，从道路的起点、中间控制点到终点，会遇到不同的地形、地貌、地物、地质等自然条件。由于各种自然条件影响和行车要求，道路在平面上必然会有弯曲，纵面上会有起伏，横向需有一定的宽度——选线就是将这一条带状空间构造物合理的中心位置具体落实到地面上。

路线方案应在选定的走廊带与主要控制点的基础上进行布局和总体设计，合理运用技术指标对可行的路线方案进行比选，以确定设计方案。当采用不同的设计速度、技术指标或设计方案对工程造价、自然环境、社会经济效益等有明显差异时，应作同等深度的技术经济论证。

路线选定应根据地形、地物条件，并在充分进行工程地质、水文地质、山地自然灾害、筑路材料、生态环境、自然景观等调查的基础上，综合沿线小区域气候特征进行方案研究，以选定路线线位、主要平面与纵断面技术指标。

路线方案确定后，要根据公路等级，合理利用地形，正确运用技术标准，综合考虑道路的平、纵、横三方面，选定具体线位，这就是选线。

（一）自然条件对道路设计的影响

影响道路设计的自然因素主要有地形、气候、水文、水文地质、地质、土壤、植物覆盖等。

地形决定了选线条件，并在很大程度上影响道路的技术标准。

气候情况直接或间接地影响着地面水的体积、地下水位高度、大气降水量及其强度和形态、路基水温状况、泥泞期、冬季积雪和冰冻延续期，并在一定程度上限制施工期限和条件。

水文情况决定了排水结构物的数量和大小；水文地质情况决定了含水层的厚度和位置、地基或路基各层滑坍的可能性。

地质构造决定了地基及路基附近岩层的稳定性，确定有无滑坍、碎落和崩坍的可能；同时，也决定了土石方量、工程施工难易程度和筑路材料的质量。

土是路基与路面基层的材料，它既影响路基形状和尺寸，也影响着路面形式和结构。

地面的植物覆盖影响暴雨径流、水土流失程度，并影响路基土壤的水理和热理状况。

选线时要细致调查、实地勘察，充分考虑自然条件，保证在自然条件下路基坚固稳定、交通运输畅通。

（二）道路选线的一般原则

选线是一项政策性与技术性很强的工作，应使选线设计出的道路符合使用要求和规定的技术标准，以保证行车安全、舒适、畅通，工程量小、造价低，运营和养护费用较少，线形同景观相协调，人、车、路和环境协调统一，故在选线时要综合考虑多种因素，妥善处理好各方面关系。选线的基本原则是：

1）应针对路线所经地域的生态环境，地形、地质的特性与差异，按拟定的各控制点由面到带、由带到线，由浅入深、由轮廓到具体，进行比较、优化与论证。同一起（终）点的路段内有多个可行路线方案时，应对各设计方案进行同等深度的比较，以选定最优路线方案，并处理好近期和远期关系，正确运用技术标准。

2）影响选择控制点的因素多且相互关联、相互制约，应根据公路功能和使用任务全面权衡、分清主次，处理好全局与局部的关系，并注意由于局部难点的突破而引起的关系转换给全局带来的影响。

3) 应对路线所经区域、走廊带及其沿线的工程地质和水文地质进行深入调查、勘察，查清其对道路工程的影响程度。遇有滑坡、崩塌、岩堆、泥石流、岩溶、软土、泥沼等不良工程地质的地段应慎重对待，视其对路线的影响程度，分别对绕、避、穿等方案进行论证比选。当必须穿过时，应选择合适的位置，缩小穿越范围，并采取切实可行的工程措施。

4) 应充分利用建设用地，严格保护农用耕地，少占田地，注意与农田及周围景观的关系；重视环境保护（自然景观、占地拆迁、现有设施分割、噪声等），保护好生态环境，并同当地自然景观相协调。

5) 文物是不可再生的文化资源，要保护好重要历史文物遗址，路线应尽可能避让不可移动的文物。

6) 在保证行车安全、舒适、快速的前提下，做到工程量小、造价低、营运费用少、效益好，有利于施工和养护。应深入现场多做调查研究，以贯彻工程经济与营运经济相结合的原则。

7) 高速公路、具有干线功能的一级公路同作为路线控制点的城镇相衔接时，以接城市环线或以支线连接为宜，并与城市发展规划相协调。新建的二级公路、三级公路应结合城镇周边路网布设，避免穿越城镇及居民点。

8) 路线设计是立体线形设计，在选线时就应考虑平、纵、横三面的相互组合与合理配合，合理采用车道分离的形式布设路线。

（三）选线的步骤和方法

选线工作是由浅入深、由粗到细、由轮廓到具体的工作过程，它是根据技术指标、自然条件、建筑材料情况、施工条件、路线长度、工程造价、劳动力来源、养护条件、运营效益等综合考虑的结果。选线的质量是保证公路质量的关键，应十分细致，应按照测设程序分阶段分步骤进行，经多次比较选择后确定最合理的路线。

选线应包括确定路线基本走向、路线走廊带、路线方案至选定线位的全过程工作。公路的起点、终点和中间控制点确定后，可用多种方式把它们连接起来。例如山岭地区路线是沿河还是越岭；沿河线是走河岸的左边还是右边；越岭线是采用隧道还是展线而过，是走上方线位还是走下方线位；在平原地区是穿越村镇还是绕越；是穿越水田还是穿越旱地。为了处理好这些问题，选线一般要经过三个步骤：

（1）路线方案选择（全面布局） 解决路线基本走向，即在起（终）点与中间控制点之间按选线原则找出最合理的"通过点"（如垭口、河岸、村镇），确定"通过点"后就构成了大致的路线方案，这步工作一般在"视察"时已初步确定。

（2）路线带选择（逐段安排） 由面到带（走廊带）、由带到线（沿路线）地查明工程地质、水文情况，重大自然灾害、地质病害的分布、范围、状态及其对工程的影响程度，论证并确定绕越、避让或整治病害的方案与对策。应进一步加强通过点，解决局部性路线方案，根据地形、地质、水文、气候等情况，逐段定出具体的小控制点。例如路线是走垭口的左侧还是右侧，是用回头弯展线下山还是绕道下山，是一次过河还是多次过河等，这步工作是在"初测"时进行的。

（3）具体定线 在逐段安排的小控制点之间反复插点、穿线，经比较后定出路中线和交点。这步工作是在"定测"中由选线组完成的。

（四）路线方案选择

1. 影响路线方案的主要因素

一般在道路网的规划中某路线的起点、终点及中间的控制点已经确定，即总方向已经确定，方案的选择需综合考虑各方面的因素，通过比选，才能取得合理的路线方案。

综合考虑的主要因素有公路的使用性质，路线在交通网系中的作用，沿线的自然条件，以及与旅游景点、历史文物、风景名胜间的关系等。

2. 路线方案选择的方法和步骤

（1）搜集资料 应搜集与路线方案相关的规划、计划、地形图、水文、地质、气象等方面的资料。

（2）初步拟定路线的走向 重点放在地形、地质、地物复杂，干扰多，涉及面大的段落，且进行多种方案的比选。

（3）进行实地调查 实地调查一般按室内提出的初步研究方案进行，并考虑实地调查过程中可能发现的新方案。实地调查的内容有：

1) 各据点的具体位置是否正确。
2) 推荐方案的取舍。
3) 采用技术标准及指标的意见。
4) 选定控制点（垭口、桥位、交叉点、不良地质、城镇等）。
5) 分段估算各种工程量（土石方、路面、桥梁、挡土墙、隧道等）。
6) 经济调查（运量、运输工具、交通量等）。
7) 其他（民俗、运输条件、气候特征等）。

（4）选择路线方案 在整理汇总调查结果的基础上，编制工程可行性研究报告。

总之，选线应在广泛搜集与路线方案有关的规划、计划、统计资料，相关部门的各种地形图、地质、气象等资料的基础上，深入调查、勘察，并运用遥感、航测北斗卫星定位系统、数字技术等新技术，确保勘察工作的广度、深度和质量，以免遗漏有价值的比较方案。

二、平原地区选线

（一）平原地区路线特点

平原是指地面起伏不大，一般自然坡度在3°以下的地形。平原地区的地面高差变化微小，地形有轻微的波状起伏和倾斜，境内常被河谷或河流切割，但切割深度不大，路线不受地形高差限制，路线平、纵、横三面都比较容易达到技术指标的要求，平面上弯道少、半径大，纵坡平缓，横断面多为路堤形式。

平原地区常遇到的复杂问题有：

1) 平原地区大多数为农业区，农田密布，灌溉渠道纵横交错，选线时要密切注意和农田水利相结合。
2) 平原地区有较多的城镇、工业区、农场、居民区等片区，选线时要根据具体的位置及重要性，考虑与上述片区的联系问题。
3) 平原与上述片区的区公路交通量一般较大，车辆类型多，运行速度快，有大量短途混合交通，选线时应考虑各种行驶的要求，采取必要的技术措施保证安全、快速行驶，照顾其他车辆的通行。

4）平原地区内河流、湖泊、洼地、沼泽较多，地下水位较高，水文地质条件较差，选线时要注意路基稳定的问题。

5）平原地区一般缺乏砂、石建筑材料，桥涵、路面工程造价较高，选线时要充分考虑这方面的因素，多利用老路和地方材料，考虑远期和近期结合，进行分期修建。

6）草原、戈壁、沙漠等平原地区人烟稀少，选线时应尽量考虑以两个大控制点用直线连接的方案。

（二）平原地区路线布设要点

平原地区路线的基本线型是短捷顺直。平原地区选线的基本步骤为：

1）把路线总方向所规定的必经地点作为控制点。
2）在大控制点之间选择中小控制点。
3）在控制点附近选择有利地形布设直线、曲线。

布线应注意正确处理道路与农业的关系，合理考虑路线与城镇的联系，处理好路线与桥位的关系，注意土壤水文条件，正确处理新路与旧路的关系，尽量靠近建筑材料产地。

三、丘陵地区选线

丘陵地区包括微丘区和重丘区，它们介于平原地区和山岭地区之间。丘陵地区路线的特点是相对高差不大，宽脊低岭，山形或聚或散，迂回曲折，地面起伏多变。

微丘区的地形起伏较小，山丘沟谷分布比较稀散，坡面缓和，地面相对高差较小，且有相当宽度的平地。这种地区与平原地区比较接近，选线可按平原地区选线的原则进行。

重丘区的地形起伏较大，山丘沟谷分布比较密集，坡面较陡，地面相对高差较大，这种地形与山岭地区比较接近，选线可按山岭地区选线的原则进行。

丘陵地区地形复杂，应随路线行经地带的具体地形而采用不同的布线方式。

1. 路线布设方式

1）平坦地带走直线。

2）具有较陡横坡的地带沿匀坡线布线。匀坡线是指两点之间，顺自然地形，以均匀坡度确定地面点的连线。

3）起伏地带走直线和匀坡线之间，布线原则和方法按起伏多少确定：

① 两个已定控制点间包括一组起伏时，不宜采用硬拉直线或弯曲求平的做法，应寻找最合理的路线方案，使平、纵、横三面的比例恰当。

② 两个已定控制点间有多组起伏时，应逐步减少起伏组数，缩小直线和匀坡线所包含的范围，最后合拢，确定一个控制点后再确定下一个控制点。

2. 选线的步骤

丘陵地区的山岗和谷地较多，路线走向的灵活性较大，路线应该沿着哪条谷地伸展，靠哪边山坡布设，通常不能"一目了然"，往往要通过几个方案的详细比较后才能确定。

丘陵地区的地形介于平原地区与山岭地区之间，平曲线和纵坡坡度受地形限制比山岭地区要小，路线技术指标的活动余量也较大，如果选线布局得当，可显著提高路线技术标准和运行速度。另外，丘陵地区地形迂回曲折、起伏频繁，路线受到平、纵、横三方面的相互制约。

丘陵地区的地面横坡较缓，多数已成为良好的农林用地，常有水利等建筑物，路线力求与环境紧密配合，保护自然环境和生态平衡，常采用以半填半挖为主的路基。

丘陵地区选线的具体步骤：

(1) 控制点的选定　分析研究资料，征求意见，进行方案比较，确定控制点。

(2) 加密控制点　用大旗布点（插在必经的控制点上）作定线的依据，在控制点间充分利用有利地形，使路线平、纵、横三面的比例恰当。

四、山岭地区选线

山岭选线

山岭地区是指山脊、陡岭山坡、悬崖峭壁、峡谷、深沟等地形复杂，地面自然坡度大部分在20°以上，路线平、纵、横大部分受地形限制的地区。山岭地区山高谷深，坡陡，地形复杂，山脉水系清晰，选线方向明确，顺山沿水，横越山岭，存在沿溪（河）线、越岭线、山脊线等线型，它们所处的部位不同，地形地质各异，选线时要解决的主要问题也不一样。

（一）沿溪（河）线

沿溪（河）线是指沿着溪（河）流两岸布置的路线，是山区路线中常用的线形。山区沿溪（河）选线，一般是纵断面困难较少，平面受到的限制比较多，布线的主要问题是走高线还是走低线、走河的左岸还是右岸、在什么地方跨河等，这些问题是相互联系和相互影响的，其主要工作是寻求合理的横断面。沿溪线选线的要点首先在于横断面，其次是平面和纵断面。平、纵、横三面必须协调，目的在于以最少的工程量、最佳的技术指标选定一条理想的路线（要保证不受洪水威胁）。

河谷地形复杂，表现为弯曲、陡岸与缓岸相间出现，较宽的台阶地多为耕地；地质复杂，表现为滑坍、岩堆、泥石流等；气候复杂，表现为日照少、积雪、雪崩和涎流冰等；河流复杂，表现为易有山洪暴发，洪流快猛，漂浮物多，冲刷大等，给选线带来很多困难。

沿溪线具有平面与纵断面线形好（相对于其他山岭地区的路线而言）、方便河流两岸居民点及工农业生产、筑路材料（石料、水）丰富、路线标准高、工程造价少等优点。

1. 路线布局

沿溪线的路线布局，首先要根据河流的特点，考虑利用一侧或交替使用两岸的有利地段，并通过对两岸地形、地质和地物的调查研究，拟定跨河桥位。悬崖峭壁集中地段、不良地质地段、城镇村庄等地点，作为分段控制点；然后再研究分段控制点之间的线位高低，在调查研究的基础上对沿溪线作总体布局。

(1) 河岸选择　路线应优先考虑布置在具有较宽台地，无滑坍、碎落、雪堆和冲积堆等地质不良现象，且支谷小而少，阳坡迎风的河岸上。除国防公路外，路线尽量选择村镇较多，人口较密的一岸。上述条件常交替出现在两岸，应深入调查、综合比较、全面权衡，才能选出最优方案。因此，在选择河岸时应考虑地形地质条件、积雪和冰冻地区，以及城镇与居民点的分布等因素。

(2) 路线高度　沿溪线的线位高低，应根据河岸地形、地质条件以及水流情况，结合路线等级标准和工程经济来选定，最好将路线设在地质、水文条件良好，不受洪水影响的平整阶地上。但在谷坡、陡坡的河谷中，往往缺乏这种有利地形，而必须傍山临河布线，此时路线的高度必须慎重考虑。

低线是指高出设计水位（包括浪高加安全高度）不多，路基临水一侧边坡常受洪水威胁的路线。低线的优点是平面与纵断面线形比较顺直、平缓，易争取到较高标准，路基土石方量也较少，边坡较低，易稳定；路线活动范围较大，便于利用有利地形和避让不良的地形、地质；便于在沟口直跨支流，必须跨越主流时也比较容易处理。其缺点是受洪水威胁，防护工程较多。

高线是指路基高出设计水位较多，完全不受洪水威胁的路线，一般多用在可利用大段较高台地，或傍山临河、低线易被积雪掩埋，以及为避让艰巨工程而提高线位等情况。高线的优点是不受洪水侵袭，废方较易处理。缺点是由于高线一般位于山坡上，路线必然随山势曲折弯曲，线形差，工程量大；遇缺口时，常需设置较高的挡土墙或其他构造物；避让不良地质和路线跨河都较低线困难。

一般低线优点较多，在满足规定频率的设计水位的前提下，路线越低，工程越经济，线形标准也越高。各地有不少采用低线的成功经验，但也有不少遭到洪水毁损的教训。因此采用低线方案时，要特别注意洪水调查，把路线放在安全高度上，同时要采取切实的防洪措施，以保证路基稳定和安全。

(3) 桥位选择　按路线与河流的关系，有跨支流和跨主流两类桥位。跨支流的桥位选择，一般属于局部方案问题，而跨主流的桥位选择多属于路线布局的问题。沿溪线跨主流的桥位，一般是确定路线走向的控制点，它与河岸的选择密切相关，互相影响。

路线跨越主流时，由于沿溪线与河流接近平行，有时相隔很近，使桥头布线较为困难，故在选择桥位时，除应考虑桥位本身水文、地质条件外，还应使桥头路线舒顺。

路线服从大桥，小桥服从路线，这是路线与桥梁位置配合的一般原则。山区河流上的小桥桥位、地形地质条件一般较好，为更好地与路线的线形相配合，桥位选择宜高不宜低（开阔河谷的桥位除外），跨径宜小不宜大，必要时中小桥可考虑修建斜桥、坡桥甚至弯桥；对于大桥，可将桥头路线改成勺形或设置曲线形桥梁，以便对路线的技术条件有所改善。

2. 几种河谷地形条件下的选线

河谷形态有开阔河谷（浅盆形），河道弯曲、狭窄的河谷（U形），陡崖峭壁河段（V形）和河床纵坡陡峻河段等。

(1) 开阔河谷（浅盆形）　地形特点是开阔，地形简单、平坦，有较宽的台地，有农田，有较多的村镇、居民区。路线常采用沿河岸（傍河岸）、靠山脚（傍山走）或中穿（直穿间过农田）三种布置形式。

(2) 河道弯曲、狭窄的河谷（U形）　地形特点是河谷一般凹岸陡峭，凸岸有一定宽度的浅滩，也有突出的山嘴和迂回的河湾。路线布设一般沿河岸自然地形布线，绕山嘴、河弯布线，也可采用切断、填埋、穿洞、架桥等方式取直线（或改移河道）。

(3) 陡崖峭壁河段（V形）　地形特点是两岸多悬崖峭壁、峡谷，河岸狭窄，水流湍急。路线布设常采用绕避，即翻上峡谷陡崖的顶部选择有利地带（崖顶需有布线的合适地形，且上下容易），或另找越岭线（需有符合路线走向的低垭口），以及采用直穿的形式。当平面与纵断面受崖壁形状和洪水限制，活动余量不大时，其线位主要决定于河岸宣泄洪水的情况，进而拟定合理的横断面。其方法有：

1）与河争路，侵占部分河床。当河床宽阔，压缩后洪水抬高不多时，路基可设在紧靠崖脚的水中或滩地；当河床狭窄，压缩后洪水抬高较多时，可开砌结合、以砌为主，要补挖河床，以增加泄洪面积。

2）硬开石壁。当峡谷无法容纳路与河时，可采取在石壁上硬开台口式路基，在岩壁石质良好处开挖半山洞（半隧道）、半边桥或悬出路台、顺水桥或隧道通过。

（4）河床纵坡陡峻河段　河床纵坡陡峻河段中落差较大的地段，可用支流或山坡展线下降。

3. 不良地质地段路线的布设

（1）滑坡　尽量避免路线选在大滑坡上。

（2）岩堆　稳定时可用，不稳定时应予绕避。

（3）泥石流　可从狭窄处建桥通过，应尽量绕避。

（二）越岭线

沿分水岭一侧山坡爬上山脊，在适当地点穿过垭口，再沿另一侧山坡下降的路线称为越岭线。越岭线的特点是路线需克服很大的高差，为争取高程，路线长度取决于纵坡的大小，以纵断面设计为主导。路线长度与平均坡度和高程的关系是 $L=\dfrac{H}{i}$。

当平均坡度 i 为定值时，翻越的高程 H 越大，所需的路线 L 就越长；翻越的高程 H 越低，所需的路线 L 就越短；选择翻越山脊地点时，应尽量使翻越的高程 H 越小，即选择最低的垭口。

当 H 为定值时，选择的平均坡度 i 越大，所需的路线 L 就越短；选择的平均坡度 i 越小，所需的路线 L 就越长。选择平均坡度 i 的大小时，应根据公路等级选用。

选择越岭线的基本步骤是先选择合适的垭口，确定垭口的标高，再考虑山坡两侧的展线。

1. 垭口的选择

垭口的选择方法是在地形图或航摄像片上按路线大致方向及两侧展线情况进行选择。

（1）位置选择　选择符合路线走向、高差较小、利于路线两侧展线，或稍远离路线方向，但接线较顺、路线增长少的位置。

（2）标高选择　标高低、路线短，即使有偏离方向的低垭口也应注意比较；对于符合走向要求、展线条件较好、接线较顺、地质条件较好的垭口，即使稍高，也不应轻易放弃。

（3）展线条件选择　垭口两侧布线是越岭线的重要组成部分，它与线形标准和工程量有直接关系。利于展线的山坡，即使垭口位置较高，也应进行比较，不要轻易放弃。

（4）地质条件选择　实地调查地质构造情况，地质的好坏直接影响路线的使用质量。较好的地质构造有软弱层型、构造型、松软层型；应避开的地质构造有断层型、断层破碎带型。

2. 过岭标高的选择

垭口选定后，其通过的标高直接影响路线的长短、工程量的大小及运营条件的好坏，过岭标高每低 H，路线可缩短 $\dfrac{2H}{i}$。切深与垭口处的地质、地形、展线方案有关。过岭方式有：

（1）浅挖低填　山脊肥，地质条件差时，不宜多切，采用浅挖低填的方式过岭。

（2）深挖垭口　山脊瘦，地质条件好时，可以多切，最大切深可达20m，以不危及路基稳定为度，并注意工程量集中与大量废方处理的问题。深挖垭口是影响施工期限的关键点。

（3）隧道穿越　深挖超过20m以上的垭口，路堑深挖困难或展线不便时，可采用隧道通过，不挖垭口。隧道造价高，受地质条件影响大，施工技术复杂；但具有路线短、线形好、路线隐蔽和路基稳定性好等特点。

临界标高是隧道造价与路线造价总和最小的过岭标高。设计标高大于临界标高，路线展长费用多于隧道缩短的费用；否则就相反。

隧道标高的选定除考虑经济因素外，还应考虑下列因素：

1）地质和水文地质条件是选择标高的决定性因素，要尽可能把隧道放在较好的地层中。

2）隧道标高应设在常年冰冻线和常年积雪线以下，以保证施工和行车安全。

3）隧道长度要考虑施工期限和施工技术条件等因素。

4）在不过多增加工程造价的情况下，要适当考虑远景的发展，尽可能把隧道标高降低。

3. 垭口两侧路线的展线

（1）展线布局（试坡布线）　以纵坡为主导，综合考虑平、纵、横三面，通过合理调整坡度和设置必要的回头线来充分利用山坡的有利地形、地质，避让不良地形、地质地段，只有符合纵坡标准的路线方案才能成立。

（2）展线布局的工作步骤

1）拟定路线的大致走法。

2）试坡布线。试坡布线的目的在于落实初步路线走法的可能性，发现和加密中间控制点，从已定的控制点开始，由上而下，用平均坡度进行试坡。试坡过程中，遇有障碍应进行调整，重新试坡，主要控制点间经比选剩下一两个较好的方案进行下步工作。

3）分析落实控制点，决定布局方案。控制点有固定控制点和活动控制点之分：固定控制点是指位置和高程都不能改变的点（如受限制的回头地点、可利用的桥梁、必经的街道等），此种情况较少；活动控制点是指位置和高程中的一个可变或都可变的点（如垭口、桥位或侧沟跨沟、平缓山坡的回头地点等），此种情况较多。

活动控制点调整落实的方法如下：

① 对于活动性较大的回头地点，可从前后两个固定控制点以适当的坡度分别放坡交会得出。

② 对于两固定控制点间的非回头的活动控制点，应在其可活动的范围内调整，以使固定控制点间的坡度尽量均匀些。

（3）展线方式　展线方式主要有自然展线、回头展线、螺旋展线三种。

1）自然展线。以适当的坡度，顺着自然地形，绕山嘴、侧沟来延展距离，克服高差的展线为自然展线。其优点是走向符合路线基本方向，行程与升降统一，路线最短，线形简单，技术指标高，路线不重叠，对行车、施工、养护均有利；缺点是避让艰巨工程或不良地质的自由度较差。

2）回头展线。设置往返的路线来克服高差的展线为回头展线。其优点是便于利用有利地形，避让不良地形、地质，以及工程量大及工程艰巨的地段；缺点是在同一坡面上的上下线重叠，靠近曲线的上下线相距很近，对行车、施工、养护均不利。

回头展线是在合适的地点、同一个坡面的不同平面上作方向相反的180°左右的转角急剧改变行驶方向，并具有一定纵坡坡度的小半径平曲线。适宜设置回头展线的地形有山包，山脊平坦台地，平缓山坡，地形开阔、横坡较缓的山沟或山洼。

设置回头展线应注意：陡峻的山坡不宜设置回头展线，两回头展线间的距离不宜过短，在同一坡面上设置回头展线不宜过多。

3）螺旋展线。利用地形用旋转路线来克服高差的展线为螺旋展线。其优点是比回头展线的线形更好，避免路线重叠；缺点是需建隧道或高架桥、长桥，造价很高。

总之，展线布局的基本方法是利用山谷与山脊，根据地形与线形的配合，灵活运用自然展线、回头展线、螺旋展线的形式做出多种多样的布局方案。只有善于利用地形特点，因地制宜运用各种展线形式，才能做出较好的布局方案。

（三）山脊线

1. 山脊线的特点及选择条件

山脊线是指路线大体上沿分水岭（山脉顶部）走的路线。它的优点是边坡不陡，排水良好，线形起伏曲折（随分水岭形状控制垭口间的高差），工程量小，跨河沟不多，构造物少，水文地质条件较好，路基病害少；缺点是展线困难，下山或越过更高的山岭困难，施工养护困难，目标明显，离居民点远，雾、雪、冰对行车不利，地势高的山脊线空气稀薄，影响发动机功率。

山脊线的方案取舍条件：

1）分水岭的方向不能偏离路线总方向过远。
2）分水岭平面不能过于迂回曲折，纵面上各垭口间的高差不能过于悬殊。
3）控制垭口间山坡的地质情况较好，地形不能过于陡峻零乱。
4）上下山脊的引线要有合适的地形可以利用，这是能否采用山脊线的主要条件之一，往往山脊本身条件很好，但由于上下引线条件差而不得不放弃。

2. 山脊线的布线

山脊线的布线工作主要是控制垭口的选择、侧坡选择和试坡布线。

（1）控制垭口的选择　方向顺直、起伏不大的垭口都可作为控制点，突出的高垭口可舍去。在有支脉横隔的情况下，相距不远的、并排的几个垭口，则只选择其中一个与前后联系条件较好的垭口作为控制垭口。

必须对分水岭两侧山坡的布线条件进行综合考虑，在侧坡选择和试坡布线的过程中，应对初步选定的控制点加以取舍、修正，最后落实。

（2）侧坡选择　综合考虑两侧山坡的情况，一般宜选择坡面整齐、横坡平缓、路线短捷、地质稳定和无支脉横隔的向阳山坡作为侧坡。

（3）试坡布线　在两条固定控制点间布线，应力求做到距离短捷、坡度和缓。其常用布线方式有：

1）当控制垭口间的平均坡度不超过规定值时，应力求路近坡缓、前后照应。
2）当控制垭口间有支脉横隔时，若垭口不会迂绕路线，则应合理深挖两翼，以较好的地形地带通过。

3) 当控制垭口间的平均坡度超过规定时,应采用填挖、桥隧等措施来提高或降低垭口。

五、道路定线

道路定线是指具体落实道路中线的确切位置,其任务是在路线总体布局和逐段安排的基础上,根据要求的技术标准,结合地形、地质及其他自然条件,综合考虑平、纵、横三面的因素,定出路线的交点和直线上的转点,并选定平曲线半径。

道路定线是道路勘测设计中的关键工作,它不仅要解决工程技术、经济方面的问题,还要解决道路与周围环境的协调问题,以及考虑工程技术标准、国家政策等因素的影响。因此,要求定线人员在掌握定线技巧的基础上,充分了解道路的使用任务、性质和要求,吃透路线所经地区的地形、地质情况,通过设计方案的比选反复试线,才能在众多相互制约的因素中定出一条最佳的路线设计方案。

道路定线根据道路等级、要求和条件,一般有纸上定线、实地定线和航测定线三种方法。对高速公路和一级公路以及地形、地物复杂的路线,必须先进行纸上定线,然后把纸上所定的路线敷设到实地上;实地定线是省略了纸上定线,直接在现场实地定线,一般适用于道路等级较低和地形条件简单的路线;航测定线是利用航摄像片、影像地图等航测资料,借助于航测仪器建立与实地完全相似的立体光学模型,在模型上直接定线。

(一) 纸上定线

纸上定线是先在实地敷设接近路线的导线,然后测出大比例尺(一般为1:1000和1:2000)地形图,再在纸上选定路线,最后将中线放到实地,经核对后定出路线。这种定线方法的测图工作量较大,并且对地形图的精度要求很高。随着航空摄影测量、电测技术以及电子计算机的大规模应用,纸上定线的作用越来越明显,不仅可以减轻测设时的劳动强度,节省时间,而且能进一步提高选线和设计的质量。

道路定线按不同的地形条件,所要解决的重点问题不同。例如平原微丘区的地形比较平缓,路线的纵坡一般不受高程限制,定线的重点是如何正确地绕越平面上的障碍,使控制点间的路线顺直短捷;山岭重丘区地形复杂,高差大,横坡较陡,定线的重点是利用有利地形安排纵坡,避免工程艰巨和不良地质地段。现以路线平、纵、横三面受限制较严的越岭线为例,对纸上定线的方法与步骤阐述如下:

1. 拟定线路走向

在大比例尺地形图上,根据路线的起(终)点和中间控制点,仔细分析控制点间的地形、地质及地物情况,选择地势平缓、山坡顺直、河谷开阔及有利于回头展线的地点拟定路线各种可能的走向,完成路线的总体布局。

2. 放坡试线

设等高线间距为h,选用的平均坡度为$i_{均}=5.0\%\sim5.5\%$(依据相对高差确定),则等高线平距$a=\dfrac{H}{i}$。如图3-1所示,从垭口A点开始,使两脚规的开度等于a(比例与地形图相同),自上而下依次在等高线上截取a,b,c等点,直至D点附近;如果放到D点时其位置和标高均接近D点,说明放坡试线方案成立,否则应调整或修改走向重新放坡试线,直至方案成立。将已定的A,a,b,c,…,D各点连成折线,即为匀坡线。

3. 定导向线

根据已得到的匀坡线，分析路线所行经地带的地形、地物及工程艰巨情况，选择避让或绕越的中间控制点。图 3-1 中的匀坡线在 B 处的陡崖中间穿过，而且有利于设置回头曲线的 C 点也没有利用，为此必须将 B 和 C 两处定为中间控制点，调整 B、C 两处前后路线的纵坡，重新在等高线上放坡，截取 a'，b'，c' 各点，将 A，a'，b'，$c' \cdots$，D 各点连成折线为导向线。

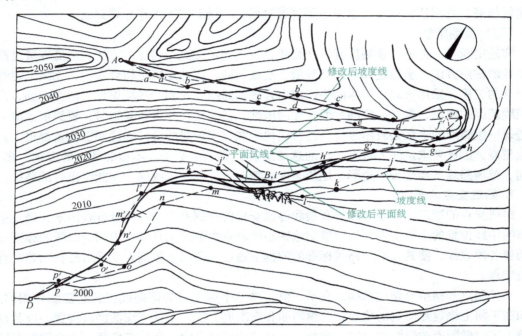

图 3-1　定导向线

4. 修正导向线

1）根据导向线初步拟定出平面试线，注明平曲线半径，量出地面变化特征点桩号及地面标高，绘制概略纵断面图，定出设计坡度，计算出各桩号的概略设计标高。

2）在平面试线各桩号的横断面方向上，根据各桩号的概略设计标高，绘制横断面地面线，用路基模板在横断面图上绘出路基中线不填不挖、工程最经济或起控制作用的最佳位置点，以及路基中线可以活动的范围。将取得的最佳位置点用不同的符号标在平面地形图上，这些点的连线称为修正导向线，可作为最后定线的依据。

5. 定线

纸上定线是在已经修正了导向线的基础上，按规定的技术标准进行最后定线，具体操作有两种做法：

（1）直线法　在修正导向线上，按弃少就多、保证重点的原则，先用直尺绘出与较多地形相适应的各个直线段，然后用半径适当的圆曲线把相邻直线连接起来。当地形复杂、转折较多或弯道处控制较严格时，也可先确定圆曲线，然后用直线把圆曲线连接起来。

（2）曲线法　此法适用于以曲线为主的连续线形。具体定线时仍以修正导向线为基础，但定线的过程与直线法相反，即根据导向线受地形、地物控制的宽严程度，先用不同的圆弧分别去匹配曲线地段,定出圆曲线部分,然后在相邻曲线之间用合适的回旋线顺滑连接。若相邻圆曲线之间相距较远,可根据需要插入直线段,形成一条以曲线为主的连续平面线形。

6. 纵断面设计

路线确定以后,测量出路中心线穿过每一条等高线的桩号及高程,绘制纵断面图,点绘地面线,进行纵坡设计。

纸上定线是一个反复试定线路的过程,平面试线的修改次数越多,最后所定路线的设计质量就越高,直到认为再修改已得不到显著效果时,纸上定线工作才算完成。

(二) 实地定线

实地定线是一种通过现场反复试插路线,直接选定交点、转点的方法,是低等级道路勘测设计的常用方法。实地定线的原则与纸上定线相同。实地定线更切合实际,无纸上定线那样繁杂的工序,采用直观、具体的手段定出合理的路线,有利于现场设计。但在现场,由于受视线范围的限制,存在一定的片面性和局限性,特别是在地形较复杂时,要想细致深入地吃透每一段路线的走法是较困难的。进行实地定线、测设时的劳动强度和工作量都很大,进度也较慢,因此要求定线人员有一定的选线经验,要不怕辛苦,不怕麻烦,要多跑、多看、多问,摸清路线所经地带的地形、地质等变化情况,反复试定线路,才能定出好的路线。

1. 路线交点的选定

路线交点的选定,就是在路线布局和逐段安排的控制点之间,结合各种因素,进一步选定影响中线位置的小控制点;然后根据这些小控制点大致穿出直线;再结合路线的标准进一步调整各段直线,使其在满足路线标准的前提下通过主要的小控制点;最后延长相邻两直线交出交点。

小控制点是指结合路线标准,在平、纵、横三个面上对局部路线位置起控制作用的点。例如在平面上绕越障碍物的位置,在纵断面和横断面上满足填挖平衡的经济位置,以及在设有挡土墙时横断面的经济位置等。此外,在具体穿线定点时,还应考虑两交点之间的直线长度、平面视距、纵坡坡度和平面与纵断面线型的相互协调,以及路线与桥梁、路线与其他特殊构造物的配合等问题。

定线时还要注意前后的联系,不要只顾某一段直线本身的问题,因为某段直线有时还会受到前后两直线的位置和小控制点的影响。

路线交点的选定是一项比较复杂细致的工作,它直接影响路线的使用质量和工程造价。为了使选定的路线达到工程经济、技术合理的要求,在定线时需多方面考虑、反复比较、反复试插,才能选定出理想的路线。

2. 越岭线实地定线的方法和步骤

(1) 分段安排路线 在路线全面布局中所拟定的主要控制点之间,根据地形、地质、水文等情况,自上而下用粗略试坡的方法确定中间控制点以及路线轮廓方案。

(2) 放坡 放坡用于解决越岭线中的纵坡合理分配问题,实质上就是对路线设计的限制因素,例如最大纵坡、最大与最小坡长及平均坡度等进行合理的处理。放坡是越岭线定线的一个重要环节,它对争取高程,处理好平、纵、横之间的关系起着重要作用。

目前,越岭线放坡一般采用带角手水准仪进行。使用时,用水准横丝瞄准前方相等视线高的目标,旋转刻度盘,使气泡居中;此时,刻度盘上指针所指的度数,即为视线高至目标间的倾斜角度,将此读数乘以 1.75 即为纵坡坡度。

放坡时常采用平均坡度法和设计坡度法两种方式。

1）平均坡度法是根据"标准"规定的平均坡度值 5.0%~5.5%（按相对高差确定），依据具体地形确定适当的纵坡坡度，然后实地放坡。按平均坡度法放坡只起到在一定长度范围内控制高差和水平距离的作用，优点是放坡速度快；但没有反映道路等级对平均坡度的不同要求以及地形、地质变化的情况。

2）设计坡度法是根据"标准"规定的平均坡度值 5.0%~5.5%，结合地形、地质、水文等具体情况进行分段，合理地拟定纵坡，使放出的坡度基本上就是以后纵断面的设计坡度。此法放坡时工作量大，但能使实地定线的准确性提高。

放坡一般从最高控制点（如垭口）开始，一人用带角手水准仪对好选用纵坡的相应倾斜角度，立于控制点处，指挥前点人员手持花杆在山嘴、山坳等地形变化处、计划变坡处及顺直山坡上每隔一定距离定点，插上坡度旗，并在旗上注明选用的坡度值。按此方法定出的这些坡度点的连线，与纸上定线的导向线作用相同，也称为导向线。放坡传递坡度时，要估计平曲线的大概位置及半径，以便考虑纵坡折减。对拟定要跨越的山沟和要穿过的山嘴或山脊，在放坡时要"跳"过去，否则会使放出的坡度与设计坡度误差太大；若准备对山沟或山嘴进行绕越时，则坡度要放缓，距离要考虑一定的折减。

（3）与横断面进行核对　放坡定出的坡度线（即导向线）主要是从纵坡安排方面考虑，对路基稳定特别是横断面上的填挖方量都应考虑。因此，应根据路基设计的要求，在坡度线上选择横坡较陡或高填深挖的特征点位置，定出横断面方向上的相应特征点（如经济点、控制点和路中线最合适的位置点），并插上标志物。

（4）穿线定交点　根据放坡所定的导向线和插上标志物的特征点进行实地穿线。穿线时应在满足平面线形要求的前提下，尽可能多地靠近或穿过导向线和各特征点，特别要注意在穿过核心控制点时，要裁弯取直，使路线平、纵、横三面配合协调，穿出与地形相适应的若干直线；再延伸相邻两条直线定出交点，即为路线的导线。穿线定交点这一工作很重要，定线人员必须反复试插，多次修改，才能定出理想的路线。

（5）设置平曲线　路线导线确定以后，即可根据交点偏角及附近地形、地质等情况，确定合适的平曲线半径，并敷设平曲线。

（6）设计纵断面　根据有关外业资料绘制纵断面图，进行纵坡设计。

实地定线的纵坡设计，一般是在平面已经确定的基础上进行的。虽然实地定线时已充分考虑了纵断面及横断面的具体要求，但限于定线的经验、视野以及对所经地形、地质的了解程度，定出的路线难免会顾此失彼，存在着一定的局限性。因此，实地定线的室内纵坡设计，不仅要解决工程经济和技术标准问题，还要实现平面与纵断面线形的配合和协调，这就要求设计人员不断调整纵坡，通过反复试坡修改，才能取得满意的结果。

在纵断面设计中，如果靠调整纵坡无法满足要求时，则应考虑调整平面线形。若平面线形改动不大，可根据既有路线的导线和横断面资料绘制带状平面图，通过纸上移线的办法解决；若因工程经济与平面和纵断面的线形组合矛盾很大时，平面线形必须作重大的改动，此时应按定线的具体要求，通过现场改线重新定出路线。

小　结

　　道路工程建设必须严格按国家基本建设程序组织实施。道路建设的调查工作是道路勘测设计前的重要步骤，是确定道路的路线方案、审批道路计划的依据。调查应做好充分的准备工作，且深入野外实地仔细勘察，才能获得真实可靠的设计数据。

　　通过初步测量论证路线方案，确定路线的概略工程量，为编制初步设计文件和工程概算提供更深入的资料。

　　选线是在勘测过程中选定技术上可行、经济上合理、符合使用要求、满足技术标准的道路中线。选线时要综合考虑各种因素，并根据各种地形的特点进行路线布设，尤其是山岭地区的沿河线、越岭线是选线的难点和关键。

　　定线有纸上定线、实地定线和航测定线三种，道路勘测时常用纸上定线与实地定线。定线是道路勘测设计中的关键工作，既要解决工程技术、经济方面的问题，又要解决道路与周围环境的协调问题，同时还要考虑工程技术标准、国家政策等因素的影响。

思　考　题

3-1　新建公路勘测的主要内容有哪些？
3-2　什么是道路选线？
3-3　道路选线的总原则是什么？
3-4　道路选线一般要经过哪几个步骤？
3-5　平原地区路线有何特点？试述平原地区选线的基本步骤。
3-6　什么是越岭线？它有何特点？其路线布局主要应解决什么问题？
3-7　展线有哪些方式？各自的概念、特点及适用性是什么？
3-8　什么是沿溪（河）线？沿溪（河）线有何优缺点？
3-9　简述纸上定线和实地定线的方法、步骤及优缺点。
3-10　越岭线定线工作中应如何放线？

第二篇

路基路面

学习情境四
路基设计

学习目标

1. 了解路基横断面的基本形式和基本构造，路基的用土和干湿类型。
2. 掌握路基强度及稳定性的概念，路基稳定性设计、路基排水、路基防护与加固工程设计的原则与方法。

学习指南

本学习情境重点在于路基强度及稳定性的概念，以及路基稳定性设计、路基排水、路基防护与加固工程设计，尤其是路基稳定性设计的内容。

单元1　路基设计认知

一、路基的作用

道路是一种线形建筑物。路基是线形建筑物的主体，它贯穿道路全线，与桥梁、隧道相连。因此，路基是道路的重要组成部分，它的质量关系到整个道路的质量。

路基是路面的基础，它与路面共同承受车辆荷载的作用。实践证明，没有坚固、稳定的路基，就没有稳固的路面。路基的强度和稳定性是保证路面强度和稳定性的先决条件。提高路基的强度和稳定性，就可以适当减薄路面的结构层厚度，从而降低工程造价和养护费用。

路基在道路建设项目中，不仅工程量和投资巨大，而且占用土地最多，使用劳动力数量最大，牵涉面最广；特别是工程集中、水文地质条件复杂的地段，遇到的技术问题更多、更难，常成为道路工程建设的关键点。

二、一般路基设计

一般路基通常是指在正常的地质和水文等条件下，填方高度或挖方深度小于规范规定高度或深度的路基。根据长期的生产实践与科学研究总结，这类路基已有了成熟的设计规定，拟定了典型横断面图。因此，在设计一般路基时，可以结合当地地形、地质情况直接套用标准横断面图，不必进行论证和验算。

（一）路基横断面的基本类型

由于地形的变化和填挖高度的不同，路基横断面也各不相同。路基的基本横断面形式有路堤、路堑、半填半挖路基和不填不挖路基四种类型。

1. 路堤

高于原地面的填方路基称为路堤。路堤按其填土高度的不同分为矮路堤（填土高度低于1m），一般路堤（填土高度高于1m，低于表4-1的规定），高路堤（填土高度超出表4-1的规定）。按其所处的条件及加固类型的不同，还有沿河路堤和护脚路堤等类型，如图4-1所示。

表4-1 路堤边坡坡度

填料类别	边坡坡度	
	上部高度（$H≤8m$）	下部高度（$H≤12m$）
细粒土	1∶1.5	1∶1.75
粗粒土	1∶1.5	1∶1.75
巨粒土	1∶1.3	1∶1.5

路堤高于天然地面，一般通风良好、易于排水，路基经常处于干燥状态；路堤为人工填筑，对填料的性质、状态和密实度可以按要求加以控制。因此，路堤病害少，强度和稳定性易得到保证，是经常采用的路基形式。

2. 路堑

低于原地面的挖方路基称为路堑。典型路堑为全挖断面，路基两边均需设置边沟。陡峻山坡上的半路堑，因填方有困难，为避免局部填方，可挖成台口式路基。在整体坚硬的岩层上，为减少土石方工程量，有时可采用半山洞路基，但要确保安全可靠，不得滥用。路堑的基本形式如图4-2所示。

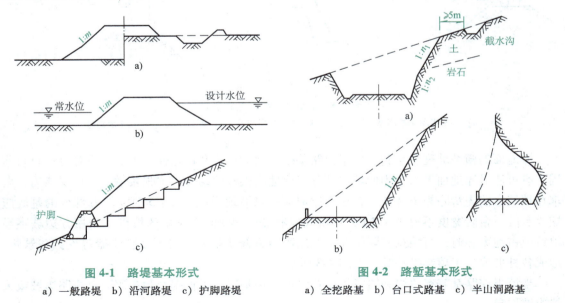

图4-1 路堤基本形式
a) 一般路堤 b) 沿河路堤 c) 护脚路堤

图4-2 路堑基本形式
a) 全挖路基 b) 台口式路基 c) 半山洞路基

路堑具有以下特点：路堑低于天然地面，通风和排水不畅；路堑是在天然地面上开挖而成的，其土石性质和地质构造取决于所在地的自然条件；路堑的开挖破坏了原地层的天然平衡状态。所以，路堑的病害比路堤多，设计和施工时，除要特别注意做好路堑的排水工作外，还应对其边坡的稳定性予以充分注意。

3. 半填半挖路基

半填半挖路基是路堤和路堑的综合形式，主要设置在较陡的山坡上，其基本形式如图4-3所示。半填半挖路基的特点是移挖作填，节省土石方，如果处理得当，可使路基稳定可靠，是一种比较经济的路基形式。

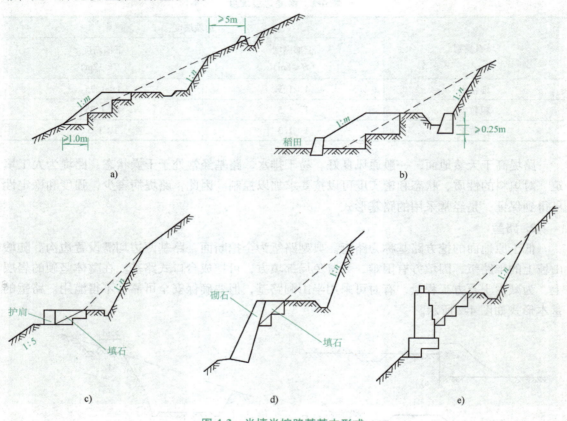

图4-3 半填半挖路基基本形式

a) 一般半填半挖路基 b) 矮墙路基 c) 护肩路基 d) 砌石路基 e) 挡土墙路基

原地面的横坡坡度关系到半填半挖路基横断面的形式和稳定性，因为填方部分在自重作用下有可能沿原地面下滑。为使填方部分与原地面很好地结合，增强接触面的抗滑能力，要求在填筑之前先清除松土和杂草，拉毛原地面；当原地面陡于1:5时，填方部分的基底应挖成台阶，台阶宽度不得小于1m，台阶底应有2%~4%向内倾斜的坡度；当填方边坡不易填筑或占地太多时，可根据实际情况，利用废石方修筑护肩、砌石及挡土墙等支挡建筑物，形成各种形式的半填半挖路基，如图4-3所示。

半填半挖路基兼有路堤和路堑的设置要求，路基边坡可根据经验参照既有道路边坡或天然边坡拟定。

4. 不填不挖路基

原地面与路基标高相同，构成不填不挖的路基断面形式，这就是不填不挖路基，如图4-4

所示。这种形式的路基，虽然节省了土石方，但对排水非常不利，容易发生水淹、雪埋等病害，只适用于干旱的平原地区、地下水位较低的丘陵地区、山岭地区的山脊线以及过城镇街道和受地形限制处。

图 4-4　不填不挖路基基本形式

（二）路基的基本构造

1. 路基宽度

道路路基宽度为行车道和路肩宽度之和。当设有中间带、变速车道、爬坡车道、应急停车带、错车道时，还应包括这些部分的宽度。

各级公路的路基宽度按"标准"设置，见表 4-2。而城市道路的路基宽度按《城市道路工程设计规范》（CJJ 37—2012）的规定设置。

表 4-2　各级公路的路基宽度

公路等级		高速公路、一级公路								
设计速度/(km/h)		120			100			80		60
车道数		8	6	4	8	6	4	6	4	4
路基宽度/m	一般值	45.00	34.50	28.00	44.00	33.50	26.00	32.00	24.50	23.00
	最小值	42.00	—	26.00	41.00	—	24.50	—	21.50	20.00
公路等级		二级公路、三级公路、四级公路								
设计速度/(km/h)		80		60		40		30		20
车道数		2		2		2		2		2 或 1
路基宽度/m	一般值	12.00		10.00		8.50		7.50		6.50（双车道） / 4.50（单车道）
	最小值	10.00		8.50		—		—		—

注：1. 一般值为正常情况下的采用值；最小值为条件受限制时可采用的值。
　　2. 八车道高速公路的路基宽度的一般值为设置硬路肩且内侧车道采用 3.50m 时的宽度，最小值为不设置左侧硬路肩且内侧车道采用 3.75m 时的宽度。

2. 路基高度

新建公路的路基设计标高为路基边缘标高，在设置超高、加宽地段，则为设置超高、加宽前的路基边缘标高；改建公路的路基设计标高既可与新建公路相同，也可采用路中线标高；设有中央分隔带的高速公路、一级公路，其路基设计标高为中央分隔带的外侧边缘标高。

沿河及受水浸淹的路基设计标高，应高出表 4-3 规定的设计洪水频率对应的计算水位再加上壅水高、波浪侵袭高和 0.5m 的安全高度。

表 4-3　路基设计洪水频率

公路等级	高速公路	一级公路	二级公路	三级公路	四级公路
设计洪水频率	1/100	1/100	1/50	1/25	按具体情况确定

路基设计标高与路中线原地面标高之差为路基填挖高度。路基填挖高度是在进行路线纵

断面设计时,综合考虑路基强度和稳定性的要求、桥涵等人工构造物的控制标高、路线纵坡、工程经济要求等因素确定的。

由于地表长期积水和地下水对路基强度和稳定性的影响,路床表面应高出地表长期积水水位或地下水位。保证土基在不利季节处于某种干湿状态时,路床表面距地表长期积水水位或地下水位的最小高度,称为临界高度。临界高度与当地温度、湿度、日照等气候条件,以及土质和对土基干湿状态的要求等有密切关系。

在确定路基高度时,一般应以土基处于干燥状态或中湿状态的临界高度作为路基最小填土高度的控制指标。在土质及水文地质条件不良地段,路基最小填土高度的确定,应综合考虑当地的气候特征、水文地质、土质、路基结构、道路等级、路面类型及排水难易程度等因素对路基的影响。必须保证路基不因地表水、地下水、毛细水及冻胀作用的影响而降低其强度和稳定性。

使路基具有一定的填土高度是保证路基稳定性的重要措施,同时也可以保证路面的强度和稳定性。为此,在条件许可时,应尽量满足最小填土高度的要求。如不能满足时,则应采取相应的处治措施,如加强排水、换土、设置隔离层等,以避免地表水和地下水对路基的危害。

3. 路基边坡坡度

路基边坡坡度对路基的整体稳定起重要作用,因此正确地确定边坡形式和坡度是路基设计的主要内容。

路基边坡坡度是以边坡高度 H 与边坡宽度 b 之比来表示的。为了方便起见,通常将边坡高度 H 定为1,b 与 H 的比值是几,这个坡度就是1比几,写成 $1:m$ 或 $1:n$。如图4-5所示,路堑边坡坡度$=H:b=1:0.5$;路堤边坡坡度$=H:b=1:1.5$。

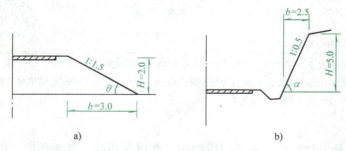

图4-5 路基边坡坡度示意图(单位:m)

a)路堤 b)路堑

路基边坡坡度的大小,取决于边坡的土质、岩石的性质及水文地质条件等自然因素和路基的形式、边坡高度等。边坡越陡,稳定性越差,越容易形成塌方等病害;边坡越缓,土石方数量越大,不但占地多、造价高,还会因为暴露面积过大而易受雨水侵蚀,对稳定性反而不利。因此,确定边坡坡度时要全面考虑,力求合理。

(1) 路堤边坡坡度 一般路堤边坡坡度应根据填料的物理、力学性质,边坡高度和工程地质条件按表4-1确定。如边坡高度超过20m时,边坡形式宜采用阶梯形,并应按高路堤另行设计。

沿河受水浸淹路基的边坡坡度,在设计水位以下部分依据填料情况可采用 $1:2.0\sim$

1∶1.75，在常水位以下部分可采用1∶3~1∶2。如用渗水性好的土填筑或设有边坡防护时，可采用较陡的边坡。

（2）路堑边坡坡度　土质路堑边坡坡度应根据工程地质与水文地质条件、边坡高度、排水措施、施工方法，并结合自然稳定山坡和人工边坡的调查及力学分析综合确定。边坡高度不大于20m时，边坡坡度不宜大于表4-4的规定值。

表 4-4　土质路堑边坡坡度

土的类别		边坡坡度
黏土、粉质黏土、塑性指数大于3的粉土		1∶1
中密以上的中砂、粗砂、砾砂		1∶1.5
卵石土、碎石土、圆砾土、角砾土	胶结和密实	1∶0.75
	中密	1∶1

岩石路堑边坡坡度，一般应根据工程地质条件与水文地质条件、边坡高度、施工方法，并结合自然边坡和人工边坡的调查综合确定。边坡高度不大于30m时，无外倾软弱结构面的边坡坡度可按表4-5确定；边坡高度超过30m时，宜作边坡稳定性分析，也可采用台阶式边坡，边坡平台的宽度不宜小于2m。

表 4-5　岩石路堑边坡坡度

边坡岩体类型	风化程度	边坡坡度	
		$H<15m$	$15m \leqslant H<30m$
Ⅰ类	未风化、微风化	1∶0.3~1∶0.1	1∶0.3~1∶0.1
	弱风化	1∶0.3~1∶0.1	1∶0.5~1∶0.3
Ⅱ类	未风化、微风化	1∶0.3~1∶0.1	1∶0.5~1∶0.3
	弱风化	1∶0.5~1∶0.3	1∶0.75~1∶0.5
Ⅲ类	未风化、微风化	1∶0.5~1∶0.3	—
	弱风化	1∶0.75~1∶0.5	—
Ⅳ类	弱风化	1∶1~1∶0.5	—
	强风化	1∶1~1∶0.75	—

注：1. 有可靠的资料和经验时，可不受本表限制。
　　2. Ⅳ类强风化包括各类风化程度的极软岩。

（三）路基工程的附属设施

路基工程的附属设施主要有取土坑、弃土堆、护坡道和碎落台、堆料坪、错车道及护栏等，这些设施也是路基设计的组成部分，对保证路基稳定和交通安全具有重要作用。

1. 取土坑

路基填方应根据土石方填挖平衡原则，尽量从挖方中取土。如需从取土坑借方时，应对取土坑做出规划设计。取土坑应尽量设在荒坡、高地上，少占耕地，并与农业、水利和环保部门紧密联系，协调施工。

取土坑底的纵坡坡度不小于0.5%，横坡坡度为2%~3%，并向外侧倾斜。取土坑边坡一般不宜陡于1∶1.0，靠路基一侧不宜陡于1∶1.5。

填方路基设置路侧取土坑时，路基边缘与取土坑的高差大于2m时，应设置护坡道，对于一般道路，护坡道宽度为 1~2m；对于高速公路和一级公路，护坡道宽度不小于 3m。

2. 弃土堆

路基弃土应做规划设计，应与当地农田建设和自然环境相结合，利用弃土改地造田。山坡弃土应注意避免破坏或掩埋下方的林木农田，沿河弃土应防止河床堵塞或引起水流冲毁农田房屋等。

弃土堆一般就近设在低地，或弃于下坡一侧。弃土堆宜堆成梯形横断面，边坡不大于 1:1.5。弃土堆坡脚与路堑堑顶之间的距离一般为 3~5m，路堑边坡较高、土质较差时应大于 5m。

3. 护坡道和碎落台

护坡道的作用是保护路基边坡。护坡道一般设在路堤坡脚或挖方坡脚处，边坡较高时也可设在边坡上方或挖方边坡的变坡处。浸水路基的护坡道，可设在浸水线以上的边坡上。护坡道宽度 d 至少为 1.0m。边坡高度 $h=3$~6m 时，$d=2m$；$h=6$~12m 时，$d=2$~4m。护坡道应平整密实，并做成 1%~2% 向外倾斜的横坡。

碎落台设置于挖方边坡的坡脚处，位于边沟外缘，有时也可设在挖方边坡的中间。其作用是给零星土石块下落时提供临时堆积，以免堵塞边沟；同时，也起到护坡道的作用，在弯道上还可起到增大视距的作用。碎落台的宽度依据边坡高度和土的性质确定，一般至少为 1m，并做成 2% 的倾向边沟的横坡。

单元 2　路基的强度与稳定性

一、土基强度的评定

（一）路基受力状况

路基承受两种荷载，一种是路面和路基的自重荷载，另一种是车辆荷载。在两种荷载的共同作用下，使路基土处于受力状态。理想的设计应使路基受力时只产生弹性变形，而当车辆驶过以后，路基可以恢复原状，以确保路基的相对稳定，不致引起路面破坏。

图 4-6 是土基应力分布示意图，其中车辆荷载所引起的应力 σ_1 是随深度 Z 的增大而减小的，而自重荷载所产生的应力 σ_2 则随深度的增大而增大。

当车辆荷载作为圆形均布荷载时，圆形均布荷载中心下方土基的垂直压应力 σ_1 可用下列计算式近似计算：

$$\sigma_1 = \frac{p}{1+2.5\left(\dfrac{Z}{D}\right)^2} \quad (4-1)$$

式中　p——车轮的单位压力（kPa）；

　　　D——圆形均布荷载作用面积的直径（cm）；

　　　Z——应力作用深度（cm）。

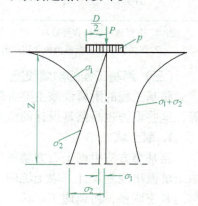

图 4-6　土基应力分布示意

自重引起土基中的压应力，考虑到在一定深度以下，同路基自重相比，路面重力的影响不大，所以在研究荷载作用的最大深度时，可以略去路面重力或近似地将路面材料看作土基材料，则土基自重引起的压应力 σ_2 可用下式计算：
$$\sigma_2 = \gamma Z \tag{4-2}$$
式中 γ——土的容重（kN/m^3）。

路基内任一点处所受的垂直应力，应是由车辆荷载引起的垂直应力 σ_1 和由土基自重引起的垂直应力 σ_2 的叠加，如图 4-6 所示。

（二）路基受力工作区

在路基的某一深度 Z_a 处，车辆荷载的应力仅为路基自重应力的 $\frac{1}{10} \sim \frac{1}{5}$；在深度 Z_a 以下，车辆荷载对土基的作用影响很小，可以略去不计；在深度 Z_a 以上的区域，则可看作是支撑路面、承受车辆荷载作用影响较大的土基范围。上述车辆荷载起作用的深度范围，称为路基工作区，又称为应力作用区。路基工作区深度 Z_a 随车辆荷载的增大而加大，随路面强度和厚度的增加而减小。

路基工作区内土基的强度与稳定性对于保证路面的强度与稳定极为重要，因此对路基工作区内的土质选择、含水率与压实度等应有较高的要求。

当路基工作区深度大于路基填土高度 H 时，车辆荷载不仅作用于路堤，还作用于天然地基的上部土层。此时，天然地基的上部土层和路堤应同时满足路基工作区的要求。路堤高度与路基工作区深度的关系如图 4-7 所示。

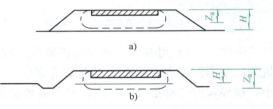

图 4-7 路堤高度与路基工作区深度的关系
a）$H \geq Z_a$ b）$H < Z_a$

（三）路基的强度

路基在外荷载及自重作用下，土体可能发生相对滑动位移和竖向垂直位移。路基的强度以抵抗这两种变形的能力作为具体指标。

1. 抗剪强度

在路基边坡内，其强度不足以抵抗剪应力的作用时，则相邻两部分土体便将沿某一剪切面（滑动面）产生相对位移，于是边坡破坏，丧失稳定。这种沿剪切面使土体破坏的现象称为剪切破坏。土体所具有的抵抗剪切破坏的能力称为抗剪强度。土的抗剪强度 τ 计算式：
$$\tau = c + \sigma \tan\varphi \tag{4-3}$$

由式 (4-3) 可知，土体的抗剪强度是由黏聚力 c 和内摩擦力 $\sigma \tan\varphi$ 组成的。土的颗粒越细，黏聚力越大，但受含水率变化的影响也大。由于黏聚力不如内摩擦力影响大，因此土的颗粒越粗，抗剪强度就越高。

影响黏聚力和内摩擦力的因素有土粒的大小、形状和组成，土的矿物成分，土的密实度和含水率，以及土的天然结构破坏程度。土基抗剪强度取决于土的性质与状态。因此，对于 c 和 φ 这两个抗剪强度指标，在选用时要符合实际情况，最好取原状土进行测定，因为它们是路基稳定性验算和挡土墙设计时不可缺少的数据。

2. 回弹模量

通过路面传至土基的垂直压力使土基产生一定程度的竖向位移，如图 4-8 所示，假定土基为均质的弹性体，在圆形垂直均布荷载作用下，应力与应变呈直线关系时，荷载与竖向位移间的关系可用下式表示：

$$l_r = \frac{2pR(1-\mu_0^2)}{E_0}\alpha \tag{4-4}$$

式中　l_r——路表面距离荷载中心轴为 r 的某点处的竖向位移（cm）；

　　　p——圆形垂直均布荷载（Pa）；

　　　R——圆形均布荷载面积的半径（cm）；

　　　E_0——土基回弹模量（Pa）；

　　　μ_0——土的泊松系数，一般可取 0.35；

　　　α——竖向位移系数，α 是 r/R 的函数，可从表 4-6 查得。

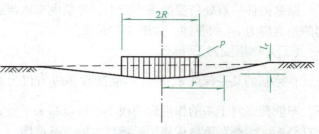

图 4-8　在圆形均布荷载作用下土基表面的竖向位移

表 4-6　竖向位移系数 α

r/R	0	1.0	1.5	2.0	2.5	3.0	4.0	5.0
α	1	0.638	0.356	0.259	0.204	0.169	0.126	0.101

由式（4-4）可知，土基回弹模量 E_0 表示土基在弹性变形阶段内，在垂直荷载作用下抵抗竖向变形的能力。如果垂直荷载为定值，土基的回弹模量越大，则产生的竖向位移就越小；如果竖向位移是一个定值，回弹模量越大，则土基承受外荷载的能力也越大。

二、路基用土

按照《公路土工试验规程》（JTG 3430—2020）中土的工程分类方法，将土分为巨粒土、粗粒土、细粒土和特殊土四大类，土的分类总体系如图 4-9 所示。

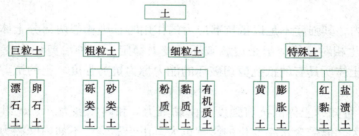

图 4-9　土的分类总体系

各大类土的主要工程性质如下：

1. 巨粒土

巨粒土有很高的强度及稳定性，是填筑路基的优等材料。对于漂石土，在码砌边坡时，应正确选用边坡值，以保证路基稳定；对于卵石土，填筑时应保证有足够的密实度。

2. 粗粒土

（1）砾类土　砾类土由于粒径较大，内摩擦力也较大，因而强度和稳定性均能满足要求。级配良好的砾类土混合料密实程度好；对于级配不良的砾类土混合料，填筑时应保证密实程度,防止由于空隙较大造成路基积水、不均匀沉陷或表面松散等病害。

(2) 砂类土 砂类土又可分为砂、含细粒土砂(或称砂土)和细粒土质砂(或称砂性土)三种。

砂和含细粒土砂无塑性,透水性强,毛细上升高度很小,具有较大的摩擦系数,强度和水稳定性较好;但由于黏性小,易松散,压实困难,需用振动法或灌水法才能压实。为克服这一缺点,可添加一些黏质土,以改善其使用质量。

细粒土质砂既含有一定数量的粗颗粒,使路基具有足够的强度和水稳定性;又含有一定数量的细颗粒,使其具有一定的黏性,不致过分松散。遇水后干得快,不膨胀;干燥时有足够的黏性,扬尘少,容易被压实,因此细粒土质砂是修筑路基的良好材料。

3. 细粒土

(1) 粉质土 粉质土为最差的筑路材料,它含有较多的粉土粒,干燥时稍有黏性,但易被压碎,易扬尘;浸水时很快被湿透,易成稀泥。粉质土的毛细作用很强烈,毛细水上升速度快,毛细水的上升高度可达 1.5m。在季节性冰冻地区,水分积聚现象较严重,造成严重的冬季冻胀,春融期间出现翻浆,故又称翻浆土。如遇粉质土,特别是在水文条件不良时,应采取一定的措施改善其工程性质。

(2) 黏质土 黏质土透水性很差,黏聚力较大,因而干燥时较硬,不易挖掘。它具有较大的可塑性、黏性和膨胀性,毛细现象显著,用来填筑路基比粉质土要好,但不如细粒土质砂。浸水后,黏质土能较长时间保持水分,因而承载能力小。黏质土如在适当的含水率状态下加以充分压实和有良好的排水设施,筑成的路基也能获得稳定。

(3) 有机质土 有机质土(如泥炭、腐殖土等)不宜作为路基填料,如遇有机质土应在设计和施工时采取适当措施加以处理。

4. 特殊土

黄土属大孔和多孔结构,具有湿陷性;膨胀土受水浸湿后发生膨胀,失水则收缩;红黏土失水后体积收缩量较大;盐渍土潮湿时承载力很低。因此,特殊土也不宜作为路基填料。

三、路基干湿类型

(一) 路基干湿类型及湿度来源

路基的干湿类型分为干燥、中湿、潮湿和过湿四种,这四种类型表示路基在工作时路基土所处的含水状态。

路基的干湿类型影响其强度与稳定性,正确区分路基的干湿类型是搞好路基路面设计的前提。路基土所处的状态是由土体的含水率或稠度决定的,含水率取决于湿度的来源(水源)及作用的延续时间。导致路基湿度变化的水源可分为以下几种:

(1) 大气降水 大气降水通过路面、路肩和边坡渗入路基。
(2) 地面水 边沟及排水不良时的地面水,以毛细水的形式渗入。
(3) 地下水 靠近地面的地下水,借助毛细作用或温差作用上升到路基内部。
(4) 凝结水 在土颗粒空隙中流动的水蒸气,遇冷形成凝结水。

(二) 路基干湿类型的划分

1. 根据平均稠度划分

路基土的稠度 w_c 是指土的液限含水率 w_L 与土的含水率 w 之差和土的液限含水率 w_L 与

土的塑限含水率w_p之差的比值，即

$$w_c = \frac{w_L - w}{w_L - w_p} \tag{4-5}$$

土的稠度较准确地表示了土的各种形态与湿度的关系，稠度指标综合了土的塑性特性，包含了液限与塑限，全面直观地反映了土的硬度，物理概念明确。

① $w_c = 1.0$，即 $w = w_p$，为半固体与硬塑状的分界值。
② $w_c = 0$，即 $w = w_L$，为流塑与流动状的分界值。
③ $1.0 > w_c > 0$，即 $w_L > w > w_p$，土处于可塑状态。

路基的干湿类型可以实测不利季节路床表面以下80cm深度内土的平均稠度$\overline{w}_c$，再按表4-7中路基干湿状态的稠度建议值确定。

表4-7 沥青路面路基干湿状态的稠度建议值

路基土的组成	干湿状态			
	干燥状态 $\overline{w}_c \geq w_{c1}$	中湿状态 $w_{c1} > \overline{w}_c \geq w_{c2}$	潮湿状态 $w_{c2} > \overline{w}_c \geq w_{c3}$	过湿状态 $\overline{w}_c < w_{c3}$
土质砂	$\overline{w}_c \geq 1.20$	$1.20 > \overline{w}_c \geq 1.00$	$1.00 > \overline{w}_c \geq 0.85$	$\overline{w}_c < 0.85$
黏质土	$\overline{w}_c \geq 1.10$	$1.10 > \overline{w}_c \geq 0.95$	$0.95 > \overline{w}_c \geq 0.80$	$\overline{w}_c < 0.80$
粉质土	$\overline{w}_c \geq 1.05$	$1.05 > \overline{w}_c \geq 0.90$	$0.90 > \overline{w}_c \geq 0.75$	$\overline{w}_c < 0.75$

注：w_{c1}、w_{c2}、w_{c3}分别为干燥、中湿、潮湿和过湿状态下路基的分界稠度，$\overline{w}_c$为路床表面以下80cm深度内土的平均稠度。

不利季节路床表面以下80cm深度内土的平均稠度确定方法是在路床表面以下80cm深度内，每隔10cm取土样测定其天然含水率、塑限含水率和液限含水率，按式（4-6）和式（4-7）计算。

$$w_{ci} = \frac{w_{Li} - w_i}{w_{Li} - w_{pi}} \tag{4-6}$$

$$\overline{w}_c = \frac{\sum_{i=1}^{8} w_{ci}}{8} \tag{4-7}$$

式中 w_i——路床表面以下80cm深度内，每隔10cm为一层，第i层土的天然含水率（%）；
w_{Li}——同一层土的液限含水率（%）（用液塑限联合测定仪测定）；
w_{pi}——同一层土的塑限含水率（%）（用液塑限联合测定仪测定）；
w_{ci}——第i层土的稠度；
$\overline{w}_c$——路床表面以下80cm深度内土的平均稠度。

2. 根据临界高度划分

对于新建公路，路基尚未建成，无法按上述方法现场勘察路基的湿度状况，可以用路基的临界高度作为判别标准。当路基的地下水位或地表积水水位一定的情况下，路基的湿度由下而上逐渐减小，如图4-10所示。在不利季节，当路基处于某种干湿状态时，路床表面距地下水位或地表积水水位的最小高度称为路基临界高度，即

1) H_1 对应于 w_{c1}，为干燥和中湿状态的临界高度。

2) H_2 对应于 w_{c2}，为中湿与潮湿状态的临界高度。

3) H_3 对应于 w_{c3}，为潮湿和过湿状态的临界高度。

地下水位或地表积水水位，通过道路勘测设计阶段的野外调查获得，路基高度从路线纵断面图或路基设计表中查得，扣除预估的路面厚度后，即可得到路床顶面距地下水位或地表积水的高度 H。

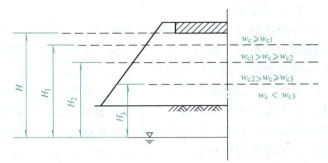

图 4-10　路基干湿类型与路基临界高度

在设计新建公路时，先选定路基处于干燥、中的湿、潮湿状态的临界高度 H_1、H_2、H_3，再按表 4-8 判断路基的干湿类型。

表 4-8　路基的干湿类型

路基干湿类型	路床表面以下80cm深度内土的平均稠度 $\bar{w}_c$ 与第 i 层土的稠度（分界稠度）w_{ci} 的关系	一　般　特　征
干燥	$\bar{w}_c \geq w_{c1}$	路基干燥、稳定，路基上部土层的强度不受地下水和地表积水的影响。$H > H_1$
中湿	$w_{c1} > \bar{w}_c \geq w_{c2}$	路基上部土层处于地下水或地表积水影响的过渡区内。$H_2 < H \leq H_1$
潮湿	$w_{c2} > \bar{w}_c \geq w_{c3}$	路基上部土层处于地下水或地表积水的毛细影响区内。$H_3 < H \leq H_2$
过湿	$\bar{w}_c < w_{c3}$	路基极不稳定，冰冻区春融翻浆，非冰冻区雨季软弹。$H \leq H_3$

注：1. H 为路床顶面距地下水位或地表积水水位的高度（m）。地表积水是指不利季节积水 20d 以上。

2. H_1、H_2、H_3 分别为路基干燥、中湿、潮湿状态的临界高度（m）。

3. w_{c1}、w_{c2}、w_{c3} 分别为沥青路面路基干燥、中湿、潮湿状态的分界稠度。

为了保证路基的强度和稳定性不受地下水或地表积水的影响，在设计路基时，要求路基保持干燥或中湿状态，路床顶面距地下水位或地表积水水位的距离，要大于或等于干燥、中湿状态所对应的临界高度。

四、道路自然区划

我国地域辽阔，各地气候、地形、地貌、水文地质等自然条件相差很大，而这些自然条件与道路建设密切相关。为区分不同地理区域自然条件对道路工程影响的差异性，并在路基路面的设计、施工和养护中采取适当的技术措施和采用合适的设计参数，以体现各地道路设计与施工的特点，侧重必须解决的问题，有利于保证道路的质量和经济合理，经过长期研究，交通运输部制定了《公路自然区划标准》（JTJ 003—1986）。

制定道路自然区划的原则是：道路工程特征相似；地表气候区划差异性；自然气候因素既有综合又有主导作用。为使自然区划便于在实践中应用，结合我国地理、气候特点，将全国的道路自然区划分为三个等级。

1. 一级区划

一级区划首先将全国划分为多年冻土、季节冻土和全年不冻土三大地带，然后根据水热平衡和地理位置，划分为冻土、温润、干湿过渡、湿热、潮暖、干旱、高寒七个大区。这七个一级自然区的路面结构设计注重的特点各有不同，根据各地区经验可大致归纳如下：

Ⅰ区——北部多年冻土区。该区北部为连续分布的多年冻土，南部为岛状分布的多年冻土。对于泥沼地的多年冻土层，最重要的道路设计原则是保温，不要轻易挖去覆盖层，使路堤下保持冻结状态，若受大气热量影响融化了，后患无穷。对于非多年冻土层的处理方法则不同，需将泥炭层全部或局部挖去，排干水分，然后填筑路堤。该区主要是林区道路，路面结构为中级路面。林区山地道路，因表土湿度大、地面径流大，最易翻浆，应采取换土、稳定现有土层、设置砂垫层等处理方法。

Ⅱ区——东部温润季冻区。该区路面结构突出的问题是防止翻浆和冻胀。翻浆的轻重程度取决于路基的潮湿状态，可根据不同的路基潮湿状态采取措施。该区一般缺乏砂、石材料，采用稳定土基层的处理方法已取得一定的经验。

Ⅲ区——黄土高原干湿过渡区。该区的特点是黄土对水分十分敏感，干燥土基强度高、稳定性好；在河谷盆地的潮湿路段以及灌区耕地，土基稳定性差、强度低，必须认真处理。

Ⅳ区——东南湿热区。该区雨量充足集中，雨量季节性强，台风暴雨多，水毁、冲刷、滑坡是道路的主要病害，路面结构应结合排水系统进行设计。该区水稻田多，土基湿软、强度低，必须认真对待。由于气温高、热季长，要注意沥青类面层材料的热稳定性和防透水性。

Ⅴ区——西南潮湿区。该区山多，筑路材料丰富，应充分利用当地材料筑路，对于水文不良路段，必须采取措施，稳定路基。

Ⅵ区——西北干旱区。该区大部分地下水位很低，虽然冻深多在100cm以上，但一般道路冻害较轻。个别地区，如河套灌区、内蒙古地区的草原洼地的地下水位较高，翻浆严重。丘陵区1.5m以上的深路堑在冬季积雪较厚，雪水浸入路面造成危害，所以沥青面层材料应具有良好的防透水性能，路肩也应做防水处理。由于气候干燥，砂、石路面经常出现松散、波浪现象。

Ⅶ区——青藏高寒区。该区局部路段有多年冻土，须按保温原则设计。山区地处高原，气候寒冷，昼夜气温相差很大，日照时间长，沥青老化很快，又因为年平均气温相对偏低，路面易遭受冬季雪水渗入而破坏。

2. 二级区划

二级区划仍以气候和地形为主导因素，但具体标志与一级区划有显著区别。一级区划中的一级自然区的共同标志为潮湿系数 K（即年降水量与年蒸发量之比），地形因素是独立的地形单元。二级区划的划分则需因区而异，将上述标志具体化或加以补充，其标志是以潮湿系数 K 为主的一个标志体系。

根据二级区划的主导因素与标志，在全国七个一级自然区内又分为33个二级区和19个副区（亚区），共有52个二级自然区，它们的名称见表4-9所列。各二级自然区的区界、自然条件对工程的影响详见有关标准。

3. 三级区划

三级区划是二级区划的进一步划分。三级区划划分的方法有两种：一种是按照地貌、水文和土质类型将二级自然区进一步划分为若干类型单元；另一种是以水热、地理和地貌等标志将二级自然区细分为若干区域。各地可根据当地的具体情况选用。

表 4-9　公路自然区划名称

Ⅰ 北部多年冻土区	Ⅳ₇ 华南沿海台风区
Ⅰ₁ 连续多年冻土区	Ⅳ₇ₐ 台湾山地副区
Ⅰ₂ 岛状多年冻土区	Ⅳ₇ᵦ 海南岛西部润干副区
Ⅱ 东部温润季冻区	Ⅳ₇ᵨ 南海诸岛副区
Ⅱ₁ 东北东部山地润湿冻区	Ⅴ 西南潮湿区
Ⅱ₁ₐ 三江平原副区	Ⅴ₁ 秦巴山地润湿区
Ⅱ₂ 东北中部山前平原重冻区	Ⅴ₂ 四川盆地中湿区
Ⅱ₂ₐ 辽河平原冻融交替副区	Ⅴ₂ₐ 雅安、乐山过湿副区
Ⅱ₃ 东北西部润干冻区	Ⅴ₃ 三西、贵州山地过湿区
Ⅱ₄ 海滦中冻区	Ⅴ₃ₐ 滇南、桂西润湿副区
Ⅱ₄ₐ 冀北山地副区	Ⅴ₄ 川、滇、黔高原干湿交替区
Ⅱ₄ᵦ 旅大丘陵副区	Ⅴ₅ 滇西横断山地区
Ⅱ₅ 鲁豫轻冻区	Ⅴ₅ₐ 大理副区
Ⅱ₅ₐ 山东丘陵副区	Ⅵ 西北干旱区
Ⅲ 黄土高原干湿过渡区	Ⅵ₁ 内蒙草原中干区
Ⅲ₁ 山西山地、盆地中冻区	Ⅵ₁ₐ 河套副区
Ⅲ₁ₐ 雁北张宜副区	Ⅵ₂ 绿洲-荒漠区
Ⅲ₂ 陕北典型黄土高原中冻区	Ⅵ₃ 阿尔泰山地冻土区
Ⅲ₂ₐ 榆林副区	Ⅵ₄ 天山-界山山地区
Ⅲ₃ 甘东黄土山地区	Ⅵ₄ₐ 塔城副区
Ⅲ₄ 黄渭间山地、盆地轻冻区	Ⅵ₄ᵦ 伊犁河谷副区
Ⅳ 东南湿热区	Ⅶ 青藏高寒区
Ⅳ₁ 长江下游平原润湿区	Ⅶ₁ 祁连-昆仑山地区
Ⅳ₁ₐ 盐城副区	Ⅶ₂ 柴达木荒漠区
Ⅳ₂ 江淮丘陵、山地润湿区	Ⅶ₃ 河源山原草甸区
Ⅳ₃ 长江中游平原中湿区	Ⅶ₄ 羌塘高原冻土区
Ⅳ₄ 浙闽沿海山地中湿区	Ⅶ₅ 川藏高山峡谷区
Ⅳ₅ 江南丘陵过湿区	Ⅶ₆ 藏南高山台地区
Ⅳ₆ 武夷南岭山地过湿区	Ⅶ₆ₐ 拉萨副区
Ⅳ₆ₐ 武夷副区	

单元 3　路基的稳定性设计

路基的稳定性，除了施工质量等因素外，一般取决于边坡和地基的稳定性。填筑在陡坡上的路堤，还取决于路堤在陡坡上的滑动稳定性。路基边坡的稳定性，涉及岩土性质及结构、边坡高度与坡度、工程质量及经济等因素。一般情况下，对于边坡不高的路基，例如不超过 8.0m 的土质边坡、不超过 12.0m 的石质边坡，可按常规设计方法和标准套用典型横断面图进行设计，不需加以论证和验算；而对于高路堤、深路堑、浸水的沿河路堤以及特殊地段的路基，则不能套用一般路基的设计方法，应进行边坡稳定性的分析计算，据此选定合理的边坡坡度及相应的工程技术措施。

土质边坡稳定性分析，按边坡滑动面形状大体可分为直线、曲线和折线三大类，均以土的抗剪强度为理论基础，按力的极限平衡原理建立相应的计算式进行判断。地基的稳定性，与水文地质、地质类型、填土高度等因素有关，应采取相应措施，以达到提高地基承载力的目的。本单元只介绍高路堤边坡稳定性、陡坡路堤稳定性及深路堑边坡稳定性的验算。

一、高路堤边坡稳定性验算

（一）高路堤边坡稳定性分析的计算参数

1. 土的计算参数

路基处在复杂的自然条件下，其稳定性随环境条件（特别是土的含水率）及其作用时间的增长而变化。由于路堤是由人工填筑而成的，填料性质可由人为方法控制。因此，在验算边坡稳定性时，对于土的物理、力学数据的选用，以及可能出现的最不利情况，应力求能与路基将来的实际情况相一致。

稳定性验算所需土壤的试验资料，应取与现场压实度一致的压实土的试验数据，数据包括压实后土的湿密度 $\rho(kN/m^3)$、内摩擦角 $\varphi(°)$ 和黏聚力 $c(kPa)$。

当路堤各层填料性质不同，进行边坡稳定性验算时，所采用的验算数据可按加权平均值法求得，即

$$c = \frac{\sum_{i=1}^{n} c_i h_i}{\sum_{i=1}^{n} h_i} \qquad \tan\varphi = \frac{\sum_{i=1}^{n} h_i \tan\varphi_i}{\sum_{i=1}^{n} h_i} \qquad \rho = \frac{\sum_{i=1}^{n} \rho_i h_i}{\sum_{i=1}^{n} h_i} \tag{4-8}$$

式中　c_i，φ_i，ρ_i——第 i 土层土体的黏聚力、内摩擦角、湿密度；

　　　h_i——第 i 土层的厚度。

2. 边坡的取值

进行边坡稳定性分析时，对于折线形或阶梯形边坡（图4-11）一般可取平均值，在图4-11a中取 AB 线，在图4-11b中则取坡脚点和坡顶点的连线。

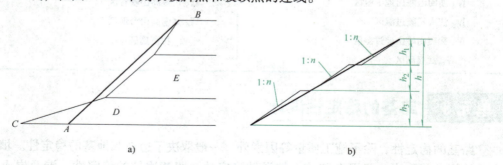

图 4-11　边坡取值示意

3. 汽车荷载当量高度计算

路基除承受自重作用外，同时承受行车荷载的作用，在进行边坡稳定性验算时，需要将

与设计标准相应的加重车按最不利情况考虑，并将车辆的设计荷载换算成当量高度 h_0（即以相等压力的土层厚度来代替荷载）。验算时，将当量高度的土体连同滑动土体一并进行力学计算。汽车荷载布置如图 4-12 所示。

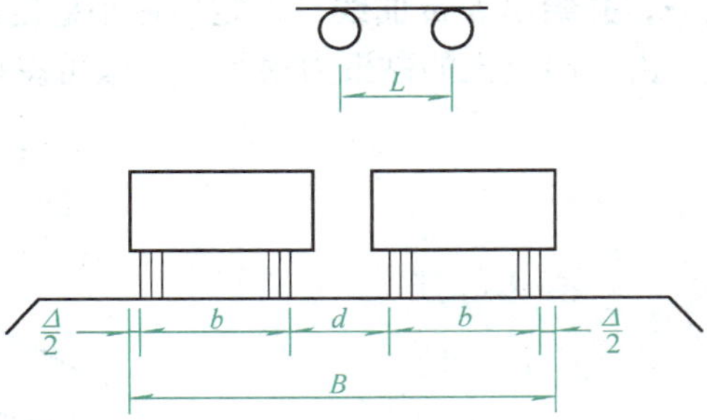

当量高度的计算式为

$$h_0 = \frac{NQ}{\rho BL} \quad (4\text{-}9)$$

图 4-12　汽车荷载布置示意

式中　h_0——当量高度（m）；
　　　N——横向分布的车辆数，单车道 $N=1$，双车道 $N=2$；
　　　Q——每一辆加重车的重量（kN）；
　　　ρ——路基填料的湿密度（kN/m³）；
　　　L——汽车前后轴轮胎总距离，取 $L=12.8$m；
　　　B——横向分布车辆轮胎最外缘之间的总距离（m），$B=Nb+(N-1)d+\Delta$；
　　　b——每一辆车的轮距，取 1.8m；
　　　d——相邻两车轮胎之间的距离，取 1.3m；
　　　Δ——轮胎的着地宽度，前轮取 0.3m，后轮取 0.6m。

荷载的分布宽度可以分布在行车道宽度范围内；考虑到实际行车有可能横向偏移或车辆停放在路肩上，也可以认为高度 h_0 的当量土层分布在整个路基宽度上。这两者计算结果相近。

（二）高路堤边坡稳定性验算方法

高路堤边坡稳定性的分析和验算常用力学验算法，并根据滑动面形状的不同分为直线滑动面法和圆弧滑动面法两种验算方法。

1. 直线滑动面法

由砂土和砂性土（两者合称为砂类土）填筑的路堤，边坡坍塌时破裂面近似平面，可按直线滑动面法验算边坡的稳定性。

如图 4-13 所示，验算时先通过坡脚或变坡点假设一个直线滑动面，将路堤斜上方分割出下滑土楔体 ABD，并沿假设的滑动面 AD 滑动，其稳定系数 K 按下式计算（按边坡纵向单位长度计算）：

$$K = \frac{F}{T} = \frac{G\cos\omega\tan\varphi + cL}{G\sin\omega} \quad (4\text{-}10)$$

式中　F——沿滑动面的抗滑力（kN）；
　　　T——沿滑动面的下滑力（kN）；
　　　G——楔体重力和路基顶面车辆换算土层荷载之和（kN）；
　　　ω——滑动面对水平面的倾斜角（°）；
　　　φ——路堤填料的内摩擦角（°）；
　　　c——路堤填料的黏聚力（kPa）；
　　　L——滑动面 AD 的长度（m）。

通过坡脚 A 点，假设 3~4 个可能的滑动面，按式（4-10）求出相应的稳定系数 K_1、K_2、

$K_3\cdots$,并绘出 K-ω 曲线,以定出最小稳定系数 K_{min},以及对应的最危险滑动面倾角 ω_0。

由于砂类土的黏聚力很小,一般可忽略不计,即取 $c=0$,则式(4-10)可表达为

$$K = \frac{F}{T} = \frac{\tan\varphi}{\tan\omega} \tag{4-11}$$

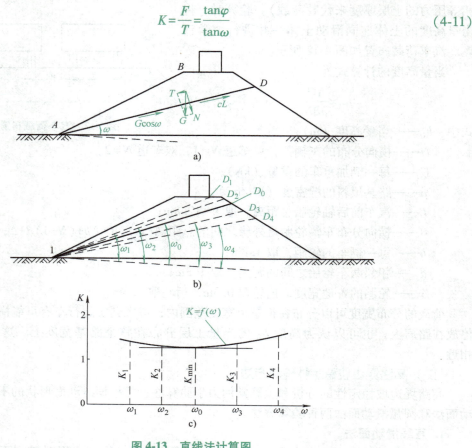

图 4-13 直线法计算图

边坡是否稳定取决于最小稳定系数 K_{min} 的值。当 $K_{min}=1$ 时,边坡处于极限平衡状态。由于计算的假定性,计算参数(ρ、φ、c)的取值都与实际情况存在一定的差异,为了保证边坡有足够的稳定性,通常以最小稳定系数 $K_{min} \geq 1.25$ 来判别边坡的稳定性。但 K_{min} 过大,则设计偏于保守,在工程上不经济。

2. 圆弧滑动面法

用黏性土填筑的路堤,边坡滑塌时的破裂面形状为一曲面,为简化计算,通常近似地假设为一圆弧滑动面。分析边坡稳定性时,按其不同的假设有多种计算方法,但工程上普遍采用条分法及表解法进行计算。

(1)条分法 条分法是圆弧滑动面稳定性计算方法中一种具有代表性的方法。该法力的概念明确,使用范围较广,基本原理是静力平衡,计算时取边坡的单位长度进行计算。计算中分条的目的在于使计算结果较为精确,最小稳定系数 K_{min} 通过多道圆弧试算而得,计算工作量较大,故分条不宜过多。条分法要求作图准确,以尽量减少量取尺寸的误差。

1)条分法计算式及计算步骤:

① 如图 4-14 所示,通过坡脚任意选定一个可能的圆弧滑动面 AB,其半径为 R。将滑动

土体分成若干个垂直土条，其宽度一般为 2~4m，通常分成 8~10 个土条。分条时，可结合横断面特征进行，如分在边坡或地面的变化点处，以便简化计算。

② 计算每个土条的土体重量 G_i（包括小段土重量和其上部换算为当量高度的荷载在内），并引至圆弧滑动面上分解：

切向分力 　　$T_i = G_i \sin\alpha_i$

法向分力 　　$N_i = G_i \cos\alpha_i$

上式中的 α_i 是指第 i 条土体弧段中心点的半径线与通过圆心的垂线之间的夹角。

③ 计算每一小段滑动面上的反力（抵抗力），即内摩擦力 $N_i f$（其中 $f = \tan\varphi_i$）和黏聚力 cL_i（L_i 为第 i 小段弧长）。

④ 以圆心 O 点为转动圆心，半径 R 为力臂，计算滑动面上各力对 O 点的滑动力矩和抗滑力矩：

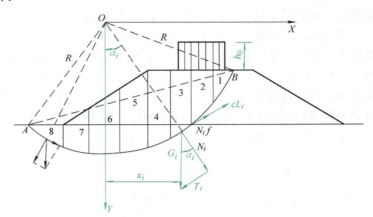

图 4-14　条分法计算

滑动力矩 　　$$M_s = R\left(\sum_{i=1}^{n} T_i - \sum_{i=1}^{m} T_i'\right)$$

抗滑力矩 　　$$M_r = R\left(\sum_{i=1}^{n} N_i f + \sum_{i=1}^{n} cL_i\right)$$

上式中，在 OY 轴右侧的 $\sum_{i=1}^{n} T_i$ 为正，是促使土楔体滑动的力；而在 OY 轴左侧的 $\sum_{i=1}^{m} T_i'$ 方向相反，其值为负，是抵抗土楔体滑动的力，其产生的力矩应在滑动力矩中扣除；n、m 分别为 OY 轴右侧的分段数和 OY 轴左侧的分段数。

⑤ 求稳定系数 K：

$$K = \frac{M_r}{M_s} = \frac{R\left(\sum_{i=1}^{n} N_i f + \sum_{i=1}^{n} cL_i\right)}{R\left(\sum_{i=1}^{n} T_i - \sum_{i=1}^{m} T_i'\right)} = \frac{f\sum_{i=1}^{n} G_i \cos\alpha_i + cL}{\sum_{i=1}^{n} G_i \sin\alpha_i - \sum_{i=1}^{m} G_i \sin\alpha_i} \quad (4-12)$$

式中　L——滑动圆弧 AB 的总长度；

　　　c——填料的黏聚力（kPa）；

　　　f——填料的摩擦系数，$f = \tan\varphi$。

当路堤由不同填料分层填筑而成时，式（4-12）中的各土条重量应为该土条所包含的各土层的重量之和；而各土条的 c、φ 值，应取该土条的底部弧段所处土层的数据。

⑥ 再假定几个可能的圆弧滑动面，按上述步骤分别计算相应的稳定系数，在圆心辅助线上绘出稳定系数对应于圆心的关系曲线 $K = f(O)$，在该曲线上找出最小稳定系数 K_{min}，与 K_{min} 对应的滑动面就是最危险的滑动面。

当 $K_{min} \geq 1.25$ 时，认为边坡是稳定的。对 K_{min} 的具体要求可根据土的特性、抗剪强度指标的可靠程度、道路等级、路段的重要性和地区经验综合考虑确定。当 $K_{min} < 1.25$ 时，则应放缓边坡，再按上述方法进行稳定性验算。各圆弧的圆心位置，可采用辅助线的方法确定。

2) 确定圆心辅助线。根据经验，最危险滑动面的圆心在一条直线上，该直线称为圆心辅助线。确定圆心辅助线的方法有 $4.5H$ 法和 $36°$ 法。

① 采用 $4.5H$ 法（图 4-15）时，由坡脚 E 向下引垂线并截取边坡高度 H 得 F 点，自 F 点向右引水平线并量取 $4.5H$ 得 M 点；连接坡脚 E 和坡顶 S，求 ES 的斜度 $i_0 = 1/m$，据此值由表 4-10 查得 β_1、β_2 的角值；自 E 点引与 ES 呈 β_1 角的直线，又由 S 点引与水平线呈 β_2 角的直线，两直线交于 I 点；连接 M 与 I，并向左上方延长，即得圆心辅助线。如果 $\varphi = 0$，I 点即为最危险滑动面的圆心；如果 $\varphi > 0$，最危险滑动面的圆心在 MI 辅助线的延长线上。

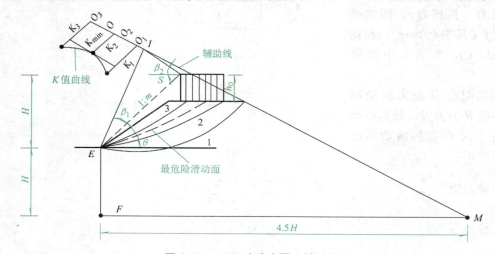

图 4-15　$4.5H$ 法确定圆心辅助线

表 4-10　黏土边坡

边坡斜度 i_0	边坡倾斜角 θ	α	ω	β_1	β_2
1:0.5	63°26′	33°15′	37°00′	29°30′	40°00′
1:0.75	53°08′	40°00′	32°15′	29°00′	39°00′
1:1	45°00′	45°00′	28°15′	28°00′	37°00′
1:1.25	38°40′	48°30′	25°00′	27°00′	35°30′
1:1.5	33°41′	51°15′	22°15′	26°00′	35°00′
1:1.75	29°41′	53°15′	20°00′	25°00′	35°00′
1:2.0	26°34′	55°00′	18°00′	25°00′	35°00′
1:2.25	23°58′	56°00′	16°30′	25°00′	35°00′
1:2.5	21°48′	57°00′	15°15′	25°00′	35°00′
1:3	18°26′	58°45′	13°15′	25°00′	35°00′
1:4	14°02′	60°45′	10°15′	25°00′	36°00′
1:5	11°19′	62°00′	8°15′	25°00′	37°00′

4.5H 法较精确，且求出的稳定系数值最小，故此法适用于重要建筑物的边坡稳定性分析。

② 采用 36°法（图 4-16）时，由 E 点作与水平线呈 36°角的射线 EF，即为圆心辅助线，此法是一种简化的方法。考虑行车荷载时，E 点选在 h_0 的顶端（图 4-16a）；不计行车荷载时，E 点选在路基边缘（图 4-16b）。

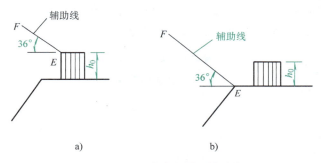

图 4-16　36°法确定圆心辅助线

36°法较简便，但精确度较 4.5H 法稍差，两种方法对于滑动面通过坡脚的情况均适用，都可以不计车辆荷载换算的当量高度，计算结果出入不大。

（2）表解法　按条分法进行路基边坡稳定性验算时计算工作量较大，对于均质、直线形边坡路堤，滑动面通过坡脚，坡顶为水平并延伸到无限远时，可用表解法进行验算。

如图 4-17 所示，将土体划分成条块，其宽为 b，高为 a，滑动圆弧全长 L，将此三者均用边坡高度 H 来表达：

$$b = \beta H, \quad a = \xi H, \quad L = \lambda H$$

每 1m 坡长的土块重量为

$$G = ab\rho = \rho\xi\beta H^2$$

其法向和切向分力为

$$N = G\cos\alpha = \rho\xi\beta H^2 \cos\alpha$$

$$T = G\sin\alpha = \rho\xi\beta H^2 \sin\alpha$$

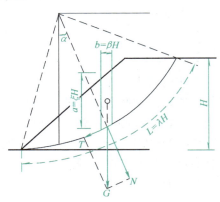

图 4-17　表解法边坡稳定性分析原理

稳定系数为

$$K = \frac{f\sum_{i=1}^{n} N_i + cL}{\sum_{i=1}^{n} T_i} = \frac{f\sum \rho\xi\beta H^2 \cos\alpha + c\lambda H}{\sum \rho\xi\beta H^2 \sin\alpha}$$

令

$$A = \frac{\sum \xi\cos\alpha}{\sum \xi\sin\alpha}, \quad B = \frac{\lambda}{\sum \xi\beta\sin\alpha}$$

由此可得

$$K = fA + \frac{c}{\rho H} B \qquad (4\text{-}13)$$

式中 H——边坡高度（m）；

c——土的黏聚力（kPa）；

f——土的内摩擦系数，$f = \tan\varphi$，φ 为土的内摩擦角（°）；

A、B——取决于几何形状的系数，由表 4-11 可查得。

表 4-11 滑动面通过坡脚时的 A、B 值

边坡斜度	滑动圆弧的圆心									
	O_1		O_2		O_3		O_4		O_5	
$i_0 = 1 : m$	A	B	A	B	A	B	A	B	A	B
1 : 1	2.34	5.75	1.87	6.00	1.57	6.57	1.40	7.5	1.24	8.80
1 : 1.25	2.64	6.05	2.16	6.35	1.82	7.03	1.66	8.03	1.48	9.65
1 : 5	3.04	6.25	2.54	6.50	2.15	7.15	1.90	8.33	1.71	10.10
1 : 1.75	3.44	6.35	2.87	6.58	2.50	7.22	2.18	8.50	1.96	10.41
1 : 2	3.84	6.50	3.23	6.70	2.80	7.26	2.45	8.45	2.21	10.10
1 : 2.25	4.25	6.64	3.58	6.80	3.19	7.27	2.84	8.30	2.53	9.80
1 : 2.5	4.07	6.65	3.98	6.78	3.53	7.30	3.21	8.15	2.85	9.50
1 : 2.75	4.99	6.04	4.33	6.78	3.86	7.24	3.59	8.02	3.20	9.21
1 : 3	5.23	6.60	4.69	6.75	4.24	7.23	3.97	7.87	3.59	8.81

制表时略去行车荷载，用 36°法确定圆心辅助线，假定滑动面通过坡脚，如图 4-18 所示。各个滑动面的圆心自路基边缘 S 点开始，取 $SO_1 = (0.25 + 0.4m)H$，其中 m 为边坡坡率，H 为边坡高度。自 O_1 起，每隔 $0.3H$ 定一点，分别为 O_2、O_3、O_4、O_5，此时的 A、B 值见表 4-11。

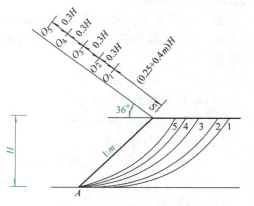

图 4-18 滑动面通过坡脚的几何关系

二、陡坡路堤稳定性验算

在坡度较大的山坡上填筑路堤或半路堤时，因下滑力较大，填土有可能沿山坡下滑。因此，对填筑在原地面横坡陡于 1 : 2.5（土质基底）或陡于 1 : 2（不易风化的岩石基底）或不稳固山坡上的路堤，除保证边坡稳定外，还需验算路堤沿地面陡坡下滑的稳定性。

1. 前提条件

陡坡路堤的可能滑动形式有以下几种（图 4-19）：

1）滑动形式一：基底为岩层或稳定山坡，因地面横坡坡度较大，路堤整体沿与基底的接触面产生滑动，如图 4-19a 所示。

2）滑动形式二：路堤随同基底覆盖层沿倾斜基岩滑动，如图 4-19b 所示。

3）滑动形式三：路堤连同下卧软弱土层沿某一圆弧滑动面滑动，如图 4-19c 所示。

4）滑动形式四：路堤连同其下的岩层沿某一最弱的层面滑动，如图 4-19d 所示。

陡坡路堤产生下滑的主要原因是地面横坡较陡、基底土层软弱或强度不均匀。因此，进行稳定性验算时所采用的数据，有条件的应以图 4-19 所示陡坡路堤可能的滑动面附近的土质的有关测试数据为依据，考虑最不利情况后论证地确定。当滑动面上下层土的性质不一致时，c、φ 可在基底开挖台阶时选择测试数据中较低的一组，并按滑动面受水浸湿的程度再予以适当降低。设计时应估计未来可能发生的情况，对可能的危险滑动面分别计算。

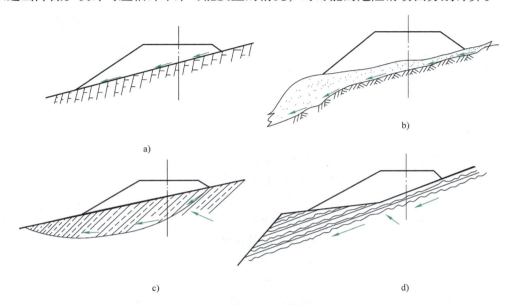

图 4-19　陡坡路堤的可能滑动形式
a）滑动形式一　b）滑动形式二　c）滑动形式三　d）滑动形式四

2. 验算方法

仅讨论路堤沿直线或折线滑动面滑动的情况。若滑动面为圆弧状时，可参照圆弧滑动面用条分法进行计算。

（1）直线滑动面稳定性验算　如图 4-20 所示，滑动面为单一坡度的倾斜面。滑动面以上土体的稳定系数按下式计算：

$$K = \frac{(Q+P)\cos\alpha\tan\varphi + cL}{(Q+P)\sin\alpha} \quad (4-14)$$

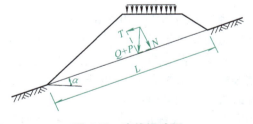

图 4-20　直线滑动面

式中　Q——对于以基底接触面为滑动面的情况，等于路堤自重；对于以基底以下软弱层为滑动面的情况，等于路堤连同其下不稳定土体的自重（kN）；
　　　P——路堤顶面的换算土柱荷载（kN）；
　　　α——滑动面对水平面的倾斜角（°）；
　　　φ——滑动面上软弱土体的内摩擦角（°）；
　　　c——滑动面上软弱土体的单位黏聚力（kN）；
　　　L——滑动面的全长（m）。

(2) 折线滑动面稳定性验算 如图 4-21 所示,当滑动面为多个坡度的折线倾斜面时,可将滑动面上土体按折线段垂直划分为若干条块,自上而下分别计算各条块的剩余下滑力,根据最后一个条块的剩余下滑力的正负值确定其整体稳定性。

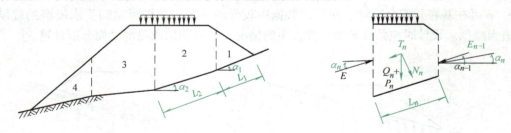

图 4-21 折线滑动面

$$E_n = [T_n + E_{n-1}\cos(\alpha_{n-1}-\alpha_n)] - \frac{1}{K}\{[N_n + E_{n-1}\sin(\alpha_{n-1}-\alpha_n)]\tan\varphi_n + c_n L_n\}$$

式中 E_n——第 n 个条块的剩余下滑力(kN);
 T_n——第 n 个条块的自重 Q_n 与荷载 P_n 的切向分力(kN),$T_n = (Q_n + P_n)\sin\alpha_n$;
 N_n——第 n 个条块的自重 Q_n 与荷载 P_n 的法向分力(kN);
 α_n——第 n 个条块滑动面分段的倾斜角(°);
 φ_n——第 n 个条块滑动面上软弱土层的内摩擦角(°);
 c_n——第 n 个条块滑动面上软弱土层的单位黏聚力(kPa);
 L_n——第 n 个条块的滑动线长度(m);
 E_{n-1}——上一个第 $n-1$ 个条块传递而来的剩余下滑力(kN);
 α_{n-1}——上一个第 $n-1$ 个条块滑动面分段的倾斜角(°)。

当最后的剩余下滑力等于或小于零时,认为稳定;大于零时,则不稳定,必须采取稳定措施。

三、深路堑边坡稳定性验算

当挖方路基土质边坡高度超过 20m;石质土按其胶结、密实程度,边坡高度超过 20m;石质边坡高度超过 30m 时,都可视为深路堑。

修筑深路堑要大量开挖山体,容易引起滑坡等病害,造成严重的后患,应慎重对待。设计时首先应判断山体本身是否稳定,有无滑坡、倾向路基的软弱面、地下水等不良地质现象。对于不稳定的山体,或开挖后会引起上方山体失稳时,应考虑避让。路线必须通过时,则应采取措施予以处理。

深路堑的设计主要是合理地确定路堑横断面的边坡形状和坡度。

1. 选择路堑横断面的边坡形式

深路堑的边坡一般可采用图 4-22 所示的几种形式。

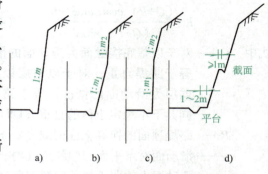

图 4-22 路堑边坡形式
a)直线形 b)上陡下缓折线形
c)上缓下陡折线形 d)台阶形

（1）直线形　当工程地质条件和水文地质条件较好，土质均匀，且边坡高度不大时，可采用一坡到顶的直线形。

（2）折线形　当边坡较高或由多层土组成，而上部岩（土）层的稳定性较下部更好时，可采用上陡下缓的折线形。若上部为覆盖层或稳定性较下部岩（土）层要差时，则宜采用上缓下陡的折线形。

折线形边坡在变坡点处容易出现坡面的冲刷破坏，在降水量大的地区应采用适当的防护措施，或者改用直线形或台阶形边坡。

（3）台阶形　当边坡由多层土组成且高度较大（超过15m）时，可在边坡中部或岩（土）层的变化分界处设置宽度不小于1m的平台，使边坡成为台阶形。设置平台可以增加边坡的稳定性，减少坡面冲刷，拦挡顶部剥落下坠的小石（土）块。平台表面应作防护，以免再被雨水破坏。

对于易风化的软质岩石边坡及松散的碎（砾）石类土路堑边坡，因为容易产生碎落物造成堵塞或影响交通，应考虑设置台阶形边坡。

表4-12为砾石类土路堑边坡坡度，可供设计时参考选用。

表 4-12　砾石类土路堑边坡坡度

土体结合密实度	边坡高度		
	$H<10m$	$10m<H<20m$	$20m<H<30m$
胶结	1∶0.3	1∶0.3～1∶0.5	1∶0.5
密实半胶结	1∶0.5	1∶0.5～1∶0.75	1∶0.75～1∶1
中等密实	1∶0.75～1∶1	1∶1	1∶1.25～1∶1.5
稍密实	1∶1～1∶1.5	1∶1.5	1∶1.5～1∶1.75
松散	1∶1.5	1∶1.5～1∶1.75	—

2. 确定边坡坡度

深路堑的边坡坡度主要按工程地质法确定，土质均匀时，则可采用力学验算法确定边坡的坡度。

（1）工程地质法　采用工程地质法对路堑边坡坡度进行比拟设计时，应根据岩石（土）性质、地质构造、岩石的风化破碎程度、边坡高度、地下水及地面水等因素综合分析确定。一般情况下，边坡坡度可参照表4-12确定。岩石路堑边坡高度超过30m时，其边坡坡度应根据现场情况，调查附近工程的人工边坡及天然山坡情况，参照表4-13对比确定。

表 4-13　岩石路堑边坡坡度

岩石种类	风化破损程度	边坡坡度	
		$H=20m$	$20m<H<30m$
1. 各种岩浆岩 2. 厚层灰岩、硅钙质砂砾岩 3. 片麻岩、石英、大理岩	轻度	1∶0.2～1∶0.1	1∶0.2～1∶0.1
	中等	1∶0.3～1∶0.1	1∶0.4～1∶0.2
	严重	1∶0.4～1∶0.2	1∶0.5～1∶0.3
	极重	1∶0.75～1∶0.3	1∶1.0～1∶0.5
1. 中薄层砂砾岩 2. 中薄层灰岩 3. 较硬的板岩、千枚岩	轻度	1∶0.2～1∶0.1	1∶0.2～1∶0.1
	中等	1∶0.3～1∶0.1	1∶0.4～1∶0.2
	严重	1∶0.4～1∶0.2	1∶0.5～1∶0.3
	极重	1∶0.75～1∶0.3	1∶1.0～1∶0.5

（续）

岩石种类	风化破损程度	边坡坡度	
		$H=20\text{m}$	$20\text{m}<H<30\text{m}$
1. 薄层砂页岩互层 2. 千枚岩、云母、绿泥石片岩	轻度	1∶0.2~1∶0.1	1∶0.2~1∶0.1
	中等	1∶0.3~1∶0.1	1∶0.4~1∶0.2
	严重	1∶0.4~1∶0.2	1∶0.5~1∶0.3
	极重	1∶0.75~1∶0.3	1∶1.0~1∶0.5

（2）力学验算法 对均质砂类土路堑边坡，如图4-23所示，土楔体 ABD 沿假设破裂面 AD 滑动，其稳定系数 K 按下式计算：

$$K = \frac{F}{T} = \frac{G\cos\omega\tan\varphi + cL}{G\sin\omega}$$
$$= (f+a_0)\cot\omega + a_0\cot(\theta-\omega) \quad (4\text{-}15)$$

式中 φ——路堑土楔的内摩擦角（°）；
$\quad f = \tan\varphi$；
$\quad a_0$——参数，$a_0 = \dfrac{2c}{\rho h}$，ρ 为土的湿密度（kN/m^3）；
$\quad \theta$——边坡倾斜角。
其他符号意义同前。

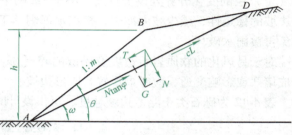

图4-23 均质砂类土路堑边坡

单元4　路基排水设计

路基设计-
路基排水设计

路基的病害有多种，造成病害的原因也很多，但水的作用是主要因素之一。因此，路基设计、施工和养护中，必须充分重视路基排水工作。

根据水源的不同，影响路基的水可分为地面水和地下水两大类。

1）地面水包括大气降水（雨或雪）后在地表形成的径流，以及低洼积水和路基上侧流向路基的地表水。地面水对路基产生冲刷和渗透，冲刷可能导致路基整体稳定性受损害，形成水毁现象。

2）地下水是指地表以下岩石或土层的孔隙、裂隙中的水，包括上层滞水、潜水、层间水等。它们对路基的危害程度因埋藏情况、流量大小而异，轻的能使路基湿软，强度降低；重的会引起路基冻胀、翻浆或边坡滑塌，甚至整个路基沿倾斜基底滑动。

路基排水的目的是降低路基的湿度，保证路基常年处于干燥或中湿状态，确保路基路面的结构稳定。因此，设计路基时，首先要查清水源，结合农田水利进行全面规划，将影响路基稳定的地表水排除和拦截于路基范围以外，并防止漫流、停积和下渗；对于影响路基稳定的地下水，则应予以截断、疏干、降低，并引导至路基范围以外。路基施工中，首先应核实全线路基排水系统的设计是否完备和妥善，必要时予以补充或修改，应重视排水工程的质量和使用效果。在施工现场还应设置一些必要的临时性排水设施，以保证工程质量和施工顺利进行。路基养护中，对排水设施应定期检查与维修，以保持排水设施正常使用，使水流畅通，并根据实际情况不断改善排水条件。

一、地面排水设计

路基地面排水可采用边沟、截水沟、排水沟、跌水与急流槽等设施。

1. 边沟

边沟是在路基两侧设置的纵向水沟,用以汇集和排除路基范围内和流向路基的少量地面水。在所有挖方地段和填土高度小于边沟深度的填方地段均应设置边沟。路堤靠山一侧的坡脚应设置不渗水的边沟。边沟的排水量不大,一般不需要进行水力水文计算,可依据沿线具体条件选用标准横断面形式。

(1) 边沟的横断面形式　边沟横断面一般采用梯形,石方地段的边沟宜采用矩形横断面,少雨浅挖地段的土质边沟可采用三角形横断面。为少占农田或保证矮路堤的稳定,对土质地段也可采用砌石矩形边沟。边沟横断面形式如图 4-24 所示。

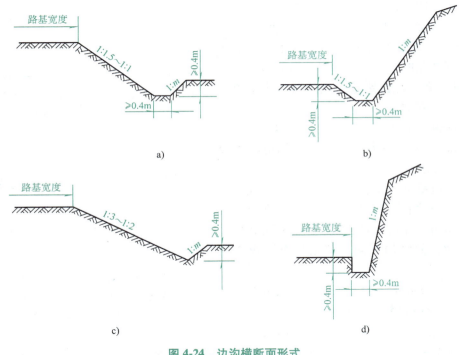

图 4-24　边沟横断面形式
a)、b) 梯形　c) 三角形　d) 矩形

(2) 边沟边坡　梯形边沟的内侧边坡,坡度一般为 1∶1.5~1∶1;矩形边沟的内侧边坡可以直立或稍有倾斜;三角形边沟内侧边坡的坡度宜采用 1∶3~1∶2,各种沟渠的外侧边坡与挖方边坡的坡度相同。

(3) 边沟深度和底宽　梯形和矩形边沟的深度及底宽,一般为 0.4~0.6m;多雨和潮湿地段,不宜小于 0.5m;干旱地区或少水路段,尺寸可小些,但任何情况下也不宜小于 0.3m。排水量大时,应根据流量大小加大边沟横断面尺寸。设置超高路段的边沟应予加深,以保持边沟排水畅通。

(4) 边沟的纵坡和长度　为了保证边沟排水通畅,边沟底面应有一定的纵坡。边沟纵坡一般应与路线纵坡一致，坡度不宜小于 0.5%，在特殊情况下可采用 0.3% 的坡度，但边沟出水口的间距宜缩短。当边沟纵坡不能满足排水需要时，应调整边沟纵坡。

为了防止边沟漫溢或受冲刷，除特殊情况外，边沟长度不宜超过 500m，多雨地区不宜超过 300m，三角形边沟的长度不宜超过 200m。若超过上述各值，则添设排水沟或涵洞，将水引出路基范围以外。

平曲线处边沟施工时，沟底纵坡应与曲线前后沟底的纵坡平顺衔接，不允许曲线内侧有积水或积水外溢。

2. 截水沟

截水沟（又称天沟）是设置在挖方路基边坡坡顶以外或山坡路堤上方适当位置的排水设施，用以拦截并排除路基上方流向路基的地表径流，保护挖方边坡和填方坡脚不受流水冲刷。挖方路基的截水沟离路堑坡顶的距离 d，一般应大于 5m，地质不良地段可取 10m 或更大值。截水沟下方一侧可堆置挖沟的土方，但要做成顶部向沟倾斜 2% 的土台。填方路基上侧的截水沟距填方坡脚的距离不应小于 2m，并做成向沟倾斜 2% 的横坡，确保路堤不受水害。常见截水沟的剖面形式如图 4-25 所示。在多雨地区视实际情况可设一道或多道截水沟。

截水沟横断面一般采用梯形，边坡坡度依据土质确定，一般采用 1:1.5~1:1，深度及宽度不宜小于 0.5m，沟底纵坡坡度不应小于 0.5%。山坡较陡时，截水沟可采用浆砌片石矩形断面形式。

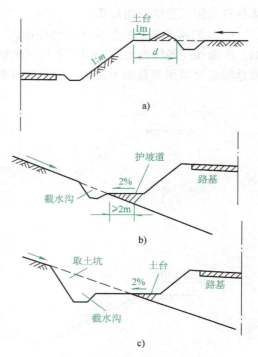

图 4-25 常见截水沟的剖面形式
a) 路堑截水沟 b) 山坡路堤截水沟
c) 设有取土坑的截水沟

截水沟必须有牢靠的出水口，将水引至山坡侧的自然沟中或桥涵进（出）水口，必要时可设置排水沟、跌水或急流槽。截水沟的出水口须与其他排水设施平顺衔接。截水沟水流不应引入边沟，当必须引入时，应增大边沟的横断面尺寸，并进行防护。设置在容易渗水的松散土层中的截水沟，应采用浆砌片石或混凝土预制块加以防护，以防止冲刷、渗水及边坡坍塌等病害。截水沟的长度以 200~500m 为宜。

3. 排水沟

排水沟的作用是将边沟、截水沟、取土坑、边坡和路基附近的积水引排至桥涵或路基范围以外的天然河流或低洼地。

排水沟横断面一般采用梯形，其断面尺寸根据设计流量确定，深度和底宽不宜小于 0.5m，边坡坡度可采用 1:1.5~1:1，沟底纵坡坡度宜大于 0.5%，在特殊情况下可采用 0.3%。易受水流冲刷的排水沟应依据实际情况采取防护措施。

排水沟的线形要求平顺，尽可能采用直线形，转弯处宜做成弧线，其半径不宜小于 10m；排水沟长度根据实际需要确定，通常不宜超过 500m。

排水沟沿路线布设时，应离路基尽可能远一些，距路基坡脚不宜小于4m。排水沟与其他水沟的连接应顺畅。

4. 跌水与急流槽

在山岭重丘区，地形险峻，排水沟渠纵坡较陡，水流湍急，冲刷力强，为接引水流、降低流速、消减能量，防止对路基与桥涵结构物构成危害，多采用跌水或急流槽。沟底纵坡较陡的桥涵，必须沿高边坡将水排至坡脚。需要减速消能的排水设施，均可采用跌水或急流槽。

（1）跌水　跌水一般制成台阶式，有单级跌水和多级跌水之分，沟底有等宽和变宽之别。单级跌水适用于排水沟渠连接处由于水位落差较大，需要消能或改变水流方向的情况。图4-26是路基边沟水流通过涵洞排泄时，采用单级跌水（相当于雨水井）的示例。较长陡坡地段的排水沟（渠），为减缓水流速度，并予以消能，可采用多级跌水（图4-27）。多级跌水的底宽和每级长度，可以采用各自相等的对称形式，也可根据实地需要做成变宽或不等的长度与高度。

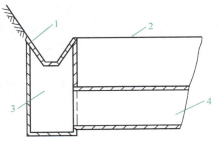

图4-26　边沟与涵洞单级跌水连接
1—边沟　2—路基　3—跌水井　4—涵洞

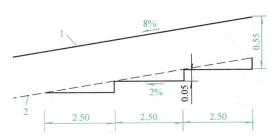

图4-27　多级跌水纵剖面（单位：m）
1—沟顶线　2—沟底线

跌水的构造可分为进水部分、消力池和出水部分三个组成部分，如图4-28所示。各个组成部分的尺寸，由水力计算确定。一般情况下，如果地质条件良好，地下水水位比较低，设计流量小于$2m^3/s$，跌水台阶（护墙）高度P最大不超过2.0m。常用的简易多级跌水，台阶高度一般为0.4~0.5m。护墙用石砌或混凝土结构，墙基础埋置深度为池内水深H的1~1.2倍，并不小于1.0m，且应深入冰冻线以下。石砌墙厚度一般为0.25~0.3m。消力池起消能作用，要求坚固稳定，底部具有1%~2%的纵坡，底厚一般为0.3~0.35m，壁高应比计算水深至少大0.2m，壁厚与护墙厚度相仿。消力池末

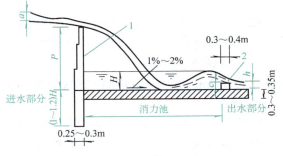

图4-28　跌水构造示意
1—护墙　2—消力槛

端设有消力槛，槛高c依据计算确定，要求低于池内水深，槛高一般为护墙高度P的1/5~1/4，即$c=(0.2~0.25)P$，一般取$c=15~20cm$。消力槛顶部厚度为0.3~0.4m，底部预留孔径为5~10cm的泄水孔，以利于水流中断时排泄池内的积水。

跌水两端的土质沟渠应注意加固，保持水流畅通，不得产生水流冲刷或淤积，以充分利用跌水的排水效能。

（2）急流槽　急流槽的纵坡，比跌水的平均坡度更陡，结构的坚固稳定性要求更高，是山区公路回头曲线沟通上下线路基排水设施及沟渠出水口的一种常见排水设施。急流槽主体部分的纵坡坡度依据地质情况确定，一般可达 67%（1∶1.5）；如果地质条件良好，有需要时还可更陡，但结构要求更严格，造价也相应更高，设计时应通过比较确定。

急流槽多用砌石（抹面）和水泥混凝土结构，也可利用岩石坡面挖槽。如临时急需时，可就近取材施工。

急流槽的构造如图 4-29 所示，由进口、主槽（槽身）和出口三部分组成。

急流槽的进（出）口与主槽连接处，因沟槽横断面不同，为了能平顺衔接，可设过渡段，出口部分设消力池。各个部分的尺寸依据水力计算确定。对于设计流量不超过 $1m^3/s$，槽底坡度为 $1∶1.5 \sim 1∶1$ 的小型结构，可参照图 4-29 进行施工。急流槽的基础

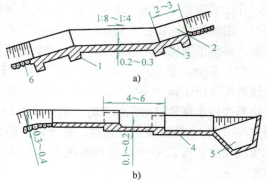

图 4-29　急流槽构造示意（单位：m）
1—耳墙　2—消力池　3—混凝土槽底　4—钢筋混凝土槽底　5—横向沟渠　6—砌石护底

必须稳固，端部及槽身每隔 2~5m 应在槽底设耳墙埋入地面以下。槽身较长时，宜分段砌筑，每段长 5~10m，预留伸缩缝，并用防水材料填缝。

二、地下排水设计

路基地下排水可采用暗沟、渗沟、渗井等设施。

1. 暗沟

暗沟是设置在地面以下用以引导水流的沟渠，它本身没有渗水或汇水作用，而是把路基范围以内的泉水或渗沟所拦截、汇集的水流排除到路基范围以外，使水不在土中扩散，危害路基。

暗沟的构造比较简单，横断面一般为矩形，用浆砌片石或水泥混凝土预制块砌筑，沟顶设置盖板。各部位尺寸根据排水量及地形、地质条件确定。

暗沟的纵坡坡度不宜小于 1%。为了防止出现倒灌现象，暗沟的出水口应高出地表排水沟常水位 0.2m。寒冷地区的暗沟应做防冻保温处理，或将暗沟设在冻结深度以下。

2. 渗沟

渗沟是一种常用的地下排水沟渠，用以降低地下水位或拦截地下水。

渗沟按排水层的构造可分为填石渗沟、管式渗沟和洞式渗沟，如图 4-30 所示。它们的构造基本相同，底部为排水层，顶部设封闭层，排水层与沟壁之间设置反滤层。封闭层是为了防止地面水下渗以及防止上面土粒落入排水层造成渗沟堵塞而设置的。封闭层通常采用浆砌片石、干砌片石砌筑，水泥砂浆勾缝，再用黏土夯实，厚约 50cm，下面铺双层反铺草皮或土工布。反滤层是汇集水流时为防止沙、土挤入渗沟，堵塞排水层，影响汇水排水而设置的。反滤层应选用颗粒大小均匀的砂、石材料分层填筑，逐层的粒径比例大致按 4∶1 递减，层厚约 15cm，砂石料中粒径小于 0.15mm 的颗粒含量应小于 5%。

渗沟各部位尺寸根据埋设位置及排水需要等情况确定。渗沟的平面布置，当用作降低地

下水位时，应尽量靠近路基；用作拦截地下水时，应尽量与地下水流垂直。沟宽不宜小于0.6m。填石渗沟的最小纵坡坡度不宜小于1%，管式及洞式渗沟的最小纵坡坡度不宜小于0.5%。渗沟的设置长度依据实际需要确定，一般每间隔100~300m设横向排水管。

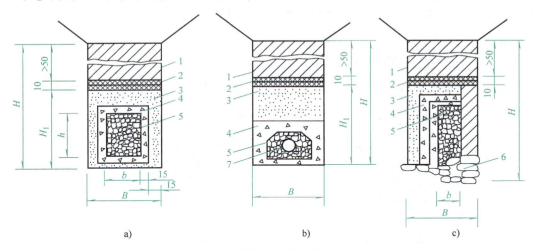

图4-30 渗沟构造示意（单位：m）
a）填石渗沟 b）管式渗沟 c）洞式渗沟
1—黏土夯实 2—双层反铺草皮 3—粗砂 4—石屑 5—碎石 6—浆砌片石沟洞 7—混凝土预制管

渗沟的出水口宜设置端墙，端墙下部留出与渗沟排水通道大小一致的排水沟，端墙排水孔底面距排水沟沟底的高度不宜小于0.2m，在寒冷地区不宜小于0.5m。端墙出口的排水沟应进行加固，防止水流冲刷。

填石渗沟的排水层采用石质坚硬的较大的碎石或卵石（粒径3~5cm）填充，只宜用于渗流不长的地段。填石渗沟的埋置深度应满足渗水材料的顶部（封闭层以下）不得低于既有地下水位的要求。当排除层间水时，渗沟底部应埋于最下面的不透水层。在冰冻地区，渗沟埋深不得小于当地的最小冻结深度。

管式渗沟的泄水管可用陶瓷、混凝土、塑料等材料制成，适用于地下引水较长、流量较大的地区。泄水管管壁设置交错布置的泄水孔，间距不宜大于20cm。渗沟的高度应使填料的顶面高于原地下水位。沟底垫层材料一般采用干砌片石；如沟底深入到不透水层时宜采用浆砌片石、混凝土或土工合成防水材料。

洞式渗沟的底部孔洞用浆砌片石筑成，上加混凝土盖板，适用于地下水流量较大的地段。洞顶盖板之间应留有空隙，使地下水流入洞内。洞式渗沟的高度要求同管式渗沟。

3. 渗井

渗井是一种立式地下排水设施。当路基附近的地表水或浅层地下水无法排除而影响路基稳定时，可设置渗井将地表水或地下水通过不透水层流入下层透水层中排除，以疏干路基土。

渗井由上部集水结构和下部排水结构两部分组成，由于排水对象的不同，渗井的细部构造一般有两种做法：

1）当渗井用于排除浅层地下水时，其上部集水构造与渗沟相同，井壁的四周设反滤层，顶上做封闭层；其下部排水构造可全部用粗粒材料作填充物，如图4-31所示。

2）当渗井用于排除地表水时，其上部集水结构在四周除留进水口部分外，沿井口周围用黏土筑堤围护，顶上也可加筑混凝土盖，以防渗井淤塞；其下部排水结构必须穿过不透水层而深达透水层，井内填充材料用碎石或卵石，在上层不透水层内填充砂和砾石，如图4-32所示。

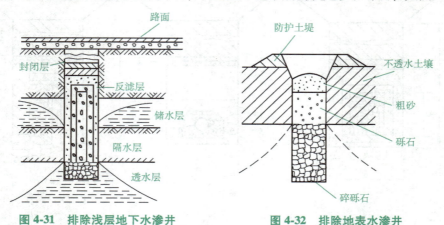

图4-31 排除浅层地下水渗井　　　　图4-32 排除地表水渗井

渗井直径一般为50~60cm；用以排除地表水的渗井，离路堤坡脚不应小于10m。从单位面积来说，渗井的造价比渗沟高，所以一般不轻易采用。

三、排水系统设计

1. 排水系统设计的意义

各类排水结构物均是针对某一水源，为满足某一方面要求而设置的。由于自然条件、路线布置及其他人为因素的不同，水源可能同时来自几个不同的方向，它们对路基危害的程度不尽相同。因此，单一互不联系的排水结构物，是不能完成全路基排水任务的。为了使各结构物都得以合理使用，需要进行路基排水系统设计，使地面排水与地下排水设备相互协调；路基排水设备与桥涵等泄水结构物布置合理；排水工程与防护加固工程、农田水利及相关建设项目相互结合。因此，路基排水系统设计必须包括两部分内容：首先是进行排水系统的总体规划，或者称为排水系统设计；然后是在此基础上进行各单项结构物的设计。

实践证明，排水系统设计的好坏，对路基的稳定性影响很大，尤其是在多雨山区、黄土高原地区，寒冷潮湿平原区，以及水网密布、地基湿软、与水有关的地质不良路段。建造高等级公路时更应重视路基排水系统设计。

2. 排水系统设计的基本要求

排水系统设计一般结合路线的平面、纵断面设计和沿线地形、地质、水文条件进行。对一般道路，常在路线平面图、地形图上予以反映；对高等级公路，以及排水不良、易受水流冲刷的特殊地区，如滑坡路段、隧道洞口、干线交叉道口、连续回头曲线等排水复杂路段，应进行专项道路排水系统设计。设计中应考虑以下各点：

1）流向路基的地面水和地下水需在路基外适当位置设置截水沟或渗沟加以拦截，并引去路基范围之外的指定地点。路基范围内的水源，分别采取边沟、暗沟、渗沟或渗井的方式汇集或降低水位，通过排水沟排到指定地点；必要时可设置跌水或急流槽、桥涵等结构。

2) 对明显的天然沟槽，一般宜"一沟一涵"，不要强行改、并；对沟槽不明显的漫流，应在上游设置束流设施加以调节，尽量汇成沟槽，然后导流排除。

3) 为了提高截流效果，节省工程费用，地面沟渠应大体沿等高线布置，并尽可能垂直于流水方向沿直线布置，转弯处以圆曲线相接。

4) 各种排水结构物均应设置在稳固的地基上，不得渗流、溢水或滞留，冲刷严重时应予以加固。

5) 水流应循最短通路迅速排出路基范围之外。

图 4-33 是某路段路基综合排水设计平面布置图示例。

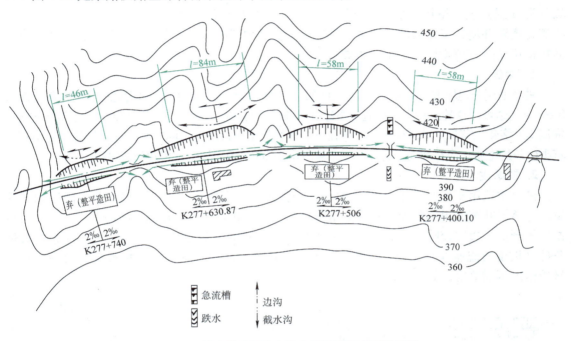

图 4-33 某路段路基综合排水设计平面布置图示例

单元 5 　路基防护与加固

路基设计－路基的防护与加固

由岩土填挖而成的路基，改变了原地层的天然平衡状态，裸露于空间并直接承受填土及行车荷载的作用。在各种错综复杂的自然因素、行车的长期作用下，路基可能产生各种变形和破坏。为保证路基的稳定和防治路基病害，除做好路基排水外，还必须根据道路等级、当地条件，因地制宜地采取有效的措施，对各类土石边坡及软弱地基予以必要的防护与加固。路基防护的重点是边坡，特别是沿河路堤、不良水文地质地段的路基和容易受水冲刷的路基边坡。

湿软地基的加固常采用各种有效方法来处治其含水率高、孔隙比大、承载力低的缺陷，以达到治理路基沉陷、滑移等病害的目的。

路基防护与加固工程中，一般把防止风化和冲刷，主要起隔离、封闭作用的结构物称为防护工程。防护工程不能承受外力作用，所以要求路基本身必须是稳定的。把防止路基或山体因重力作用而滑塌,因地基承载力不足而沉陷,主要起支撑、加固作用的结构物称为加固工程。不论是防护工程还是加固工程,往往兼有防护与加固作用。

一、坡面防护

坡面防护主要用以防护易受自然因素影响而破坏的土质和岩石边坡,常用类型有植物防护和工程防护。

(一) 植物防护

植物防护的方法主要有种草、铺草皮和植树。植物防护可以减缓地面水流速度,调节边坡的温(湿)度,植物根系深入土层,在一定程度上起到了固结和稳定边坡的作用。它具有美化道路环境,工序简单,比较经济等特点。防护工程应优先考虑植物防护。当然,植物防护适用于适宜植物生长的土质边坡。

1. 种草

种草适用于边坡坡度不陡于 1:1,土质适宜种草,不浸水或短期浸水但地面径流速度不超过 0.6m/s 的边坡。草的品种应选择适应当地自然条件、易成活、生长快、根系发达、叶茎低矮或有匍匐茎的多年生草种。草籽应均匀撒布在已清理好的土质边坡上,同时做好保护措施。对不利于草类生长的土质,应在坡面上先铺一层厚度不小于 10cm 的种植土,再栽植或播种。

2. 铺草皮

铺草皮适用于坡度不陡于 1:1 的土质和强风化、全风化的岩石边坡。草皮应选用根系发达、茎矮叶茂的耐旱草种,不宜采用喜水草种,严禁采用生长在泥沼地的草皮。当坡面冲刷比较严重,边坡较陡,径流速度大于 0.6m/s(允许最大速度为 1.8m/s)时,应根据具体条件(坡度与流速等)采用不同的铺设形式;还可采用片石铺砌成方格或拱式边框,在方格或框内再铺草皮,如图 4-34 所示。

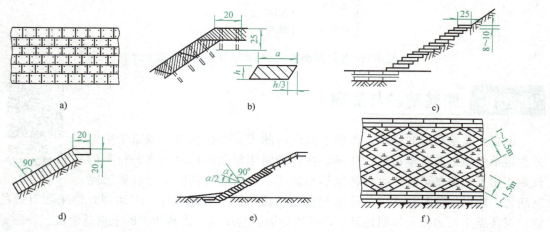

图 4-34 铺草皮(除已注明尺寸外,其余单位为 cm)
a) 平铺平面 b) 平铺剖面 c) 水平叠铺 d) 垂直叠铺 e) 斜交叠铺 f) 网格式
(图中 h 为草皮厚度,一般为 5~8cm;a 为草皮边长,一般为 20~25cm)

铺草皮需预先备料,草皮可就近培育,切成整齐的块状,每块草皮的尺寸以 20cm×40cm 为宜,然后移铺在坡面上。铺设时应自下而上,并用竹木小桩将草皮钉在坡面上,使其稳固。草皮根部的土应随草切割，坡面要预先挖松整平，必要时还应加铺种植土。草皮应随挖随铺，注意相互贴紧。

3. 植树

植树适用于坡度不陡于 1∶1.5 的土质和全风化的岩石边坡。植树可以降低水流速度，促进泥沙淤积，防止或减轻水流对路基或河岸的冲刷。多排林带若与水流方向斜交，还可以起到排水、改变水流方向的作用，间接防护路基与河岸。植树还可以起防风、防沙、防雪、美化路容、调节气候等作用。

树种应为根系发达、枝叶茂盛、适合当地迅速生长的低矮灌木。常用树种有紫穗槐、夹竹桃、黄荆、野蔷薇、山楂等。不宜在边坡上种植乔木。

（二）工程防护

当不宜使用植物防护或考虑就地取材时，采用砂石、水泥、石灰等矿质材料进行坡面防护是常用的防护形式。它主要有抹面、勾缝和灌浆、喷护和挂网喷护、砌石护坡以及护面墙等形式，可根据不同条件选用。

1. 抹面

抹面防护是以混合料均匀地涂抹在坡面上来保护坡面，适用于表面易风化，但比较完整，尚未剥落的软质岩石挖方边坡。

抹面材料可采用石灰炉渣灰浆、石灰炉渣三合土或水泥石灰砂浆。抹面厚度可依据材料和坡面状况确定，一般为 2~10cm。操作前应清理坡面风化层、浮土与松动碎块，填坑补洞，洒水润湿。抹面后要拍浆、抹平和养护。抹面用料的配合比应经试验确定，保证能稳固地密贴于坡面。

2. 勾缝和灌浆

1）勾缝防护是防止雨水沿裂缝侵入岩层内部而造成病害的一种有效的防护方法。它适用于较坚硬的、不易风化的、节理多而细的岩石挖方边坡。勾缝材料可用水泥砂浆或水泥石灰砂浆。砂浆应嵌入缝中，与岩体牢固结合。

2）灌浆防护是借砂浆的黏结力把裂开的岩石黏结为一体，以保证岩石边坡稳定的方法。它适用于较坚硬、裂缝较大且较深的岩石挖方边坡。灌浆材料可用水泥砂浆，裂缝很宽时可用混凝土灌注。灌浆要灌满到缝口并抹平。勾缝和灌浆施工前应将缝内冲洗干净，以利黏结。

3. 喷护和挂网喷护

喷护和挂网喷护是以砂浆或混凝土均匀地喷射在坡面上来保护坡面，适用于边坡易风化、裂缝和节理发育、坡面不平整的岩石挖方边坡。对高而陡的边坡，上部岩层较破碎而下部岩层完整的边坡，以及需大面积防护的边坡，采用此法更为经济。

喷浆防护采用砂浆的强度不应低于 M10，厚度宜为 5~10cm。喷浆防护应设置伸缩缝，伸缩缝间距宜为 15~20m；还应每间隔 2~3m 交错设置孔径为 100mm 的泄水孔。

喷射混凝土防护施工时，应在混凝土内设置菱形金属网或高强度聚合物土工格栅，并通过锚杆或锚钉固定于边坡上。混凝土中集料的最大粒径不宜超过 15mm，混凝土强度不应低于 C15，喷射混凝土厚度宜为 10~15cm。喷射混凝土防护也应设置伸缩缝，伸缩缝间距宜为 15~20m；还应每间隔 2~3m 交错设置孔径为 100mm 的泄水孔。

施工前坡面如有较大的裂缝、凹坑，应先嵌补牢实，使坡面平顺整齐；岩体表面要冲洗干净,土体表面要平整、密实、湿润。喷层厚度要均匀,喷后应养护7~10d,喷层周边与未防护坡面的衔接处应做好封闭处理。

4. 砌石护坡

砌石护坡分为两种:干砌片石护坡、浆砌片石护坡。

1)干砌片石护坡适用于土质路堤边坡或有少量地下水渗出的局部堑坡或局部土质堑坡的嵌补,但要求边坡坡度不得陡于1:1.25。干砌片石护坡一般分为单层铺砌和双层铺砌,图4-35为浸水路堤干砌片石护坡示意图。

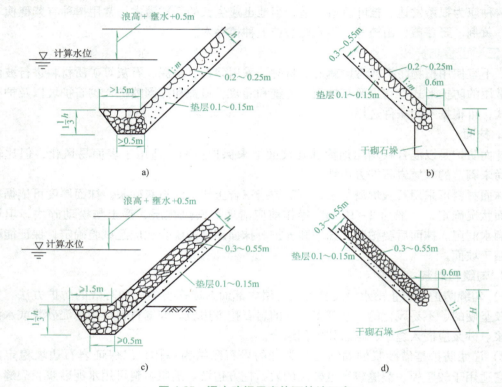

图4-35 浸水路堤干砌片石护坡示意
a)、b) 单层 c)、d) 双层
注:图中H为干砌石垛高度,一般为20~30cm;h为护面厚度,大于20cm。

干砌片石护坡铺砌层厚度:单层为25~35cm,双层为40~60cm。铺砌层下应设置碎石或砂砾垫层,厚度为10~15cm,也可用反滤效果等效于砂砾垫层的土工布代替。干砌片石护坡的坡脚应修筑墁石铺砌式基础,埋置深度一般为1.5倍的护坡厚度。沿河受水流冲刷的基础,冲刷较轻时,基础应设置在冲刷线以下;冲刷严重时,基础应埋置在冲刷线以下0.5~1m处,砌石应由下而上错缝嵌紧,表面应平整,周界用水泥砂浆密封,以防渗水。

2)浆砌片石护坡适用于防护流速较大(3~6m/s)的边坡。浆砌片石护坡采用的砂浆强度不得低于M5,护坡厚度宜为25~50cm。当用于冲刷防护时,应按流速及波浪大小等因素确定护坡厚度,并不应小于35cm。护坡底面应设厚度为10~15cm的碎石或砂砾垫层,也可用反滤效果等效于砂砾垫层的土工布代替。浆砌片石护坡的基础形式及设置要求与干砌片石护坡相同。

浆砌片石护坡要分段施工，一般每隔 10~15m 设置 2cm 宽伸缩缝一道。护坡下部应设置泄水孔，以便排泄护坡背面的积水及减小渗透压力。在地基土质变化处还应设置沉降缝。

5. 护面墙

护面墙是浆砌片石的坡面覆盖层，用于封闭各种软质岩层和较破碎的挖方边坡。要求墙面紧贴坡面、表面砌平，厚度可不均匀。护面墙石料应符合设计要求。护面墙除自重外，不承受墙背的土压力，故被防护的挖方边坡不宜陡于 1∶1.5。护面墙的构造与布置如图 4-36 所示。护面墙的墙高与厚度及与路堑边坡的关系参见表 4-14。

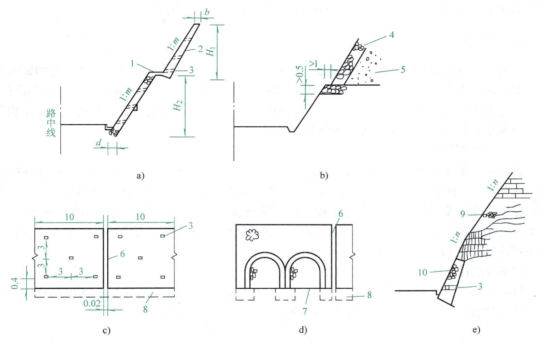

图 4-36 护面墙的构造与布置（单位：m）
a) 双层式 b) 单层式 c) 墙面 d) 拱式 e) 混合式
1—平台 2—耳墙 3—泄水孔 4—封顶 5—松散夹层 6—伸缩缝
7—软地基 8—基础 9—支补墙 10—护面墙

表 4-14 护面墙的墙高与厚度及与路堑边坡的关系

护面墙高度/m	路堑边坡	护面墙厚度/m	
		顶宽 b	底宽 d
H≤2	1∶0.5	0.4	0.4
H≤6	陡于 1∶0.5	0.4	0.4+0.1H
6<H≤10	1∶0.75~1∶0.5	0.4	0.4+0.05H
10<H<15	1∶1~1∶0.75	0.6	0.6+0.05H

1）实体护面墙分为等截面和变截面两种形式。等截面护面墙的厚度为 50cm；变截面护面墙的顶宽为 40cm，底宽依据墙高确定。等截面护面墙的高度不宜超过 6m；当坡度较缓时，不宜超过 10m。变截面护面墙的高度，单级不宜超过 10m；超过时应设平台，分级

砌筑。

2）窗孔式护面墙防护的边坡不应陡于1∶0.75。窗孔内可采用干砌片石、植草等辅助防护措施。窗孔宜采用半圆拱形，高为2.5~3.5m，宽为2~3m，圆拱半径为1~1.5m。

3）拱式护面墙适用于边坡下部岩层较完整而上部需防护的情况。拱跨大于5m时，拱圈应采用水泥混凝土结构，拱圈厚度根据拱上护面墙的高度确定；拱跨小于5m时，拱圈可采用M10水泥砂浆加块石砌筑，拱高依据边坡下面完整岩层的高度确定。

护面墙基础应埋置在稳定的地基上，埋置深度应根据地质条件确定，在冰冻地区应埋置在冰冻深度以下不小于25cm处。护面墙的前墙趾应低于边沟铺砌的底面。

二、冲刷防护

沿河道路的路基直接受到水流侵害，冲刷防护是为了防止水流对路基的冲刷与淘刷而危及岸坡，保证路基稳固而设置的防护。冲刷防护有两种形式：一种是加固岸坡的直接防护；另一种是采用导流构造物以改变水流性质的间接防护。应根据河流情况、水流性质及岸坡受冲刷情况单独使用一种或同时使用两种防护形式综合治理。

（一）直接防护

直接防护类型有植物防护、砌石防护、抛石防护与石笼防护，以及必要时设置的支挡（驳岸等）。其中，植物防护与砌石防护同坡面防护基本相同，但堤岸冲刷的主要原因是洪水急流、水位变迁不定、水流速度较大，相应的要求比坡面防护更高。盛产石料的地区，当水流速度达到3.0m/s或更高，植物防护与砌石防护失效时，可采用抛石防护；当水流速度达到或超过5.0m/s时，则改用石笼防护。

1. 抛石防护

抛石防护类似在坡脚处设置护脚，如图4-37所示，它适用于经常浸水且水深较大的路基边坡或坡脚，以及挡土墙、护坡的基础防护，一般多用于抢修工程。

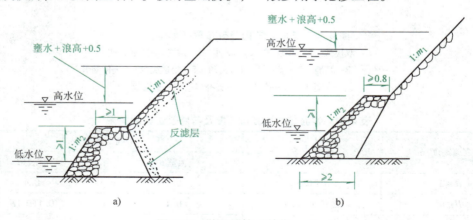

图4-37 抛石防护（单位：m）
a）新填路堤抛石垛　b）旧路堤抛石垛

抛石作业不受水位高低变动的影响，也不受施工季节的限制，并可在路堤沉实之前施工。抛石防护的边坡坡度和选用石料块径应根据水深、流速和波浪情况确定，石料粒径应大于30cm，坡度不应陡于所抛石料浸水后的天然休止角。

2. 石笼防护

石笼防护是采用钢丝（或钢筋混凝土、竹料等）编织成框架，内填石料，设于防护处的一种防护形式。对于沿河路堤坡脚或河岸，当受水流冲刷和风浪侵袭，且防护工程基础不易处理或沿河挡土墙、护坡基础局部冲刷深度过大时，可采用石笼防护。在缺乏大石块的地区，用较小的石块填充石笼，也可抵抗较大的流速。在含有大量泥沙及基底土质良好的急流河段，采用石笼防护尤为有利，因为石块间的空隙将很快被泥沙淤满而使石笼形成整体。

根据编笼所用材料的不同，石笼可分为竹石笼、钢丝石笼和钢筋混凝土框架石笼等形式。钢丝石笼一般可允许流速4~5m/s的水流冲刷；钢筋混凝土框架石笼可用于急流滚石河段；在盛产竹料的地区，可用竹石笼代替钢丝石笼。

根据需要，石笼的形状可做成箱形或圆筒形，如图4-38a、b所示。石笼内所填石料应选用密度大、浸水不崩解、坚硬且未风化的石块，粒径应大于石笼的网孔。

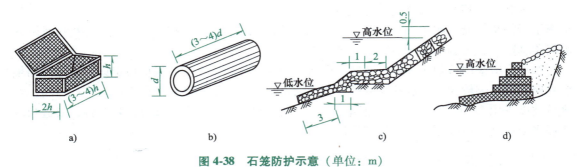

图4-38 石笼防护示意（单位：m）
a）箱形笼 b）圆筒形笼 c）防止冲刷淘底 d）岸坡防护

石笼用于防止冲刷淘底时，一般在河底将石笼平铺并与坡脚线垂直，同时固定坡脚处的尾端，靠河中心一端不必固定，以便于淘底后向下沉落，如图4-38c所示；用于防止岸坡受冲刷时，则垒码平铺成梯形，如图4-38d所示。单个石笼的大小以不被相应速度的水流冲动为宜。铺设时，石笼的下面应用碎石、砾石、卵石垫平或铺设一层土工布，垫层厚度宜为0.2~0.4m。必要时，应将石笼用铁钎固定于基底，使其不随水流移动。相邻钢丝笼应用钢丝连成整体。

（二）间接防护

间接防护是采用导流构造物（如丁坝、顺坝、防洪堤、拦水坝等）来疏浚河床、改变河道，以改变流水方向、调节水流速度，避免或减缓水流对路基的直接破坏，从而保护路基。导流构造物一般以丁坝和顺坝为主要形式。

1. 丁坝

丁坝也称为挑水坝，是指坝根与岸滩相接，坝头伸向河槽，坝身与水流方向呈某一角度，能将水流挑离河岸（挑流）的结构物。它适用于宽浅变迁性河段，用以挑流或降低流速，减轻水流对河岸或路基的冲刷。

丁坝按其轴线和水流方向夹角的不同可分为上挑式、下挑式和正挑式，如图4-39所示。丁坝的长度应根据防护长度，丁坝与水流方向的交角、河段地形、水文条件，以及河床地质情况确定，垂直于水流方向上的投影长度不宜超过稳定河床宽度的1/4。

丁坝既可采用钢丝石笼或相互铰接的预制混凝土块等柔性结构物，也可采用石砌体或现浇混凝土等刚性结构物。丁坝的横断面形式和尺寸应根据材料种类、河流的水文特性等确定。刚性结构物一般为梯形断面形式，坝顶宽度对于浆砌结构宜为0.5~1.0m，其余类型为1~3m。河床面以下的坝身可采用直墙式或较陡的边坡坡度；河床面以上的坝头及迎水面边坡应采用较缓的边坡，坡度宜为1∶3~1∶2，背水面边坡坡度可采用1∶2~1∶0.5。

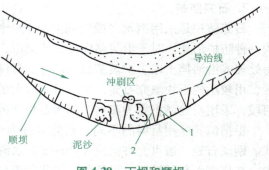

图 4-39　丁坝和顺坝
1—上挑式丁坝　2—下挑式丁坝

2. 顺坝

顺坝是指坝根与岸滩相接，坝身大致与堤岸平行的结构物，如图4-39所示。它适用于河床断面较窄、基础地质条件较差的河岸或沿河路基防护，可调整流水曲线和改善流态。

顺坝一般采用石砌或混凝土结构，横断面为梯形，坝顶宽度应根据稳定计算确定。顺坝受纵向水流影响较大，一般迎水坡应较背水坡要缓，迎水坡坡度宜采用1∶2.5~1∶1.5，背水坡坡度采用1∶1.5~1∶1。当流速较大、土质又较松软时，迎水坡应设置护脚，或适当放缓迎水坡坡度，以减轻冲刷，稳定坝体。

三、挡土墙设计

为防止路基填土发生变形、支挡路基土体发生位移或山坡土体发生坍塌，以保证其稳定性而修筑的承受土体侧压力的墙式构造物称为挡土墙。在道路工程中，它广泛地用于路堤或路堑边坡、隧道洞口、桥梁两端及河流堤岸等处。

（一）挡土墙的用途和分类

挡土墙常用的类型有路基边坡支撑（土垛、石垛及其他具有承重作用的构造物）和堤岸支挡（沿河驳岸、浸水式挡土墙）。驳岸与浸水式挡土墙的主要区别在于，驳岸主要起防水作用；浸水式挡土墙既防水，又兼起支挡路基的土体侧压力的作用。

按照挡土墙的设置位置，挡土墙分为路堑墙、路堤墙和路肩墙等类型，如图4-40所示。

路堑墙设置在路堑坡底，用以降低边坡高度，减少挖方量，并能保护可能滑塌的山坡土体。路堤墙或路肩墙设置在高填路堤或陡坡路堤的下方，用以防止路堤边坡或基底滑动，确保路基稳定，同时可以收缩路堤坡脚，减少填方量，减少拆迁和占地面积，防止沿河路堤受水流侵害。

按挡土墙的结构特点，挡土墙分为重力式、悬臂式、扶壁式、锚杆式、锚定板式，以及加筋土挡土墙等形式。

重力式挡土墙依靠墙身自重支撑土压力来维持其稳定，一般多用片（块）石砌筑，其圬工数量较大，但其断面形式简单，施工方便，可就地取材，适应性较强，故使用十分广泛。下面仅对重力式挡土墙进行介绍。

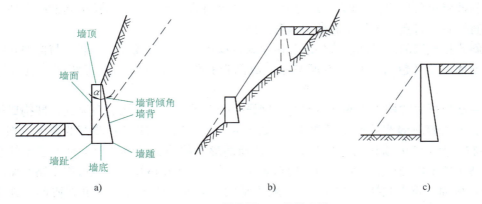

图 4-40 设置位置不同的挡土墙
a) 路堑墙（重力式挡土墙） b) 路堤墙（虚线为路肩墙） c) 路肩墙

（二）重力式挡土墙的构造

重力式挡土墙各部分的名称如图 4-40a 所示，靠回填土（或山体）一侧为墙背；外露一侧为墙面，也称墙胸；墙底与墙面的交线为墙趾；墙底与墙背的交线为墙踵；墙背与垂线的交角 α 为墙背倾角（垂线落于墙内部，α 为正；垂线落于墙身外部，α 为负；垂线与墙背重合，α 为零）。重力式挡土墙一般由墙身、基础、排水设施、沉降伸缩缝等部分组成。

1. 墙身

墙身主要由墙背、墙面、墙顶与护柱等部分组成。

（1）墙背 重力式挡土墙的墙背，根据地形及经济比较，可做成仰斜（α 为负）、垂直（α 为零）、俯斜（α 为正）、衡重式和凸形折线式等形式，如图 4-41 所示。

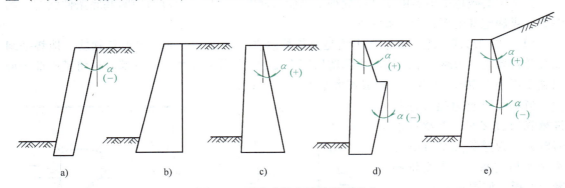

图 4-41 重力式挡土墙的断面形式
a) 仰斜 b) 垂直 c) 俯斜 d) 衡重式 e) 凸形折线式

仰斜墙背所受的土压力较小，故墙身断面较经济。用于路堑墙时，墙身与开挖面边坡比较贴合，故开挖量与回填量均较小。但仰斜墙背的基础外移，当墙趾处地面横坡较陡时，其墙高尺寸较俯斜墙背有所加大，从而使墙身断面增大。故仰斜墙背适用于路堑墙及墙趾处地面平坦的路肩墙或路堤墙。仰斜墙背的坡度不宜缓于 1:0.3，以免施工困难。

俯斜墙背所受的土压力较大，一般在地面横坡较陡时采用，借以采用陡直的墙面减小墙高。俯斜墙背也可做成台阶形，以增加墙背与填料间的摩阻力，提高挡土墙的稳定性。

垂直墙背的特点介于仰斜和俯斜墙背之间。

仰斜式挡土墙的上半部墙背如改为俯斜式，即构成凸形折线式挡土墙，与仰斜式挡土墙相比，断面尺寸（包括墙高）有所减小。故凸形折线式墙背多用于路堑墙，也可用于路肩墙。

若在凸形折线式挡土墙的上下墙背之间设一个衡重台，并采用陡直墙面，即构成衡重式挡土墙。上墙俯斜墙背的坡度通常为 1∶0.45~1∶0.25，下墙仰斜墙背的坡度一般在 1∶0.25 左右，上下墙的墙高比一般为 2∶3。该断面形式的挡土墙借助于平台上填土的垂直压力，有利于挡土墙的稳定。它适用于地形陡峻处的路肩墙和路堤墙，也可用于路堑墙。

（2）墙面　重力式挡土墙的墙面一般为平面，其坡度应与墙背坡度相协调，并应结合墙趾处的地面横坡合理选择。地面横坡较陡时，为了减小墙高，墙面宜采用直立或仰斜，坡度一般为 1∶0.2~1∶0.05；地面横坡平缓时，墙面坡度还可以放得更缓些，但不宜缓于 1∶0.4，以免过分增加墙高。

（3）墙顶　墙顶的最小宽度，浆砌挡土墙不小于 50cm，干砌挡土墙不小于 60cm。浆砌挡土墙墙顶应用砂浆抹平，或用较大石块砌筑并勾缝。浆砌路肩墙墙顶宜采用粗料石或混凝土做成顶帽，厚度取 40cm。干砌挡土墙的高度一般不宜大于 6m，顶部 50cm 高度内宜用砂浆砌筑，以求墙身稳定。

（4）护柱、护栏或护墙　为了保证交通安全，在地形险峻地段或过高过长的路肩墙上，需在墙顶设置护柱、护栏或护墙。为保证路肩宽度，护柱、护栏或护墙内侧边缘距路面边缘的距离应不小于路肩的最小宽度。

2. 基础

挡土墙的破坏很多是由于基础处理不当而引起的。因此，设计时应对基底条件做充分的调查，再确定基础形式和埋置深度。

（1）基础形式　绝大多数挡土墙是直接修筑在天然地基上的。当地基软弱、地势平坦而墙身较高时，为减小基底压应力和增加挡土墙的抗倾覆稳定性，可在墙趾处将基础部分伸出宽度不小于 20cm 的台阶，形成扩大基础，如图 4-42a 所示。

当基底压应力超过地基允许承载力过多时，需要的加宽值较大，为避免加宽部分的台阶太大和过厚，可采用钢筋混凝土底板，如图 4-42b 所示。

当墙趾处地面横坡较陡而地基又是较完整坚硬的岩层时，为减少基坑开挖量和节省圬工材料，可采用切割台阶形基础，如图 4-42c 所示。

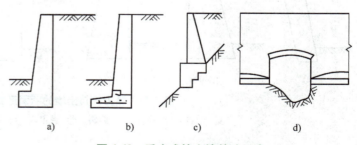

图 4-42　重力式挡土墙基础形式
a）扩大基础　b）钢筋混凝土底板
c）切割台阶形基础　d）拱形基础（纵断面）

当局部地段地基软弱、挖方困难或挡土墙需跨越沟涧时，可采用拱形基础，如图 4-42d 所示。

当地基为软弱土层（如淤泥、软黏土等）时，可采用砂砾、碎石、矿渣或灰土等材料予以换填，以扩散基底压应力。

（2）基础埋置深度　挡土墙的基础埋置深度应保证基础不受冻结、冲刷等影响，保证基底土层的允许承载力大于基底可能出现的最大应力，以使挡土墙具有足够的稳定性。因此，设置在土质地基上的挡土墙在无冲刷时，其基础埋置深度应在地面以下至少1m处；有冲刷时，应在冲刷线以下至少1m处；受冻胀影响时，应在冻结线以下至少0.25m处。当冻深超过1m时，基础埋置深度采用1.25m，还应将基底至冻结线以下0.25m深度范围内的地基土换填为弱冻胀材料。

设置在石质地基上的挡土墙应清除表面风化层。当风化层较厚而难以全部清除时，可根据地基的风化程度及其允许承载力将基底埋入风化层中。

当墙趾前地面横坡较陡时，墙趾埋入地面的深度和距地表的水平距离应满足表4-15的要求。

表4-15　斜坡地面基础埋置条件

土层类别	最小埋入深度 h/m	距地表水平距离 L/m
较完整的硬质岩石	0.25	0.25～0.5
一般硬质岩石	0.60	0.6～1.5
软质岩石	1.00	1～2
土质	1.00	1.5～2.5

3. 排水设施

挡土墙应设置排水设施，以疏干墙后土体和防止地表水下渗，防止墙后积水形成静水压力，减少冰冻地区回填土的冻胀压力，消除黏性土填料浸水后的膨胀压力。排水措施主要包括：设置地表排水沟，引排地表水；夯实回填土顶面和地面松土，防止雨水及地表水下渗，必要时可加设铺砌层；对路堑墙墙趾处的边沟应予以铺砌加固，以防边沟水渗入基础；设置墙身泄水孔，排除墙后土体积水。

浆砌挡土墙应根据渗水量在墙身的适当高度处布置泄水孔。泄水孔尺寸和截面形状可以采用5cm×10cm、10cm×10cm、15cm×20cm的方孔或直径5～10cm的圆孔。泄水孔间距一般为2～3m，上下交错设置。为保证顺利泄水和避免墙外水流倒灌，泄水孔应向外倾斜，最下一排泄水孔的出水口应高出地面或边沟、排水沟及积水地区常水位0.3m以上。为防止水分渗入地基，最下排的底部需铺设30cm厚的黏土隔水层。在泄水孔进口处应设置反滤层，以避免阻塞。当墙后排水不良或填料有冻胀可能时，应在墙后最低一排泄水孔至距墙顶0.5m之间的空间内填筑不小于0.3m厚的砂、卵石排水层或采用土工布。泄水孔及排水层如图4-43所示。干砌挡土墙因墙身透水可不设泄水孔。

4. 沉降伸缩缝

为了防止地基不均匀沉陷，应设置沉降缝；为防止圬工砌体硬化收缩或因温度应力引起开裂，需设置伸缩缝。这两种缝一般设在一起，称为沉降伸缩缝。对于非岩石地基，宜每隔10～15m设置一道沉降伸缩缝；对于岩石地基，其沉降伸缩缝间隔可适当增大。沉降伸缩缝的缝宽一般为2～3cm，缝内可用胶泥填塞；但在渗水量大、冻害严重的地区，宜用沥青麻筋或沥青木板等材料沿墙内、外、顶三边填塞，深度不宜小于15cm。当墙背为填石且冻害

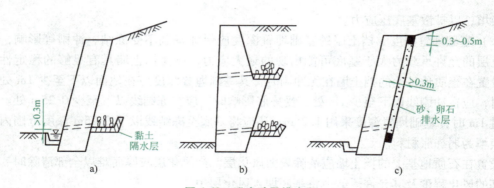

图 4-43 泄水孔及排水层
a) 仰式 b) 衡重式 c) 仰式后设透水层

不严重时,可仅留空隙,不嵌填料。对于干砌挡土墙,沉降伸缩缝两侧应选用平整石料砌筑,使其形成垂直通缝。

(三) 重力式挡土墙的布置

挡土墙的布置是挡土墙设计的一个重要内容,通常是在路基横断面图和墙趾纵断面图上进行,个别复杂的挡土墙还应作平面布置。

1. 横向布置

横向布置主要是在路基横断面图上进行,其内容有:选择挡土墙的位置、确定断面形式、绘制挡土墙横断面图等。

(1) 选择挡土墙的位置　路堑墙大多设置在边沟的外侧;路肩墙应保证路基宽度布设;路堤墙应与路肩墙进行技术经济比较,以确定墙的合理位置。当路堤墙与路肩墙的墙高或圬工数量相近,其基础情况也相仿时,宜做路肩墙,因为采用路肩墙可减少填方和占地;但当路堤墙的墙高或圬工数量比路肩墙显著降低,且基础可靠时,则宜做路堤墙。浸水式挡土墙应结合河流情况布置,以保持水流顺畅,不致挤压河道而引起局部冲刷。山坡挡土墙应考虑设在基础稳固处,墙的高度应保证墙后、墙顶边坡的稳定性。

(2) 确定断面形式、绘制挡土墙横断面图　不论是路堤墙还是路肩墙,当地形陡峻时,可采用俯斜墙背或衡重式墙背;地形平坦时,则可采用仰斜墙背。对路堑墙来说,宜采用仰斜墙背或凸形折线式墙背。

挡土墙横断面图的绘制选择在起讫点、墙高最大处、墙身断面或基础形式变异处,以及重点桩号处的横断面图上进行。根据墙身形式,墙高、地基与填料的物理、力学指标等设计资料,进行设计或套用标准图,确定墙身断面尺寸、基础形式和埋置深度,布置排水设施,指定墙背填料的类型等。

2. 纵向布置

纵向布置主要在墙趾纵断面图上进行,布置后绘制挡土墙立面图,如图 4-44 所示。

1) 确定挡土墙的起讫点和墙长,选择挡土墙与路基或其他结构物的连接方式。路肩墙与路堑的连接应嵌入路堑中 2~3m;与路堤的连接采用锥坡和路堤衔接,墙端应伸入路堤内不小于 0.75m;与桥台连接时,为了防止墙后回填土从桥台尾端与挡土墙连接处的空隙中溜出,应在台尾与挡土墙之间设置隔墙及接头墙。

路堑墙在隧道洞口处应结合隧道洞门、翼墙的设置情况平顺衔接;与路堑边坡衔接时,

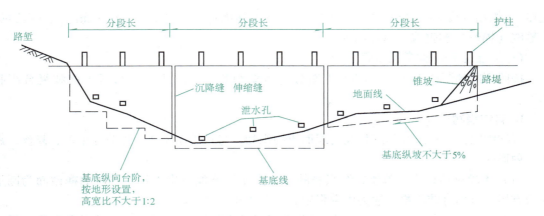

图 4-44 挡土墙立面图

一般将墙顶逐渐降低到 2m 以下,使边坡坡脚不伸入边沟内,有时也可用横向端墙连接。

2)按地基及地形情况进行分段,布置沉降伸缩缝的位置。

3)布置各段挡土墙的基础。沿挡土墙长度方向有纵坡时,挡土墙的纵向基底宜做成不大于 5% 的纵坡。当墙趾地面纵坡不超过 5% 时,基底可按此纵坡布置;若大于 5% 时,应在纵向挖成台阶,台阶的尺寸随地形而变化,但其高宽比不宜大于 1:2。地基为岩石时,纵坡虽不大于 5%,为减少开挖,也可在纵向做成台阶。

4)布置泄水孔和护栏(护柱或护墙)的位置,包括数量、尺寸和间距等参数设计。

5)标注各特征断面的桩号及墙顶、基础、基底、冲刷线、冰冻线和设计洪水水位的标高等。

3. 平面布置

对于个别复杂的挡土墙,如较高的、较长的沿河挡土墙和曲线路段的挡土墙,除了横向、纵向布置外还应作平面布置,并绘制平面图。

在平面图上,应标示挡土墙与路线平面位置的关系,与挡土墙有关的地物、地貌等情况,沿河挡土墙还应标示河道及水流方向,以及其他防护、加固工程等。

在挡土墙设计图样上应附有简要说明,说明选用挡土墙设计参数的依据,主要工程数量,对材料和施工的要求及注意事项等,以利于指导施工。

(四)重力式挡土墙的设计步骤

1)根据具体情况,通过技术和经济比较确定墙趾位置。

2)测绘墙趾处的纵向地面线,核对路基横断面图,收集墙趾处的地质和水文等资料。

3)选择墙后填料,确定填料的物理、力学计算参数和地基计算参数。

4)进行挡土墙断面形式、构造和材料设计,确定有关计算参数。

5)进行挡土墙的纵向布置。

6)用计算法或套用标准图的方法确定挡土墙的断面尺寸。

7)绘制挡土墙立面图、横断面图和平面图。

四、土工织物

土工织物是用于土木工程中具有较高抗拉强度及较大渗透性的布状织物,常称为"土工布"。织物的成分一般是人造聚合物，常用的有聚丙烯（丙纶）、聚酯（涤纶）、聚乙烯、聚酰胺（锦纶）和聚偏二氯乙烯等。

（一）土工布的种类和特点

按照不同的制造工艺，可将土工布分为有纺织物、无纺织物、编织织物和复合织物四种。

1. 有纺织物

有纺织物是由经线和纬线相互交织而成的织物，与日用布相似，可分为单丝、复丝、扁丝三种形式。

（1）单丝有纺织物　单丝有纺织物的成分大多为聚酯或聚丙烯，单丝的横截面为圆形或长方形。单丝有纺织物一般为中等强度，主要用作反滤材料。

（2）复丝有纺织物　复丝有纺织物由许多细纤维的纱线织成，纤维原料多为聚丙烯和聚酯。主要用于加筋施工，在铺设时应注意使其最大强度方向与最大应力方向一致。此种织物价格较高，应用受到限制。

（3）扁丝有纺织物　扁丝有纺织物由宽度大于厚度许多倍的纤维织造而成。常见的扁丝有纺织物是聚丙烯薄膜织物，扁丝之间不经黏合而易撕裂，但此织物具有较高的强度和弹性模量，主要用作分隔材料。

2. 无纺织物

无纺织物是将纤维沿一定方向或随机地以某种方法相互结合而制成的织物。无纺织物一般由聚酯、聚丙烯或聚丙烯与聚酰胺混纺制成。其价格较低，具有一定的强度和延伸率，已广泛用作反滤、隔离和加筋材料。

3. 编织织物

编织织物是由一股或多股纱线组成的线卷相互连锁制成的，又称为"针织物"。编织织物使用单丝和复合长丝，能够织成各种管状织物。编织织物造价较低，可用于反滤与加筋材料。

4. 复合织物

复合织物是将编织织物、有纺织物和无纺织物重叠在一起，用黏合或针刺等方法使其相互组合在一起。许多专门用于排水的复合织物是在两层薄反滤层中间夹一层厚透水层组成的。反滤层一般是热黏合无纺织物，透水层是厚型针织物或特种织物。

（二）土工布在道路工程中的应用

土工布具有排水、反滤、分隔、加筋等多种作用，所以广泛应用于道路工程中。

1. 排水作用

土工布是多孔隙透水介质，埋在土中可以汇集水分，并将水排出土体。织物不仅可以沿垂直于其平面的方向排水，也可以沿其平面方向排水，具有水平排水功能。故适用于公路路肩排水，并可用于特松软土基的路堤，如加以护坡，更有利于排水。土工布摊铺在路堤底层之外并折向边坡，同时覆盖至堤身，可提高基底的刚性。

2. 反滤作用

为防止土中细颗粒被渗流潜蚀（管涌现象），传统上使用级配粒料滤层。而有纺和无纺织物都能取代常规的粒料，起反滤作用。工程中往往同时利用织物的反滤和排水两种作用。如用于挡土墙后泄水孔的排水层，以及在排水沟和排水管中作为滤网层以利于排水，优点是土粒不流失，水管不被泥沙淤塞。

3. 分隔作用

在路基工程中，不同的粒料层之间经常发生相互混杂的现象，使各层失去应有的性能。将织物铺设在不同粒料层之间，可以起分隔作用。如在软弱地基上铺设碎石粒料基层时，在层间铺设织物，可有效地防止层间土粒相互贯入和控制不均匀沉降。织物的分隔作用在公路软土路基处理中效果很好。

4. 加筋作用

织物具有较高的抗拉强度和较大的延伸率，以适当方式将其埋在土中作为加筋材料，可以控制土的变形，增加土体稳定性；也可用于加筋土挡土墙中。

小　结

路基是公路的重要组成部分，是路面的基础，它与路面共同承受车辆荷载的作用。

路基的基本横断面形式有路堤、路堑、半填半挖路基和不填不挖路基四种类型。路基在外荷载及自重作用下，土体可能发生相对滑动位移和竖向垂直位移。路基的强度以抗剪强度和回弹模量作为控制指标。

按照《公路土工试验规程》（JTG 3430—2020）中土的工程分类方法，路基土分为巨粒土、粗粒土、细粒土和特殊土四大类。

路基的干湿类型可分为干燥、中湿、潮湿和过湿四种，这四种类型表示路基在工作时路基土所处的含水状态。

路基的稳定性，除了施工质量等因素外，一般取决于边坡和地基的稳定性。填筑在陡坡上的路堤，还取决于路堤在陡坡上的滑动稳定性。对于高路堤、深路堑、浸水的沿河路堤以及特殊地段的路基，则不能套用一般路基的设计方法，应进行边坡稳定性的分析计算，据此选定合理的边坡坡度及相应的工程技术措施。

水是造成路基病害的主要原因之一，因此在路基设计、施工和养护中，必须充分重视路基排水工作。路基地面排水可采用边沟、截水沟、排水沟、跌水与急流槽等设施，地下排水可采用暗沟、渗沟、渗井等设施。同时，应重视排水系统的综合设计。

路基防护的重点是边坡，路基防护与加固工程设施按其作用不同，可分为坡面防护、冲刷防护、支挡建筑物及湿软地基加固等四大类。

思 考 题

4-1　简述路基的作用。

4-2　路基变形、破坏的形式及主要原因是什么？

4-3　常见的路基横断面形式有哪几种？

4-4　什么是土基压力工作区？

4-5　路基土的工程性质是什么？

4-6　路基干湿类型及划分方法是什么？

4-7　道路自然区划的用途是什么？

4-8 当勘测中确定某路段为高路堤后，试简述该高路堤设计的工作内容。
4-9 直线滑动面法和圆弧滑动面法分别适用于哪种土质的路基边坡稳定性验算？
4-10 修筑在陡坡上的路堤，其稳定性取决于哪些方面？
4-11 应用工程地质方法，如何确定岩石路堑的边坡形式及坡度？
4-12 边沟、截水沟及排水沟的主要区别是什么？
4-13 地下排水结构物有哪几种？各适用于何种情况？
4-14 路基排水系统设计总体规划应遵循哪些原则？
4-15 路基防护与加固设施分为哪几类？
4-16 植物防护与工程防护各自适用的条件有何不同？分别有哪些常用形式？
4-17 冲刷防护常用哪些措施？
4-18 按照挡土墙设置的位置，挡土墙分为哪几类？
4-19 挡土墙各部分的名称是什么？
4-20 重力式挡土墙的基本组成部分有哪些？
4-21 挡土墙的布置要求有哪些？
4-22 挡土墙的设计步骤有哪些？
4-23 什么是土工织物？简述土工织物在路基工程中的作用。

学习情境五
路基施工

学习目标

1. 了解路基养护工程的分类和主要内容，路基加固与改善方法，各种路基病害的处理。
2. 掌握土质路基、石质路基的施工方法。

学习指南

本学习情境重点在于土质路基、石质路基施工方法的理解，尤其是土基压实的内容。

单元 1　路基施工认知

路基的强度和稳定性不仅要通过设计予以保证，而且还要通过施工得以实现。路基是路面的基础，路基的施工质量直接影响路面的使用品质。路基施工质量低劣，必然导致路面破坏或加速路面的破坏。路基的各种病害还使养护费用增加，以致影响交通运输的畅通与安全，因此对路基施工要充分重视。

路基土石方工程量很大，分布不均匀，不仅与自身的其他工程设施（如路基排水、防护与加固等）相互制约，还同公路工程的其他项目（如桥涵、路面等）相互交错、关系密切。因此，路基施工往往成为整个公路施工的关键。为确保工程质量，实现快速、高效、安全施工的目标，必须重视施工技术与管理，合理选择施工方法，周密制订施工组织计划，应用并推广先进技术，切实做好安全生产等，这既是发展公路事业的需要，也是实现"精心设计，精心施工"的必由之路。

一、路基施工的基本方法

路基施工的基本方法，按其技术特点大致可分为人力施工、简易机械化施工、综合机械化施工、水力机械化施工和爆破法施工等。

1. 人力施工

人力施工是传统方法，使用手工工具操作，劳动强度大、功效低、进度慢，工程质量也难以保证，但限于具体条件，短期内还必然存在并适用于地方道路和某些辅助性工作。

2. 简易机械化施工

简易机械化施工是以人力为主、配以机械或简易机械的一种施工方法，可加快施工速度，提高劳动生产率，减轻劳动强度。

3. 综合机械化施工

综合机械化施工是使用配套机械，主机配以辅机，相互协调，共同形成主要工序的综合机械化作业。综合机械化施工能极大地减轻劳动强度和提高劳动生产效率，显著地加快施工速度，提高公路施工质量，降低工程造价，保证施工安全，是加快公路建设、实现公路施工现代化的重要途径。

4. 水力机械化施工

水力机械化施工是运用水泵、水枪等水力机械喷射强力水流，冲散土层并流运至指定地点沉积，如采集砂料或地基加固等。水力机械化施工适用于在电源和水源充足的情况下，挖掘比较松散的土质及地下钻孔等。对于砂砾填筑路堤或基坑回填，采用水力机械化施工还可起到密实作用（称为水夯法）。

5. 爆破法施工

爆破法施工是石质路基开挖的基本方法，常采用钻岩机钻孔与机械方式清理，它是岩石路基机械化施工的必备条件。除石质路堑开挖外，爆破法还可用于冻土、泥沼等特殊路基施工，以及清除路面、开石取料与石料加工等。

应根据工程性质、施工期限、现有条件等因素选择施工方法，而且要因地制宜地综合使用各种施工方法。

二、施工前的准备工作

施工前的准备工作内容包括组织准备、技术准备和物质准备三个方面。

（1）组织准备　主要是建立和健全施工队伍和管理机构，制定施工管理制度，明确施工任务，确立施工应达到的目标等。

（2）技术准备　首先在施工前对现场进行勘察，核对公路和桥涵设计文件，编制施工组织计划，做好施工方案和施工进度计划，特别要确定好关键工程的技术措施；然后进行恢复路线、中桩和边桩放样、施工场地拆迁和清理等工作。

（3）物质准备　首先按照施工组织设计的具体要求进行采购、调配、运输和储存材料、机具、设备，同时在现场进行"三通一平"工作，即通水、通电、通车、平整场地；然后进行工程房屋的修建，以及必需的生活福利设施等的建设。

单元 2　土质路基施工

路基施工-土质路基施工

一、路堤填筑

为保证路堤的强度和稳定性，在填筑路堤时，要处理好基底，选择良好的填料，保证必需的压实度及正确选择填筑方案。

（一）基底的处理

路堤基底是指路堤所在的原地面。为使路堤填筑后不致产生过大的沉陷，并使路堤与原地面结合紧密，防止路堤沿基底发生滑动，应根据基底的土质、水文、坡度和植被等情况采取相应措施。

1）路堤基底为耕地或松土时，应先清除有机土、种植土，平整后按规定要求压实。在深耕地段，必要时应将松土翻挖、土块打碎，然后回填、整平、压实。

2）路堤基底原状土的强度不符合要求时，应进行换填，换填深度应不小于30cm，并分层压实。

3）山坡路堤地面横坡不陡于1∶5且基底符合上述要求时，路堤可直接修筑在天然的土基上；地面横坡陡于1∶5时，原地面应挖成台阶（台阶宽度不小于1m），并用小型夯实机加以夯实。

高速公路、一级公路在横坡陡峻地段的半填半挖路基，必须在山坡上从填方坡脚向上挖成向内倾斜的台阶，台阶宽度不应小于1m。其中，挖方一侧在行车范围之内的宽度不足一个行车道宽度时，应挖够一个行车道宽度，其上方路床深度范围之内的原地面土应予以挖除换填，并按土路床填方的要求施工。

4）路堤基底范围内的地表水或地下水影响路基稳定时，应采取拦截、引排等措施，或在路堤底部填筑不易风化的片石、块石或砂、砾石等透水性材料。

（二）填料选择

路堤一般是利用当地就近的土石料作填料修筑而成的，而公路沿线土石料的类别和性质不尽相同，修筑路基后的稳定性因此有很大差异，应尽量选择当地强度高、稳定性好并便于施工的土石料作为路基填料。

碎石、卵石、砾石、粗砂等透水性良好的材料不易压缩，强度高且受水的影响小，填筑路堤时可不受含水率限制，但应分层填筑压实，填料的最大粒径应小于150mm。

路堤填料不得使用淤泥、沼泽土、冻土、有机土、含草皮土、生活垃圾、树根和含有腐殖质的土。液限大于50%、塑性指数大于26的土以及含水率超过规定的土，不得直接作为路堤填料；需要应用时，必须采取满足设计要求的技术措施，经检查合格后方可使用。

钢渣、粉煤灰等材料可用作路基填料，其他工业废渣在使用前应进行有害物质含量试验，避免有害物质超标，污染环境。

当采用细粒土填筑时，路堤填料的最小强度符合表5-1的规定时方可使用。

表5-1 路堤填料的最小强度要求

项目分类	路面底面以下深度/m	填料最小强度（CBR）（%）		
		高速公路 一级公路	二级公路	三级、四级公路
上路堤	0.8~1.5	4	3	3
下路堤	1.5以下	3	2	2

注：1. 当路基填料的CBR值达不到表中要求时，可掺石灰或其他稳定材料。
2. 当三级、四级公路铺筑沥青混凝土和水泥混凝土路面时，应采用二级公路的规定。

（三）填土压实

填土压实是保证路堤填筑质量的关键，必须充分重视。有关压实问题将在本单元后面内容中讲述。

（四）填筑方法

路堤的填筑方法有分层填筑法、竖向填筑法、混合填筑法和填石路堤等方法。

1. 分层填筑法

分层填筑法是按照路堤设计横断面，自下而上逐层填筑，可以将不同性质的土有规则地分层填筑和压实，易于获得必要的压实度和稳定性。每层填土的厚度需依据压实机具的有效压实深度和要求的压实度确定。分层的最大松铺厚度，高速公路和一级公路不超过30cm；其他公路按土质类别、压实机具功率、碾压遍数等确定，但最大松铺厚度不得超过50cm。填筑至路床顶面最后一层的最小压实厚度不应小于8cm。

一般路堤可按水平方向分层填筑，如图5-1a所示。当采用推土机或铲运机自路堑取土填筑附近低洼处的路堤时，可按纵坡方向分层填筑，如图5-1b所示。

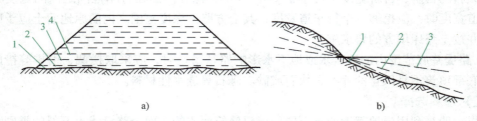

图5-1 路堤的分层填筑（图中数字为填筑顺序）
a) 水平分层填筑 b) 纵向分层填筑
1、2、3、4—填筑顺序

在施工中，沿线的土质情况不一样，为避免将不同的土任意混填，造成路基病害，必须在施工前进行现场调查，做出正确的规划，拟定合理的填筑方案。

正确的填筑方案应满足下述要求：

1）不同土质分层填筑。

2）透水性差的土填筑在下层时，其表面应做成一定的横坡，以保证来自上层透水性填土的水及时排出，并应将含水率控制在最佳含水率±2%之内。

3）为保证水分蒸发和排除，路堤不宜被透水性差的土层封闭。

4）根据强度和稳定性的要求，合理地安排不同土层的层位，不在同一时间填筑的先填地段应按1:1的坡度分层留台阶。

5）为防止相邻两段用不同土质填筑的路堤在交接处发生不均匀变形，交接处应做成斜面；分层应相互交错搭接，搭接长度不得小于2m，并将透水性差的土填在斜面的下部。

不同性质的土应分别填筑，不得混填。每种填料累计总厚度不宜小于0.5m。用不同土质填筑路堤的方案如图5-2所示。

为防止发生不均匀沉陷，桥头填土、涵洞缺口填土和涵顶填土除了使用砂、碎（砾）石等透水性材料之外，还应认真做好水平分层铺筑，厚度要适当减薄（为正常填筑厚度的2/3左右），要均匀压实，靠近结构物的边角部位应采用夯实的办法压实。涵洞缺口填土应在两侧对称均匀分层回填压实。涵顶填土压实厚度大于50cm时，方可通过重型机械和汽车。

2. 竖向填筑法

在深谷陡坡段填筑路堤，因运土困难，不宜采用分层填筑法，此时，可采用竖向填筑法，即从路堤的一端或两端的某一高度把填料倾倒于路堤底部，并逐渐沿纵向向前填筑，如

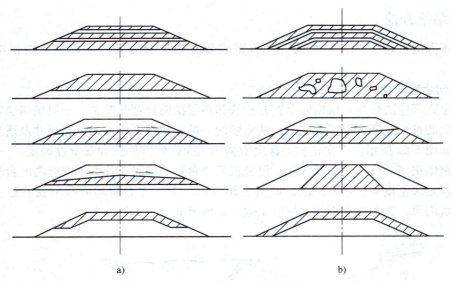

图 5-2 用不同土质填筑路堤的方案
a) 正确的 b) 不正确的

图 5-3 所示。竖向填筑因填土过厚不易压实，施工时需采取下列措施：
1) 选用高效能压实机械。
2) 采用沉陷量较小的砂性土或附近挖路堑的废石方。
3) 在底部进行夯实。

3. 混合填筑法

如因地形限制或路堤较高，不宜按前述两种方法填筑时，可采用混合填筑法（图 5-4），即路堤下层采用竖向填筑法，而上层采用水平分层填筑法，使上部填土经分层压实后获得需要的压实度。

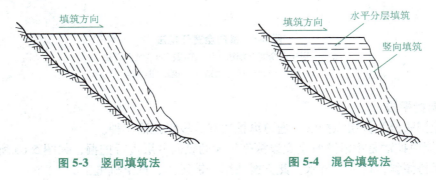

图 5-3 竖向填筑法　　　　图 5-4 混合填筑法

4. 填石路堤

填石路堤的石料强度不应小于 15MPa；用于护坡的石料强度不应小于 20MPa。填石路堤石料的最大粒径不宜超过层厚的 2/3。高速公路、一级公路填石路堤的路床顶面以下 50cm 范围内的填料最大粒径不得大于 10cm，并应分层填筑、分层压实，有关技术要求见《公路路基施工技术规范》（JTG/T 3610—2019）。

二、路堑开挖

按照不同的掘进方向,路堑的开挖方案主要有横向全宽开挖法、纵向挖掘法和混合法等。

1. 横向全宽开挖法

横向全宽开挖法分为一层横向全宽开挖法和多层横向全宽开挖法。一层横向全宽开挖法是指对路堑的整个宽度和深度范围内,从路堑的一端或两端开始,以全宽尺寸及适当深度进行开挖,如图 5-5a 所示。一次挖掘的深度依据施工操作的方便性和安全性确定,一般为 2m 左右。若路堑很深,为了增加工作面,可分成几个台阶,同时在几个不同标高的台阶上进行开挖,这就是多层横向全宽开挖法,如图 5-5b 所示。每一个台阶均应有单独的运土路线和临时的排水沟渠,以免相互干扰,影响工效,造成事故。

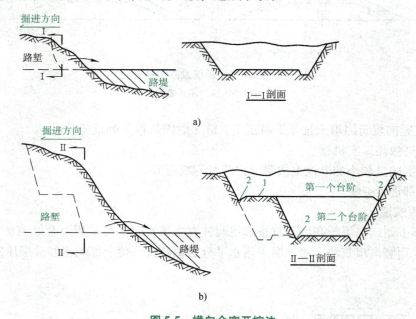

图 5-5 横向全宽开挖法
a)一层横向全宽开挖法 b)多层横向全宽开挖法
1—第一个台阶运土通道 2—临时排水沟

2. 纵向挖掘法

纵向挖掘法分为分层纵挖法、通道纵挖法和分段纵挖法三种。

1)分层纵挖法是指沿路堑全宽以深度不大的纵向分层进行挖掘,如图 5-6a 所示。挖掘的地表应保持倾斜,以利于排水。此方案适用于铲运机、推土机施工。

2)通道纵挖法是指先沿路堑纵向挖出一条通道,然后再把通道向两侧拓宽,以扩大工作面,并利用该通道作为运土路线及场内排水的出路,如图 5-6b 所示。

3)分段纵挖法是指在路堑纵向选择一个或几个适宜的位置,先从一侧挖成一个或几个出口,把路堑分为两段或几段,再分别于各段沿纵向开挖,如图 5-6c 所示。

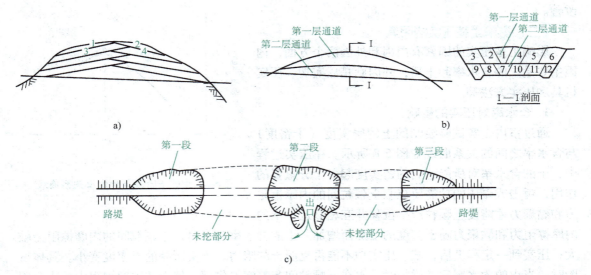

图 5-6 纵向挖掘法（图中数字为挖掘与拓宽顺序）
a) 分层纵挖法 b) 通道纵挖法 c) 分段纵挖法

3. 混合法

当土方量很大时，为扩大工作面，可将横向全宽开挖法和纵向挖掘法混合使用。施工时先沿路堑纵向挖出一条通道，然后沿横向坡面挖掘，以增加开挖坡面，如图 5-7a 所示；然后再沿横向挖出横向通道，如图5-7b 所示。每一个开挖坡面的大小，应能容纳下一个施工组或一台机械正常工作。选择挖掘方案时，除应考虑当地的地形条件、采用的机械等因素外，还需考虑土层的分布及土方的利用。如果是以挖作填，应按不同的土层分层挖掘，以满足路堤填筑的要求。

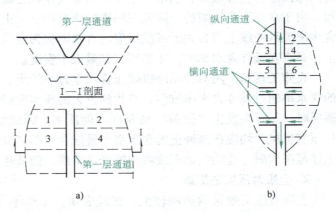

图 5-7 混合法（图中箭头表示运土与排水方向，数字表示工作面数）
a) 剖面和平面 b) 平面纵（横）通道

三、土基压实

（一）土基压实的意义

路基施工破坏土体的天然状态，使其结构变得松散，颗粒重新组合。为使路基具有足够的强度和稳定性，必须予以压实，以提高其密实程度。所以，路基的压实工作是保证路基强度和稳定性的一道关键工序，是路基施工不可缺少的环节。

土是三相体，土粒为骨架，颗粒之间的孔隙为水分和气体所占据。压实的目的在于使土颗粒彼此挤紧而使结构变密，减少孔隙率，从而提高土基的强度和稳定性。大量试验和工程实践证明：土基压实后，路基的塑性变形、渗透系数、毛细水作用及隔温性能等均有明显改善。

（二）影响土基压实的因素

影响土基压实的因素有内因和外因两个方面，内因主要是土的含水率和土质，外因则是压实功、压实机具和压实方法等。

1. 含水率对压实的影响

通过室内击实试验绘制的土的密实度（干密度）与含水率之间的关系曲线如图 5-8 所示。在压实过程中，土的含水率对所能达到的密实度起着十分重要的作用，锤击或碾压的功需要克服土颗粒间的内摩擦阻力和黏聚力才能使土颗粒产生位移并互相靠近。土的

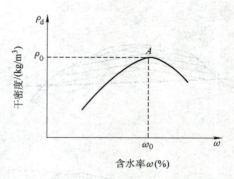

图 5-8 土的干密度与含水率关系曲线

内摩擦阻力和黏聚力随密实度的增加而增加。土的含水率较小时，土颗粒间的内摩擦阻力较大；压实到一定程度后，某一压实功不能再克服土的阻力，压实所得的干密度变小。具体试验时，当土的含水率逐渐增加时，水在土颗粒间起着润滑作用，使土的内摩擦阻力减小，因此同样的压实功可以得到较大的干密度。当土的含水率继续增加到超过某一限度后，虽然土的内摩擦阻力还在减少，但单位土体中的空气体积已减到最小限度，而水的体积却在不断增加，由于水是不可压缩的，因此在同样的压实功下，土的干密度反而逐渐减少。在干密度与含水率关系曲线上与最大干密度对应的含水率称为最佳含水率。某种土在一定的压实功作用下，只有在最佳含水率时，才能压实到最大干密度。

在施工现场，用某种压路机碾压含水率过小的土，要达到较大的压实度是困难的；如土的含水率超过最佳含水率过多，要达到较大的压实度同样是困难的。对含水率过大的土进行碾压时，经常会发生"弹簧"现象而不能压实。因此细粒土、砂类土和砾石土不论采用何种压实机械，均应在该种土的含水率在最佳含水率±2%以内时压实。当土的实际含水率不在上述范围内时，应均匀加水或将土摊开、晾晒，使其达到或接近最佳含水率，并迅速压实。

2. 土质对压实的影响

土质对压实效果的影响较大。试验表明，土质不同，土的最佳含水率和最大干密度是不相同的，如图 5-9 所示。

1）土中粉粒和黏粒含量越多，土的塑性指数越大，土的最佳含水率就越大，同时最大干密度越小。因此，一般砂性土的最佳含水率要小于黏性土的最佳含水量，而最大干密度则要大于黏性土的最大干密度。

2）各种不同土的最佳含水率和最大干密度虽然不同，但它们的击实曲线的性质是基本相同的。

3）亚砂土和亚黏土的压实性能较好，而黏性土

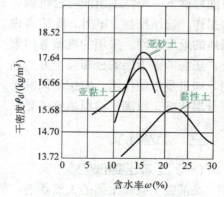

图 5-9 不同土质的 ρ_d-ω 关系曲线

的压实性能较差。对于砂土，因其颗粒呈松散状，水分易于散失，所以最佳含水率对它并没有多大的实际意义。

3. 压实功对压实的影响

压实功是指压实机具对土体所做的功。同一种土的最佳含水率随压实功的增加而减小，

而最大密实度则随压实功的增加而增加；当含水率一定时，压实功越大则密实度越高。根据这一特性，施工中如果土的含水率低于最佳含水率而加水有困难时，可用增加压实功的办法来提高其密实度，也就是重碾或增加碾压遍数。然而，用增加压实功的办法来提高土的密实度是有限度的，当压实功增加到一定程度后，土的密实度增加较缓慢，在经济效益和施工组织上不够合理。相比之下，严格控制最佳含水率要比增加压实功的收效大得多。

4. 压实机具和压实方法对压实的影响

压实机具和压实方法对压实的影响反映在以下几个方面：

1）压实机具不同，压力传布在土体内的有效深度也不同。大量试验和长期生产实践表明：夯击式机具的压力传布在土体内的有效深度最深，振动式机具次之，碾压式机具最浅。同一种压实机具，其作用深度是随碾压遍数的增加而递减的。其原因是开始施工时，土体松软，压力传递较深；当碾压遍数逐渐增加时，土体上层的密实度随之逐渐增大，土的强度相应提高，其作用深度也就逐渐减小。

2）压实机具的质量较小时，荷载作用时间越长，土的密实度越高，但密实度的增长速度随时间的增加而减小；压实机具质量较大时，土的密实度随施荷时间的增加而迅速增加，但超过某一时间限度后，土的变形急剧增加而达到破坏；机具质量过大以至超过土的强度极限时，将立即引起土体破坏。

3）碾压速度越快，压实效果越差，土基变形量越小。土的黏性越大，这种影响越显著。因此，为了提高压实效果，必须正确确定碾压机械的行驶速度。

（三）土基压实标准

从前面分析可知，最大密实度是土基压实的一项重要指标，它与强度和稳定性有十分密切的关系，反映了土基的使用品质，所以一般都用它来衡量压实的质量。我国是以压实度作为土基压实的控制标准的。压实度是指施工现场实际达到的密实度 ρ_d（称为现场干密度）与最大密实度 ρ_0（称为最大干密度）之比，其比值以 k 表示，即

$$k = \rho_d / \rho_0 \tag{5-1}$$

确定压实度 k 值需根据公路所在地区的气候条件、土基水温状况和路面类型等因素综合考虑。对冰冻、潮湿地区和受水影响大的路基要求应高些，对干旱地区及水文情况良好的地段要求可低些。路面等级高，路基压实度应高；路基上部活荷载影响大，水温变化剧烈，压实度应高；路基中部活荷载作用和水温变化逐渐减小，压实度可相应降低；路基下部活荷载影响已很小，要求只需在静荷载（土基自重）作用下不产生不均匀沉陷即可。

正确确定压实度 k，不但对于保证土基的质量十分重要，而且还关系到压实工作的经济性。公路路基压实度应符合表 5-2 的要求。

表 5-2 公路路基压实度

填挖类别	路床顶面以下深度/m	路基压实度(%)		
		高速公路一级公路	二级公路	三级公路四级公路
零填及挖方	0~0.30	—	—	≥94
	0~0.80	≥96	≥95	—

(续)

填挖类别	路床顶面以下深度/m	路基压实度（%）		
		高速公路 一级公路	二级公路	三级公路 四级公路
填方	0~0.80	≥96	≥95	≥94
	0.80~1.50	≥94	≥94	≥93
	>1.50	≥93	≥92	≥90

注：1. 表列数值以重型压实试验法为准。
　　2. 特殊干旱或特殊潮湿地区的路基压实度，表列数值可适当降低。
　　3. 三级公路修筑沥青混凝土或水泥混凝土路面时，其路基压实度应采用二级公路标准。

（四）压实工作的实施与质量控制

1. 压实机具的选择

常用的压实机具可分为碾压式、夯击式和振动式三大类。碾压式压实机具包括光面碾（即普通压路机）、羊足碾和轮胎碾等；夯击式压实机具包括各种夯锤、夯板和内燃式夯机等；振动式压实机具包括振动器和振动压路机。

压实机具类型和数量的选择是否恰当，直接关系到压实质量和工效，选择时需综合考虑以下几点：

（1）土的性质、状态和层厚　不同的压实机具对不同土质的压实效果不同，如对砂性土，以振动式机具效果最好，夯击式机具次之，碾压式机具较差；对黏性土，则碾压式机具和夯击式机具较好，而振动式机具较差。土的天然含水率较小、填土层较厚、压实度要求高时，应选择重型压实机具，并应适当增加碾压遍数，反之可选择轻型压实机具。此外，压实机具的单位压力不应超过土的强度极限，否则会引起土基破坏。

（2）压实工作面　工作面较大时，可采用碾压式机具，较窄时宜采用夯击式机具。

（3）机具的技术特性与生产率　选择机具类型、确定机具数量时应考虑与其他工序的配合，使机具的生产能力互相适应。机械化施工时，应尽量利用土方机械在新填土层上按规定路线往复行驶以压实土基。

2. 压实原则

为了能以尽可能小的压实功获得良好的压实效果，必须对压实机具的吨位大小、碾压速度的快慢及作业顺序给予高度重视，并根据土基的压实原理和对各种影响因素的具体分析研究实施方案，制定具体措施。压实操作时宜先轻后重、先慢后快、先边缘后中间（超高路段宜先低后高）。压实时，相邻两次的轮迹应重叠轮宽的1/3，要保证压实均匀、不漏压，对压不到的边角应辅以人力或小型机具夯实。压实全过程中，应经常检查土的含水率和密实度，以达到规定的要求。

四、路基整修及维修

1. 路基整修

路基工程基本完工后，必须进行全线的竣工测量，包括中线测量、横断面测量及高程测量，作为竣工验收的依据。

1）当路基土石方工程基本完工时，应由施工单位会同施工监理人员，按设计文件要求检查路基中线、高程、宽度、边坡坡度，以及截水、排水系统，根据检查结果编制整修计划，进行路基及排水系统整修。

2）土质路基表面的整修可用机械配合人工切土或补土，并配合压路机械碾压。深路堑边坡应按设计要求自上而下进行削坡整修，不得在边坡上以土贴补。石质路基边坡应做到设计要求的边坡坡度。坡面上的松石、危石应及时消除。

3）边坡需要加固地段应预留加固位置和厚度，使完工后的坡面与设计边坡一致。

4）填土压实后不得有松散、软弹、翻浆及表面不平整现象。如不合格，必须重新处理。填石路堤和石质路堤的整修应按照《公路路基施工技术规范》（JTG/T 3610—2019）的有关规定办理。

5）土质路基表面做到设计标高后宜用平地机刮平。石质路基表面应用石屑嵌缝，使其紧密、平整，不得有坑槽和松石。

6）边沟的整修应挂线进行。对各种水沟的纵坡（包括取土坑纵坡）应仔细检查，使沟底平整，排水畅通，符合设计及规定要求。

截水沟、排水沟及边沟的断面、边坡坡度应按设计要求处理。沟的表面应整齐、光滑。填补的凹坑应拍捶密实。

7）整修路堤边坡表面时，应将其两侧超填部分切除。如遇边坡缺土时，应按《公路路基施工技术规范》（JTG/T 3610—2019）的要求处理。

2. 路基维修

1）路基工程完工后，路面未施工前及工程初验后至终验前，路基如有损毁，施工单位应负责维修，并保证路基排水设施完好，及时清除排水设施中的淤积物。

对较长时间中途停工和暂时不做路面的路基，也应做好排水设施，复工前应对路基各分项工程予以修整。

2）路基表面整修应使其无坑槽，并保持规定的路拱高度。在路堤经雨水冲刷或其他原因产生裂缝、沉陷时，应立即修补、加固或采取其他措施处理，并查明原因，做好记录。遇路堑边坡塌方时，应及时清除。

3）未经加固的高路堤和路堑边坡或潮湿地区，对路基有害的积雪应及时清除。

4）当构造物有变形时，应详细查明原因，予以修复，并采取相应的稳定措施。

5）路基工程完成后，每当大雨、连日暴雨或积雪融化后，应限制施工机械和车辆在土质路基上通行。若不可避免时，应将碾压的坑槽中的积水及时排干，整平坑槽，对修复部分重新压实。

单元3 石质路基施工

路基施工-石质路基施工

石质路基施工是指利用爆破的方法进行石质路堑的开挖。在山岭地区开挖石质路基如遇到坚硬的岩层，不能利用机械开挖时，通常采用爆破的方法进行施工，这是石质路基施工的常用方法。在土石方大量集中的地段以及挖除冻土和大孤石时，也常用爆破的方法。

一、爆破作用原理

1. 爆破作用圈

为了爆破某一岩体，在其中或表面放置一定数量的炸药（一般称为药包），药包放置在无限介质（岩石或土等）内爆炸时，药包在瞬时内通过化学反应转化为气体状态的爆炸产物；此时，由于膨胀作用，体积增加数百倍乃至数千倍，产生高温高压，并以速度高达每秒上千米的冲击波自药包中心按球面等量向外扩展，把爆炸能量传递给周围介质，使介质产生不同程度的破坏和振动现象，这些现象随着距药包中心的距离增大而逐渐减弱直至消失。按破坏程度的不同，爆破过程大致可分为四个爆破作用圈，如图5-10所示。

图 5-10 爆破作用圈示意

（1）压缩圈 图5-10中，$R_压$表示压缩圈半径，在这个作用圈范围内，介质直接承受药包的爆破作用，受到巨大的作用力。如果介质是可塑性的土，便会被压缩形成空腔；如果是坚硬的脆性岩石，便会被粉碎，所以把半径为$R_压$的球形区叫作压缩圈或破碎圈。

（2）抛掷圈 在压缩圈范围以外至$R_抛$的区间，所受的爆破作用虽较压缩圈内要小，但介质的既有结构受到破坏，分裂成不同尺寸和形状的碎块，而且爆破作用尚有余量，足以使这些碎块获得运动速度。如果在有限介质内，这个区间的某一部分处在临空的自由条件下，破碎了的介质碎块便会产生抛掷现象，因而叫作抛掷圈；在无限介质内则不会产生抛掷现象。

（3）松动圈 在抛掷圈以外至$R_松$的区间，爆破作用大为减弱，但仍能使介质结构受到不同程度的破坏，因而叫作松动圈，但爆破作用已没有余量使破碎岩石产生抛掷现象。

（4）振动圈 在松动圈以外至$R_振$所包括的区间，微弱的爆破作用不能使介质产生破坏，只能在应力波的传播下发生振动现象，因而叫作振动圈。振动圈以外，爆破作用的能量就完全消失了。

2. 爆破漏斗

药包在有限介质内爆破后，在临空一面的地面上会出现一个爆破坑，一部分炸碎的土石被抛至坑外，一部分仍落在坑底。由于爆破坑的形状如同漏斗，所以称为爆破漏斗，如图5-11所示。

爆破漏斗的形状和大小不但与药包装药量多少、炸药性能和介质的性质等有关，同时还与临空面的数量和所处的边界条件有关。爆破漏斗一般用以下几个要素来表征：

1）最小抵抗线W——药包中心至临空面最短距离。

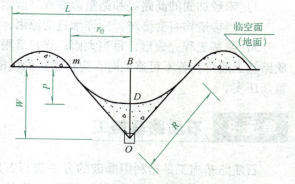

图 5-11 平坦地形爆破漏斗示意

2)爆破漏斗口半径 r_0——漏斗口上方圆周半径。

3)抛掷漏斗半径 R——从药包中心沿漏斗边缘至坑口的距离。

4)最大可见漏斗深度 P——由于部分被抛掷的破碎岩石仍回落于爆破漏斗内形成的新地面线与原地面线之间的最大垂直距离。

5)抛掷距离 L——爆炸后,被抛掷出的破碎岩石距药包中心的最大水平距离。

爆破作用的性质通常用爆破作用指数 n 来表示。爆破作用指数是指爆破漏斗口半径与最小抵抗线的比值,即 $n=\dfrac{r_0}{W}$。当 $r_0=W$ 时,$n=1$,称为标准抛掷爆破;当 $r_0>W$ 时,$n>1$,称为加强抛掷爆破;当 $r_0<W$ 时,$n<1$,称为减弱抛掷爆破。

地形平坦时,爆破漏斗成为倒置的圆锥体,图 5-11 中,mDl 称为可见的爆破漏斗,mOl 称为爆破漏斗。可见的爆破漏斗体积 V_{mDl} 与爆破漏斗体积 V_{mOl} 之比的百分率 E 称为平坦地形的抛掷率,即 $E=\dfrac{V_{mDl}}{V_{mOl}}\times 100\%$。

实践证明,当 $n>0.75$ 时,不能形成显著的漏斗,不发生抛掷现象,岩层只能发生松动和隆起。通常 $n=0.75$ 时称为标准松动爆破;$n<0.75$ 时称为减弱松动爆破。

二、爆破材料

(一)炸药

炸药是一种化学性质不稳定的物质,其成分中常含有碳、氢、氮、氧等元素,在冲击、摩擦等外力作用下,极易发生爆炸。

炸药的种类繁多,爆破工程中常用的可分为下列两大类:

1. 起爆炸药

起爆炸药是一种爆炸速度(简称爆速)极高的烈性炸药,爆速可达 8000m/s,可用于制造雷管。起爆炸药又可分为正起炸药和副起炸药。正起炸药对热能和机械能均具有强烈的敏感度,如雷汞、叠氮化铅、黑索金等;副起炸药须由正起炸药起爆,其爆速很高,可加强雷管的起爆能量,如三硝基苯甲硝胺、四硝酸季戊四醇酯等。

2. 主要炸药

用于对岩石或其他介质进行爆破的炸药称为主要炸药,它的敏感度较低,要在起爆炸药强力的冲击下才能爆炸。它可分为缓性炸药(爆速为 1000~3500m/s,如硝铵炸药、铵油炸药)、粉碎性炸药(爆速为 3500~7000m/s,如三硝基甲苯、胶质炸药)等。道路工程中常用的主要炸药的成分和性能如下:

(1)黑色炸药 它是由硝酸钾(或硝酸钠)、硫黄及木炭所组成的混合物,呈深灰色,不易制作,价格低;但威力小,怕潮湿,对撞击、摩擦、火星等敏感度高,易燃烧爆炸。因此,在制造、使用、管理中应予以注意,并禁止用铁器装药和捣实。它适用于爆破开采石料。

(2)三硝基甲苯(TNT) 它呈淡黄色的结晶粉末状,压制后呈黄色,熔铸块呈褐色,敏感度低,不吸湿,爆炸威力大;但本身氧含量不足,爆炸时产生有毒的一氧化碳气体,不宜用于地下作业。

(3) 胶质炸药　它是在硝化甘油和硝酸铵（有时用硝酸钾或硝酸钠）的混合物中另加入一些木屑和稳定剂制成的，呈淡黄色或琥珀色，为半透明体。它对冲击、摩擦和火星都很敏感，爆炸威力大，不吸湿，有较大的密度和可塑性，适用于水下或坚石爆破。

(4) 硝铵炸药　它是硝酸铵、TNT 和少量木粉的混合物，具有中等威力和一定的敏感度，机械敏感度低，需用雷管起爆，明火不易点燃，在空气中点燃时平静燃烧不爆炸，是一种安全的炸药，在公路工程中被广泛采用。

(5) 铵油炸药　它是硝酸铵和柴油（或再加木粉）的混合物，是一种价廉、安全、制造简单、敏感度低的炸药。其威力比硝铵炸药略低，多用于大中型爆破施工。但不能单纯用雷管直接起爆，必须同时用 10% 的硝铵炸药作起爆体，才能使其充分起爆。

铵油炸药容易受潮、结块，使爆炸不完全或拒爆，所以不适于存放，一般是在现场配制，随用随配。

(6) 浆状炸药　它是以硝酸铵、TNT（或铝粉、镁粉）和水为主要原料混合而成的一种浆状炸药，其威力大，耐水性强，适用于深孔爆破，但需烈性炸药起爆。

(二) 起爆器材

1. 雷管

雷管是常用的起爆器材，按照引爆方式分为火雷管和电雷管两种。

(1) 火雷管　火雷管也叫普通雷管，是用导火索来引爆的。火雷管由雷管壳、正装药（如雷汞等）、副装药（如三硝基苯甲硝胺等）、加强帽四个基本部分构成，如图 5-12a 所示。雷管壳一端开口，留有 15mm 长的空位，以便插入导火索，另一端呈窝槽状。

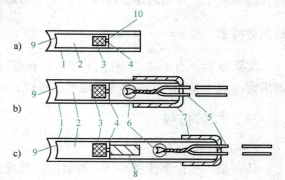

图 5-12　雷管的构造

a) 火雷管　b) 即发电雷管　c) 迟发电雷管
1—雷管壳　2—副装药　3—正装药　4—加强帽
5—电气点火装置　6—滴状引燃剂　7—密封胶和防潮涂料　8—延缓剂　9—窝槽　10—帽孔

由于雷管装有猛烈且敏感度很高的起爆炸药，因而在制造、运输、保管和使用时，都必须特别注意避免撞击、摩擦、火花等，并注意保持干燥，避免受潮变质。

(2) 电雷管　电雷管是用电流点火引爆炸药的。电雷管的构造与火雷管的构造基本相同，不同的是在管壳口的一段有一个电气点火装置，通电时电流通过电桥丝，灼热的电桥丝就能将引燃剂点燃，使炸药爆炸。

电雷管分为即发电雷管和迟发电雷管。即发电雷管用于同时点火，同时起爆，如图 5-12b 所示；迟发电雷管用于同时点火，但不同时爆炸的电点火线路中，其构造与即发电雷管基本相同，只是在引燃剂与炸药之间装有燃烧速度相当准确的延缓剂，从而可以推迟起爆，如图 5-12c 所示。

2. 导火索

导火索用于起爆火雷管或黑火药，外形为圆形索线，索芯内有黑火药，中间有纱导线，索芯外紧缠着数层纱包线与防潮纸，索外涂有防潮剂。对导火索的要求是燃烧完全，燃速恒定。

导火索在使用前必须进行外观检查，不得有表层破损、折断、曲折、沾有油脂及涂料不均匀等情况，并应做燃速试验。

3. 传爆线

传爆线又称为导爆线，其索芯用高级烈性炸药制成，内有双层棉织物，一层为防潮层，一层为缠绕着的纱线。为与导火索区别，传爆线表面涂成红色或红黄相间等色。道路工程中常用的传爆线是以黑索金为线芯的，爆速为 6800~7200m/s。传爆线着火较困难，使用时须在药室外的一段传爆线上捆扎一个雷管起爆。传爆网路与药包的连接方式有串联、并联、并簇联等。

由于传爆线的爆速很快，故在大量爆破的药室中，使用传爆线起爆可以提高爆破效果，但必须严格遵守安全规程。

三、常用的爆破方法

开挖岩石路基所采用的爆破方法，应根据石方的集中程度、地形、地质条件及路基横断面形状等具体情况确定，一般可分为小炮和洞室炮两大类。小炮主要包括钢钎炮、药壶炮、猫洞炮等；洞室炮则随药包性质、断面形状和地形的变化而不同，用药量在 1000kg 以下为"小炮"，1000kg 以上为"大炮"。

1. 钢钎炮（炮眼法）

钢钎炮通常是指炮眼直径和深度分别小于 7cm 和 5m 的爆破方法。由于炮眼直径小，装药量不多，爆破的石方量不大，所以在路基石方工程集中且数量大时，较少采用这种爆破方法。但此法操作简便、机动灵活、耗药量少，在工程分散、石方量不大时（如整修边坡、清除孤石等）仍然是适用的。此外，也常用此法为"大炮"创造有利地形。

2. 深孔法爆破

深孔法爆破是指炮眼孔径大于 7cm、深度在 5m 以上，使用延长药包（指长度大于底面短边四倍的药包）的一种爆破方法。其炮眼需用大型凿岩机或穿孔机钻孔，如能配以挖运机械清理石方，则可以作为快速施工的一个发展方向。此法的爆破效率较高，一次爆破量较大，施工速度快，爆破时对路基边坡的影响比"大炮"要小，爆破效果容易控制，爆破比较安全；但由于需用大型机械，施工准备工作和转移工地都较复杂，因此多用于石方数量大且集中的情况。爆破后有 10%~25%的大石块需要经二次爆破进行破碎，以便于清方。

3. 药壶炮（葫芦炮或轰膛炮）

药壶炮是指在深 2.5m 以上的炮眼底部用少量炸药经一次或多次轰膛，使炮眼底部扩大呈药壶形（或称葫芦形），再将炸药集中装入"药壶"中进行爆破的爆破方法。由于炮眼底部容积增大，装药较多，爆炸能量集中，从而可提高爆破效果，所以它是公路工程施工中常用的爆破方法之一。此法适用于结构均匀致密的硬土、次坚石、坚石。当炮眼深度小于2.5m，或地质条件为节理发达的软石，或岩层很薄，渗水或雨期施工时，不宜采用。

4. 猫洞炮

猫洞炮是指炮眼直径为 0.2~0.5m，深 2~6m，炮眼水平或略有倾斜，用集中药包形式（形状接近球形、正方体或长度不超过底面短边四倍的药包）进行爆破的爆破方法。其特点是充分利用岩体本身的崩塌作用，能用较浅的炮眼爆破较高的岩体，一次爆破可炸松 15~150m^3 的石方。它适用于硬土、胶结良好的古河床、冰渍层、软石或节理比较发达的次坚石、坚石（可利用裂缝整修成洞）等地质条件。对于独岩包或特大孤石的爆破效果很好。

5. 微差爆破

微差爆破是指两相邻药包或前后排药包以毫秒的时间间隔（一般为 15~75ms）依次起爆的爆破方法。其优点是当装药量相等时，可减振 1/3~2/3；前发药包为后发药包开创了临空面，从而加强了岩石的破碎效果；降低多排孔一次爆破的堆积高度，有利于挖掘机作业；由于依次爆破，减少了岩石的夹制力，可节省炸药 20%左右。

6. 洞室炮（药室炮）

洞室炮属于大爆破，是指先开挖导洞并通向药室，在药室中放置大量炸药，进行大规模爆破的一种爆破方法。洞室炮的威力巨大，效率高，可缩短工期、节约劳动力，适用于石方大量集中、地势险要或工期紧迫的路段；但此法施工技术复杂，冲击、振动强烈，如果使用不当，可能破坏山体平衡，造成意外塌方或对路基造成隐患。对于不良地质地段（如滑坡体、断层破碎带）、软弱地基以及周围有重要建筑物、人烟稠密的村镇等路段不宜采用。

四、爆破作业

爆破作业的主要工序有：对爆破人员进行技术和安全教育；对爆破器材进行检查试验；清除岩石表面的覆盖土及松散石层；确定爆破方法，选择炮眼；钻眼或挖坑道、药室，装药及堵塞；敷设起爆网路；设置警戒线；起爆；清理爆破现场（处理瞎炮等）。

（一）爆破器材的安全检查

为保证安全，在爆破器材使用前应进行安全检查，不符合施工安全要求的变质材料不能使用。炸药的名称、规格应与实际性质相符，否则需做性能试验。各种炸药的含水率应不超过下列规定：黑色炸药为 1%；硝铵炸药为 3%；铵油炸药为 5%。

雷管应符合规定的性能要求，外形完整，加强帽不得脱落变形，无药粉漏出。火雷管的发火孔处不得有铜锈，必要时应做试爆鉴定。导火索和传爆线应做燃速试验，其燃速应稳定一致，否则不能在群炮中使用。

（二）炮眼选择和钻眼

1. 炮眼选择

炮眼的位置、方向和深度均能直接影响爆破效果，一般应按下述原则选择炮眼：

1）选择炮眼时，必须注意石层、石质、石纹、石穴，应在无裂缝、无水湿处设置。应避免在用铁锤敲击石面发生空响处打眼。

2）应避免选择在两种岩石硬度相差很大的交界处。

3）应尽量选择在抵抗线最小、临空面较多的地方，药包与各临空面的距离应大致相等。

4）应尽量为下一炮创造更多的临空面。

5）群炮各炮眼的间距宜根据地形、岩石类别、爆破方法和炸药的种类经计算确定。

6）炮眼的方向应与岩石侧面平行，并尽量与岩层走向垂直。一般根据岩体外形、纹理、缝隙等实际情况分别采用正眼、斜眼、平眼、吊眼等方法。

2. 钻眼

钻眼工作分为人工钻眼和机械钻眼两种。人工钻眼操作简便，但效率低，适用于少量的石方爆破；机械钻眼虽然所需设备较多，但钻眼速度快，工效高，适合于大量的石方爆破。

人工钻眼的工具有钢钎、铁锤、注水工具和掏石粉（或石浆）用的小勺。钢钎可用实心的圆钢或六角钢做成，一般直径为 22～25mm，长度较炮眼深度高出 0.5m 为宜，刃口可根据岩石硬度做成不同的形状。

机械钻眼的主要设备是凿岩机。凿岩机的钻杆一般为直径 22～38mm 的空心六角钢，常用碳素工具钢制作，在岩石坚硬时，可用合金工具钢。钻头的形式有一字形（单刃）、十字形和梅花形（星形）。凿岩机的型号很多，应在施工前根据岩石的类别、钻孔的深度、工作环境与附属设备情况选用。

（三）装药、堵塞炮眼与点火引爆

1. 装药

装药是一项细致而危险的工作，应由熟练的炮工担任。装药时非装药的所有人员应撤离危险区，并要求装药与堵塞工作快速进行，以免炸药受潮，降低威力。

黑色炸药一般是散装的，装药时用木片或竹片将药灌入孔中，不得使用铁器操作，现场不得有任何火源。药装好后，将导火索插入药中，然后用木棍轻轻压实即可。

黄色炸药既可以散装，也可以将条状药包直接装入。待药装入一半时，将已插好导火索的雷管放入，再散装另一半药量，然后用木棍轻轻捣实即可。

导火索插入雷管时，严禁用牙齿咬管壳来夹紧导火索，而应用雷管钳将雷管口轻轻夹紧。纸雷管可用线扎紧，以免雷管与导火索脱开而不爆。

2. 堵塞炮眼

炸药装好后，先用干砂灌入捣实，再用堵塞料堵满炮眼并捣实。炮眼的堵塞材料可用砂、黏土、石粉或砂与黏土的混合物。捣实时应注意防止弄断导火索或传爆线。

当所有炮眼堵塞完毕后，应布置安全警戒，疏散危险区内的人员、牲畜，封闭所有与爆破地点相通的路径，做好点火引爆准备。

3. 点火引爆

（1）火雷管的引爆　由事先商定好的点火人员按规定路线及每人的点火炮数同时点火。点火时应用草绳、棉绳、香火等暗火引燃导火索，禁止用明火引爆。

（2）电雷管的引爆　通电前应检查起爆网路，并确定危险区内无人或人员已隐蔽好后，接通电源引爆。

点火引爆后，应仔细记录爆炸的炮数，当爆炸的炮数与装药的炮数相等时，方可解除安全警戒；如炮数不相等，应在最后一炮响过 30min 后，方可解除警戒。

（四）瞎炮处理

点火后未爆炸的炮称为瞎炮。瞎炮不但费工费料，影响施工进度，而且给处理工作带来不少困难，在施工中应注意防止产生瞎炮。一旦出现瞎炮，应立即查明原因，研究采取妥善的处理办法。

产生瞎炮的原因一般有雷管、导火索受潮失效；导火索与雷管接头脱开；堵塞炮眼时导火索拉断；炮眼潮湿有水；点炮时漏点等。

处理瞎炮时，先找出瞎炮位置，在其附近重新打眼，使瞎炮同新炮一起爆炸。如瞎炮为小炮且为一般炸药时，可用水冲洗处理。

（五）清理渣石

清理渣石可用人工或机械进行，较大石块无法搬移时，可通过人工破碎或进行二次爆破。清理时应严格按照操作规程进行，应将松动、碎裂的岩石自上而下撬落，以避免炸松的山石塌坍，造成伤人毁物事故。

单元 4　路基的养护

路基施工-路基的养护

路基是公路的重要组成部分，是路面的基础。它贯穿全线，连接桥梁、隧道。路基的强度和稳定性是保证路面强度与稳定性的基本条件，桥头引道路基对桥梁的使用及破损也有直接的影响。因此，必须通过路基养护，达到保持路基土密实、排水性能良好、各部分尺寸和坡度符合规定并及时消除不稳定因素的要求。

一、路基养护的要求、分类和注意事项

1. 路基养护的工作内容及基本要求

（1）工作内容　路基养护应通过对公路各部分的日常巡视和定期检查，发现病害时要及时查明原因，采取有效措施进行修复或加固，消除病害根源。其作业范围应包括下列内容：

1）维修、加固路肩和边坡。
2）疏通、改善排水设施。
3）维护、修理各种防护构造物。
4）清除塌方、积雪，处理塌陷，检查险情，防治水毁。
5）观察、预防并处理翻浆、滑坡、泥石流等病害。
6）有计划、有针对性地对局部路基进行加宽、加高，改善急弯、陡坡和视距不良地段，使其逐步达到所要求的技术标准。

（2）基本要求　为保证路基各部分完整，使路基发挥正常有效的作用，路基养护工作必须满足下列基本要求：

1）保持路基土密实，排水性能良好，各部分尺寸和坡度符合规定并及时消除不稳定因素。
2）路肩无车辙、坑洼、隆起、沉陷、缺口；横坡坡度适当，边缘顺适，表面平整坚实、整洁，与路面接槎平顺。
3）边坡稳定、坚固、平顺，无冲沟、松散地段，坡度符合规定要求。
4）边沟、排水沟、截水沟、跌水井、泄水槽等排水设施无淤塞、高草，纵坡符合要求，排水畅通，进出口维护完好，保证路基、路面及边沟内不积水。
5）挡土墙、护坡及防雪、防沙等设施保持完好、无损坏，泄水孔无堵塞。
6）做好翻浆、塌方、山体滑坡、泥石流等病害的预防、治理和抢修，尽力缩短阻车时间。
7）为适应运输发展的需要，应对养护的路线逐步进行改善和加固，如改善路线的急弯和陡坡，加添挡土墙、护坡等结构物。

2. 路基养护工程分类

（1）路基小修保养工程　对于路基，日常的保养工作包括整理路肩、边坡及清除路肩

杂物，以保持路容整洁；疏通边沟，保持排水系统通畅；清除挡土墙、护坡、护栏上滋生的杂草，修理伸缩缝、泄水孔，固定松动的石块；对护栏、路缘石进行修理、刷白工作，以保证其使用效果。

（2）路基中修工程　路基的中修工程包括局部加宽、加高路基或改善个别急弯陡坡；全面修理、接长或个别添建挡土墙、护坡、护栏；清除较大的塌方或一个区段内较集中的塌方；整段开挖边沟、截水沟或补砌边沟；过水路面跳车的处理；平交道口的改善；整段加固路肩等。

（3）路基大修工程　路基的大修工程包括在原路技术等级内整段改善线形；拆除、重建或改建较大的挡土墙、护坡等防护工程；隧道工程较大的防护加固等。

（4）路基改善工程　路基改善工程包括提高公路技术等级，整段加宽路基、改善线形；新开小型隧道工程等。

3. 路基养护维修的注意事项

在路基养护维修的过程中，应注意以下事项：

1）在修复路基过程中，不论是何种损坏现象，均应及时查明原因，做出相应的处理措施，及时排除隐患，要将其防患于未然。

2）要尽早找出道路的缺陷及损坏部分，根据需要进行应急处理，同时还需要及时地采取修复措施。

3）养护及维修作业时，要注意不要对交通造成障碍及对沿线人民的生活环境造成影响。

二、路基的加固与改善

（一）路肩的养护

对于不同类型的路肩，养护措施分别如下：

1. 土路肩养护

土路肩上如出现车辙、坑洼以及因行车道罩面、加铺保护层而出现错台现象，必须及时排除积水与淤泥，并用与原路基相同的土填平夯实，使其顺适。

路肩过高妨碍路面排水时，应铲削整平。铲削路肩宜在雨后土壤湿润状态下，结合清理边沟及修理边坡作业同步进行。

路肩横坡坡度过大时，宜用优质砂土以及其他合适的材料填补压实，不得用清沟挖出的淤泥或含有草根的土壤填补。砂性土或粉砂土地段，应掺拌黏性土加固表面，提高其稳定性。当填补厚度大于15cm时，应分层夯实。

路肩横坡坡度过小时，应削高补低整修至规定坡度。土路肩或有草的路肩，应满足横坡坡度比路面坡度大1%~2%的要求，以利于排水。

2. 纵坡坡度大于5%的路肩养护

纵坡坡度大于5%的路肩，由于坡度大，易被暴雨冲出沟槽，甚至冲坏路堤边坡，一般可根据路基排水系统的情况与需要进行综合改善，可采取以下措施：

1）自纵坡顶起，每隔20m左右两边交错设置宽30~50cm的截水明槽，并用碎（砾）石填满，同时在路肩边缘处设置高10cm、上宽10cm、下宽20cm的挡水土埂。在每条截水明槽处，留一淌水门，其下面的边坡用草皮或砌石加固，使水集中由槽内排出，如图5-13

所示。

2）在暴雨中，可沿路肩截水明槽下侧临时设置阻水埂，迫使雨水从槽内排出，但雨后应立即铲除。中、低级路面的路肩上自然生长的草皮应予保留。植草皮应选择适于当地土壤的草籽，成活后需加以维护和修整，使草高不超过10cm，簇集的杂草应铲除重铺，以保持路容美观。如路肩草中淤积沙土过多妨碍排水时，应予铲除，恢复路肩应有的横坡坡度。使用除草剂消灭杂草时，应注意不要对沿线环境产生影响。

路肩外侧易被洪水冲缺或牲畜踩踏形成的缺口处，可以用石块、水泥混凝土预制块或草皮铺砌宽20cm左右的护肩带，既消除病害，又美化路容。

3. 用各种路面材料铺成的硬路肩养护

公路上的路肩通常不供行车用，但从功能上要求应能承受汽车荷载。

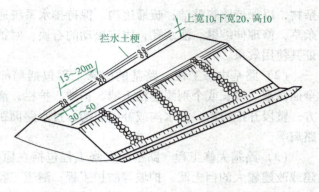

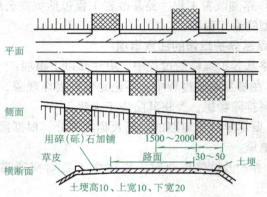

图 5-13　路肩截水明槽（单位：cm）

为减少路肩养护工作量，对于行车密度大的路线，应利用当地出产的砂、石等材料，有计划地将土路肩进行加固，或用沥青材料改铺成硬路肩。硬路肩的横坡坡度应与路面的横坡相同。硬路肩的类型大体上有以下几种：

1）砂石加固的硬路肩，如泥结碎（砾）石硬路肩、烧陶粒硬路肩。
2）稳定类硬路肩，如石灰土硬路肩、二灰碎石硬路肩、水泥土硬路肩等。
3）综合结构硬路肩，如在基层上作沥青表面处治的综合结构路肩。
4）草皮加固路肩，但草高不得高于10cm，否则应进行修剪。

路肩上严禁堆放任何杂物。对养路材料，应在公路以外相连路肩处，根据地形情况选择适宜地点设置堆料台，堆料台的间距以200~500m为宜。

（二）边坡的养护

边坡包括路堤填土坡面及山体天然状态的坡面，不论是路堤还是路堑边坡，又有不设防护和已设防护之分。

1. 不设防护的边坡养护

不设防护的边坡是指没有铺设防护或加固设施的边坡。对于不设防护的边坡，应经常保持边坡的坡度。边坡上除个别高出的部分应予铲平维修外，不准随便挖动，更不能在坡脚处垂直挖坑取土，要保持边坡的坡度稳定一致。

路堤边坡如有坍塌，应自上而下先挖成台阶，再分层填土夯实，夯实后宽度要稍超出原来坡面，以便最后整修切平，不能在边坡上贴土修补。另外，应保护好边坡上的草被植物。

对于山岭的路堑边坡，要经常检查，如有坡顶出现裂缝等可能坍塌的迹象时，应及时查明原因，采取相应的预防措施，以免突然下塌伤害行人和阻断交通。对已堆积在路上的塌方物，应先及时清除后再处治边坡。

在各种自然因素（如风化作用）和违反规定的行为（如在路基坡脚、边坡护坡道上挖土、取料或种植农作物等）的作用和影响下，不设防护的边坡常常会出现岩层风化崩塌、土体失稳坍塌等情况，边坡、碎落台、护坡道等出现缺口、冲沟、沉陷、塌落等现象，或受洪水、边沟流水冲刷及浸水影响而引起破损，这时必须加设防护及加固工程措施，以消除危岩、浮石，防止冲刷，保持稳定状态。

2. 已设防护的边坡养护

对于已经设置了防护与加固设施的边坡，应经常检查这些防护加固设施，针对不同情况，采用不同养护维修措施。

（1）植被护坡　植被护坡有种草及铺草皮两种方式，应经常检查植被的发育状态，地下水及地表水的流出状况；草皮护坡有无局部的根部冲空现象；坡面及坡顶有无裂缝、隆起等异常现象；坡面及坡顶的堆积状况。应针对不同情况采取对应措施。

（2）砌石护坡　养护时应检查护坡有无松动现象；有无局部脱落及陷没现象；护坡工程有无滑动、下沉、隆起、裂缝等现象；是否有涌水及渗水状况；泄水孔是否起作用，基础是否受到冲刷。针对上述现象找出原因，应及时填补、维修，保证边坡稳定。

（3）抛石加固边坡　应检查抛石有无空缺或冲失，应及时填补、填实，或选用大块石压铺在表面。

（4）石笼加固边坡　应检查笼框、钢丝是否出现腐蚀或断开，填石有无脱落现象。若有上述情况应及时修换笼框。笼中石料若不足，应予以填满，封闭笼框。

（三）路基排水设施的养护

1. 地面排水设施的养护

1）除坚持日常检查外，应加强汛前、汛中、汛后的检查，及时发现问题并加以清除，保证路基各排水设施的正常工作。

对边沟、截水沟、排水沟及暗沟等排水设施，在春融前特别是汛前，应全面进行检查疏浚，保证各排水沟渠完好无损，水流能够畅通无阻。雨中必须上路巡查，及时排除堵塞、疏导水流，保持水流通畅，并防止水流集中冲坏路基。暴雨后应进行重点检查，如有冲刷、损坏，须及时修理加固，如有堵塞应立即清除。

2）对各类地面排水沟渠，应经常保持设计断面形状和尺寸，满足排水要求。若发现边沟、截水沟、排水沟内有淤泥或边坡剥落的土块，或沟壁损坏，造成沟渠断面形状发生改变，应及时清淤和修复。

3）对各类地面排水沟渠，还应经常保持沟外边坡的坡度，以防坍塌、阻塞通道。当发现排水沟渠的边坡特别是土质边坡松散滑塌时，应立即修复。

4）为了保证沟渠迅速排水，应经常疏通，使沟底保持坡度不小于 0.5% 的纵坡；在平原地区排水有困难的地段，纵坡坡度也不宜小于 0.3%。当纵坡坡度大于 0.3% 时，则需要进行加固。当纵坡坡度等于或超过 7% 时，宜设置跌水或急流槽。

5）保证排水沟的水流在注入河道或其他渠道时应呈锐角相交，且不大于 45°，如图 5-14 所示，使水流通畅，避免冲淤。

6）农业灌溉用水应经涵管、倒虹吸及渡槽等流过公路。不得在路面、路肩上筑渠引水。兴建排灌渠道时要离开两侧边沟。

2. 地下排水设施的养护

地下排水设施为隐蔽工程，其构造一般要比地面排水设施复杂，一旦破坏，对路基造成的破坏比较大，维修和更换的工程量及影响范围很大。因此，地下排水设施的养护应引起足够的重视。

地下排水设施的位置和构造不容易弄清楚，因此需要预先掌握其设置位置及构造的资料，根据这些资料来检查和养护地下排水设施。地下排水设施的养护应注意以下几点：

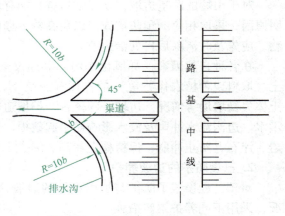

图 5-14　排水沟与河道或渠道衔接

1）应经常进行检查，如发现堵塞、淤积，应进行清除冲洗。尤其是雨季，应保证流水畅通。

2）应经常注意保持地下排水设施排水口的排水能力，防止堵塞。如发现沟口长草或堵塞，应及时清理和冲洗。

3）如碎（砾）石层淤塞不通时，应翻修，并剔除颗粒较小的石子。

4）地下排水设施的其他部位，由于平时不便于检查，可以在降雨之后调查，看其功能是否正常。如果地下排水设施的功能显著降低，或者可以断定排水设施的排水能力不足时，应该考虑新设或增设地下排水设施。

5）如发现排水口的流量变化有异常，或路面出现裂缝或凸凹，经检查是由于地下排水设施的破坏引起的，则应维修或重修地下排水设施。

6）使用土工织物作反滤层修筑或维修渗沟（特别是盲沟）时，应注意土工布的有效孔径要小于渗流中黏土粒的粒径。

3. 排水设施的加固

边沟、截水沟、排水沟的加固应结合地形、地质、纵坡坡度、流速等实际情况，综合考虑对沟底和沟壁进行加固。

（1）对于修筑在松软土质（细砂质土或粉砂土）上的沟渠，当流量较大或纵坡坡度为1%～2%时，或修筑在黏性较大的土质（粉砂质黏土或砂质黏土）上的沟渠，当纵坡坡度为3%～4%时，沟底可用片石铺砌加固，沟壁用草皮加固。

（2）排水设施位于疏松土上、纵坡坡度大于3%时，或位于黏性较大的土上、纵坡坡度大于4%时，沟底及沟壁均应用片石或水泥混凝土预制块铺砌加固或设置跌水。冰冻地区也可用三合土或四合土捣面等方法加固。

（四）挡土墙的养护

挡土墙是用来支撑天然边坡或人工填土边坡，以保持土体稳定的建筑物，是公路的重要组成部分，其技术状况对公路的影响很大，除经常检查外，每年还应在春秋两季各进行一次定期检查。在北方冰冻严重地区尤应注意，主要检查挡土墙在冰冻融化后墙身及基础的变化情况。通过重型车辆后，应进行特殊检查，发现裂缝、倾斜、鼓肚、滑动、下沉、表面风化、泄水孔不通、墙后积水、地基错台或空隙等情况，应查明原因，并观察其发展情况。然后根据结构种类，针对损坏实情，采取合理的修理加固措施；对检查和修理加固情况，应做好工程施工档案备查。

1. 圬工或混凝土砌块挡土墙的裂缝、断缝的处理

对已停止发展的挡土墙裂缝、断缝，应立即进行修理、加固，其方法是将裂缝缝隙凿毛，清除碎渣和杂物，然后用水泥砂浆填塞；对混凝土或钢筋混凝土挡土墙裂缝，可采用环氧树脂黏合。

2. 挡土墙倾斜、鼓肚或滑动、下沉的处理

（1）锚固法　该方法适用于水泥混凝土或钢筋混凝土挡土墙。采用高强度钢筋作为锚杆，穿入预先钻好的孔内，用水泥砂浆灌满锚杆后插入岩体部位；固定锚杆，待砂浆达到一定强度后，对锚杆进行张拉，然后用锚头紧固，如图 5-15 所示。

（2）套墙加固法　该方法是在原墙外侧加宽基础，加厚墙身，如图 5-16 所示。施工时，应挖除一部分墙后填土，以减少压力，同时应注意新旧基础和墙身的结合，其方法是凿毛旧基础和旧墙身，必要时设置钢筋锚栓或石榫，以增强连接。墙后回填土必须分层填筑并夯实。

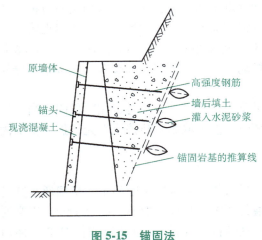

图 5-15　锚固法

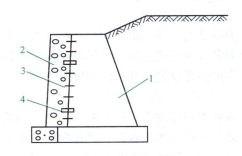

图 5-16　套墙加固法
1—原挡土墙　2—套墙　3—钢筋锚栓　4—连接石榫

（3）增建支撑加固法　该方法是在挡土墙外侧，每隔一定的间距增建支撑墙，如图 5-17 所示。支撑墙的基础埋置深度、尺寸和间距应通过计算确定。

3. 挡土墙的重砌处理

原挡土墙损坏严重，采用以上加固方法不能达到设计强度要求时，则应考虑将损坏部分拆除重建。为防止不均匀沉降，新旧挡土墙之间应设置沉降缝，并应注意新旧挡土墙接头要协调。

4. 挡土墙泄水孔的处理

挡土墙的泄水孔应经常保持畅通。泄水孔如有堵塞，

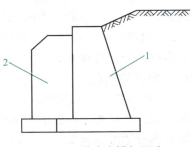

图 5-17　增建支撑加固法
1—挡土墙　2—支撑墙

应设法疏通。如疏通工程艰巨或受冻胀影响，应针对墙后土体的含水情况，另行选择适当位置增设泄水孔，或在墙背后沿挡土墙加做墙后排水设施。一般情况下可增设盲沟将水引出路基以外，以防止墙后积水引起土压力增加，造成土壤膨胀，将墙体挤裂、挤倒。

5. 砖石、混凝土或钢筋混凝土挡土墙的养护

如表面如出现风化剥落，应将风化表层凿除，喷涂水泥砂浆保护层，防止剥落恶化。当风化剥落严重时，应将风化部分拆除重砌。

6. 锚杆式或加筋土挡土墙的养护

应做好顶面和墙外的防水、排水。发现变形、倾斜或肋柱、挡板有断裂时，应采取抽换加固措施。对出露式的锚头螺母和垫板，要定期涂刷防锈漆以防锈蚀。如锚头是用砂浆或沥青麻絮包裹，要注意是否紧密，发现脱落应及时修补。

7. 添建或接长挡土墙

应与线路或原挡土墙相协调，挡土墙两端连接的边坡若被水流冲成沟槽或缺口，应及时填补、夯实，恢复原状。

8. 浸水挡土墙的养护

对于浸水挡土墙，除平时经常检查是否损坏外，应在汛期前后详细观察、检查。汛前检查的目的是确定其作用、效果是否稳定，能否承受洪水的袭击，同时采取相应的防护、加固措施；汛后检查的目的是观察其是否损坏，如有损坏应及时修理和加固。浸水挡土墙受洪水冲刷，出现基础被淘空，但未危及挡土墙本身时，可采取抛石加固或用块（片）石将淘空部分塞实并灌浆。当挡土墙本身出现损坏，如松动、下沉、倒塌、开裂等，应按原样修复。

（五）护岸的养护

护岸设施，应在汛期前后观察其作用和效果是否正常，检查其是否完整稳固。当护岸设施受到洪水冲刷或波浪、漂浮物等的冲击而损坏时，应采取抛石防护或石笼防护措施加固河床，保护护岸设施免受水流冲刷和淘刷。

（六）路基的局部改善

路基的局部改善一般是在维持通车的情况下进行的，应采取半幅施工、半幅通车交替进行。通车一侧应加强养护，其宽度应满足车辆通行要求，长度一般不宜超过1km。当交通量较大时，应加强施工路段道路的交通管理。有条件时，可组织绕道通行或修筑临时便道通行。路基的局部改善主要包括以下内容：

1）路堑加宽。开挖边坡时必须自上而下进行，严禁放"大炮"，以利于边坡稳定，并及时清理土石方，以利于车辆通行。

2）路堤加宽。应将原边坡的草皮、杂物清除，挖成台阶，分层填筑压实，使新旧土层结合良好。分层厚度和应达到的密实度应符合《公路路基施工技术规范》（JTG/T 3610—2019）的有关规定。

3）调整纵坡又加宽路基时，宜分别进行。当路堑降坡时，先将加宽部分边坡挖至与原路基同高，然后按半幅施工方法将原路基和加宽部分一起挖至设计标高；当路堑升坡时，先将加宽部分边坡挖至新设计标高，利用挖方将原路基填筑升坡至设计标高。当路堤降坡时，利用降坡挖方的同时加宽路基；当路堤升坡时，应先将加宽部分填至与原路基同高，然后同时填筑原路基和加宽部分至新设计标高。

4）在半填半挖路基上方，开挖边坡抛出的土石方应防止将外侧路肩打塌形成缺口。如有损坏，应及时修复，以避免阻碍行车。

5) 改善山嘴急弯或视距不良路段，应根据路线技术等级、地形条件，经过技术经济比较后，可采用增大平曲线半径和视距、局部改线的以路堑或短隧道形式穿越。

6) 沿河、沿沟、穿越农田及峡谷路段，应防止废方填塞河沟或过多占用农田，可与修筑挡土墙或拓宽路基的方案进行技术经济比较。

三、路基病害的处理

（一）路基的破坏类型

路基变形、破坏的类型主要有下列几种：

1. 路基的翻浆

路基翻浆主要发生在我国北方各省及南方的季节性冰冻地区的粉性土等不良的土质路基中。春融时期在地面水、地下水及行车的共同作用下，路基出现湿软，形成"弹簧"、裂缝、冒浆等现象，这就是路基翻浆。

2. 路基的沉陷

路基沉陷是指路基表面在垂直方向产生较大的沉落。路基的沉陷一般有两种情况，一是路基本身的沉陷；二是由于路基下部天然地基承载能力不足，路基在自重的作用下引起沉陷或向两侧挤出，如图 5-18 所示。

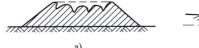
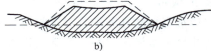

图 5-18 路基沉陷
a) 路基本身的沉陷 b) 地基下陷

路基本身的沉陷主要是由于填料选择不当，填筑方法不合理，压实不足，在荷载和水、温度综合作用下引起的。

地基的沉陷是指原地面为软弱土层，如泥沼、流沙或垃圾堆积场等，填筑前未经换土或压实处理，造成承载力不足，发生侧面剪裂凸起，地基发生下沉，引起路基下陷。

3. 路基边坡的塌方

按破坏规模与原因的不同，路基边坡的塌方分为剥落、碎落、滑塌、崩塌、坍塌等，如图 5-19 所示。

1) 剥落和碎落是指边坡土层或风化岩层表面，在大气的干湿或冷热循环作用下，表面发生胀缩现象，在雨水冲刷和动力作用之下，使表层土或岩石呈片状或带状从坡面上剥落下来。

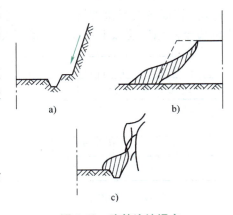

图 5-19 路基边坡塌方
a) 剥（碎）落 b) 滑塌 c) 崩塌

2) 滑塌是指路基边坡土体或岩石沿着一定的滑动面整体向下滑动，其规模与危害程度较碎落更为严重，有时滑动体可达数百方以上。

3) 崩塌是指大的石块或土块脱离原岩体或土体而沿边坡倾落下来,崩塌体的各部分相对位置在移动过程中完全打乱。

4) 坍塌主要是在土体（或土石混杂的堆积物）遇水软化,而边坡坡度又在45°~60°之间,且边坡无支撑的情况下产生。

路基边坡塌方的主要原因有:边坡过陡;填筑路堤方法不当;土体过于潮湿;坡脚被水冲刷;岩石破碎和风化严重等。

4. 路基沿山坡滑动

在较陡的山坡上填筑路基,如果原地面较光滑,未作必要的处理,如未进行凿毛或人工开挖台阶,或草丛未清除,坡脚又未进行必要的支撑,特别是在受水的浸润后,填方路基与原地面之间摩擦阻力减小,路基整体或局部沿地面向下移动,如图5-20所示。

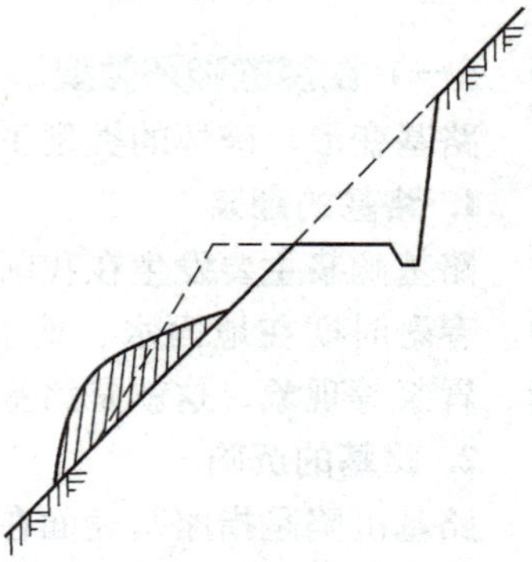

5. 不良地质和水文条件的破坏

道路通过不良地质水文地区,或遭受较大的自然灾害作用,如巨型滑坡、泥石流、地震及特大暴雨等,均能导致路基的大规模破坏。

图 5-20 路基沿山坡滑动

（二）路基翻浆

1. 路基翻浆的预防（切实做好路基排水）

对路基翻浆应加强预防性养护,对于路肩上易于积水处及路面上的裂缝,宜在雨季前修理加固好,以防止地下水渗入路基;路基的积雪应在春融前清除干净,以防止春融翻浆。

1) 每隔3~5m,在路两边交错开挖路肩横沟（图5-21）,沟宽一般为30~40cm;沟深按土壤及解冻范围逐渐加深,直至路面基层以下,沟的外口应高于边沟沟底。横沟底面要作向外倾斜的坡,坡度为4%~5%。

2) 路面坑凹严重的地段,除开挖横沟外,还应顺路边缘加修纵向小盲沟（图5-22）,沟深应至路面底层以下;如交通量不大,也可挖成明沟。

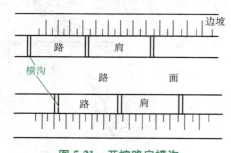

图 5-21 开挖路肩横沟

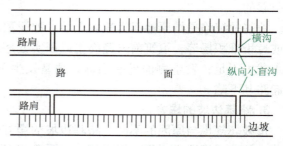

图 5-22 开挖横沟及纵向小盲沟

3) 如条件许可,应尽量绕道行车或限制重车通过,避免因碾压而加剧破坏。

4) 用木料、树枝等做成柴排铺在翻浆地段,上面再铺碎石或砂性土,临时维持翻浆期间的通车。

2. 路基翻浆的处治

一旦发现路面有潮湿斑点、龟裂、行车颠簸、路基发软等现象时,就表明翻浆已经开始露头。此时,应对其长度、起讫时间、气温变化、表面特征等进行仔细的调查分析,找出原因,以确定处理方法和措施。

1) 因路基偏低、排水不良而引起的翻浆,若地形条件许可,可采用挖深边沟、降低水位的方法进行治理,或用透水性良好的土提高路基。

2) 路基土透水性不良、提高路基有困难时,可将路基上层 40~60cm 的土挖除,换填砂性土、碎(砾)石,压实后重铺路面。在翻浆严重路段应将翻浆部分软土全部挖除,填入水稳定性良好的砂砾材料并压实,然后重铺路面。

3) 设置透水隔离层,其位置应在地下水水位以上,一般在土基 50~80cm 深度处用粗集料(碎石、砾石或粗砂)铺筑,厚度为 10~20cm,分别自路基中心向两侧做成 3% 的横坡,如图 5-23 所示。为避免泥土堵塞,隔离层的上下两面各铺 1~2cm 厚的苔藓、泥炭、草皮或土工布等其他透水性材料作为防淤层。连接路基边坡部位,应铺大块片石以防碎落。隔离层上部与路基边缘的高差 h 不小于 50cm,底部高出边沟底 20~30cm。

4) 设置不透水隔离层。在路面不透水的路基中,可设置不透水隔离层,设置深度与透水隔离层相同。当路基宽度较窄时,隔离层可横跨全部路基,称为贯通式,如图 5-24a 所示;当路基较宽时,隔离层可铺至延出路面边缘外 50~80cm,称为不贯通式,如图 5-24b 所示。

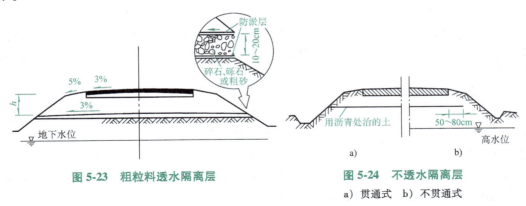

图 5-23 粗粒料透水隔离层

图 5-24 不透水隔离层
a) 贯通式 b) 不贯通式

不透水隔离层所用材料和厚度:
① 沥青含量为 8%~10% 的沥青土或 6%~8% 的沥青砂,厚度为 2.5~3.0cm。
② 沥青直接喷洒,厚度为 2~5mm。
③ 用油毛毡(一般为 2~3 层)或不易老化的特制塑料薄膜(在盐渍土地区不可用)摊铺。

5) 为防止水的冻结和土的膨胀,可在路基中设置隔温层(一般为北方严重冰冻地区),以减少冰冻深度,厚度一般不小于 15cm。隔温层材料可用泥炭、炉渣、碎砖等,直接铺在路面以下,宽度每边宽出路面边缘 30~50cm,如图 5-25 所示。

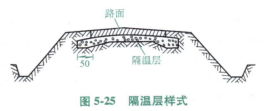

图 5-25 隔温层样式

6) 设置盲沟以降低地下水位,以截断地

下水潜流，使路基保持干燥。

① 在路肩上设置横向盲沟，其位置应与路中心线垂直。当路基纵坡坡度大于1%时，则与路中心线构成60°~75°的斜度（顺下坡方向）。两侧应相互交错排列，间距为5~10m，深度为20~40cm，宽40cm左右，填以透水性良好的砂砾等材料。横向盲沟出口按一般盲沟处理。盲沟往往容易淤塞，应经常观察其使用情况。

② 当地下水潜流顺路基方向从路基外侧向路基流动时，可在路基内设横向截水盲沟（图5-26）或在路基外设纵向截水盲沟，使其不侵入路基。盲沟的设置应与地下水含水层的流向成正交，并深入该层底部，以截断整个含水层。

③ 如地下水位较高，可在路基边沟底下设置纵向截水盲沟，其深度一般为1~2m，但应根据当地毛细水作用高度及需要降低水位的高度确定，如图5-27所示。

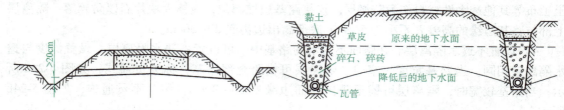

图5-26 横向截水盲沟布置示意　　　　图5-27 纵向截水盲沟示意

④ 盲沟应选择渗水良好的碎（砾）石填充。对较深的截水盲沟，则应按填充料颗粒的大小分层填入（下大、上小）；也可埋设带孔的泄水管。沟面可用草皮反铺掩盖，覆以密实的结合料，以防止地面水渗入。

7）改善路面结构的方法如下：

① 铺设砂（砾）垫层，它能隔断毛细水上升通道，增强融冰期的蓄水、排水作用，减小冻结或融化时水的体积变化，减轻路面冻胀和融沉危害。砂（砾）垫层的铺设厚度，对中湿土基一般可采用15~20cm，潮湿土基采用20~30cm。

② 铺设水泥稳定类、石灰稳定类、石灰工业废渣类等路面结构层，以增强路面的板体性、水稳定性和冻稳定性，提高路面的力学强度。

（三）路基滑塌

由于滑塌的类型很多，且成因复杂，因此在防治和处理时要针对各种不同情况采取不同的防治措施。公路上滑塌多发生于路基的上边坡，这是因为修筑公路破坏了自然地貌的平衡状态，因此防治滑塌的措施应以排水疏导为主，再配合抗滑支撑措施，或上部减重，以维持边坡平衡。防治滑塌的主要方法有以下几种：

1. 排除地面水

1）对路基上边坡的裂缝或截水沟漏水形成的大裂缝，必须及时予以夯实，以防止地面水向下渗透。夯实方法是先沿裂缝挖深、挖宽。一般要求挖到看不见缝隙为止。如果裂缝很深，则至少要挖到裂缝底部以下1m处，裂缝两侧的松土也要挖掉，再用黏土分层夯实，顶部应填成鱼背形，如图5-28所示。填好后要经常观察，特别在雨后几天要细致检查，如再出现裂缝应再行填补。

2）设置截水沟与排水沟。在容易发生滑塌或已发生滑塌的边缘上方修建截水沟，把滑塌体以外的地面水从截水沟引向桥涵或排水沟排出。还要在坡面上设树枝状排水沟来排除滑塌体范围内的地面水（图5-29）。截水沟的断面尺寸及布置，可参照排水设计进行。

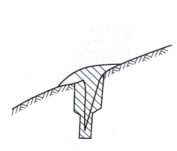

图5-28 裂缝开挖和填实方法

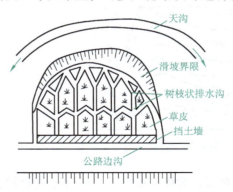

图5-29 截水沟与排水沟布置

2. 排除地下水

对地下水一般以疏导为主，不应采取堵塞的方法，通常以设置各式渗沟来排除。

（1）支撑渗沟 支撑渗沟用以支撑不稳定的滑坡体，兼起排除和疏导滑坡体内地下水的作用，适用深度（高度）为2~10m。支撑渗沟如图5-30所示。

（2）边坡渗沟 当滑坡体前缘的路基边坡有地下水均匀分布或坡面大片潮湿时，可修建边坡渗沟，以疏干和支撑边坡；同时，也能起到截阻坡面径流和减轻坡面冲刷的作用。

边坡渗沟的平面形状有垂直的、分支的及拱形的。分支渗沟的主沟主要起支撑作用，而支沟则起疏干作用。分支渗沟可以互相连接成网状布置，如图5-31所示。

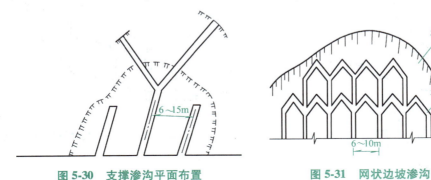

图5-30 支撑渗沟平面布置　　　　　图5-31 网状边坡渗沟

（3）截水渗沟 当有丰富的深层地下水进入滑坡体时，可在垂直于地下水流的方向上设置截水渗沟，以拦截地下水并排出滑坡体外。截水渗沟如图5-32所示。

3. 修筑抗滑支挡结构

（1）修筑石砌挡土墙 石砌挡土墙因其透水性和通风性好，对防治中型滑塌比较适宜。干砌块石、片石挡土墙本身透水，一般可不设泄水孔，有地下水大量聚积时，墙后要有排水设施，以便排除地下水，以免降低挡土墙的稳定性。在缺乏石料地区，可采用钢筋混凝土挡土墙或石笼挡土墙。

设置石笼挡土墙时，石笼可就地取材，利用当地毛竹、荆条、藤条编成笼筐，内填片石或卵石，堆成挡土墙，如图5-33所示。笼与笼之间要用钢丝连接起来，上下层用小木桩串联成整体，叠置时上层比下层收进去0.2~0.3m，呈台阶状。

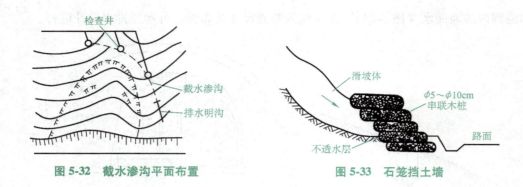

图 5-32 截水渗沟平面布置　　图 5-33 石笼挡土墙

(2) 修筑抗滑垛　抗滑垛一般用于支挡滑坡体体积不大，自然坡度平缓，滑动面位于路基附近或坡脚下部较浅处的滑坡，主要是依靠石垛的自重来增加结构的抗滑力。片石垛可用片石干砌或石笼堆成，图 5-34 为用于路堤滑坡的干砌片石抗滑垛。

(3) 修筑抗滑桩　抗滑桩是一种用桩的支撑作用稳定滑坡体的抗滑措施，一般适用于非塑性体层和中等厚度的滑坡体前缘，以及使用重力式支撑建筑物圬工工程量过大，施工困难的滑坡体。

抗滑桩按制作材料分类，有混凝土桩、钢筋混凝土桩；按施工方法分类，有打入桩、钻孔桩、挖孔桩等。图 5-35 为浅路堑边坡用混凝土桩使滑坡体稳定的示例。

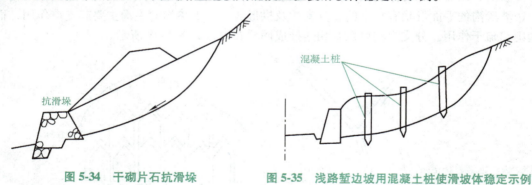

图 5-34 干砌片石抗滑垛　　图 5-35 浅路堑边坡用混凝土桩使滑坡体稳定示例

4. 减重与改线

减重的目的是减少滑坡体上部的土石方量，以减小下滑力。在地下水情况严重，排除困难时，常在滑塌范围内将滑坡体修刷平缓，以达到减小下滑力的目的；当滑塌范围很大，用上述办法处治难以奏效或不经济时，可考虑局部改线，避开危险地段。

此外，所有滑塌地区都应种植草皮或灌木林，因为植物能吸收土壤中的大量水分，使其干燥，且根系深入土中，能起固结土壤，防止水土流失，稳定边坡的作用。

(四) 路基崩塌

崩塌在雨季山区公路经常发生。它是指路基边坡土体或岩层在自重作用下，突然从边坡上崩塌下来，速度很快，冲击力很大，是较为常见且危害较大的路基病害之一。

崩塌的防治措施常见的有以下几种：

1. 整修边坡

在路堑斜坡如发现有裂缝、滑动现象，或因地下水影响而引起边坡变形，可能造成崩塌时，应自上而下进行修坡，使边坡顺适，形成稳定的边坡坡度。坡顶以上 3m 内如有大树也要砍掉，以防暴风雨刮倒大树，横卧道路后造成阻车。

当道路发生崩塌阻车时，可先在崩塌体的坡脚抢挖出一条单车道用于通车，然后再进行彻底清除与整修。

2. 做好排水设施

排除地面水可修建截水沟、排水沟；排除地下水，可修建纵（横）向盲沟，与处理滑塌相类似。

3. 加固边坡

对边坡表面进行加固与防护，可以增加坡面的稳定性，防止风化、剥蚀与冲坡。边坡如为软硬岩石交错组成时，可采用灰浆抹面，在抹面前应先清除松动岩屑及风化层，并嵌补坡面的坑洼。对于易风化的软质岩层边坡，特别是节理发达的边坡，可修建浆砌片石护墙或干砌块石护墙（应加水泥砂浆勾缝）来保护。

4. 修筑挡土墙或石垛

挡土墙是防治崩塌的重要措施，它可增加边坡的支撑力量。对个别危石不能用清除方法，又不必修挡土墙时，可以做浆砌块石石垛、立柱等进行支撑加固。

5. 考虑边坡稳定性

禁止在边坡上任意取土挖石，必要时应经养路部门同意，指定料场并有计划地自上而下挖取，要以不妨碍边坡稳定性为原则。

6. 加强经常性养护

在雨季前，要仔细检查易于发生崩塌的地段。对新建公路，在使用初期的 3 年内，应加强检查。如发现有崩塌危险地段，应首先将危险部分的土石方清除掉，以免突然下塌，阻断交通。

对碎落、剥落到路基上的小塌方体，要随时清除，以免妨碍边沟正常排水。对较大堆的塌方体在全部清除之前，要沿塌方体底部挖出临时排水沟，以免水漫过路面，集中冲刷下边坡造成缺口。

（五）泥石流

泥石流是一种突然爆发的含大量泥沙、石块的洪流，对路基的危害主要是通过堵塞、淤埋、冲刷、撞击等造成的，也可通过压缩、堵塞河路使水位壅升，淹没上游沿河路基，或者迫使主河槽改道，引起对岸冲刷，造成间接水毁。

对泥石流病害应进行调查，通过访问、测绘、观测等获得第一手资料，掌握其活动规律，有针对性地采取以预防为主、综合治理的方法来减轻泥石流的危害。泥石流严重的地区，养护部门应加强巡视检查，观察其变化动态，尽力采取防治措施。对泥石流可以采取以下措施进行防治：

1）植树造林，封山育林。对流泥、流石的山坡，在春秋两季应大量植树造林，铺植草皮，特别是在分水岭、山坡、洪积扇及沟谷。树木以生长快、根系多的柳树等为宜。铺草皮要先修整边坡，铺后要用木锤拍紧、拍平，使接缝紧密。但因草皮只能预防坡面冲刷、剥蚀，因此对滑动没有停止的边坡不宜种植。同时，应控制放牧，不允许在同一坡面上伐树和采挖草皮，以防造成新的泥石流。

2）平整山坡，填充沟缝，修筑梯阶、土埂，以控制水土流失，防止滑坡发展。

3）修筑排水及支挡工程，修筑截水沟、边坡、渗沟等排水工程，设置挡土墙，加固沟头、沟底、沟坡，稳定山坡。

4）在地质条件较好的上游，分级修建砌石挡渣坝或混凝土拦渣坝，以起到沉积、拦阻泥石流的作用。坝址宜选在能充分停淤的沟谷狭窄处，基础要设置在可靠的地基上，沉积在坝后的泥与石要随时清除。

5）小量的泥石流，应在路肩外缘设置碎落台或修建拦渣挡墙，并随时清除冲积的泥、石。

6）采用桥梁或涵洞跨越泥石流区，但要考虑淤积的问题。

7）采用明洞及隧道穿越泥石流区，一般用于路基通过堆积区、泥石流规模大、常发生高危害性泥石流且采取其他措施有困难时的情况。

8）采用排洪道、急流槽、导流堤、渡槽等设施使泥石流顺利排走，以防止掩埋道路、堵塞桥涵。

小 结

路基的施工质量直接影响路面的使用品质。路基施工质量低劣，必然导致路面破坏或加速路面的破坏。路基施工的基本方法，按其技术特点大致可分为人力施工、简易机械化施工、综合机械化施工、水力机械化施工和爆破法施工等。

路堤的填筑方法主要有分层填筑法、竖向填筑法、混合填筑法和填石路堤等。路堑的开挖方案主要有横向全宽开挖法、纵向挖掘法和混合法等。

填土压实是保证路堤填筑质量的关键，必须充分重视。影响土基压实的因素有内因和外因两个方面，内因主要是土的含水率和土质，外因则是压实功、压实机具和压实方法等。我国是以压实度作为土基压实的控制标准的。

石质路基施工是指采用爆破的方法进行石质路堑的开挖。爆破工程中常用的炸药有黑色炸药、TNT、胶质炸药、硝铵炸药、铵油炸药、浆状炸药。常用的起爆器材有雷管、导火索、传爆线。开挖岩石路基所采用的爆破方法，根据石方的集中程度、地形、地质条件及路基横断面形状等具体情况，一般分为小炮和洞室炮两大类。小炮主要包括钢钎炮、药壶炮、猫洞炮等；洞室炮则随药包性质、断面形状和地形的变化而不同。

路基养护应通过对公路各部分的日常巡视和定期检查，及时发现病害并查明原因，采取有效措施进行修复或加固，消除病害根源，使路基各部分处于完好状态。路基养护工程可分为路基小修保养工程、路基中修工程、路基大修工程、路基改善工程四类。

思 考 题

5-1 简述路基施工的重要性。
5-2 路基施工方法有哪几种？
5-3 简述填筑路堤时要做好哪些主要工作？
5-4 简述影响土基压实的因素有哪些？
5-5 绘制土的干密度与含水率关系曲线并说明曲线的含义。

5-6 简述土质和压实功对压实的影响。
5-7 什么叫压实度?
5-8 在压实施工中对压实度的要求应考虑哪些因素?
5-9 路基的整修与维修工作应包括哪些内容?
5-10 爆破岩石时,按破坏程度的不同,大致可分为哪几个爆破作用圈?
5-11 在公路施工中,经常使用的主要炸药有哪几种?
5-12 常用的起爆器材有哪几种?
5-13 试列出石方爆破工程中常用的几种爆破方法。
5-14 试述爆破作业的程序。
5-15 施工中出现瞎炮,一般该如何处理?
5-16 简述路基养护的工作内容及分类。
5-17 路基的加固与改善主要包括哪些内容?
5-18 处治路基翻浆的方法有哪些?
5-19 简述滑坡的防治措施。
5-20 简述崩塌的防治措施。
5-21 简述泥石流的防治措施。

学习情境六
路面设计

学习目标

1. 能够描述我国路面工程的发展趋势以及对路面的要求，说明路面结构、层次的划分及各层的功能，解释路面的分类。
2. 描述沥青路面的特点、柔性路面设计的程序和原则、路面结构的破坏状态与设计指标。
3. 了解轴载换算法以及结构组合设计的原则和方法。
4. 了解既有路面补强设计的要求与步骤，以及水泥混凝土路面的特点；叙述水泥混凝土路面的构造（包括路基、基层、垫层、路面板及接缝构造）及其作用。
5. 掌握多层体系路面厚度计算、路面结构层弯拉应力计算、路面结构设计及路面厚度计算的方法。
6. 掌握水泥混凝土路面的荷载疲劳应力与温度应力的计算、水泥混凝土路面板的厚度计算，以及水泥混凝土路面的接缝设计。

学习指南

本学习情境的重点在于路面结构层次的划分及各层的功能、路面设计理论、路面设计指标、轴载换算及累计当量轴次计算方法、路面结构组合设计的方法、路面厚度计算的理解，尤其是能按照规范要求独立进行一般水文地质条件下的路面设计。

单元 1　路面设计认知

一、路面工程发展趋势

随着我国道路交通科学技术的进步，大车型、重吨位和高速度的客（货）运车辆的大量涌现，高等级高质量的道路工程在交通建设事业中已占有越来越重要的地位。作为道路组成部分的路面工程也正飞跃发展。路面工程发展趋势的主要特点有：

1. 设计自动化

路面材料的配合比设计，路面应力、应变计算，路面结构选型、各层厚度计算，工程概（预）算以及路面优化设计，均能使用计算机自动进行计算。

2. 施工机械化

在路面施工中，土基整修，以及路面材料的备料、拌制、运料、摊铺、压实、成形，已全部采用机械化流水作业。路面工程建设普遍使用高效率的工程机械施工，如振动压路机、沥青洒布车、沥青混凝土自动摊铺机、沥青混凝土拌和站、水泥混凝土自动联合摊铺机等。机械化作业提高了效率，缩短了工期，并保证了工程的高质量。

3. 勘测新技术

随着电子、激光、红外线、微波技术以及航空航天科技的发展，利用这些新技术进行道路勘测和设计，已达到一个崭新的、全自动的新水平。利用航空摄影测量、地面立体测量、电磁波测量以及遥感技术，使勘测技术进一步向自动化、数字化、多功能化和高精度方向发展。相关仪器有红外线测距仪、激光经纬仪、全站仪等。

4. 量测自动化

路面量测是对路面工程结构物进行检查、质量鉴定、技术品质检测、工作状态测定的工作，主要表现在两个方面：一方面是对路面状况和质量的测定；另一方面是对结构进行无破损质量检查。量测自动化仪器有核子密度仪、自动弯沉仪、激光平整仪、自动摩擦系数测定车和自动噪声测量车等。

5. 设计和质检规范化

对各类路面材料和结构的强度检验和稳定性监测等，均有对应的检验标准，如《公路水泥混凝土路面设计规范》（JTG D40—2011）、《公路水泥混凝土路面施工技术细则》（JTG/T F30—2014）等，使我国路面设计和施工逐渐标准化。

6. 材料和结构多样化

在高等级沥青路面中，广泛采用高性能、高黏度的重交通沥青和改性沥青。水泥混凝土路面中广泛使用了减水剂、早强剂、缓凝剂和加气剂，可以显著改善水泥混凝土路面的强度和有关的工程性质。

路面结构呈多样化的趋势，如沥青路面采用土工布路面、土工格栅路面、多孔沥青混凝土排水消声路面、沥青碎石玛蹄脂路面等；水泥混凝土路面有碾压混凝土路面、钢纤维混凝土路面、预应力混凝土路面、连续配筋混凝土路面等。

除了柔性路面、刚性路面和半刚性路面外，还出现了复合式路面，其中最为典型的表现形式是由水泥混凝土作下面层、沥青混合料作上面层。这类路面综合了水泥混凝土强度高、刚度大、使用寿命长和沥青混凝土舒适性好、便于修补的长处，是一种经久耐用的优质面层。

7. 路面管理系统

路面管理系统是路面工程技术、系统工程理论和计算机技术相结合的产物，是一种现代化的路面养护管理新技术。它运用现代管理科学的理论、系统分析的方法和计算机运算手段，为管理部门提供科学的分析工具和方法，使有限的资源实现最佳配置，提供具有良好服务水平的路面。

路面工程的持续发展必将为快速、安全和舒适的交通运输服务创造美好的前景。

二、路面的基本要求

路面是道路的上部结构，是铺筑于路基之上由各种坚硬材料修筑而成的层状结构物，通常由一层或几层组成。为保证道路全年通车，提高运行速度，增强运行的安全性和舒适性，降低运输成本和延长道路使用年限，要求路面具有下述性能：

1. 足够的强度和刚度

1）路面强度是指路面抵抗破坏的能力。行驶在路面上的车辆会产生竖向压力、纵向水平力、振动、冲击力以及真空吸力等效应。在这些效应的综合作用下，路面会出现断裂、沉陷、皱褶和磨损等破坏，影响道路的使用质量。因此，要求路面结构及其各组成部分必须具备足够的强度，以抵抗行车作用下所产生的各种效应，避免路面破坏。

2）路面刚度是指路面抵抗变形的能力。路面结构整体或某一组成部分刚度不足，即使强度足够，在车辆荷载作用下也会产生过量的变形而形成车辙、沉陷和皱褶等破坏。因此，路面必须具备足够的刚度，使整个路面结构及其各组成部分的变形量控制在允许范围内。

2. 良好的稳定性

路面的稳定性是指路面保持其本身结构强度的性能，也就是指在外界各种影响因素的作用下路面强度的变化幅度。路面强度的变化幅度越小，则稳定性越好，反之则稳定性越差。

3. 足够的平整度

路面的平整度是反映路面使用质量的一项重要指标。不平整的路面会增大行车阻力，并使车辆产生附加的振动作用。这种振动作用会造成行车颠簸，影响行车的速度和安全。同时，振动作用还会对路面施加冲击力，从而加剧路面和汽车机件的损坏及轮胎的磨损，并增大能量的消耗。而且，不平整的路面还会积滞雨水，加快路面的破坏。所有这些都使路面的社会经济效益降低。因此，为了减小车辆荷载的有害效应，提高运行速度和行车的舒适性、安全性，路面应保持一定的平整度。道路的等级越高，对路面平整度的要求也越高。

4. 足够的耐久性

路面应具有足够的耐久性，使路面在荷载、气候等因素的长期作用下保持各种性能稳定，无有害的塑性变形积累。

5. 足够的抗滑能力

汽车在光滑的路面上行驶时，车轮因和路面之间缺乏足够的附着力或摩擦阻力而容易空转或打滑；在雨天高速行驶，或紧急制动、突然起动，或爬坡、转弯时，车轮也易产生空转或打滑，致使运行速度降低，能量消耗增多，甚至引起严重的交通事故。所以，路面表面应具有足够的粗糙度，即要具有足够的抗滑能力。

6. 与环境相谐调

路面应与周围环境相协调，一般应洁净少尘，有时根据道路所在地区的环境特点，还有低振动、低噪声，以及质地、亮度和色彩等要求。

三、路面结构及其层次的划分

路面结构层是为了适应行车和自然因素影响而设计的，路面结构层次划分如图 6-1 所示。

路面设计-路面结构层次的划分

（一）面层

直接承受车轮荷载反复作用和自然因素影响的结构层叫面层，其层数可取 1~3 层。面层应具备较高的力学强度和稳定性，同时还应具备耐磨性和不透水性。面层按组成材料的不同，可分为下列五种类型：

1. 水泥混凝土面层

这类面层具有强度高、刚度大、使用寿命长的特点，能承受较繁重的车辆荷载的作用。

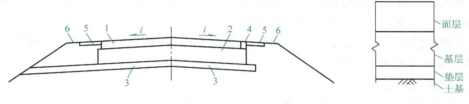

图 6-1　路面结构层次划分

i—路拱横坡　1—面层　2—基层（包括底基层）　3—垫层　4—路缘石　5—加固路肩　6—土路肩

水泥混凝土面层又可分为普通水泥混凝土面层、钢筋混凝土面层、连续配筋混凝土面层、钢纤维混凝土面层、预应力混凝土面层和碾压混凝土面层六种类型。

2. 沥青混合料面层

这类面层是指以碎石为集料，沥青作结合料的各种沥青混合料面层，如沥青混凝土、沥青碎石、乳化沥青碎石、沥青贯入碎石和沥青表面处治等面层。前两种面层的混合料具有较好的使用品质，可用作高级路面的面层。乳化沥青碎石适用于作二级及二级以下道路的面层、柔性路面的上基层以及调平层。沥青贯入碎石因为空隙较多，用作面层时应加封层，应用这种混合料的面层属次高级路面。沥青表面处治则主要起封层和磨耗层的作用，以改善路面的行驶条件。

3. 粒料面层

这类面层是指以土作为结合料的各种碎石或砾石混合料面层，如泥（灰）结碎石面层等。其顶面宜设置砂土磨耗层和松散保护层。这类面层只能承受中等和较轻的交道，属中级和低级路面。

4. 块料面层

块料面层由水泥混凝土嵌锁式块料、整齐或半整齐的块石、其他材料块料铺筑而成，面层下需铺设薄层的砂垫层，以调节砌块高度，形成块料间的嵌挤作用。这类面层能承受较重的荷载，但平整度较差。

5. 复合式路面

复合式路面由水泥混凝土（经济型混凝土）作下面层，沥青混合料或水泥混凝土作上面层组成。这类路面综合了水泥混凝土强度高、刚度大、使用寿命长和沥青混凝土舒适性好、便于修补的长处，是一种经久耐用的优质面层。

（二）基层

基层设置在面层之下，并与面层一起将车轮荷载的反复作用传递到垫层和土基中。因此，对基层材料的要求是应具有足够的抗压强度、密度、耐久性和扩散应力（即应有较好的板体性）。由于基层不直接与车轮接触，故一般对基层材料的耐磨性不予严格要求。基层受自然因素的影响虽不如面层强烈，但仍应有足够的水稳定性，以防基层湿软后变形过大，从而导致面层损坏。水泥混凝土面层下的基层还应具有足够的耐冲刷性。

用作基层的材料主要有以下几类：

（1）有机结合料稳定类　它包括热拌沥青碎石或乳化沥青碎石混合料、沥青贯入碎石等。

（2）无机结合料稳定类（半刚性类）　它包括水泥稳定类、石灰稳定类与工业废渣稳定类三大类，每类中的具体材料有：

1) 水泥稳定类：水泥稳定砂砾、水泥稳定砂、水泥稳定砾石、水泥稳定碎石土、水泥稳定未筛分碎石、水泥稳定石屑、水泥稳定土等。

2) 石灰稳定类：石灰稳定土、石灰稳定砂砾土、石灰稳定碎石土，以及用石灰稳定的级配砂砾、级配碎石和矿渣等。

3) 工业废渣稳定类：

① 石灰粉煤灰（二灰）类：二灰、二灰土、二灰砂、二灰砂砾、二灰碎石、二灰矿渣等。

② 水泥粉煤灰类：水泥粉煤灰稳定砂砾、水泥粉煤灰稳定碎石、水泥粉煤灰稳定砂等。

③ 石灰煤渣类：石灰煤渣、石灰煤渣土、石灰粉渣碎石、石灰煤渣砂砾、石灰煤渣矿渣、石灰煤渣碎石土等。

（3）粒料类 它包括嵌锁型与级配型两大类，每类中的具体材料有：

1) 嵌锁型：泥结碎石、泥（灰）结碎石、填细碎石等。

2) 级配型：级配碎石、级配砾石、符合级配的天然砂砾、部分砾石经轧制参配而成的级配碎（砾）石。

（4）刚性类 如经济型混凝土和碾压混凝土。起承重作用的基层有时选用二层结构，其下面一层称作底基层。对底基层材料（包括集料和结合料）的要求可低于上基层。设置底基层的目的在于分担荷载以减薄上基层厚度，并充分利用地方材料。

（三）垫层

垫层是底基层和土基之间的层次，它的主要作用是加强土基、改善基层的工作条件。垫层根据选用材料的不同，分为透水性垫层和稳定性垫层；根据设置的目的和作用不同，可分为稳定层、隔离层、防冻层、防污层、整平层和辅助层。

透水性垫层是由松散的颗粒材料如砂、砾石、炉渣、片石、锥形块石及圆石等构成的，其对材料的强度要求不高，但水稳性、隔热性和吸水性一定要好。这类垫层具有较大的孔隙，能切断毛细水的上升通道，冻融时又能蓄水、排水，可减少路面的冻胀和沉陷。

稳定性垫层是由整体性材料如水泥土、石灰土等构成的，这类垫层成型后，强度高，板底性强，有良好的水稳性和冻稳性。煤渣石灰土具有较强的保温性能，可以减少翻浆和冻胀的危害。

各类路面各结构层次可选用的组成材料见表6-1。

表6-1 各类路面各结构层次可选用的组成材料

结构层次	路面类型				
	沥青路面	水泥混凝土路面	复合式路面	块料路面	粒料路面
面层	沥青混凝土、沥青碎石、乳化沥青碎石、沥青贯入碎石、沥青表面处治	普通水泥混凝土、钢筋混凝土、连续配筋混凝土、钢纤维混凝土、预应力混凝土、碾压混凝土	经济型混凝土（下面层）+水泥混凝土或沥青混合料（上面层）	水泥混凝土嵌锁式块料、整齐或半整齐的块石	级配碎（砾）石、泥（灰）结碎石、粒料改善土
基层	水泥或石灰-粉煤灰稳定碎石或砾石粒料、经济型混凝土、沥青碎石、沥青贯入碎石、水结碎石、泥（灰）结碎石				石灰、水泥或粉煤灰稳定土、砂砾
垫层	水泥、石灰或石灰-粉煤灰稳定土、碎石、砂或砂砾				

(四)路拱和路面排水

为了保证路面上的雨水及时排出,减少雨水对路面的浸润和渗透导致的路面结构强度减弱,路面表面应做成直线形或抛物线形的路拱。等级高的路面,平整度和水稳定性较好,透水性较小,通常采用直线形路拱和较小的路拱横坡度。等级低的路面,为了有利于迅速排除路表积水,一般采用抛物线形路拱和较大的路拱横坡度。表6-2列出了各种不同类型路面的路拱平均横坡度。选择路拱横坡度,应充分考虑有利于行车平稳和有利于横向排水两方面的要求。

表 6-2　各类路面的路拱平均横坡度

路 面 类 型	路拱平均横坡度/(%)	路 面 类 型	路拱平均横坡度/(%)
沥青混凝土、水泥混凝土	1~2	碎石、砾石等粒料	2.5~3.5
沥青类面层、整齐石块	1.5~2.5	炉渣土、砾石土、砂粒土等	3~4
半整齐石块、不整齐石块	2~3	—	—

高速公路和一级公路设有中央分隔带,通常采用两种方式布置路拱横断面:若分隔带未设置排水设施,则做成中间高,两侧路面低,由单向横坡向路肩方向排水;若分隔带设置排水设施,则两侧路面分别单独做成中间高两边低的路拱,向中间排水设施和路肩两个方向排水。

通过接缝、裂缝或透水性面层,仍会有部分水分渗漏入基层、垫层或土基。在降水量大的地区,为迅速排除进入基层或垫层内的水分,以免积滞在路槽内降低基层或垫层的强度和稳定性,或者冲刷基层或垫层,应在路面结构内设置排水设施。基层或垫层由空隙大的开级配材料组成透水层时,可修成全宽式,使渗漏入该层的水分能横向流出路槽,并排向边沟;或者在路肩下设置纵向排水管,排除横向汇集的渗入水。基层或垫层为不透水层时,则设置纵向排水管,排除由基层或垫层顶面横向汇集的渗入水。路基、垫层和基层顶面的横坡应略陡于路拱的横坡。

路面结构内部排水应与公路其他相关排水系统相衔接,并应符合《公路排水设计规范》(JTG/T D33—2012)的有关规定。

采用开级配沥青混合料表面层,或设置粒料、开级配或半开级配混合料等排水层、防冻层时,可采用横贯整幅路基的形式,或设置边缘排水系统。

(五)路肩

行车道两侧的路肩承受车辆的偶然停留作用,并对路面基层和垫层起侧向支撑作用。路肩结构层和排水的设计,应与路面结构层和排水整体考虑。平整、坚实和不透水的路肩表面,既可增加行车道的有效宽度,又可改善路面边缘部分的工作条件,延长路面的使用寿命。

对于轻交通道路,可用级配良好的砾石或碎石作为路肩面层材料。中等交通道路,则宜在路肩表面铺设沥青表面处治层。重或繁重交通的道路,宜采用沥青混合料铺面,或者采用水泥混凝土铺面,并用拉杆同行车道路面相连。

路肩横坡度一般较路面横坡度大1%,以利于迅速排除表面水。但是高速公路和一级公路的硬路肩采用与路面行车道相同的结构时,应采用与路面行车道相同的路面横坡度。

路肩结构组合和材料选用应与行车道路面相协调，不应影响路面结构中水的排出。

极重、特重和重交通荷载等级公路及冻土地区，硬路肩基层、底基层的材料和厚度应与行车道路面相同。

三级和四级公路硬路肩可采用沥青结合料类材料或粒料。

四、路面的等级与分类

（一）路面的等级

通常按路面的面层使用品质、材料组成类型以及结构强度和稳定性，将路面分为四个等级，见表6-3。

表6-3　各等级路面所具有的面层类型及其适用的公路等级

路面等级	面层类型	适用的公路等级
高级路面	沥青混凝土面层、水泥混凝土面层、厂拌沥青碎石面层、整齐石块或条石面层	高速公路，一级、二级公路
次高级路面	沥青贯入式面层、路拌沥青碎（砾）石面层、沥青表面处治面层、半整齐石块面层	二级、三级公路
中级路面	泥结或级配碎（砾）石面层、水结碎石面层、不整齐石块面层、其他粒料面层	三级、四级公路
低级路面	粒料加固土面层、其他当地材料加固或改善土面层	四级公路

1. 高级路面

高级路面的特点是强度高，刚度大，稳定性好，使用寿命长，能适应较繁重的交通量，路面平整无灰尘，能保证高速行车，养护费用少，运输成本低；但初期建设费用高，需要用质量高的材料来修建。

2. 次高级路面

次高级路面与高级路面相比，刚度和强度较差，使用寿命较短，所适应的交通量较小，运行速度也较低；次高级路面的初期建设投资虽较高级路面低些，但要求定期护理，养路费用和运输成本也较高。

3. 中级路面

中级路面的强度和刚度低，稳定性差，使用周期短，平整度差，易扬尘，仅能适应较小的交通量，运行速度低；中级路面的初期建设投资虽然很低，但是养护工作量大，需要经常维修和补充材料才能延长使用寿命，运输成本也高。

4. 低级路面

低级路面的强度和刚度最低，水稳定性差，路面平整性差，易扬尘，故只能保证低速行车，所适应的交通量最小，在雨季有时不能通车；低级路面的初期建设投资最低，但要求经常养护、修理，而且运输成本最高。

（二）路面的分类

路面的类型可从不同角度来分类，按面层所用的材料来分有水泥路面、沥青路面、砂石路面等。在工程设计中，主要从路面结构力学特性和设计方法的相似性出发将路面划分为柔性路面、刚性路面、半刚性路面三类。

1. 柔性路面

柔性路面的总体结构刚度较小，在车辆荷载作用下产生较大的弯沉变形，路面结构本身的抗弯拉强度较低,它通过各结构层将车辆荷载传递给土基,使土基承受较大的单位压力。柔性路面主要靠抗压、抗剪强度来承受车辆荷载作用。柔性路面主要由各种未经处理的粒料基层和各类沥青面层、碎(砾)石或块石面层组成。

2. 刚性路面

刚性路面主要是指以水泥混凝土作面层或基层的路面结构。水泥混凝土的强度很高,与其他筑路材料相比,它的抗弯拉强度高,并且有较高的弹性模量,故呈现出较大的刚性。

3. 半刚性路面

半刚性路面常用经水泥、石灰等无机结合料处治的土或碎(砾)石及含有水硬性结合料的工业废渣修筑基层,在前期具有柔性路面的力学性质,后期的强度和刚度均有较大幅度的增长,但仍小于水泥混凝土路面。由于这种材料的刚性处于柔性路面与刚性路面之间,因此把该基层和铺筑在它上面的沥青面层统称为半刚性路面,这种基层称为半刚性基层。在设计中,半刚性基层仍按柔性路面进行设计。

半刚性基层的显著特点是整体性强、承载力高、刚度大、水稳定性好,而且较为经济。高等级公路越来越多地采用半刚性基层。

在我国,半刚性材料已广泛用于修建高等级公路的路面基层和底基层。表 6-4 列出了我国高等级公路采用的半刚性基层路面结构。

表 6-4 我国高等级公路采用的半刚性基层路面结构

面层类型与厚度	基层类型与厚度	底基层类型与厚度
4 中粒式沥青混凝土+8 沥青碎石	18 二灰砾石	30 二灰土
4 中粒式沥青混凝土+5 粗粒式沥青混凝土+6 沥青碎石	20 二灰砂砾	20 二灰土
4 中粒式沥青混凝土+5 粗粒式沥青混凝土+6 沥青碎石	20 或 25 或 26 水泥稳定石屑	31 或 32 或 34 或 37 水泥稳定砂土,28 或 34 或 37 水泥稳定土
4 中粒式沥青混凝土+8 沥青碎石	18 水泥稳定砂砾	15~39 天然级配砂砾
4 中粒式沥青混凝土+5 粗粒式沥青混凝土+6 沥青碎石	20 水泥稳定砂砾	15~35 级配砂砾
4 中粒式沥青混凝土+8 粗粒式沥青混凝土+0.7 沥青石屑下封层	20 二灰砂砾	20~25 二灰土
3 防滑表层+6 粗粒式沥青混凝土+8 沥青贯入式面层	49 三灰碎石	—
12~15(20~25)沥青层	20~25 水泥稳定粒料	25~35 石灰土、石灰水泥或二灰
4 中粒式沥青混凝土+6 粗粒式沥青混凝土+6 沥青碎石	18~40 二灰碎石	17~33 二灰土或 30~41 二灰土

注:表中数据单位为 cm。

刚性路面、柔性路面和半刚性路面,这种以力学特性为标准的分类方法主要是为了便于从功能原理和设计方法出发进行区分,并没有绝对的定量分界界限。

五、路面的设计任务和内容

1. 路面的设计任务

路面设计的任务是以最低的寿命周期费用提供一种路面结构,它在设计使用期内能按目标可靠度要求满足预定的使用性能要求。同时，这种路面结构所需的材料、资金和施工设备、技术，符合当地所能提供的条件和经验。

路面设计使用期是指新建或改建的路面从开始使用到其使用功能退化到预定的最低标准时的时段，设计使用期以该时段内标准轴载累积作用次数表示。到设计使用期末，路面并非损坏到完全无法使用的程度，而是必须采取重大的改建措施以恢复其使用功能，使其与使用要求相适应。

路面设计应根据公路等级、路面使用性能要求和所需承担的交通荷载，结合当地气候、水文、地质、材料、建设和养护条件、工程实践经验以及环境保护要求等，进行结构组合、材料设计和厚度设计，通过技术经济分析选定设计方案。

路基应满足最低回弹模量要求，并应具有合适的湿度。应在调查掌握沿线路基土质和湿度类型的基础上，进行路基路面综合设计。

路面设计应结合当地条件和工程经验，积极稳妥地选用新技术、新结构、新材料和新工艺。

沙漠、膨胀土和盐渍土等特殊地区的路面设计，除应符合设计规范的相关规定外，还应考虑地区的特殊性，结合当地经验采取相应的技术措施。

2. 路面的设计内容

路面设计的内容包括结构、构造、材料和路表性能等方面，具体分为以下六部分：

1）行车道路面与路肩铺面的类型选择和结构层组合设计：依据道路等级、当地环境、交通要求、路基支撑条件、材料供应、施工和养护技术水平、资金来源等情况，选择路面类型，设计应符合使用性能要求。

2）水泥混凝土路面面层的接缝构造和配筋设计：选择接缝的类型，布设接缝的位置，设计接缝的构造，确定配筋率和布置钢筋。

3）路面排水设计：选择排水系统的整体布设方案，确定各项排水设施的构造、尺寸、位置和材料规格要求。

4）各结构层材料组成设计：依据对所选的材料和混合料的性能要求以及当地自然条件进行各结构混合料的组成设计和性质试验，从满足性能和经济要求的角度选择材料。

5）路表性能设计：按抗滑、防水、耐磨、高强度、低噪声、高平整度、高舒适度等使用要求进行路面上面层的材料组成设计。

6）经济评价和最终方案选择：对各方案进行优化、寿命周期费用分析，依据资金筹措情况、目标可靠度以及其他非经济因素，选择费用、效果最佳的设计方案。

单元2　沥青路面设计

路面设计-沥青路面的特点与分类

一、沥青路面的一般知识

（一）沥青路面的特点

沥青路面是在柔性基层、半刚性基层上，铺筑一定厚度的沥青混合料面层的路面结构，也称为黑色路面。

由于沥青路面使用了沥青结合料，增强了矿料间的黏结力，提高了混合料的强度和稳定性。与水泥混凝土路面相比，沥青路面表面平整无接缝，行车舒适，振动小，噪声低，开放交通快，养护简便。

沥青路面的缺点是温度敏感性高，在夏季强度下降，若控制不好会使路面发软或泛油、发生推挤剪裂破坏。低温时，沥青材料变脆或由于土基冻胀引起路面开裂。此外，履带式车辆不能在沥青路面上行使。在低温季节和雨季，除乳化沥青外，沥青路面不能施工。

沥青路面属柔性路面，其强度和稳定性在很大程度上取决于土基和基层的特性。沥青路面对基层的要求是：

1）具有足够的强度和适宜的刚度。
2）具有良好的稳定性，特别是水稳定性。
3）干燥收缩和温度收缩变形较小。这主要是针对半刚性基层而言的，我国有一些高速公路是半刚性路面，由于基层的抗变形能力差，易开裂，形成反射裂缝，从而影响路面的使用性能。
4）表面平整、密实，路拱和面层应一致，高程应符合要求。

（二）沥青路面施工方法及沥青混合料的分类

沥青路面的施工方法可分为层铺法、路拌法和厂拌法三大类：

(1) **层铺法** 层铺法采用分层洒布沥青、分层撒铺集料和碾压的方法施工。其主要优点是工艺和设备简便，工效较高，施工速度快，造价低廉；缺点是路面成形期较长，质量不宜保证，需要经过炎热季节行车碾压之后，路面方能完全成形。

(2) **路拌法** 路拌法是指在现场用机械或人工将集料和沥青材料就地拌和、摊铺和碾压密实。该方法与层铺法相比，沥青材料在集料中分布比较均匀，成形快。

(3) **厂拌法** 厂拌法是指先将一定级配的集料和沥青材料在工厂用专用设备加热拌和，然后送到工地摊铺碾压。

根据沥青路面的技术特性，沥青路面可分为沥青表面处治路面、沥青贯入式路面、热拌沥青碎石路面、沥青混凝土路面、乳化沥青碎石混合料路面，此外，还有沥青玛琋脂碎石路面等。

我国在沥青路面中采用较多的材料类型是以石油沥青为结合料，采用连续级配的密实式热拌热铺型沥青混凝土。

实践中，我国对沥青混合料的级配和空隙率的重要性有了进一步的认识，《公路沥青路面施工技术规范》（JTG F40—2004）针对这一方面对沥青混合料的分类做了说明。

1) 沥青混合料：由矿料与沥青结合料拌和而成的混合料的总称。按材料组成及结构分为连续级配、间断级配混合料；按矿料级配组成及空隙率大小分为密级配、半开级配、开级配混合料；按公称最大粒径的大小分为特粗式（公称最大粒径大于 31.5mm）、粗粒式（公称最大粒径等于或大于 26.5mm）、中粒式（公称最大粒径为 16mm 或 19mm）、细粒式（公称最大粒径为 9.5mm 或 13.2mm）、砂粒式（公称最大粒径小于 9.5mm）沥青混合料；按制造工艺分为热拌沥青混合料、冷拌沥青混合料、再生沥青混合料等。

2) 密级配沥青混合料：按密实级配原理设计组成的各种粒径颗粒的矿料与沥青结合料拌和而成，分为设计空隙率较小（对不同交通及气候情况、层位可作适当调整）的密实式沥青混凝土混合料（以 AC 表示）和密实式沥青稳定碎石混合料（以 ATB 表示）；按关键性筛孔通过率的不同又可分为细型、粗型密级配沥青混合料等。粗集料嵌挤作用较好的也称为嵌挤密实型沥青混合料。

3) 开级配沥青混合料：矿料级配主要由粗集料嵌挤组成，细集料及填料较少，设计空隙率为18%。

4）半开级配沥青碎石混合料：由适当比例的粗集料、细集料及少量填料（或不加填料）与沥青结合料拌和而成。

5）间断级配沥青混合料：矿料级配组成中缺少1个或几个粒径档次（或用量很少）形成的沥青混合料。

6）沥青稳定碎石混合料（简称沥青碎石）：由矿料和沥青组成的具有一定级配要求的混合料。按空隙率、集料最大粒径、添加矿粉数量的多少，分为密级配沥青稳定碎石（ATB）、开级配沥青碎石（OGFC表面层及ATPB基层）、半开级配沥青碎石（AM）。

7）沥青玛琋脂碎石混合料：由沥青结合料与少量的纤维稳定剂、细集料以及较多量的填料（矿粉）组成的沥青玛琋脂填充于间断级配的粗集料骨架的间隙中组成整体的沥青混合料，简称SMA。

二、沥青路面的设计方法和标准

（一）沥青路面的设计方法

沥青路面设计方法可概括为两类：一类是以经验或试验为依据的经验法，这类方法是在铺筑试验路的基础上，总结成功经验作为路面设计指南；另一类是以力学分析为基础，以环境条件、交通条件以及材料特性为依据的理论方法。

为了采用多个指标控制路面的结构设计，同时把路面的结构组合、厚度计算和材料组成设计统一考虑，使路面结构设计与计算更符合实际情况，《公路沥青路面设计规范》（JTG D50—2017）采用双圆垂直均布荷载作用下的多层弹性层状体系理论，以设计弯沉值作为路面整体刚度的设计指标，用于计算路面结构层厚度。对高速公路、一级公路、二级公路的沥青混凝土面层和半刚性材料基层、底基层应进行弯拉应力验算。

沥青路面在力学性质上属于非线性的弹-黏-塑性体，考虑到车辆荷载作用的瞬时性（百分之几秒），在路面结构中产生的黏-塑性变形很小，对于厚度较大、强度较高的沥青路面，将其视为线弹性体，并应用弹性层状体系理论进行分析计算是合适的。弹性层状体系是由若干个弹性层组成的，上面各层具有一定的厚度，最下一层（土体）为弹性半空间体。

采用弹性层状体系理论进行路面结构计算时，应考虑各层间接触的条件。层间的接触条件既可能是连续的（即上下两层之间没有相对位移，不能相互错动），也可能是滑动的（即上下两层之间仅竖向应力和位移连续而无摩阻力，可以自由错动），甚至介于两者之间。我国一般采用完全连续体系作为层间接触条件。

（二）沥青路面的设计标准

（1）目标可靠度　路面结构的目标可靠度和目标可靠指标不应低于表6-5的规定。

表6-5　路面结构的目标可靠度和目标可靠指标

公路等级	高速公路	一级公路	二级公路	三级公路	四级公路
目标可靠度（%）	95	90	85	80	70
目标可靠指标 β	1.65	1.28	1.04	0.84	0.52

（2）设计使用年限　新建沥青路面结构设计使用年限不应低于表6-6的规定，应根据公路等级、经济、交通荷载等级等因素综合确定。改建路面结构设计可根据工程实际情况选取

适宜的设计使用年限。

表 6-6 新建沥青路面结构设计使用年限

公路等级	高速公路、一级公路	二级公路	三级公路	四级公路
设计使用年限/年	15	12	10	8

（3）设计轴载 路面设计应采用轴重为100kN的单轴-双轮组轴载作为设计轴载，计算参数按表6-7确定。应根据路面结构设计使用年限，按《公路沥青路面设计规范》（JTG D50—2017）中附录A确定当量设计轴载的累计作用次数。

表 6-7 设计轴载的参数

设计轴载/kN	轮胎接地压强/MPa	单轮接地当量圆直径/mm	两轮中心距/mm
100	0.7	213	319.5

（4）交通荷载等级 路面结构所承受的交通荷载应按表6-8进行分级。

表 6-8 设计交通荷载等级

设计交通荷载等级	极重	特重	重	中等	轻
设计使用年限内设计车道累计大型客车和货车交通量/($\times 10^6$,辆)	≥50	19~50	8~19	4~8	<4

注：大型客车和货车为《公路沥青路面设计规范》（JTG D50—2017）附录A中表A.1.2所列的2类~11类车。

（5）控制开裂 沥青路面设计应控制沥青混合料层疲劳开裂损坏、无机结合料稳定层疲劳开裂损坏、沥青混合料层永久变形量、路基顶面竖向压应变以及季节性冻土地区的路面低温开裂。

（6）使用性能 路面使用性能设计指标应满足下列要求：

1）按《公路沥青路面设计规范》（JTG D50—2017）中附录B.1和附录B.2计算的沥青混合料层和无机结合料稳定层的疲劳开裂寿命，均不应小于按该规范附录A确定的设计使用年限内当量设计轴载累计作用次数。

2）按《公路沥青路面设计规范》（JTG D50—2017）中附录B.3计算的沥青混合料层永久变形量不应大于表6-9所列允许永久变形量。

表 6-9 沥青混合料层允许永久变形量　　　　　　　　（单位：mm）

基层类型	沥青混合料层允许永久变形量	
	高速公路、一级公路	二级、三级公路
无机结合料稳定类基层、水泥混凝土基层和底基层为无机结合料稳定类的沥青混合料基层	15	20
其他基层	10	15

3）路基顶面竖向压应变不应大于按《公路沥青路面设计规范》（JTG D50—2017）中附录B.4计算的允许值。

4）按《公路沥青路面设计规范》（JTG D50—2017）中附录B.5计算的季节性冻土地区沥青面层低温开裂指数不宜大于表6-10所列数值。

表 6-10 季节性冻土地区沥青低温开裂指数要求

公路等级	高速公路、一级公路	二级公路	三级、四级公路
低温开裂指数 CI，不大于	3	5	7

注：低温开裂指数 CI 是指竣工验收时 100m 调查单元内的横向裂缝条数，贯穿全幅的裂缝按 1 条计算，未贯穿且长度超过一个车道宽度的裂缝按 0.5 条计算，不超过一个车道宽度的裂缝不计入。

（7）抗滑技术要求　高速公路、一级公路以及山岭重丘区二级和三级公路的路面在交工验收时，其抗滑技术指标应满足表 6-11 的技术要求。

表 6-11 抗滑技术要求

年平均降雨量/mm	交工检测指标值	
	横向力系数 SFC_{60}	构造深度 TD/mm
>1000	≥54	≥0.55
500~1000	≥50	≥0.5
250~500	≥45	≥0.45

注：横向力系数 SFC_{60} 用横向力系数测试车在 60km/h±1km/h 车速下测定；构造深度 TD 用铺砂法测定。

三、沥青路面的结构组合设计

沥青路面结构由面层、基层、底基层和必要的功能层组合而成。面层采用不同材料分层铺筑时，可分为表面层、中面层和下面层。

沥青路面结构的合理选择和安排是整个路面结构是否能在设计年限内承受行车荷载和自然因素的共同作用，同时又发挥各结构层的最大效能，是整个路面结构经济合理的关键。

路面结构组合设计应针对各种路面结构组合的力学特性、功能特性及其长期性能衰变规律和损坏特点，遵循路基路面综合设计的理念，保证路面结构的安全性、耐久性和全寿命周期内的经济性。在设计使用年限内，沥青路面应不发生由于疲劳导致的结构破坏，面层可进行表面功能修复。

沥青结合料类材料层之间应设置黏层；在沥青结合料类材料层与其他材料层之间应设置封层，宜设置透层。

结构组合设计应采取路面结构的防水、排水措施，阻止降水渗入路面结构层。

（一）沥青路面的等级确定

路面等级在一般情况下应与道路等级和交通量相适应，道路等级越高，则路面等级越高，见表 6-12。

表 6-12 按交通要求选择面层等级和类型

道路等级	路面等级	面层类型	设计年限/年	设计年限内累计标准轴次/（万次/一个车道）
高速公路 一级公路	高级路面	沥青混凝土、沥青玛琋脂碎石	15	>400
二级公路	高级路面	沥青混凝土	12	>200
	次高级路面	热拌沥青碎石混合料、沥青贯入式		100~200

(续)

道路等级	路面等级	面层类型	设计年限/年	设计年限内累计标准轴次 /（万次一个车道）
三级公路	次高级路面	乳化沥青碎石混合料、沥青表面处治	10	10~100
四级公路	中级路面	水结碎石、泥结碎石、级配碎（砾）石	8	≤10
	低级路面	粒料改善土		

（二）沥青路面的结构组合设计原则

路基路面是一个整体结构，各结构层有各自的特性和作用，并相互制约和影响，如果结构组合不合理，所用材料再好，厚度再大也无济于事。根据实践经验和理论分析，结构组合应遵循下列原则：

1. 功能组合原则

路线、路基和路面的设计标准应大体一致，应本着"路基稳定、基层坚实、面层耐用"的要求，把路基（土基）、垫层、基层和面层作为一个整体，进行路基路面综合设计。

（1）路面结构类型的选择　沥青路面结构类型应根据交通荷载等级和路基状况等因素，结合路面材料特性和结构特性进行选择。

路面结构类型可按基层材料性质分为无机结合料稳定类基层沥青路面、粒料类基层沥青路面、沥青结合料类基层沥青路面和水泥混凝土基层沥青路面四类。

通常情况下，无机结合料稳定类基层沥青路面适用于各种交通荷载等级；粒料类基层沥青路面适用于重及以下交通荷载等级；沥青结合料类基层沥青路面适用于各种交通荷载等级；水泥混凝土基层沥青路面适用于重及以上交通荷载等级。

选定了结构组合后，既可根据不同交通荷载等级参考表 6-13 初选各结构层厚度，也可根据当地工程经验确定。

表 6-13　路面厚度范围　　　　　　　　　　　　（单位：mm）

基层类型	交通荷载等级	极重、特重	重	中等	轻
无机结合料稳定类	面层	150~250	150~250	100~200	20~150
	基层	350~600	300~550	250~500	150~450
	底基层（粒料类）	150~200			
	面层	120~250	100~250	100~200	20~150
	基层	250~500	200~450	150~400	200~500
	底基层（无机结合料稳定类）	150~200			—
粒料类	面层	—	200~350	150~300	100~200
	基层	—	350~450	300~400	250~550
	底基层（粒料类）	—	150~200		
沥青结合料类	面层	—	120~150	100~120	40~80
	基层	—	200~250	180~220	120~200

(续)

基层类型	交通荷载等级	极重、特重	重	中等	轻
沥青结合料类	底基层（粒料类）	—	300~400	300~400	250~350
	面层	100~120	100~120	80~100	40~80
	基层	120~180	100~150	100~150	80~100
	底基层（无机结合料稳定类）	300~600	300~600	250~550	200~450
	面层	100~120	100~120	80~100	40~80
	基层	160~240	120~180	100~160	80~100
	底基层（粒料类）	150~200	150~200	150~200	150~200
	底基层（无机结合料稳定类）	200~400	200~400	200~350	150~250

结构层厚度应根据交通荷载等级、路基承载能力等因素选择。交通荷载等级高、路基承载能力弱时，宜取最接近高限的厚度或参照更高（高一个）交通荷载等级的路面厚度范围取值；反之，可靠近低限取值或更低（低一个）交通荷载等级的路面厚度范围取值。

（2）基层和底基层类型的选择　应选择具有足够的承载能力、抗疲劳开裂性能，足够的耐久性和水稳定性的基层和底基层类型。除此以外，沥青结合料类和粒料类基层还应具有足够的抗永久变形能力。

路基湿度状态为中湿或潮湿时，宜采用粒料类底基层或设置粒料类路基改善层。多雨地区，无机结合料稳定类基层和水泥混凝土基层沥青路面应采取措施控制唧泥、脱空等水损坏。

当采用无机结合料稳定类基层时，可采取下列一种或多种措施减少基层收缩开裂和路面反射裂缝：

1）选用抗裂性能好的无机结合料稳定类基层。

2）增加沥青混合料层的厚度，或在无机结合料稳定类基层上设置沥青碎石层或级配碎石层。

3）在无机结合料稳定类基层上设置改性沥青应力吸收层或敷设土工合成材料。

基层和底基层的材料类型可参照表 6-14 选用。

表 6-14　基层和底基层材料的适用交通荷载等级和层位

类型	材料类型	适用交通荷载等级和层位
无机结合料稳定类	水泥稳定级配碎石或砾石、水泥粉煤灰稳定级配碎石或砾石、石灰粉煤灰稳定级配碎石或砾石	各交通荷载等级的基层和底基层
	水泥稳定未筛分碎石或砾石、石灰粉煤稳定未筛分碎石或砾石、石灰稳定未筛分碎石或砾石	轻交通荷载等级的基层、各交通荷载等级的底基层
	水泥稳定土、石灰稳定土、石灰粉煤灰稳定土	轻交通荷载等级的基层、各交通荷载等级的底基层

(续)

类型	材料类型	适用交通荷载等级和层位
粒料类	级配碎石	重及重以下交通荷载等级的基层、各交通荷载等级的底基层
粒料类	级配砾石、未筛分碎石、天然砂砾、填隙碎石	中等和轻交通荷载等级的基层、各交通荷载等级的底基层
沥青结合料类	密级配沥青碎石、半开级配沥青碎石、开级配沥青碎石	极重、特重和重交通荷载等级的基层
沥青结合料类	沥青贯入碎石	重及重以下交通荷载等级的基层
水泥混凝土	水泥混凝土或经济混凝土	极重、特重交通荷载等级的基层

（3）功能层的设置　在水文不良路段以及不同材料的层间等处应设置功能层，以排除路面、路基中滞留的自由水，确保路面结构处于干燥或中湿状态，并保持层间的结合。需设置功能层的情况有：

1）季节性冻土地区路面厚度不满足防冻要求时，应增设防冻层，最小防冻厚度见表6-15。防冻层宜采用粗砂、砂砾和碎石等粒料类材料。

表6-15　沥青路面结构最小防冻层厚度　　　　　　　　　　　　（单位：cm）

路基湿度类型	路基土质	基层、底基层材料类型					
		黏质土、细粒土质砂			粉性土		
	多年最大冻深/cm	粒料类	水泥或石灰稳定类、水泥混凝土	水泥粉煤灰或石灰粉煤灰稳定类、沥青结合料类	粒料类	水泥或石灰稳定类、水泥混凝土	水泥粉煤灰或石灰粉煤灰稳定类、沥青结合料类
中湿	50~100	40~45	35~40	30~35	45~50	40~45	30~40
中湿	100~150	45~50	40~45	35~40	50~60	45~50	40~45
中湿	150~200	50~60	45~55	40~50	60~70	50~60	45~50
中湿	>200	60~70	55~65	50~55	70~75	60~70	50~65
潮湿	50~100	45~55	40~45	35~45	50~60	45~55	40~50
潮湿	100~150	55~60	50~55	40~50	60~70	55~65	50~60
潮湿	150~200	60~70	55~65	50~55	70~80	60~70	60~65
潮湿	>200	70~80	65~75	55~70	80~100	70~90	65~80

注：1. 在《公路自然区划标准》（JTJ 003—1986）中，对潮湿系数小于0.5的地区，Ⅱ、Ⅲ、Ⅳ等干旱地区的防冻层厚度可比表中值减少15%~20%。
　　2. 对Ⅱ区砂性土路基，防冻层厚度应相应减少5%~10%。
　　3. 公路多年最大冻深太大时，靠近上限取值；反之，靠近下限取值。
　　4. 基层、底基层采用不同材料类型时，按厚度较大的材料类型确定。

2）地下水位高、排水不良、潮湿或过湿状态的路段，有裂隙水、泉眼等水文条件不良的岩石挖方路段，当基层和底基层为非粒料类材料时，可在基层或底基层与路床之间设置粒料层。粒料层应与路基边缘或与边沟的下渗沟相连接，厚度不宜小于150mm。

3）无机结合料稳定类或冷再生类材料结构层与沥青结合料类结构层之间宜设置封层，封层可采用单层沥青表面处治或稀浆封层等。当设置改性沥青应力吸收层时，可不再设封层。

4）极重、特重和重交通荷载等级路面的黏层，宜采用改性乳化沥青、道路石油沥青或改性沥青；中等和轻交通荷载等级路面的黏层，可选用乳化沥青；水泥混凝土板与沥青面层之间的黏层宜采用改性沥青。

5）单层表面处治封层的结合料，可采用改性沥青、道路石油沥青或乳化沥青。改性沥青应力吸收层，宜采用橡胶沥青。

6）粒料类基层和无机结合料稳定类基层顶面，宜设置透层，透层沥青应具有良好的渗透性，可采用稀释沥青和乳化沥青等。

（4）土基的设置　要使路面有足够的整体刚度，还应保证路基的稳定性。实践证明，一般要求土基回弹模量不小于20MPa。否则，单纯依靠加强或增厚面层或基层，虽然能收到良好的效果，但不经济。

2. 强度组合原则

作用在路面上的行车荷载，通常包括垂直力和水平力。在车轮荷载的垂直力作用下，路面内部产生的竖向应力和应变随深度增加而递减；车轮荷载的水平力作用产生的应力、应变，随深度增加递减的速度更快。因而，对各层材料的强度（模量）的要求，也可随深度的增加而相应减小，如图6-2所示。在进行路面结构组合设计时，各结构层应按强度自上而下递减的方式安排，这样既能充分发挥各结构层材料的效能，又

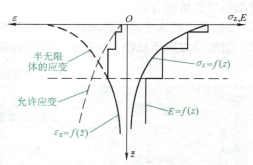

图6-2　应力和应变随深度的变化

能充分利用当地材料施工底基层和基层，以降低路面工程造价。采用强度按深度加深递减的规律组合路面时，还应注意各相邻结构层之间的强度不能相差过大。上下两层强度相差过大时，上层底面将会因下层变形过大而产生较大的拉应变，导致上层被拉裂。根据分析和经验，基层与面层的强度比宜为0.3~1；土基与基层或底基层的强度比宜为0.08~0.4。不满足上述要求的应更换材料或增加结构层次。

3. 合理层间组合原则

各结构层材料具有不同的特性，在组合时，应注意相邻层次的互相影响，采取措施限制或消除产生的不利影响。层间结合应尽量紧密，避免产生层间滑移，以保证结构的整体性和应力分布的连续性。例如，在半刚性基层上修建沥青面层时，基层材料的干缩和温度开裂会导致面层出现反射裂缝。为了防止或尽可能推迟反射裂缝的出现，往往采用如下措施：

1）面层结合料尽量选用符合"重交通量道路石油沥青技术要求"的优质沥青。

2）基层材料优先选用强度高、收缩性小和抗冲刷能力强的水泥稳定粒料或石灰粉煤灰稳定粒料。

3）在面层和基层之间增设起缓冲作用的联结层。

4）面层和联结层应具有足够的厚度。

又如，沥青面层不能直接铺筑在块石基层上，必须在它们之间增设碎石过渡层，否则块石基层表面不平整或可能发生的松动会反映到面层上，造成面层不平整或发生沉陷、开裂。

4. 在各种自然因素作用下稳定性好原则

沥青路面在长期使用过程中，经受着各种自然环境因素（水、温度等）的考验。其中，水和温度对沥青路面的影响很大，对于季节性冰冻地区的中湿和潮湿路段，要考虑冻胀与翻浆的危害。路面结构除了要保证力学强度的要求外，其总厚度还要满足防冻厚度的要求，以免在路基内出现较厚的聚冰带，从而导致路面出现不均匀冻胀。

路面防冻层的最小厚度可参照表6-15确定。在季节性冰冻地区有冻胀可能的中湿、潮湿路段，根据交通量计算的路面总厚度应不小于表6-15的规定。当按强度计算的路面结构层总厚度小于最小防冻层厚度时，应增设防冻垫层，以满足最小防冻层厚度的要求。防冻垫层可采用水稳定性好且强度较低的地方性材料，如炉渣、砂砾、碎石等。

5. 适当的层数和厚度原则

按照强度组合原则，结构层层数越多，越能体现出强度同荷载、应力随深度变化的规律相适应；但是，层数过多又会带来施工工艺及材料制备上的困难。一般来说，层数不宜过多，在满足各方面要求的条件下，层数应尽可能地少，材料变化也不宜频繁。

各结构层的厚度应综合考虑材料的性能、应力传递的效果和压实机具的效能等因素确定。层厚过大，一次压实不足，则需分层施工；层厚过小，不能形成独立的稳定结构层次。从强度和造价上考虑，各结构层层厚宜自上而下、由薄到厚。各种结构层的适宜厚度以及施工最小厚度见表6-16。

表6-16　各种结构层的适宜厚度以及施工最小厚度

结构层类型		施工最小厚度/mm	结构层适宜厚度/mm
沥青混凝土 热拌沥青碎石	粗粒式	50	50~80
	中粒式	40	40~60
	细粒式	25	25~40
沥青石屑		15	15~25
沥青砂		10	10~15
沥青贯入碎石		40	40~80
沥青上拌下贯式		60	60~100
沥青表面处治		10	层铺10~30、拌和20~40
水泥稳定类		150	160~200
经济混凝土		120	120~150
石灰稳定类		150	160~200
石灰工业废渣类		150	160~200
级配碎（砾）石		80	100~150
泥结碎石		80	100~150
填隙碎石		100	100~120

为了保证沥青路面的使用质量，各级公路半刚性基层上沥青面层的推荐厚度见表6-17。

表 6-17　各级公路半刚性基层上沥青面层的推荐厚度

公路等级	推荐厚度/mm
高速公路	120~180
一级公路	100~150
二级公路	50~100
三级公路	20~40
四级公路	10~25

在进行路面结构组合设计时，上述原则有时会产生矛盾，应结合具体情况分清主次，合理地综合应用各原则，以获得符合当地交通、环境、材料、施工及养护等条件的路面结构层次组合。

四、材料性质要求和设计参数

在理论分析法中一般用层状弹性体系理论计算汽车荷载在路基路面各层中产生的应力和位移，在计算前必须知道路基路面各层的弹性常数（弹性模量和泊松比）。由于路基土和路面材料都不是理想的线、弹性体，而是非线性的弹塑性体，所以在计算时用回弹模量代替弹性模量。

（一）路基顶面回弹模量的确定

土基的强度可用若干指标来表示（如抗剪强度、CBR 值、回弹模量等），由于回弹模量能较好地反映路基所具有的部分弹性性质，因此采用路基顶面回弹模量来表示路基的强度。

路基顶面回弹模量是指土基在荷载作用下产生的应力与其相应的回弹应变的比值。新建公路进行初步设计时，土基回弹模量一般可通过查表法、实测法（承载板法）、换算法三种方法获得，再经综合分析、论证，确定沿线不同路基状况的土基回弹模量的设计值。当路基建成后，应在不利季节实测各路段土基回弹模量的代表值，用于检验是否符合设计值的要求，如达不到要求应采取措施加以处理。对于原有路基的顶面回弹模量，应采用实测法确定。

在设计新建路面时，路基尚未修筑，无法用承载板法测土基回弹模量 E_0，常用《公路路基设计规范》（JTG D30—2015）规定的方法进行确定。

路基顶面回弹模量应符合表 6-18 的规定。不满足要求时，应采取改变填料、设置粒料类或无机结合料稳定类路基改善层，或采取石灰或水泥处理等措施提高路基顶面回弹模量。

表 6-18　路基顶面回弹模量　　　　　　　　　（单位：MPa）

交通荷载等级	极重	特重	重	中等、轻
回弹模量，不小于	70	60	50	40

（二）路面材料设计参数的确定

路面材料应根据公路等级、交通荷载等级、气候条件、各结构层功能要求和当地材料特性等因素，在技术经济论证的基础上进行设计，并确定材料设计参数。

各结构层的原材料性质要求和混合料的组成与性质要求，应符合《公路沥青路面施工技术规范》（JTG F40—2004）和《公路路面基层施工技术细则》（JTG/T F20—2015）的有关规定，并应结合工程特点和当地经验确定。

高速公路和一级公路的施工图设计阶段，宜通过室内试验实测（水平一）确定路面结构层材料的设计参数;其他设计阶段或二级及二级以下公路可利用现有经验计算式(水平二)或参照典型数值(水平三)确定路面结构层材料的设计参数。

1. 粒料类材料

基层、底基层级配碎石的 CBR(即基层材料承载能力)值应符合表 6-19 的有关规定。

表 6-19　级配碎石 CBR 值

结构层	公路等级	极重、特重交通	重交通	中等、轻交通
基层	高速公路、一级公路	≥200	≥180	≥160
	二级及二级以下公路	≥160	≥140	≥120
底基层	高速公路、一级公路	≥120	≥100	≥80
	二级及二级以下公路	≥100	≥80	≥60

级配砾石或天然砂砾用于基层时,CBR 值不应小于 80;级配砾石或天然砂砾用于底基层时,对极重、特重和重交通荷载等级,CBR 值不应小于 80;对中等交通荷载等级,CBR 值不应小于 60;对轻交通荷载等级,CBR 值不应小于 40。

高速公路和一级公路的基层粒料公称最大粒径不宜大于 26.5mm;底基层采用级配碎石或级配砂砾时,公称最大粒径不宜大于 31.5mm;底基层采用天然砂砾时,公称最大粒径不宜大于 53mm。二级及二级以下公路的基层、底基层的粒料公称最大粒径不宜大于 53mm。

填隙碎石公称最大粒径宜为层厚的 1/2~2/3。填隙碎石用于基层时,集料公称最大粒径不应超过 53mm;用于底基层时,集料公称最大粒径不应超过 63mm。防冻层所用砂砾、碎石材料的最大粒径不应超过 53mm。级配碎石和级配砂砾中通过 0.075mm 筛孔的颗粒含量不宜大于 5%,不满足要求时,可用天然砂替代部分细集料。

粒料层的回弹模量在结构验算时应采用粒料回弹模量乘以湿度调整系数后得到,湿度调整系数可在 1.6~2 范围内选取。粒料回弹模量应取最佳含水率和与压实度要求相应的干密度条件下的试验值。压实度要求应符合《公路路面基层施工技术细则》(JTG/T F20—2015)的有关规定。

最佳含水率和与压实度要求相应的干密度条件下的粒料回弹模最应按《公路沥青路面设计规范》(JTG D50—2017)中第 5.1.4 条的规定依据相应的水平确定:

1)水平一,采用重复加载三轴压缩试验测定,取回弹模量试验结果的均值。

2)水平三,按粒料类型和层位参照表 6-20 确定粒料回弹模量的取值。

表 6-20　粒料回弹模量取值范围　　　　　　　　　　　(单位:MPa)

材料类型和层位	最佳含水率和与压实度要求相应的干密度条件下	经过湿度调整后
级配碎石基层	200~400	300~700
级配碎石底基层	180~250	190~440
级配砾石基层	150~300	250~600
级配砾石底基层	150~220	160~380
未筛分碎石层	180~220	200~400
天然砂砾层	105~135	130~240

注:材料性能好、级配好或压实度大时取高值,反之取低值。

2. 无机结合料稳定类材料

1) 无机结合料稳定类材料用于高速公路、一级公路基层时，公称最大粒径不宜大于 31.5mm；用于高速公路和一级公路底基层或二级及二级以下公路基层时，公称最大粒径不宜大于 37.5mm；用于二级及二级以下公路底基层时，公称最大粒径不宜大于 53mm。

2) 水泥稳定类材料的水泥用量宜为 3%~6%。

3) 经济混凝土集料公称最大粒径不宜大于 31.5mm；水泥用量不得少于 170kg/m³，28d 弯拉强度标准值宜控制在 2~2.5MPa 范围内。

4) 无机结合料稳定类材料 7d 无侧限抗压强度代表值应符合表 6-21 的要求。

表 6-21　无机结合料稳定类材料 7d 无侧限抗压强度代表值　　（单位：MPa）

材料	结构层	公路等级	极重、特重交通	重交通	中等、轻交通
水泥稳定类	基层	高速公路、一级公路	5~7	4~6	3~5
		二级及二级以下公路	4~6	3~5	2~4
	底基层	高速公路、一级公路	3~5	2.5~4.5	2~4
		二级及二级以下公路	2.5~4.5	2~4	1~3
水泥粉煤灰稳定类	基层	高速公路、一级公路	4~5	3.5~4.5	3~4
		二级及二级以下公路	3.5~4.5	3~4	2.5~3.5
	底基层	高速公路、一级公路	2.5~3.5	2~3	1.5~2.5
		二级及二级以下公路	2~3	1.5~2.5	1~2
石灰粉煤灰稳定类	基层	高速公路、一级公路	≥1.1	≥1	≥0.9
		二级及二级以下公路	≥0.9	≥0.8	≥0.7
	底基层	高速公路、一级公路	≥0.8	≥0.7	≥0.6
		二级及二级以下公路	≥0.7	≥0.6	≥0.5
石灰稳定类	基层	二级及二级以下公路	—	—	≥0.8①
	底基层	高速公路、一级公路	—	—	≥0.8
		二级及二级以下公路	—	—	0.5~0.7②

① 在低塑性土（塑性指数小于 7）地区，石灰稳定砂砾和碎石的 7d 龄期无侧限抗压强度应大于 0.5MPa（100g 平衡锥测液限）。

② 低限用于塑性指数小于 7 的黏土，高限用于塑性指数大于或等于 7 的黏土。

5) 无机结合料稳定类材料的弯拉强度和弹性模量应按《公路沥青路面设计规范》（JTG D50—2017）中第 5.1.4 条规定，依据相应的水平确定：

① 水平一，按《公路沥青路面设计规范》（JTG D50—2017）附录 E，采用中间段法单轴压缩试验测定。弯拉强度和弹性模量的测定应符合《公路工程无机结合料稳定材料试验规程》（JTG E51—2009）的有关规定。测试时，水泥稳定类、水泥粉煤灰稳定类材料试件的龄期应为 90d，石灰稳定类、石灰粉煤灰稳定类材料试件的龄期应为 180d。弯拉强度和弹性模量应取测试数据的平均值。

② 水平三，参照表 6-22 确定弯拉强度和弹性模量。

表 6-22　无机结合料稳定类材料的弯拉强度和弹性模量取值范围　（单位：MPa）

材　料	弯拉强度	弹性模量
水泥稳定粒料、水泥粉煤灰稳定粒料、石灰粉煤灰稳定粒料	1.5~2	18000~28000
	0.9~1.5	14000~20000
水泥稳定土、水泥粉煤灰稳定土、石灰粉煤灰稳定土	0.6~1	5000~7000
石灰土	0.3~0.7	3000~5000

注：结合料用量高、材料性能好、级配好或压实度大时取高值，反之取低值。

6）结构验算时，无机结合料稳定类材料的弹性模量应乘以结构层模量调整系数 0.5。

7）冻土地区高速公路和一级公路的石灰粉煤灰稳定类基层，应按《公路工程无机结合料稳定材料试验规程》（JTG E51—2009）的有关规定进行材料抗冻性能检验，其残留抗压强度比应符合表 6-23 的要求。

表 6-23　石灰粉煤灰稳定类材料抗冻性能技术要求

气候区	重冻区	中冻区
残留抗压强度比（%）	70	65

3. 沥青结合料类材料

1）沥青结合料应采用道路石油沥青或其加工产品，沥青类型应根据公路等级、气候条件、交通荷载等级、结构层位和施工条件等确定。

2）极重、特重和重交通荷载等级公路，气候条件严酷的地区公路，以及连续长陡纵坡路段，它们的中面层和表面层宜采取优化混合料级配、选用改性沥青或添加外掺剂等措施。

3）开级配沥青混合料表面层宜采用高黏沥青或橡胶沥青，并采用适量消石灰或水泥替代矿粉。

4）表面层沥青混合料的公称最大粒径不宜大于 16mm，中面层和下面层沥青混合料的公称最大粒径不宜小于 16mm，基层沥青碎石的公称最大粒径不宜小于 26.5mm。

5）季节性冻土地区高速公路和一级公路的表面层沥青低温性能宜满足下列指标要求：

① 分析连续 10 年的年最低气温平均值作为路面低温设计温度。路面低温设计温度提高 10℃ 的试验条件下，沥青弯曲梁流变试验蠕变劲度 S_t 不宜大于 300MPa，且蠕变曲线斜率 m 不宜大于 0.3。

② 当 S_t 在 300~600MPa 范围内，且蠕变曲线斜率 m 大于 0.3 时，增加沥青直接拉伸试验，其断裂应变不宜小于 1%。

③ 以上都不满足时，采用弯曲梁流变试验和直接拉伸试验确定沥青临界开裂温度，临界开裂温度不宜高于路面低温设计温度。

6）二级及二级以上公路的公称最大粒径不大于 19mm 的沥青混合料，宜在温度为 -10℃、加载速率为 50mm/min 条件下进行小梁弯曲试验。沥青混合料低温弯曲试验破坏应变技术要求宜符合表 6-24 的规定。

7）高速公路和一级公路的沥青混合料应在规定的试验条件下进行车辙试验，并应符合表 6-25 的要求。二级公路可参照执行。

表 6-24 沥青混合料低温弯曲试验破坏应变技术要求

气候条件与技术指标	相应于下列气候分区所要求的破坏应变（με）								试验方法
年极端最低气温（℃）及气候分区	<-37		-37~-21.5			-21.5~-9		>-9	
	1. 冬严寒区		2. 冬寒区			3. 冬冷区		4. 冬温区	
	1-1	2-1	1-2	2-2	3-2	1-3	2-3	1-4 2-4	
普通沥青混合料，不小于	2600		2300			2000			T0715
改性沥青混合料，不小于	3000		2800			2500			（JTG E20—2011）

注：气候分区的确定应符合《公路沥青路面施工技术规范》（JTG F40—2004）的有关规定。

表 6-25 沥青混合料车辙试验动稳定度技术要求　　　　　　　　（单位：次/mm）

气候条件与技术指标	相应于以下气候分区所要求的动稳定度技术要求							试验方法
七月平均最高气温（℃）及气候分区	>30				20~30		<20	
	1. 夏炎热区				2. 夏热区		3. 夏凉区	
	1-1	1-2	1-3	1-4	2-1	2-2 2-3	2-4 3-2	
普通沥青混合料，不小于	800		1000		600	800	600	
改性沥青混合料，不小于	2800		3200		2000	2400	1800	
SMA 混合料，不小于	普通沥青				1500			T0719
	改性沥青				3000			（JTG E20—2011）
OGFC 混合料，不小于	1500（中等、轻交通荷载等级）、3000（重及以上交通荷载等级）							

注：1. 气候分区的确定应符合《公路沥青路面施工技术规范》（JTG F40—2004）的有关规定。
2. 当其他月份的平均最高气温高于七月时，可使用该月平均最高气温。
3. 在特殊情况下，对钢桥面铺装、重载车特别多或纵坡较大的长距离上坡路段、厂矿专用道路，可酌情提高动稳定度要求。
4. 对炎热地区或特重及以上交通荷载等级公路，可根据气候条件和交通状况适当提高试验温度或增加试验荷载。

8）宜采用《公路沥青路面设计规范》（JTG D50—2017）中附录 F 规定的单轴贯入试验方法测定沥青混合料的贯入强度。无机结合料稳定类基层沥青路面、底基层采用无机结合料稳定类材料的沥青结合料类基层沥青路面和水泥混凝土基层沥青路面的沥青混合料贯入强度，宜满足下式的要求：

$$R_{\mathrm{TS}} \geqslant \left(\frac{0.311gN_{\mathrm{e}5} - 0.68}{\lg[R_{\mathrm{a}}] - 13.1\lg T_{\mathrm{d}} - \lg\psi_{\mathrm{s}} + 2.50} \right)^{1.86} \quad (6-1)$$

式中　$[R_{\mathrm{a}}]$——沥青混合料层允许永久变形量（mm），根据公路等级，参照表6-9确定；

　　　$N_{\mathrm{e}5}$——设计使用年限内或通车至首次针对车辙维修的期限内，月平均气温大于0℃的月份，设计车道当量设计轴载累计作用次数，按《公路沥青路面设计规范》（JTG D50—2017）中附录 A 计算；

　　　T_{d}——设计气温（℃），为所在地区月平均气温大于0℃的各月份气温平均值；

　　　ψ_{s}——路面结构系数，根据下式计算：

$$\psi_{\mathrm{s}} = (0.52h_{\mathrm{a}}^{-0.003} - 317.59h_{\mathrm{b}}^{-1.32})E_{\mathrm{b}}^{0.1}$$

　　　h_{a}——沥青混合料层的厚度（mm）；

h_b——无机结合料稳定层或水泥混凝土层的厚度（mm）；
E_b——无机结合料稳定层或水泥混凝土层的模量（MPa）；
$R_{\tau s}$——各沥青混合料层的综合贯入强度，根据下式确定：

$$R_{\tau s} = \sum_{i=1}^{n} w_{is} R_{\tau i}$$

$R_{\tau i}$——第 i 层沥青混合料的贯入强度（MPa），根据《公路沥青路面设计规范》（JTG D50—2017）中附录 F 所列方法经试验确定，普通沥青混合料一般为 0.4~0.7MPa，改性沥青混合料一般为 0.7~1.2MPa；

n——沥青混合料层的层数；

w_{is}——第 i 层沥青混合料的权重，为第 i 层厚度中点剪应力与各层厚度中点剪应力之和的比值 $\left(w_{is} = \dfrac{\tau_i}{\sum\limits_{i=1}^{n}\tau_i}\right)$。沥青混合料层为 1 层时，$w_1$ 取 1.0；沥青混合料层为 2 层时，自上而下，w_1 可取 0.48，w_2 可取 0.52；沥青混合料层为 3 层时，自上而下，w_1、w_2 和 w_3 可分别取 0.35、0.42 和 0.23。

9）粒料类基层沥青路面和底基层采用粒料的沥青结合料类基层沥青路面，沥青混合料贯入强度宜满足下式的要求：

$$R_{\tau g} \geqslant \left(\frac{0.35\lg N_{e5} - 1.16}{\lg[R_a] - 1.62\lg T_d - \lg\psi_g + 2.76}\right)^{1.38} \tag{6-2}$$

式中 ψ_g——路面结构系数，根据下式计算：

$$\psi_g = 20.16 h_a^{-0.642} + 820916 h_b^{-2.84}$$

$R_{\tau g}$——路面各层沥青混合料的综合贯入强度，根据下式确定：

$$T_{\tau g} = \sum_{i=1}^{n} w_{ig} R_{\tau i}$$

w_{ig}——第 i 层沥青混合料的权重，为第 i 层厚度中点的剪应力与各层厚度中点剪应力之和的比值 $\left(w_{ig} = \dfrac{\tau_i}{\sum\limits_{i=1}^{n}\tau_i}\right)$；沥青混合料层为 1 层时，$w_1$ 取 1；沥青混合料层为 2 层时，自上而下，w_1 可取 0.44，w_2 可取 0.56；沥青混合料层为 3 层时，自上而下，w_1、w_2 和 w_3 可分别取 0.27、0.36 和 0.37；

其他符号意义同前。

10）沥青混合料应测试浸水马歇尔试验残留稳定度和冻融劈裂试验残留强度比，以检验水稳定性。两项指标应符合表 6-26 的规定。水稳定性不满足要求时，可采取掺入消石灰、水泥或抗剥落剂，或更换集料等措施。

11）沥青混合料动态压缩模量应按《公路沥青路面设计规范》（JTG D50—2017）中第 5.1.4 条规定，依据相应的水平确定：

① 水平一，沥青混合料动态压缩模量的测定应符合《公路工程沥青及沥青混合料试验规程》（JTG E20—2011）的有关规定，取平均值，试验温度选用 20℃，面层沥青混合料加载频率采用 10Hz，基层沥青混合料加载频率采用 5Hz。

② 水平二，采用下式计算沥青混合料动态压缩模量，适用于采用道路石油沥青和常规

表 6-26 沥青混合料水稳定性技术要求

沥青混合料类型		相应于以下年降雨量（mm）的技术要求(%)		试验方法
		≥500	<500	
浸水马歇尔试验残留稳定度(%)				
普通沥青混合料，不小于		80	75	T 0709 (JTG E20—2011)
改性沥青混合料，不小于		85	80	
SMA 混合料，不小于	普通沥青	75		
	改性沥青	80		
冻融劈裂试验的残留强度比(%)				
普通沥青混合料，不小于		75	70	T 0729 (JTG E20—2011)
改性沥青混合料，不小于		80	75	
SMA 混合料，不小于	普通沥青	75		
	改性沥青	80		

级配的沥青混合料：

$$\lg E_a = 4.59 - 0.02f + 2.58G^* - 0.14P_a - 0.041V - 0.03\text{VCA}_{\text{DRC}} \\ - 2.65 \times 1.1^{\lg G^*} f^{-0.06} - 0.05 \times 1.52^{\lg \text{VCA}_{\text{DRC}}} f^{-0.21} + 0.0031fP_a + 0.0024V$$

(6-3)

式中　E_a——沥青混合料动态压缩模量（MPa）；

　　　f——试验频率（Hz）；

　　　G^*——60℃、10rad/s 情况下沥青动态剪切复数模量（kPa）；

　　　P_a——沥青混合料的油石比（%）；

　　　V——压实沥青混合料的空隙率（%）；

　　　VCA_{DRC}——捣实状态下粗集料的松装间隙率（%）。

③ 水平三，参照表 6-27 确定沥青混合料动态压缩模量。

表 6-27 常用沥青混合料 20℃条件下动态压缩模量取值范围　　（单位：MPa）

沥青混合料类型	沥青种类			
	70 号道路石油沥青	90 号道路石油沥青	110 号道路石油沥青	SBS 改性沥青
SMA10、SMA13、SMA16	—	—	—	7500~12000
AC10、AC13	8000~12000	7500~11500	7000~10500	8500~12500
AC16、AC20、AC25	9000~13500	8500~13000	7500~12000	9000~13500
ATB25	7000~11000	—	—	—

注：1. ATB25 为 5Hz 条件下的动态压缩模量，其他沥青混合料为 10Hz 条件下的动态压缩模量。
　　2. 沥青黏度大、级配好或空隙率小时取高值，反之取低值。

4. 泊松比

沥青路面常见材料的泊松比应按表 6-28 确定。

表 6-28 沥青路面常见材料的泊松比取值

材料类别	路基	粒料	无机结合料	密级配沥青混合料	开级配沥青混合料 半开级配沥青混合料
泊松比	0.4	0.35	0.25	0.25	0.4

五、沥青路面结构验算

路面结构力学指标计算应采用双圆均布垂直荷载作用下的弹性层状连续体系理论。路面结构组合应先初拟沥青路面结构方案,并按路面结构验算方法进行路面结构验算,再结合工程经验和经济分析选定路面结构方案。对于二级及二级以下公路,当交通荷载等级为中等、轻水平时,可依据所在地区经验合理选择路面设计方案。

(一)设计指标

路面结构验算应根据路面结构组合,参照表6-29选择设计指标。

表6-29 不同结构组合路面的设计指标

基层类型	底基层类型	设计指标
无机结合料稳定类	粒料类	无机结合料稳定层层底拉应力、沥青混合料层永久变形量
	无机结合料稳定类	
沥青结合料类	粒料类	沥青混合料层层底拉应变、沥青混合料层永久变形量、路基顶面竖向压应变
	无机结合料稳定类	沥青混合料层永久变形量、无机结合料稳定层层底拉应力
粒料类	粒料类	沥青混合料层层底拉应变、沥青混合料层永久变形量、路基顶面竖向压应变
	无机结合料稳定类	沥青混合料层层底拉应变、沥青混合料层永久变形量、无机结合料稳定层层底拉应力
水泥混凝土	—	沥青混合料层永久变形量

注:1. 季节性冻土地区应增加沥青面层低温开裂验算和防冻厚度验算。
2. 在沥青混合料层与无机结合料稳定层之间设置粒料层时,应验算沥青混合料层疲劳开裂寿命。
3. 水泥混凝土基层应按《公路水泥混凝土路面设计规范》(JTG D40—2011)设计。

进行路面结构验算时,各设计指标应选用表6-30规定的竖向位置处的力学响应,并应按图6-3所示计算点的位置,选取A、B、C和D四点位置计算的最大力学响应量。

表6-30 各设计指标对应的力学响应及其竖向位置

设计指标	力学响应	竖向位置
沥青混合料层层底拉应变	沿行车方向的水平拉应变	沥青混合料层层底
无机结合料稳定层层底拉应力	沿行车方向的水平拉应力	无机结合料稳定层层底
沥青混合料层永久变形量	竖向压应力	沥青混合料各分层顶面
路基顶面竖向压应变	竖向压应变	路基顶面

(二)交通、材料和环境参数

(1)交通参数 各设计指标对应的当量设计轴载累计作用次数,应根据交通荷载参数调查分析结果和设计使用年限经计算确定。

(2)材料参数 进行路面结构验算时,结构层的模量取值应符合下列规定:

1)沥青面层采用20℃、10Hz条件下的动态压缩模量,沥青类基层采用20℃、5Hz条件下的动态压缩模量。

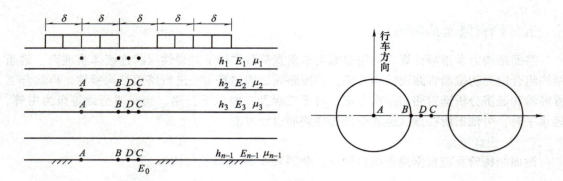

图 6-3 力学响应计算点位置图示

2）无机结合料稳定层采用经调整系数修正后的弹性模量。

3）粒料层采用经湿度调整的回弹模量，路基采用平衡湿度状态下并考虑干湿与冻融循环作用后的顶面当量回弹模量。

（3）环境参数　进行沥青混合料层疲劳开裂寿命、无机结合料稳定层疲劳开裂寿命和路基顶面竖向压应变验算时，应根据所在地区的气温条件、路面结构类型和结构层厚度，按规范确定温度调整系数。进行沥青混合料层永久变形量验算时，应根据所在地区的气温条件，选用相应的等效温度。

（三）路面结构验算方法

1. 交通荷载参数分项

（1）车型分类　车辆轴型应根据表 6-31 的规定按轮组和轴组类型分类。

表 6-31　轴型分类

轴型编号	1	2	3	4	5	6	7
轴型说明	单轴（每侧单轮胎）	单轴（每侧双轮胎）	双联轴（每侧单轮胎）	双联轴（每侧各一单轮胎、双轮胎）	双联轴（每侧双轮胎）	三联轴（每侧单轮胎）	三联轴（每侧双轮胎）

车辆类型应按表 6-32 所列轴型组合分类。

表 6-32　车辆类型分类

车型编号	说　明	主要车型及图式		其他车型
1 类	2 轴 4 轮车辆	11 型车		—
2 类	2 轴 6 轮及以上客车	12 型客车		15 型客车
3 类	2 轴 6 轮整体式货车	12 型货车		—

(续)

车型编号	说 明	主要车型及图式		其他车型
4 类	3 轴整体式货车（非双前轴）	15 型		—
5 类	4 轴及以上整体式货车（非双前轴）	17 型		—
6 类	双前轴整体式货车	112 型 115 型		117 型
7 类	4 轴及以下半挂货车（非双前轴）	125 型		122 型
8 类	5 轴半挂货车（非双前轴）	127 型 155 型		—
9 类	6 轴及以上半挂货车（非双前轴）	157 型		—
10 类	双前轴半挂式货车	1127 型		1122 型 1125 型 1155 型 1157 型
11 类	全挂货车	1522 型 1222 型		—

（2）交通数据调查　交通数据调查应包括交通量及增长率、方向系数、车道系数、车辆类型组成、轴组组成和轴重等。

1）公路初期交通量和其他参数可参照可行性研究报告等有关交通量预测资料，结合当地交通观测站的观测和统计资料，或通过实地设立站点进行观测和统计。

2）交通量的年平均增长率可依据公路等级和功能以及地区经济和交通发展情况等，通过调查分析确定。

3）方向系数宜根据不同方向上实测交通量数据确定，无实测数据时可在 0.5~0.6 范围内选取。

4）改建路面设计可根据现场交通量观测资料统计设计方向不同车道上车辆的数量，来确定车道系数；新建路面设计的车道系数，可采用当地的经验值或采用表 6-33 的推荐值。

221

表 6-33 车道系数

单向车道数	1	2	3	≥4
高速公路	—	0.7~0.85	0.45~0.6	0.4~0.5
其他等级公路	1	0.5~0.75	0.5~0.75	—

注：交通受非机动车和行人影响严重时取低限，反之取高限。

5) 车辆类型分布系数可按下列三个水平确定，改建设计应采用水平一，新建路面设计可采用水平二或水平三：

① 水平一，根据交通观测资料分析 2 类~11 类车型所占的百分率，得到车辆类型分布系数。

② 水平二，根据交通历史数据或经验数据按表 6-34 确定公路 TTC 分类（公路等级），采用该 TTC 分类的车辆类型分布系数的当地经验值。

③ 水平三，根据交通历史数据或经验数据按表 6-34 确定公路 TTC 分类，采用表 6-35 规定车辆类型分布系数。

表 6-34 公路 TTC 分类标准（%）

TTC 分类	整体式货车比例	半挂式货车比例
TTC1	<40	>50
TTC2	<40	<50
TTC3	40~70	>20
TTC4	40~70	<20
TTC5	>70	—

注：表中整体式货车为表 6-32 中的 3 类~6 类车，半挂式货车为表 6-32 中的 7 类~10 类车。

表 6-35 不同 TTC 分类车辆类型分布系数 （%）

车辆类型	2类	3类	4类	5类	6类	7类	8类	9类	10类	11类
TTC1	6.4	15.3	1.4	0	11.9	3.1	16.3	20.4	25.2	0
TTC2	22	23.3	2.7	0	8.3	7.5	17.1	8.5	10.6	0
TTC3	17.8	33.1	3.4	0	12.5	4.4	9.1	10.6	8.5	0.7
TTC4	28.9	43.9	5.5	0	9.4	2	4.6	3.4	2.3	0.1
TTC5	9.9	42.3	14.8	0	22.7	2	2.3	3.2	2.5	0.2

(3) 车辆当量设计轴载换算 各类车辆当量设计轴载换算系数可按下列三个水平确定，高速公路和一级公路的改建设计应采用水平一，其他情况可采用水平二或水平三：

1) 水平一，采用设备连续采集设计车道上的车辆类型、轴型组成和轴重数据，按下列步骤分析各类车辆的当量换算系数：

① 分别统计 2 类~11 类车辆的单轴单胎、单轴双胎、双联轴和三联轴的数量，除以各类车辆总量，按下式计算各类车辆的不同轴型平均轴数：

$$\mathrm{NAPT}_{mi} = \frac{\mathrm{NA}_{mi}}{\mathrm{NT}_m} \tag{6-4}$$

式中 NAPT_{mi}——m 类车辆中 i 种轴型的平均轴数;
NA_{mi}——m 类车辆中 i 种轴型总数;
NT_m——m 类车辆总数;
i——分别为单轴单胎、单轴双胎、双联轴和三联轴;
m——表 6-32 所列 2 类~11 类车。

② 按下式计算 2 类~11 类车辆的不同轴型在不同轴重区间所占的百分率,得到不同轴型的轴重分布系数,即轴载谱。在确定轴载谱时,单轴单胎、单轴双胎、双联轴和三联轴应分别间隔 2.5kN、4.5kN、9kN 和 13.5kN 划分轴重区间。

$$\text{ALDF}_{mij} = \frac{\text{ND}_{mij}}{\text{NA}_{mi}} \tag{6-5}$$

式中 ALDF_{mij}——m 类车辆中 i 种轴型在 j 级轴重区间的轴重分布系数;
ND_{mij}——m 类车辆中 i 种轴型在 j 级轴重区间的数量;
NA_{mi}——m 类车辆中 i 种轴型的数量;

其他符号意义同前。

③ 按下式计算 2 类~11 类车辆的各种轴型在不同轴重区间的当量设计轴载换算系数,计算时取各轴重区间中点值作为该轴重区间的代表轴重;然后按式(6-7)计算各类车辆的当量设计轴载换算系数。

$$\text{EALF}_{mij} = c_1 c_2 \left(\frac{P_{mij}}{P_S}\right)^b \tag{6-6}$$

式中 P_S——设计轴载(kN);
P_{mij}——m 类车辆中 i 种轴型在 j 级轴重区间的单轴轴载(kN),对双联轴和三联轴,为平均分配到每根单轴的轴载;
b——换算指数,在分析沥青混合料层疲劳和沥青混合料层永久变形时,$b=4$;在分析路基永久变形时,$b=5$;在分析无机结合料稳定层疲劳时,$b=13$;
c_1——轴组系数,前后轴间距大于 3m 时,分别按单个轴计算;轴间距小于 3m 时,按表 6-36 取值;

表 6-36 轴组系数取值

设计指标	轮-轴型	c_1 取值
沥青混合料层层底拉应变、沥青混合料层永久变形量	双联轴	2.1
	三联轴	3.2
路基顶面竖向压应变	双联轴	4.2
	三联轴	8.7
无机结合料稳定层层底拉应力	双联轴	2.6
	三联轴	3.8

c_2——轮组系数,双轮组为 1,单轮时取 4.5。

$$\text{EALF}_m = \sum_i \left[\text{NAPT}_{mi} \sum_j (\text{EALF}_{mij} \times \text{ALDF}_{mij})\right] \tag{6-7}$$

式中 EALF_m——m 类车辆的当量设计轴载换算系数;

NAPT_{mi}——m 类车辆中 i 种轴型的平均轴数;

ALDF_{mij}——m 类车辆中 i 种轴型在 j 级轴重区间的轴重分布系数;

EALF_{mij}——m 类车辆中 i 种轴型在 j 级轴重区间的当量设计轴载换算系数,根据式(6-6)计算确定。

2) 水平二和水平三,按下式确定 2 类~11 类车辆的当量设计轴载换算系数。式中非满载车和满载车的比例及当量设计轴载换算系数,在水平二时取当地经验值,在水平三时取表 6-37 和表 6-38 所列经验值。

$$\text{EALF}_m = \text{EALF}_{mi} \times \text{PER}_{mi} + \text{EALF}_{mh} \times \text{PER}_{mh} \tag{6-8}$$

式中 EALF_{mi}——m 类车辆中非满载车的当量设计轴载换算系数;

EALF_{mh}——m 类车辆中满载车的当量设计轴载换算系数;

PER_{mi}——m 类车辆中非满载车所占的百分率;

PER_{mh}——m 类车辆中满载车所占的百分率。

表 6-37 2 类~11 类车辆非满载车与满载车比例

车型	非满载比例	满载比例
2 类	0.8~0.9	0.1~0.2
3 类	0.85~0.95	0.05~0.15
4 类	0.6~0.7	0.3~0.4
5 类	0.7~0.8	0.2~0.3
6 类	0.5~0.6	0.4~0.5
7 类	0.65~0.75	0.25~0.35
8 类	0.4~0.5	0.5~0.6
9 类	0.55~0.65	0.35~0.45
10 类	0.5~0.6	0.4~0.5
11 类	0.6~0.7	0.3~0.4

表 6-38 2 类~11 类车辆的当量设计轴载换算系数

车型	沥青混合料层层底拉应变、沥青混合料层永久变形量		无机结合料稳定层层底拉应力		路基顶面竖向压应变	
	非满载车	满载车	非满载车	满载车	非满载车	满载车
2 类	0.8	2.8	0.5	35.5	0.6	2.9
3 类	0.4	4.1	1.3	314.2	0.4	5.6
4 类	0.7	4.2	0.3	137.6	0.9	8.8
5 类	0.6	6.3	0.6	72.9	0.7	12.4
6 类	1.3	7.9	10.2	1505.7	1.6	17.1
7 类	1.4	6	7.8	553	1.9	11.7
8 类	1.4	6.7	16.4	713.5	1.8	12.5
9 类	1.5	5.1	0.7	204.3	2.8	12.5
10 类	2.4	7	37.8	426.5	3.7	13.3
11 类	1.5	12.1	2.5	985.4	1.6	20.8

(4) 当量设计轴载累计作用次数 根据车辆的当量设计轴载换算得到的车辆当量设计

轴载换算系数，按下式确定初始年设计车道的日平均当量轴次 N_1：

$$N_1 = \text{AADTT} \times \text{DDF} \times \text{LDF} \times \sum_{m=2}^{11}(\text{VCDF}_m \times \text{EALF}_m) \qquad (6\text{-}9)$$

式中　AADTT——2 轴 6 轮及以上车辆的双向年平均日交通量（辆/d）；
　　　DDF——方向系数；
　　　LDF——车道系数；
　　　m——车辆类型编号；
　　　VCDF_m——m 类车辆类型的分布系数；
　　　EALF_m——m 类车辆的当量设计轴载换算系数。

根据初始年设计车道的日平均当量轴次、设计使用年限等，按下式计算设计车道上的当量设计轴载累计作用次数 N_e：

$$N_e = \frac{[(1+\gamma)^t - 1] \times 365}{\gamma} N_1 \qquad (6\text{-}10)$$

式中　N_e——设计使用年限内的设计车道上的当量设计轴载累计作用次数（次）；
　　　t——设计使用年限（年）；
　　　γ——设计使用年限内的交通量的年平均增长率（%）；
　　　N_1——初始年设计车道的日平均当量轴次（次/d）。

2. 沥青混合料层的疲劳开裂验算

沥青混合料层的疲劳开裂寿命应根据通过路面结构分析得到的沥青混合料层层底拉应变，按下式计算：

$$N_{f1} = 6.32 \times 10^{15.96 - 0.29\beta} k_a k_b k_{T1}^{-1} \left(\frac{1}{\varepsilon_a}\right)^{3.97} \left(\frac{1}{E_a}\right)^{1.58} (\text{VFA})^{2.72} \qquad (6\text{-}11)$$

式中　N_{f1}——沥青混合料层疲劳开裂寿命（轴次）；
　　　β——目标可靠指标，根据公路等级按表 6-5 取值；
　　　k_a——季节性冻土地区的调整系数，按表 6-39 采用内插法确定；

表 6-39　季节性冻土地区的调整系数 k_a

冻区	重冻区	中冻区	轻冻区	其他地区
冻结指数 $F/(\text{℃}\cdot\text{d})$	≥2000	800~2000	50~800	≤50
k_a	0.6~0.7	0.7~0.8	0.8~1	1

　　　k_b——疲劳加载模式系数，按式 $k_b = \left[\dfrac{1+0.3E_a^{0.43}(\text{VFA})^{-0.85}e^{0.024h_a - 5.41}}{1+e^{0.024h_a - 5.41}}\right]^{3.33}$ 计算；
　　　E_a——沥青混合料 20℃时的动态压缩模量（MPa）；
　　　VFA——沥青混合料的沥青饱和度（%），根据混合料设计结果或按《公路沥青路面施工技术规范》（JTG F40—2004）的有关规定确定；
　　　h_a——沥青混合料层厚度（mm）；
　　　k_{T1}——温度调整系数，按《公路沥青路面设计规范》（JTG D50—2017）中附录 G 确定；
　　　ε_a——沥青混合料层层底拉应变（10^{-6}），根据弹性层状体系理论，按《公路沥青路面设计规范》（JTG D50—2017）中第 6.2.2 条的规定选取计算点，然后按式 $\varepsilon_a = p\overline{\varepsilon}_a$ 计算；

$\overline{\varepsilon}_a$——理论拉应变系数，$\overline{\varepsilon}_a = f\left(\dfrac{h_1}{\delta}, \dfrac{h_2}{\delta}, \cdots, \dfrac{h_{n-1}}{\delta}; \dfrac{E_2}{E_1}, \dfrac{E_3}{E_2}, \cdots, \dfrac{E_0}{E_{n-1}}\right)$；

p, δ——标准轴载的轮胎接地压强（MPa）和当量圆半径（mm）；

E_0——路基顶面回弹模量（MPa）；

$h_1, h_2, \cdots, h_{n-1}$——各结构层厚度（mm）；

$E_1, E_2, \cdots, E_{n-1}$——各结构层模量（MPa）。

沥青混合料层的疲劳开裂寿命应大于设计使用年限内设计车道的当量设计轴载累计作用次数。否则，应调整路面结构方案，重新验算，直至满足要求。

3. 无机结合料稳定层的疲劳开裂验算

无机结合料稳定层的疲劳开裂寿命应根据通过路面结构分析得到的各无机结合料稳定层层底拉应力，按下式计算：

$$N_{f2} = k_a k_{T2}^{-1} 10^{a - b\frac{\sigma_t}{R_S} + k_c - 0.57\beta} \tag{6-12}$$

式中　N_{f2}——无机结合料稳定层的疲劳开裂寿命（轴次）；

　　　k_a——季节性冻土地区调整系数，按表 6-39 确定；

　　　k_{T2}——温度调整系数，根据《公路沥青路面设计规范》（JTG D50—2017）中附录 G 确定；

　　　R_S——无机结合料稳定类材料的弯拉强度（MPa）；

　　　a, b——疲劳试验回归参数，按表 6-40 确定；

表 6-40　无机结合料稳定层疲劳试验回归参数

材料类型	a	b
无机结合料稳定粒料	13.24	12.52
无机结合料稳定土	12.18	12.79

　　　k_c——现场综合修正系数，按式 $k_c = c_1 \mathrm{e}^{c_2(h_a + h_b)} + c_3$ 确定；

c_1, c_2, c_3——参数，按表 6-41 取值；

表 6-41　现场综合修正系数 k_c 相关参数

结构层类型	新建路面结构层或改建工程既有路面结构层		改建工程加铺层	
材料类型	无机结合料稳定粒料	无机结合料稳定土	无机结合料稳定粒料	无机结合料稳定土
c_1	14	35	18.5	21
c_2	−0.0076	−0.0156	−0.01	−0.0125
c_3	−1.47	−0.83	−1.32	−0.82

　　　h_a, h_b——分别为沥青混合料层和计算点以上无机结合料稳定层厚度；

　　　β——目标可靠指标，根据公路等级按表 6-5 取值；

　　　σ_t——无机结合料稳定层的层底拉应力（MPa），根据弹性层状体系理论，按《公路沥青路面设计规范》（JTG D50—2017）中第 6.2.2 条的规定选取计算点，然后按式 $\sigma_t = p\overline{\sigma}_t$ 计算：

$\overline{\sigma}_t$——理论拉应力系数，$\overline{\sigma}_t = f\left(\dfrac{h_1}{\delta}, \dfrac{h_2}{\delta}, \cdots, \dfrac{h_{n-1}}{\delta}; \dfrac{E_2}{E_1}, \dfrac{E_3}{E_2}, \cdots, \dfrac{E_0}{E_{n-1}}\right)$；

其他符号意义同前。

无机结合料稳定层的疲劳开裂寿命应大于设计使用年限内设计车道的当量设计轴载累计作用次数。否则，应调整路面结构组合或层厚，重新验算，直至满足要求。

4. 沥青混合料层的永久变形量验算

沥青混合料层永久变形量验算应按下列要求对各沥青混合料层进行分层，分别计算各分层的永久变形量：

1) 表面层，采用 10~20mm 为一个分层。
2) 第二层沥青混合料层，每一个分层厚度应不大于 25mm。
3) 第三层沥青混合料层，每一个分层厚度应不大于 100mm。
4) 第四层及其以下沥青混合料层，作为一个分层。

根据标准条件下的车辙试验，得到各层沥青混合料的车辙试验永久变形量，按下式计算各分层的永久变形量和沥青混合料层总的永久变形量：

$$R_a = \sum_{i=1}^{n} R_{ai} \qquad (6-13)$$

式中 R_a——沥青混合料层永久变形量（mm）；

R_{ai}——第 i 分层永久变形量（mm），由式 $R_{ai} = 2.31 \times 10^{-8} k_{Ri} T_{pef}^{2.93} p_i^{1.8} N_{e3}^{0.48} \left(\dfrac{h_i}{h_0}\right) R_{0i}$ 计算；

n——分层数；

T_{pef}——沥青混合料层永久变形等效温度（℃），根据《公路沥青路面设计规范》（JTG D50—2017）中附录 G 确定；

N_{e3}——设计使用年限内或通车至首次针对车辙维修的期限内，设计车道上当量设计轴载累计作用次数，按《公路沥青路面设计规范》（JTG D50—2017）中附录 A 计算；

h_i——第 i 分层的厚度（mm）；

h_0——车辙试验试件的厚度（mm）；

R_{0i}——第 i 分层沥青混合料在试验温度为 60℃，压强为 0.7MPa，加载次数为 2520 次时，车辙试验的永久变形量（mm）；

k_{Ri}——综合修正系数，按式 $k_{Ri} = (d_1 + d_2 z_i) 0.9731^{z_i}$ 计算，其中：

$d_1 = -1.35 \times 10^{-4} h_a^2 + 8.18 \times 10^{-2} h_a - 14.5$，$d_2 = 8.78 \times 10^{-7} h_a^2 - 1.5 \times 10^{-3} h_a + 0.9$；

z_i——沥青混合料层第 i 分层深度（mm），第一分层取 15mm，其他分层为路表面距分层中点的深度；

h_a——沥青混合料层厚度（mm），h_a 大于 200mm 时，取 200mm；

p_i——沥青混合料层第 i 分层顶面竖向压应力（MPa），根据弹性层状体系理论，按《公路沥青路面设计规范》（JTG D50—2017）中第 6.2.2 条的规定选取计算点，然后按式 $p_i = p\overline{p}_i$ 计算；

$\overline{p}_i$——理论压应力系数，由式 $\overline{p}_i = f\left(\dfrac{h_1}{\delta}, \dfrac{h_2}{\delta}, \cdots, \dfrac{h_{n-1}}{\delta}; \dfrac{E_2}{E_1}, \dfrac{E_3}{E_2}, \cdots, \dfrac{E_0}{E_{n-1}}\right)$ 计算；

其他符号意义同前。

验算所得的沥青混合料层永久变形量应满足表6-9的允许永久变形量要求。否则，应调整沥青混合料设计，直至满足要求。

满足沥青混合料层允许永久变形量要求的沥青混合料，还应满足《公路沥青路面设计规范》（JTG D50—2017）第5.5.7条中标准车辙试验的动稳定度要求，与其永久变形量 R_0 对应的稳定度可用作沥青混合料的质量要求和施工控制指标。标准车辙试验温度为60℃，压强为0.7MPa，试件厚度为50mm，加载次数为2520次的沥青混合料的动稳定度 DS（次/mm），可根据永久变形量 R_0 按式 $DS = 9365 R_0^{-1.48}$ 计算。

5. 路基顶面的竖向压应变验算

路基顶面的允许竖向压应变应按下式计算：

$$[\varepsilon_z] = 1.25 \times 10^{4-0.1\beta}(k_{T3}N_{e4})^{0.21} \tag{6-14}$$

式中 $[\varepsilon_z]$——路基顶面允许竖向压应变（10^{-6}）；

β——目标可靠指标，根据公路等级按表6-5取值；

N_{e4}——设计使用年限内设计车道上的当量设计轴载累计作用次数，按《公路沥青路面设计规范》（JTG D50—2017）中附录A计算；

k_{T3}——温度调整系数，按《公路沥青路面设计规范》（JTG D50—2017）中附录G确定。

应按《公路沥青路面设计规范》（JTG D50—2017）中第6.2.2条的规定选取计算点，根据弹性层状体系理论，按下式计算路基顶面竖向压应变。路基顶面竖向压应变应小于允许压应变值。否则，调整路面结构方案，重新验算，直至满足要求。

$$\varepsilon_z = p\bar{\varepsilon}_z \tag{6-15}$$

式中 $\bar{\varepsilon}_z$——理论竖向压应变系数，由式 $\bar{\varepsilon}_z = f\left(\dfrac{h_1}{\delta}, \dfrac{h_2}{\delta}, \cdots, \dfrac{h_{n-1}}{\delta}; \dfrac{E_2}{E_1}, \dfrac{E_3}{E_2}, \cdots, \dfrac{E_0}{E_{n-1}}\right)$ 计算；

其他符号意义同前。

6. 沥青面层的低温开裂指数验算

季节性冻土地区沥青面层，应按下式验算其低温开裂指数CI：

$$CI = 1.95 \times 10^{-3}S_t \lg b - 0.075(T + 0.07 h_a)\lg S_t + 0.15 \tag{6-16}$$

式中 CI——沥青面层低温开裂指数；

T——路面低温设计温度（℃），为连续10年年最低气温平均值；

S_t——在路面低温设计温度加10℃的试验温度条件下，表面层沥青弯曲梁流变试验加载180s时的蠕变劲度（MPa）；

h_a——沥青结合料类材料层的厚度（mm）；

b——路基类型参数，砂取 $b=5$，粉质黏土取 $b=3$，黏土取 $b=2$。

沥青面层的低温开裂指数，应满足表6-10的要求。否则，应改变所选用的沥青材料，直至满足要求。

7. 防冻厚度验算

季节性冻土地区路基为中湿或潮湿状态时，应按下式计算公路多年最大冻深：

$$Z_{max} = abcZ_d \tag{6-17}$$

式中 Z_{max}——公路多年最大冻深（mm）；

Z_d——大地多年最大冻深（mm），根据调查资料确定；

a——大地冻深范围内路基、路面各层材料的热物性系数，按表6-42确定；

表6-42 大地冻深范围内路基、路面各层材料的热物性系数

路基材料	黏质土	粉质土	粉土质砂	细粒土质砂、黏土质砂	含细粒土质砾（砂）
热物性系数	1.05	1.1	1.2	1.3	1.35
路基材料	水泥混凝土	沥青结合料类	级配碎石	二灰或水泥稳定粒料	二灰土及水泥土
热物性系数	1.4	1.35	1.45	1.4	1.35

b——路基湿度系数，按表6-43确定；

表6-43 路基湿度系数

湿度类型	干燥	中湿	潮湿
湿度系数	1	0.95	0.9

c——路基断面形式系数，根据表6-44按内插法确定。

表6-44 路基断面形式系数

填挖形式和高（深）度		路基填土高度/m				路基挖方深度/m			
	零填	<2	2~4	4~6	>6	<2	2~4	4~6	>6
断面形式系数	1.0	1.02	1.05	1.08	1.10	0.98	0.95	0.92	0.90

根据公路多年最大冻深，按表6-15的规定验算路面的防冻层厚度。路面结构厚度小于表6-15规定的最小防冻层厚度时，应增设防冻层，使其满足最小防冻层厚度的要求。

8. 设计路面结构的验收弯沉值

1）路基顶面验收弯沉值 l_g 应按下式计算：

$$l_g = \frac{176pr}{E_0} \tag{6-18}$$

式中　l_g——路基顶面验收弯沉值（0.01mm）；

p——落锤式弯沉仪承载板施加荷载（MPa）；

r——落锤式弯沉仪承载板半径（mm）；

E_0——平衡湿度状态下路基顶面回弹模量（MPa）。

2）宜采用落锤式弯沉仪进行路基验收，落锤式弯沉仪的荷载为50kN，荷载盘半径应为150mm。路段内的路基顶面实测代表弯沉值 l_0 应符合下式的要求：

$$l_0 \leq l_g \tag{6-19}$$

式中　l_g——路基顶面验收弯沉值（0.01mm）；

l_0——路基顶面弯沉代表值（0.01mm），以1~3km为一个评定路段，按式 $l_0 = (\bar{l}_0 + \beta s)K_1$ 计算；

$\bar{l}_0$——路段内实测路基顶面弯沉平均值（0.01mm）；

s——路段内实测路基顶面弯沉标准差（0.01mm）；

β——目标可靠指标，根据公路等级按表6-5取值；

K_1——路基顶面弯沉湿度影响系数,根据当地经验确定。

3)路表验收弯沉值 l_a 应根据设计路面结构,采用弹性层状体系理论按下式计算。路面结构层参数应与路面结构验算时相同,路基顶面回弹模量应采用平衡湿度状态下路基顶面回弹模量乘以模量调整系数 k_l。

$$l_a = p\bar{l}_a \qquad (6-20)$$

式中 $\bar{l}_a$——理论弯沉系数,由式 $\bar{l}_a = f\left(\dfrac{h_1}{\delta}, \dfrac{h_2}{\delta}, \cdots, \dfrac{h_{n-1}}{\delta}; \dfrac{E_2}{E_1}, \dfrac{E_3}{E_2}, \cdots, \dfrac{k_l E_0}{E_{n-1}}\right)$ 计算;

k_l——路基顶面回弹模量调整系数,对于无机结合料稳定类基层沥青路面和水泥混凝土基层沥青路面,取 0.5;粒料类基层沥青路面和沥青结合料类基层沥青路面,当采用无机结合料稳定底基层时,取 0.5,否则取 1;

E_0——平衡湿度状态下路基顶面回弹模量(MPa);

其他符号意义同前。

4)路面交(竣)工时应对路表弯沉值进行检测。落锤式弯沉仪中心点弯沉代表值应符合下式要求:

$$l_0 \leqslant l_a \qquad (6-21)$$

式中 l_a——路表验收弯沉值(0.01mm);

l_0——路段内实测路表弯沉代表值(0.01mm),以 1~3km 为一个评定路段,由式 $l_0 = (\bar{l}_0 + \beta s) K_1 K_3$ 计算;

$\bar{l}_0$——路段内实测路表弯沉平均值(0.01mm);

s——路段内实测路表弯沉标准差(0.01mm);

β——目标可靠指标,根据公路等级按表 6-5 取值;

K_1——路表弯沉湿度影响系数,根据实测弯沉值通过反算得到路基模量值,再对路基模量值进行修正得到结构模量值,然后得出测试状态下弯沉湿度修正系数 K_1,或者根据当地经验确定;

K_3——路表弯沉温度影响系数,按式 $K_3 = e^{[9\times10^{-6}(\ln E_0 - 1)h_a + 4\times10^{-3}](20-T)}$ 确定;

T——进行弯沉测定时沥青结合料类材料层中点处的实测或预估温度(℃);

h_a——沥青结合料类材料层的厚度(mm);

E_0——平衡湿度状态下路基顶面回弹模量(MPa)。

(四)新建路面结构验算流程

新建沥青路面结构验算应按图 6-4 所示的流程进行,包括下列主要内容:

1)按《公路沥青路面设计规范》(JTG D50—2017)中附录 A 调查并分析交通参数,并根据该规范第 3.0.4 条的规定,确定交通荷载等级。

2)根据路基土类、地下水位高度确定路基湿度类型和湿度状况,按《公路沥青路面设计规范》(JTG D50—2017)中第 5.2.2 条要求,并结合《公路路基设计规范》(JTG D30—2015)的有关规定确定路基顶面回弹模量及必要的路基改善措施。

3)根据设计要求,收集所在地区的常用路面结构组合和材料性质要求,分析影响路面结构设计的其他因素,初拟路面结构组合与厚度方案,选取设计指标。

4)按《公路沥青路面设计规范》(JTG D50—2017)中第 5 章及第 6.3.2 条的规定,确

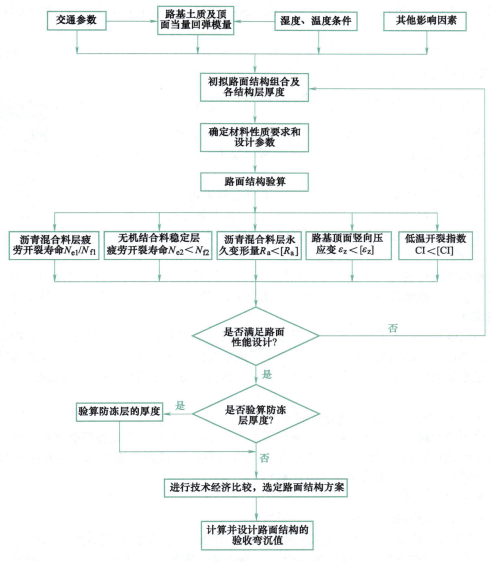

图 6-4 新建沥青路面结构验算流程

定各结构层模量等设计参数,并按《公路沥青路面设计规范》(JTG D50—2017)中第 5 章的规定检验粒料的 CBR 值,无机结合料稳定类材料的无侧限抗压强度,沥青低温性能要求,沥青混合料的低温破坏应变、动稳定度、贯入强度和水稳定性等。

5)按《公路沥青路面设计规范》(JTG D50—2017)中附录 G 的规定,收集工程所在地区的气温资料,确定各设计指标对应的温度调整系数或等效温度。

6)采用多层弹性体系理论计算各设计指标的力学响应量。

7)按《公路沥青路面设计规范》(JTG D50—2017)中附录 B 的规定进行路面结构验算,验算结果应符合《公路沥青路面设计规范》(JTG D50—2017)中第 3.0.6 条的规定;不符合时,调整路面结构方案重新验算,直至符合为止。

8)对通过结构验算的路面结构进行技术经济分析,选定路面结构方案。

9）按《公路沥青路面设计规范》（JTG D50—2017）中附录 B.7 计算设计路面结构的验收弯沉值。

10）设计路面结构的路基顶面验收弯沉值和路表验收弯沉值的确定，应符合《公路沥青路面设计规范》附录 B.7 的有关规定。

六、既有沥青路面的改建（结构补强）设计

路面设计-既有沥青路面的结构补强设计

沥青路面随着使用时间的延续，其使用性能和承载能力不断降低，超过设计使用年限后便不能满足正常行车交通的要求，需对既有沥青路面进行结构补强或改建。

当既有沥青路面需要提高等级时，对不符合技术标准的路段应先进行线型改善，改线路段应按新建路面进行设计；对于加宽路面、提高路基、调整纵坡的路段，应根据具体情况按新建或改建路面设计；在既有沥青路面上补强时，按改建路面设计。

改建路面设计应充分调查和分段评估既有路面的状况，分析路面损坏的原因，提出针对性改建对策；经技术经济分析后，结合工程经验确定适应预期交通荷载等级和使用性能要求的改建设计方案。

在确定改建设计方案时，应充分利用既有路面的结构性能，减少废弃材料，并积极、稳妥地再生利用既有路面的材料。同时，应考虑施工期间交通组织设计和临时安全设施设计。

改建路面设计应采用动态设计理念，工程实施阶段应逐段调查分析现场路况，动态调整改建方案。

（一）既有路面结构状况调查与评定

对使用中的路面结构状况进行调查和评定，其目的主要是了解路面既有结构的状况和承载能力，据此预估剩余使用寿命、判断是否需要补强、分析路面损坏的原因及提出处理措施，并为路面补强设计提供可靠的设计参数。

1. 既有路面调查与分析

既有路面调查与分析应包括下列主要内容：

1）收集既有路面及其排水设施的设计、施工及历史养护维修情况等技术资料。

2）调查分析交通量、轴载组成和增长率等交通荷载参数。调查可采用实地观测（包括人工观测和使用移动式车辆自动称重系统进行观测）等方法或直接取用当地交通管理部门的统计资料。

3）调查路面破损状况，包括路面病害的类型、严重程度、范围和数量等。

4）采用落锤式动态弯沉仪或其他弯沉仪检测并评价既有路面结构的承载能力。

5）采用钻芯、探坑取样、路面雷达扫描、切割等方式，调查并分析既有路面的厚度、层间结合情况及病害程度等，并取样进行室内试验测定试件的模量、强度等，分析路面材料的组成与退化情况。

6）对因路基问题导致路面损坏的路段，取样调查路基的土质类型、含水率和 CBR 值等，分析路基的稳定性和承载力等。

7）调查沿线气候条件、地下水位及路基路面排水状况。

8）调查沿线跨线桥、隧道的净空要求及其他影响路面改建设计的因素。

2. 既有路面结构强度的评定

既有路面损坏状况的评定应符合《公路技术状况评定标准》(JTG 5210—2018) 和《公路养护技术规范》(JTG H10—2009) 的有关规定，可结合路面损坏特点采用路面横向裂缝间距、纵向裂缝率、网裂面积率和修补面积率等指标进行补充评价。

应根据既有路面调查结果综合分析病害原因，判断路面病害的位置、破坏程度、发展趋势及既有路面的可利用程度。

（二）既有路面的改建方案

对既有路面应根据不同路段的路面状况和损坏程度，采取相应的处理方案。既有路面处理可采用局部病害处治、整体性处理的方式，或两者相结合的方式，并应符合下列规定：

1) 既有路面破损不严重且结构性能较好的路段可参照《公路沥青路面养护技术规范》(JTG 5142—2019) 对局部病害进行处治后再加铺结构层。

2) 既有路面破损严重或结构性能不足的路段，宜采用整体性处理方式。处理深度和范围应根据路面破损程度、位置和处理工艺确定。

3) 改建方案应充分利用既有路面结构和材料，依据具体情况选择以下方案：经局部病害处治后直接加铺一层或多层改建方案，将既有路面铣刨至某一结构层或将既有路面就地再生后再加铺一层或多层改建方案。

4) 既有路面存在较多裂缝时，应采取减缓反射裂缝的措施。

5) 既有路面出现因内部排水不良引起的水损坏时，应改善或重置路面防（排）水系统。加铺层与既有路面之间应采取设置黏层或封层等层间结合措施。

6) 加铺层材料的组成和技术要求应符合《公路沥青路面设计规范》(JTG D50—2017) 中第 5 章的规定，再生材料技术要求应符合《公路沥青路面再生技术规范》(JTG/T 5521—2019) 的有关规定。

（三）改建路面结构验算

1) 设计使用年限内预期的交通荷载参数应按《公路沥青路面设计规范》(JTG D50—2017) 中附录 A 进行调查和分析，并按该规范第 3.0.4 条确定交通荷载等级。

2) 加铺层以及经处治后的既有路面结构在设计使用年限内的使用性能，应符合《公路沥青路面设计规范》(JTG D50—2017) 中第 3.0.6 条和第 3.0.7 条的规定。

3) 既有路面破损不严重且结构性能较好，采用直接加铺方案或铣刨至某一结构层再加铺方案时，应同时对既有路面的结构层和加铺层进行结构验算。加铺层的设计参数应按新建路面结构确定。既有路面结构层的设计参数应按下列要求确定：

① 将既有路面简化为由沥青结合料类材料层、无机结合料稳定层或粒料层和路基组成的三层体系，利用弯沉盆反演或芯样实测的方法确定各层结构的模量。

② 既有路面无机结合料稳定层的弯拉强度，宜根据现场取芯实测的无侧限抗压强度按下式计算。无条件时，可根据既有路面的整体强度、基层和面层损坏状况，结合当地经验确定。

$$R_s = 0.21 R_c \tag{6-22}$$

式中 R_s——无机结合料稳定类材料试件的弯拉强度（MPa）；

R_c——无机结合料稳定类材料试件的无侧限抗压强度（MPa）。

既有路面破损严重或结构性能不足时，无论采用直接加铺方案还是采用铣刨至某一结构层后再加铺的方案，均应对加铺层进行结构验算。加铺面层的设计参数应按新建路面结构确定。既有路面或铣刨后留用的路面，结构层不再进行结构验算，其顶面当量回弹模量应按下式计算：

$$E_d = \frac{176pr}{l_0} \tag{6-23}$$

式中 E_d——既有路面结构的顶面当量回弹模量（MPa）；

p——落锤式弯沉仪承载板施加荷载（MPa）；

r——落锤式弯沉仪承载板半径（mm）；

l_0——落锤式弯沉仪承载板中心点弯沉值（0.01mm）。

再生材料设计参数可按实测或工程经验确定。

（四）改建路面结构验算流程

改建路面结构验算应按图 6-5 所示的流程进行，包括下列主要内容：

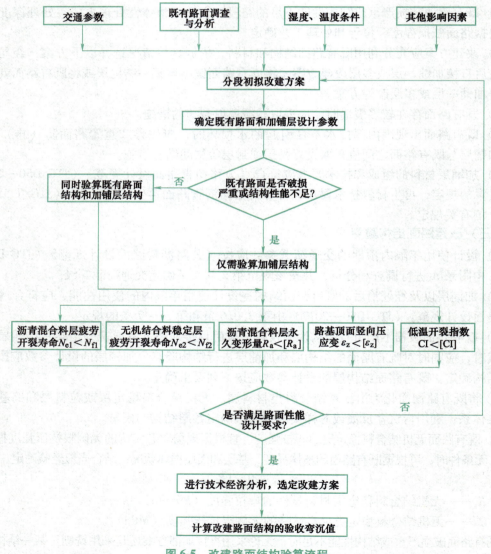

图 6-5　改建路面结构验算流程

1）按《公路沥青路面设计规范》（JTG D50—2017）中附录 A 调查并分析交通参数，并按该规范第 3.0.4 条的规定，确定交通荷载等级。

2）根据《公路沥青路面设计规范》（JTG D50—2017）中第 7.2 节的规定，对既有路面的技术状况进行调查和分析。

3）根据路况调查结果，对既有路面进行分段。按《公路沥青路面设计规范》（JTG D50—2017）中第 7.3 节的规定，结合当地工程经验，分段初拟改建方案。

4）按《公路沥青路面设计规范》（JTG D50—2017）中第 7.4.3 条~第 7.4.5 条的规定，确定需验算的结构层和设计指标，确定既有路面和加铺层的材料模量等设计参数，并按该规范第 5 章的规定检验加铺层粒料的 CBR 值，无机结合料稳定类材料的无侧限抗压强度，沥青低温性能要求，沥青混合料的低温破坏应变、动稳定度、贯入强度和水稳定性等。

5）收集工程所在地区气温资料，按《公路沥青路面设计规范》（JTG D50—2017）中附录 G 确定各设计指标相应的温度调整系数或等效温度。

6）采用多层弹性体系理论计算各设计指标的力学响应量。

7）按《公路沥青路面设计规范》（JTG D50—2017）中附录 B 进行路面结构验算，验算结果应符合该规范第 3.0.6 条的规定。不符合时，调整路面改建方案重新验算，直至符合为止。

8）对通过结构验算的路面结构进行技术经济分析，选定路面改建方案。

9）按《公路沥青路面设计规范》（JTG D50—2017）中附录 B.7 计算改建路面结构的路表验收弯沉值。

单元 3 　水泥混凝土路面设计

一、水泥混凝土路面的特点

水泥混凝土路面又称为白色路面，是高级路面，它是以水泥与水拌和成的水泥浆为结合料，以碎（砾）石、砂为集料，再加适当的掺和料及外掺剂，拌和成水泥混凝土混合料后筑成的路面，经过一定时间的养护，可达到很高的强度与耐久性。当车轮行驶在路面上时，整个水泥混凝土路面会起抵抗作用，不使路面产生较大的弯曲变形；当车轮驶过后，又重新恢复原来的形状。这种性质的路面，又称为刚性路面。

1. 水泥混凝土路面的优点

（1）强度高　混凝土路面具有较高的抗弯强度、抗压强度和表面硬度，能经受较重的车轮荷载和车轮重复荷载引起的路面磨耗。

（2）稳定性好　混凝土路面的物理、力学性能受自然因素作用的影响较小，特别是受气候、温度的影响较小，它不像沥青路面到了夏季会发软、强度降低，有时甚至会出现车辙，在冬季会变脆，过了若干年后又会因老化而破坏。水泥混凝土路面突出的优点是它的强度能随着时间的增长而提高，没有像砂石路面那样的"衰退"现象，对各种油类侵蚀的抵抗力也较强。水泥混凝土路面对水的抵抗能力比沥青路面要强。

（3）耐久性好　由于混凝土路面的强度和稳定性好，所以它经久耐用，一般可使用 20~30 年，而且它能通行包括履带式车辆等在内的多种运输工具。

(4) 养护维修费用少　水泥混凝土路面抵御自然环境（温度、雨水）的能力较强，在正常的交通量和车辆荷载作用下产生的路面病害较少，故在路面使用期限内的养护维修费用较少。

(5) 抗滑性能好　水泥混凝土路面由于表面粗糙度好，能保持车辆有较高的安全行驶速度，特别在下雨时虽然路面潮湿，仍能保持较高的摩擦系数，使车辆不滑行，从而提高车辆行驶的稳定性。

(6) 有利于夜间行车　水泥混凝土路面色泽鲜明，反光能力强，对夜间行车有利。

2. 水泥混凝土路面的缺点

1) 水泥和水的用量很大。修筑 20cm 厚、7m 宽的水泥混凝土路面，1km 要耗费水泥 435~505t 和水约 220t，这还不包括养护用水。这给水泥不足和缺水地区带来较大的困难。

2) 路面接缝多。一般混凝土路面要建造许多接缝，这些接缝有纵缝、横缝和施工缝（建筑缝），这样就增加了施工和养护的复杂性，而且容易引起行车的跳动，影响行车的舒适性，由于车轮不断冲击接缝，接缝边角容易损坏。

3) 铺筑后不能立即开放交通。水泥混凝土路面铺筑后，一般需经 2~3 个星期的湿养护并达到要求强度后，才能开放交通。不像沥青混凝土路面铺筑后能立即开放交通。

4) 在白天较强阳光照射下路面反光很强，使汽车驾驶员感觉不舒服。

5) 掘路和埋设管线的修补工作都很麻烦，而且影响交通，且修补后的路面质量往往不如原来的路面。

6) 地基软弱处，需加铺钢筋网。水泥混凝土路面为脆性材料，其抗弯强度远较抗压强度要小，对地基的变形较敏感，故对于可能产生不均匀沉陷的湿软地基、沟槽部位地基等，常需在路面的底层铺设一层钢筋网以防路面损坏。同样，老路基拓宽时，有时要在路面的上下层处都要设置钢筋网。这些都给施工带来麻烦，同时增加了造价。

二、水泥混凝土路面的构造

水泥混凝土路面由混凝土面层、基层、垫层、路肩结构和排水设施等组成，如图 6-6 所示。图中左半侧为未设路面内部排水设施和采用沥青路肩的路面结构，右半侧为设置路面内部排水设施和采用水泥混凝土路肩的路面结构。

水泥混凝土路面以刚度大的水泥混凝土板作面层，因而采用较沥青面层更简单的结构层：面层、基层、垫层；面层、基层或面层。

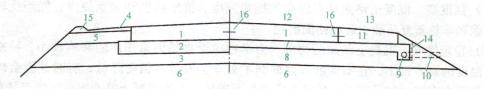

图 6-6　水泥混凝土路面的构造

1—混凝土面层　2—基层　3—垫层　4—沥青路肩　5—路肩基层　6—土基　7—排水基层
8—不透水垫层（或设反滤层）　9—集水管　10—排水管　11—混凝土路肩　12—路面横坡
13—路肩横坡　14—反滤织物　15—拦水带　16—拉杆

(一)面层(面板)

1. 面层的分类

水泥混凝土面层按组成材料或施工方法的不同,可分为以下六种类型:

1)普通混凝土(又称为无筋混凝土或素混凝土)路面,是指除接缝区和局部范围外均不配筋的水泥混凝土路面。这是目前应用十分广泛的一种面层类型。道路路面的混凝土面层通常采用等厚断面。

2)钢筋混凝土路面,是指为防止可能产生的裂缝、缝隙张开,在板内配置纵、横向钢筋或钢筋网的水泥混凝土路面。

3)碾压混凝土路面,是指水泥和水的用量较普通混凝土显著减少的水泥混凝土混合料经摊铺、碾压成形的水泥混凝土路面。它不是通过在混合料内部振捣密实成形的,而是采用类似于水泥稳定粒料基层的方法铺筑,通过碾压成形的。这类面层具有不需专用的混凝土铺面机械,完工后可以较早地开放交通(如 7d 或 14d),以及可以用粉煤灰替代水泥来降低造价等优点;但其表面的平整度较差,混合料的均匀性较差(即变异性较大),接缝处难以设置拉杆或传力杆。因而,碾压混凝土面层主要用于运行速度不太高的道路、停车场或停机坪的面层;或者用作下面层,在其上面再铺筑高强度的普通混凝土、钢纤维混凝土或沥青混凝土薄面层,从而形成复合式面层。

4)钢纤维混凝土路面,是指在混凝土中掺入钢纤维的水泥混凝土路面。在混凝土中掺入钢纤维,可以提高混凝土的韧性和强度,减少其收缩量。由于钢纤维混凝土的弯拉强度要高于普通混凝土,因此它所需的面层厚度要薄于普通混凝土面层。由于钢纤维混凝土的造价较高,因而主要用作设计标高受到限制的旧混凝土路面土的加铺层,或者用作复合式混凝土面层的上面层。

5)连续配筋混凝土路面,是指沿纵向配置连续的钢筋,除了在与其他路面交接处或邻近构造物处设置胀缝以及依据施工需要设置施工缝外,不设横向缩缝的水泥混凝土路面。

6)复合式混凝土路面,是指由两层或两层以上不同强度或不同类型的混凝土复合而成的水泥混凝土路面。

2. 面层的基本要求

水泥混凝土面层直接承受行车荷载的作用和环境因素的影响,应具有较高的抗弯拉强度和耐久性,以及良好的表面特性(耐磨、抗滑、平整、低噪声等)。

1)面层宜采用设接缝的普通水泥混凝土。当面层板的平面尺寸较大或形状不规则,路面结构下埋有地下设施,位于高填方、软土地基、填挖交界段等有可能产生不均匀沉降的路基段时,应采用在接缝中设置传力杆的钢筋混凝土面层。连续配筋混凝土、辗压混凝土和钢纤维混凝土等其他面层类型可依据适用条件选用。

2)普通水泥混凝土、钢筋混凝土、碾压混凝土和连续配筋混凝土面层的计算厚度,可依据交通荷载等级、公路等级和变异水平等级确定。各种混凝土面层的设计厚度应依据计算厚度加 6mm 的磨耗层后,按 10mm 向上取整。

3)钢纤维混凝土的钢纤维体积率宜为 0.6%~1%,面层厚度宜为普通混凝土面层厚度的 0.65~0.75 倍,并按钢纤维掺量确定。特重或重交通荷载时,其最小厚度应为 180mm;中等或轻交通荷载时,其最小厚度应为 160mm。

4)复合式路面的沥青混凝土上面层的厚度不宜小于 40mm。水泥混凝土下面层的计算厚度应满足不产生疲劳断裂的要求。水泥混凝土的下面层与沥青混凝土的上面层之间应设置黏层。

5）路面表面必须采用拉毛、拉槽、压槽或刻槽等方法制作表面构造，在交工验收时的构造深度应满足表 6-45 的要求。

表 6-45　各级公路水泥混凝土面层的表面构造深度要求　　　　　　　（单位：mm）

公路等级	高速公路、一级公路	二级~四级公路
一般路段	0.7~1.1	0.5~1
特殊路段	0.8~1.2	0.6~1.1

注：1. 特殊路段：对于高速公路和一级公路，是指立交、平交或变速车道等处；对于其他等级公路，是指急弯、陡坡、交叉口或集镇附近。
　　2. 在年降雨量 600mm 以下的地区，表列数值可适当降低。

6）混凝土预制块可采用矩形块或异形块。矩形块的长度宜为 200~250mm，宽度宜为 100~125mm，厚度宜为 80~150mm。预制块下砂垫层的厚度宜为 30~50mm。

3. 面板厚

水泥混凝土路面一般为单层式，其厚度须根据该路在使用期内的交通性质和交通量设计经计算决定，在确定混凝土面板所需厚度时，各级交通条件下的初估厚度可参照表 6-46 选取。

表 6-46　水泥混凝土面板厚度的参考范围

交通荷载等级	极重	特重			重		
公路等级	一	高速	一级	二级	高速	一级	二级
变异水平等级	低	低	中	低	中	低	中	低	中
面层厚度/mm	≥320	280~320	260~300	240~280	230~270	220~260
交通荷载等级	中等				轻		
公路等级	二级		三级、四级		三级、四级		
变异水平等级	高	中	高	中	高	中
面层厚度/mm	220~250	210~240	200~230	190~220	180~210

4. 面板的横断面形式

理论分析表明，轮载作用于板中部时板产生的最大应力约为轮载作用于板边部时的 2/3。因此，面层板的横断面应采用中间薄两边厚的形式（图 6-7a），以适应荷载应力的变化。面板边部厚度一般较中部大 25% 左右，是从路面最外两侧板的边部开始，在 0.6~1m 宽度范围内逐渐加厚。但是，厚

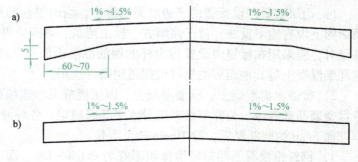

图 6-7　水泥混凝土路面横断面形式（单位：cm）
a）厚边式　b）等厚式

边式路面对土基和基层的施工不利;而且使用经验表明,在厚度发生变化的转折处,易引起板的折裂。因此,国内外常采用等厚式断面(图 6-7b)。

混凝土面板应保证表面平整、耐磨、抗滑。混凝土面板的平整度以 3m 直尺量测结果为准,3m 直尺与路面表面的最大间隙:高速公路和一级公路不应大于 3mm,其他各级公路不应大于 5mm。混凝土面板的抗滑标准以构造深度为指标:高速公路和一级公路不应低于 0.7mm,其他各级公路不应低于 0.5mm。

5. 混凝土面板的尺寸

普通水泥混凝土、钢筋混凝土、碾压混凝土和钢纤维混凝土面层板的平面布局宜采用矩形分块,其纵向和横向接缝应垂直相交,纵缝两侧的横缝不得相互错位。

(1)纵缝间距　纵缝间距可以理解为板宽,通常按车道宽度确定,但带有路缘带的高速公路和一级公路,板宽可按车道和路缘带的宽度确定。路面宽度为 9m 的二级公路,板宽可按路面宽度的一半(4.5m)确定。由于板过宽易产生纵向断裂,故一般在 3~4.5m 范围内选用。

(2)横缝间距　横缝间距的大小直接影响板内温度应力、接缝缝隙宽度和接缝的荷载传递能力。普通水泥混凝土面层的横缝间距宜为 4~6m,平面面积不宜大于 $25m^2$;碾压混凝土或钢纤维混凝土面层的横缝间距宜为 6~10m;钢筋混凝土面层的横缝间距宜为 6~15m,面层板的长宽比不宜超过 2.5,平面面积不宜大于 $45m^2$。

(3)板的平面形状　混凝土路面板的平面尺寸应尽可能接近正方形,以改善其受力状况。一般将板宽和板长之比控制在 1~1.35。

(二)基层和底基层

对于混凝土面层下的基层和底基层,要求能提供均匀的支撑能力,并且具有一定的刚度和耐冲刷能力。唧泥、错台和断裂等病害是混凝土路面常见的损坏形式,其原因是进入路面结构内部的水分不能及时排出,水分反复冲刷结构内部引起的。因此,要求基层具有足够的抗冲刷能力。

依据交通荷载等级、结构层组合要求、材料供应条件和基层的抗冲刷要求,各交通荷载等级宜选用的基层和底基层材料类型见表 6-47。

表 6-47　适宜各交通荷载等级的基层和底基层材料类型

交通荷载等级	基层材料类型	底基层材料类型
极重、特重	经济混凝土、碾压混凝土或沥青混凝土	级配碎石,水泥稳定碎石,石灰、粉煤灰稳定碎石
重	水泥稳定碎石或密级配沥青稳定碎石	
中等、轻	水泥稳定碎石,石灰、粉煤灰稳定碎石或级配碎石	未筛分碎石、级配砾石,或不设底基层

承受极重、特重或重交通荷载的路面,基层下应设置底基层;承受中等或轻交通荷载时,可不设底基层。当基层采用无机结合料稳定类材料,且上路床由细粒土组成时,应在基层下设置粒料类底基层。

基层采用无机结合料稳定类材料时,底基层宜选用小于 0.075mm 颗粒含量少于 7% 的粒料类材料。

经济混凝土或碾压混凝土基层上应铺设沥青混凝土夹层,层厚不宜小于 40mm。无机结合料稳定碎石基层上应设置封层，封层可采用单层沥青表面处治或适宜的膜层材料等。当采用单层沥青表面处治时，层厚不宜小于 6mm。

多雨地区，路基由低透水性细粒土组成的高速公路和一级公路或者承受极重（特重）交通荷载的二级公路，宜设置由开级配沥青稳定碎石或开级配水泥稳定碎石组成的排水基层。排水基层下应设置由密级配粒料或水泥稳定碎石组成的不透水底基层。底基层顶面宜铺设沥青类封层或防水土工织物。

各种基层和底基层的结构层适宜压实厚度，应按所选集料的公称最大粒径和压实效果的要求确定；当基层或底基层的设计层厚超出相应材料的适宜压实厚度范围时，宜分层铺设和压实。

经济混凝土或碾压混凝土基层的计算厚度应满足弯拉强度的要求。基层设计厚度应依据计算厚度按 10mm 向上取整。

开级配沥青稳定碎石或水泥稳定碎石排水基层的计算厚度应满足排除表面水设计渗入量的需要。排水基层的设计厚度宜依据计算厚度按 10mm 向上取整后再增加 20mm。

硬路肩采用混凝土面层时，基层的结构与厚度应与行车道相同。基层的宽度应比混凝土面层每侧宽出 300mm（小型机具施工时）或 650mm（滑模式摊铺机施工时）。

碾压混凝土基层应设置与混凝土面层相对应的接缝。经济混凝土基层的弯拉强度大于 1.5MPa 时，应设置与面层相对应的横向缩缝；一次摊铺宽度大于 7.5m 时，应设置纵向缩缝。

（三）垫层

遇有以下情况时，应在基层或底基层下设置垫层：

1）在季节性冰冻地区，路面结构层的总厚度小于最小防冻厚度要求（表 6-48）时，应设置防冻垫层，使路面结构厚度符合要求。

表 6-48　水泥混凝土路面结构层最小防冻厚度

路基湿度类型	路基土类别	当地最大冻深深度/m			
		0.5~1	1.01~1.5	1.5~2	>2
中湿路基	易冻胀土	0.3~0.5	0.4~0.6	0.5~0.7	0.6~0.95
	很易冻胀土	0.4~0.6	0.5~0.7	0.6~0.85	0.7~1.1
潮湿路基	易冻胀土	0.4~0.6	0.5~0.7	0.6~0.9	0.7~1.2
	很易冻胀土	0.45~0.7	0.55~0.8	0.7~1	0.8~1.3

注：1. 易冻胀土是指细粒土质砾（GM、GC）、除极细粉土质砂外的细粒土质砂（SM、SC）、塑性指数小于 12 的黏质土（CL、CH）。
2. 很易冻胀土是指粉质土（ML、MH）、极细粉土质砂（SM）、塑性指数在 12~22 之间的黏质土（CL）。
3. 冻深小或填方路段，或基层与垫层采用隔温性能良好的材料，可采用低值；冻深大或挖方及地下水位高的路段，或基层与垫层采用隔温性能稍差的材料，应采用高值。
4. 冻深小于 0.5m 的地区，可不考虑结构层防冻厚度。

2）水文地质条件不良的土质路堑，当路床土的湿度较大时，宜设置排水垫层。垫层应与路基同宽，厚度不得小于 150mm。防冻垫层和排水垫层宜采用碎石、砂砾等颗粒材料。

排水基层下面应设置反滤层或者密级配粒料基层，以防止路基中的细料向上迁移到基层内，堵塞排水基层。路基软弱（如黏性土层）或潮湿（地下水位高或排水不畅）时，应在路基顶面铺设垫层，以改善路基湿度状况和提供均匀支撑，并为基层修筑提供较坚实和稳定的基础。在季节性冰冻地区，为了防止或减轻路基不均匀冻胀对面层的不利影响，路面结构应有一个最小厚度，此最小厚度根据当地的最大冰冻深度和路基土质确定。当混凝土面层和基层的厚度低于此最小厚度要求时，应在基层下设置垫层加以补足。

（四）路基

路基应稳定、密实、均质，对路面结构提供均匀的支撑。路床顶面的综合回弹模量值，在轻交通荷载等级时不得低于40MPa，在中等或重交通荷载等级时不得低于60MPa，在特重或极重交通荷载等级时不得低于80MPa。

路基填料应满足以下要求：

1）高液限黏土及含有机质的细粒土不应用作高速公路和一级公路的路床填料或二级及二级以下公路的上路床填料。

2）高液限粉土、塑性指数大于16或膨胀率大于3%的低液限黏土不应用作高速公路或一级公路的上路床填料。

3）因条件限制必须采用上述土作填料时，应掺加水泥、粉煤灰或石灰等结合料进行改善。

路床顶面综合回弹模量值不满足规定的要求时，应选用粗粒土或低用量的无机结合料稳定土作路床或上路床填料。当路基工作区底面接近或低于地下水位时，可采取更换填料、设置排水渗沟等措施。

季节性冰冻地区的中湿类、潮湿类和过湿类路基，当冰冻线深度达到路基的易冻胀土层时，在易冻胀土层上应设置防冻垫层或用不易冻胀土置换冰冻线深度范围内的易冻胀土。

水文地质条件不良的土质路堑，应采取地下水排水措施。

对路堤下的软弱地基进行加固处治后，其工后沉降量应符合《公路路基设计规范》（JTG D30—2015）的规定，并宜在路床顶部铺筑粒料层。

填挖交界或新旧路基结合的路段，应采取防止差异沉降的技术措施。

石质挖方或填石路床顶面应铺设整平层。整平层可采用碎石、低用量水泥稳定粒料等材料，其厚度可根据路床顶面平整程度确定，最小厚度不小于100mm。

（五）路肩

1）路肩的铺面结构应具有一定的承载能力，其结构层组合和材料选用应与行车道路面相协调，不应使渗入的路表水积滞在行车道路面结构内。

2）行车道混凝土面层宜宽出外侧车道边缘线0.6m。

3）高速公路和一级公路以及承受极重、特重和重交通荷载等级的公路，路肩铺面应采用与行车道路面相同的结构层组合和组成材料类型。其他等级公路，路肩铺面的基层和底基层应采用与行车道路面结构相同的材料类型和厚度。

4）路肩面层可选用水泥混凝土或沥青类材料。路肩面层选用沥青类材料时，中等交通荷载以上等级公路，应采用热拌沥青混合料；低等级公路和轻交通荷载等级公路，可采用沥青表面处治。路肩基层为粒料类材料时，其细料（颗粒直径小于0.075mm）含量不应超过6%。

5）路肩混凝土面层与行车道面层应设置拉杆相连，二者的横向缩缝应连通。行车道面层为连续配筋混凝土时，路肩混凝土面层的横向缩缝间距应为4.5m。

(六) 路面排水

1) 行车道路面横坡坡度宜为1%~2%，路肩表面的横向坡度宜为2%~3%。

2) 行车道路面结构设置排水基层或垫层时，应在排水基层或垫层的外侧边缘设置纵向集水沟和带孔集水管，并间隔50~100m设置横向排水管。

3) 排水基层的纵向边缘集水沟，当路肩采用沥青面层时，可设在路肩内侧边缘内；当路肩采用水泥混凝土面层时，可设在路肩下或路肩外侧边缘内。排水垫层的纵向边缘集水沟宜设在路床边缘。

4) 带孔集水管的管径宜采用100~150mm。集水沟的宽度宜采用300mm。集水沟的深度应能保证集水管管顶低于排水层底面，并有足够厚度的回填料使集水管不被施工机械压裂。沟内回填料宜采用与排水基层或垫层相同的透水性材料，或不含细料的碎石或砾石粒料。横向排水管应不带孔，其管径与集水管相同。

5) 集水沟和集水管的纵坡宜与路线纵坡相同，且不宜小于0.3%。横向排水管的坡度不宜小于5%。

6) 横向排水管出口端应设端墙，端头宜用钢丝网或格栅罩住，出水口下方应铺设水泥混凝土防冲垫板或进行坡面防护。在横向排水管上方的路肩边缘处应设置标志标明出水口位置。

(七) 接缝的构造

1. 接缝的设置原因与分类

水泥混凝土面层是由一定厚度的混凝土面板组成的，受气候、温度变化的影响，会产生热胀冷缩现象。由于一年四季的气温变化，温度差将促使面板向上或向下翘曲，混凝土面板会产生不同程度的膨胀和收缩，使板被破坏，如图6-8所示。

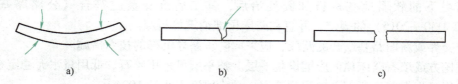

图6-8 混凝土由于温度差引起的变形
a) 弯曲 b) 破坏及开裂 c) 温度均匀下降使板断裂

为了避免发生这些破坏，水泥混凝土路面应在纵、横方向将路面板分割成规则的形状，以消除温度应力，并保持路面整齐的外观。但是，接缝附近的路面板却因此成为最薄弱的部位。车辆通过时，由于边、角部位接缝对路面的削弱，边、角部位更加容易断裂。雨水也容易穿过接缝渗入路基和基层，有时还会引起唧泥，使细颗粒土流失，造成路面板边、角脱空，使面板工作条件进一步恶化。因此，混凝土路面既要设置接缝，又应尽量使接缝数量最少，并且从接缝构造上保持两侧面板的整体性，以提高荷载传递能力，保护面板下路基与基层的正常工作条件。按作用的不同，接缝可分为缩缝、胀缝和施工缝三类；按布设位置不同，接缝分为纵缝与横缝两大类。

2. 纵缝及其构造

与路中心线平行的接缝称为纵缝，分为纵向缩缝和纵向施工缝。

(1) 纵向施工缝 一次铺筑宽度小于路面宽度时，应设置纵向施工缝。它是按行车道宽度（一般为 3~4m）来设置的，这对行车和施工都较方便。根据路面宽度定出需要设置的车道数，一般情况下四个车道设三条纵缝。纵向施工缝一般采用平缝加拉杆形式，拉杆设置在板厚的 1/2 处，上部应锯切深度为 3~4cm、宽度为 3~8mm 的槽口，槽内灌塞填缝料，其构造如图 6-9a 所示。

（2）纵向缩缝 一次铺筑宽度大于 4.5m 时，应设置纵向缩缝。纵向缩缝采用假缝形式，并宜在板厚中部设置拉杆，其构造如图 6-9b 所示。

纵向缩缝设在水泥混凝土板表面部分，缝深为路面厚度的 1/3~2/5，缝隙宽度为 3~8mm。纵向缩缝与其他缝一样，也须浇灌沥青填缝料，以防杂物进入缝内。由于该缝处的混凝土厚度较小、较薄弱，混凝土路面板在气温降低时易引起横向收缩，路面收缩时就在此处断裂，从而不在路面上产生不规则的裂缝。

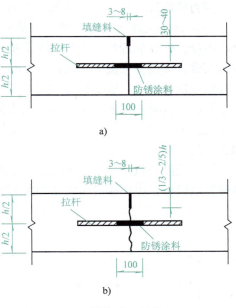

图 6-9 纵缝构造（单位：mm）
a）纵向施工缝 b）纵向缩缝

拉杆的作用是保证纵缝两侧面层板在纵缝位置形成紧密联系，以免面层板沿路拱横坡向两侧滑动。拉杆采用螺纹钢筋，设在板厚的中央位置。拉杆中部 100mm 的范围内应进行防锈处理。

纵缝拉杆的尺寸及间距见表 6-49。

表 6-49 纵缝拉杆的尺寸及间距

面层板厚度/mm	到自由边或未设拉杆纵缝的距离					
	3m	3.5m	3.75m	4.5m	6m	7.5m
200~250	14mm×700mm×900mm	14mm×700mm×800mm	14mm×700mm×700mm	14mm×700mm×600mm	14mm×700mm×500mm	14mm×700mm×400mm
260~300	16mm×800mm×900mm	16mm×800mm×800mm	16mm×800mm×700mm	16mm×800mm×600mm	16mm×800mm×500mm	16mm×800mm×400mm

注：拉杆尺寸表示方法为直径×长度×间距。

3. 横缝及其构造

与路线垂直的接缝称为横缝，横缝分为横向施工缝、横向缩缝、横向胀缝。

（1）横向施工缝 每天施工结束，或当浇筑混凝土过程中因其他原因，如拌和机突然发生故障一时难以修复，或下大雨等，浇筑工作无法进行时，必须设横向施工缝。其位置应尽可能设在缩缝或胀缝处。设在缩缝处的施工缝，采用设传力杆的平缝形式，其深度为板厚的 1/5~1/4 或 4~6cm，宽为 3~8mm（图 6-10）。设在胀缝处的施工缝，其形式与胀缝相同。

（2）横向缩缝（或称假缝） 横向缩缝通常垂直于路中心线方向等间距布置。横向缩缝可等间距或变间距布置，一般采用假缝形式。特重和重交通公路、收费广场以及邻近胀缝或自由端的 3 条缩缝，应采用设传力杆假缝形式，其构造如图 6-11a 所示。其他情况可采用不设传力杆假缝形式，其构造如图6-11b所示。

（3）横向胀缝（也称真缝）　横向胀缝的方向是与横断面方向一致的，胀缝宜尽量少设或不设。但在邻近桥梁或其他固定构筑物处或与其他道路相交处应设置横向胀缝。设置的胀缝条数，依据膨胀量大小确定。其间距可根据板厚、施工温度、混凝土集料的膨胀性，并结合当地经验确定。胀缝构造如图6-12所示。

胀缝是混凝土路面的薄弱点，当水通过胀缝渗入地基后，易使地基软化，会使板在胀缝处发生破坏。当砂石进入胀缝后，胀缝极易挤碎。同时，胀缝容易引起行车颠簸，增加施工和养护的麻烦。

胀缝宽度一般为2cm，缝内设置填缝板。缝隙上部3~4cm深度浇灌沥青填缝料，下部则设置填缝板。由于胀缝无法依赖集料颗粒传递荷载，因此必须设置可滑动的传力杆。

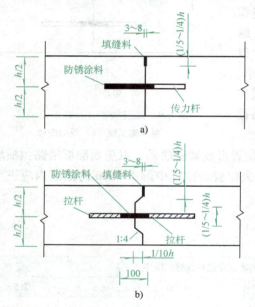

图6-10　横向施工缝构造（单位：mm）
a）设传力杆平缝形式　b）设拉杆企口缝形式

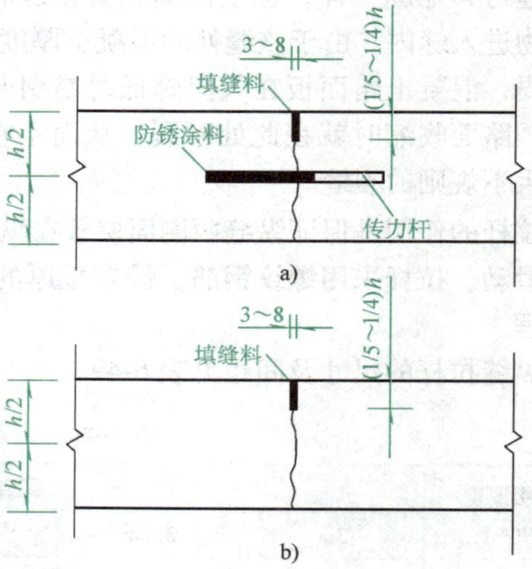

图6-11　横向缩缝构造（单位：mm）
a）设传力杆假缝形式　b）不设传力杆假缝形式

传力杆一半以上长度的表面涂以沥青并裹敷聚乙烯膜。杆的一端加金属或塑料套，套底与杆端之间留有3cm空隙，空隙中填以木屑或纱头等弹性材料，以方便板的自由伸缩。

传力杆应采用光圆钢筋，尺寸及间距见表6-50。最外侧的传力杆距纵向接缝或自由边的距离一般为15~25cm。

4. 填缝料

接缝槽口的填缝料应选用弹性好、与缝壁混凝土黏结力强、温度敏感性

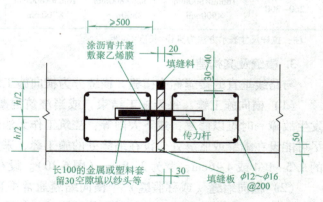

图6-12　胀缝构造（单位：mm）

小和耐久性好的材料。常用的填缝料有热灌沥青橡胶类、常温施工的聚氨酯焦油类或有机硅树脂以及预制压缩性嵌条等类型。

表 6-50　传力杆尺寸及间距　　　　　　　　　　　　　　　　（单位：mm）

面层厚度	传力杆直径	传力杆最小长度	传力杆最大间距
220	28	400	300
240	30	400	300
260	32	450	300
280	35	450	300
300	38	500	300

胀缝的填缝板应选用能适应混凝土板膨胀收缩、施工时不变形、复原率高和耐久性好的材料，高速公路和一级公路宜选用泡沫橡胶板、沥青纤维板；其他等级公路可选用木材类板或纤维类板。

三、计算混凝土面板厚度

（一）分析交通荷载

1. 交通调查与分析

1）可利用当地交通量观测站的观测和统计资料，或者通过实地设立站点进行交通量观测和统计，获取所设计公路的初期年平均日交通量（双向）及其车辆类型组成数据，剔除2轴4轮及以下的客、货运车辆交通量，得到包括大型客车交通量在内的初期年平均日货车交通量（双向）。

2）2轴6轮及以上车辆交通量的方向分配系数应根据实际调查确定，如确有困难，可在0.5~0.6 范围内选用。

3）可依据设计公路的车道数，按表 6-51 确定 2 轴 6 轮及以上车辆交通量的车道分配系数。

表 6-51　2 轴 6 轮及以上车辆交通量的车道分配系数

面层厚度		1	2	3	≥4
车道分配系数	高速公路	—	0.7~0.85	0.45~0.6	0.4~0.5
	其他等级公路	1.00	0.5~0.75	0.5~0.75	—

注：其他等级公路的交通受非机动车和行人影响较严重的取低限，反之取高限。

初期年平均日货车交通量（双向）乘以方向分配系数和车道分配系数，即为设计车道的年平均日货车交通量（ADTT）。

4）可依据公路等级、功能及所在地区的经济和交通运输发展情况，通过调查分析，预估设计基准期内的货车交通量增长趋势，确定设计基准期内货车交通量的年平均增长率。

2. 轴载调查与分析

1）可通过实地设立站点进行各类车辆的轴型调查和轴重测定，或者利用该地区或相似类型公路现有称重站的车型、轴型和轴重测定统计资料，获取设计公路的车辆类型、轴型和轴重组成数据，以及最重轴载和货车中占主要份额的特重车型的轴载。

2) 各类车辆按轴型称重和统计时，可采用以轴型为基础的轴载当量换算系数法计算并分析设计车道使用初期的设计轴载日作用次数。随机统计 3000 辆 2 轴 6 轮及以上车辆中单轴、双联轴和三联轴等不同轴型出现的单轴次数，并分别称取其单轴轴重；再将单轴轴重级位经过统计整理后得到轴载谱，按下式计算不同单轴轴重级位的设计轴载当量换算系数：

$$k_{\mathrm{p},i} = \left(\frac{p_i}{p_\mathrm{S}}\right)^{16} \tag{6-24}$$

式中 $k_{\mathrm{p},i}$——不同单轴轴重级位 i 的设计轴载当量换算系数；

p_i——单轴轴重级位 i 的轴重（kN）；

p_S——设计轴载的轴重（kN）。

依据单轴轴载谱和相应的设计轴载当量换算系数，可按下式得到设计车道使用初期的设计轴载日作用次数：

$$N_\mathrm{S} = \mathrm{ADTT} \frac{n}{3000} \sum_i (k_{\mathrm{p},i} \times p_i) \tag{6-25}$$

式中 N_S——设计车道的设计轴载日作用次数[轴次/（车道·日）]；

ADTT——设计车道的年平均日货车交通量[辆/（车道·日）]；

n——随机调查 3000 辆 2 轴 6 轮及以上车辆中出现的单轴总轴数；

p_i——单轴轴重级位 i 的频率（以分数计）。

3) 以车辆类型为基础进行各种轴型的轴载称重和统计时，可采用车辆当量轴载系数法计算设计车道使用初期的设计轴载日作用次数。

可将 2 轴 6 轮及以上车辆分为整车、半挂和多挂三大类，每类车再按轴数细分，分别按车型称重后得到单轴轴载谱。按下式计算各类车辆的设计轴载当量换算系数：

$$k_{\mathrm{p},k} = \sum_i k_{\mathrm{p},i} p_i \tag{6-26}$$

式中 $k_{\mathrm{p},k}$——k 类车辆的设计轴载当量换算系数；

p_i——k 类车辆单轴轴重级位 i 的频率（以分数计）。

依据调查所得的车辆类型组成数据，按下式计算设计车道使用初期的设计轴载日作用次数：

$$N_\mathrm{S} = \mathrm{ADTT} \times \sum_k (k_{\mathrm{p},k} \times p_k) \tag{6-27}$$

式中 p_k——k 类车辆的组成比例（以分数计）。

4) 设计基准期内水泥混凝土路面设计车道临界荷位处所承受的设计轴载累计作用次数，并按下式确定：

$$N_\mathrm{e} = \frac{N_\mathrm{S} \times [(1+g_\mathrm{r})^t - 1] \times 365}{g_\mathrm{r}} \times \eta \tag{6-28}$$

式中 N_e——设计基准期内设计车道所承受的设计轴载累计次数（轴次/车道）；

t——设计基准期（a）；

g_r——基准期内货车交通量的年平均增长率（以分数计）；

η——临界荷位处的车辆轮迹横向分布系数，按表 6-52 选用。

表 6-52　临界荷位处的车辆轮迹横向分布系数

公路等级		纵缝边缘处
高速公路、一级公路、收费站		0.17~0.22
二级及二级以下公路	行车道宽>7m	0.34~0.39
	行车道宽≤7m	0.54~0.62

注：车道、行车道较宽或者交通量较大时，取高值；反之，取低值。

（二）设计参数

各级公路水泥混凝土路面结构的设计安全等级及相应的设计基准期、目标可靠指标与目标可靠度，应符合表 6-53 的规定。二级及二级以下公路路面结构发生破坏可能产生很严重后果时，可提高一个安全等级。

表 6-53　可靠度设计标准

公路技术等级	高速公路	一级公路	二级公路	三级公路	四级公路
安全等级	一级		二级	三级	
设计基准期/a	30		20	15	10
目标可靠度(%)	95	90	85	80	70
目标可靠指标	1.64	1.28	1.04	0.84	0.52

各安全等级路面的材料性能和结构尺寸参数的变异水平可分为低、中和高三级，应按公路等级以及所采用的施工技术和所能达到的施工质量控制和管理水平，通过调研确定变异水平等级和相应的变异系数，高速公路、一级公路的变异水平等级宜为低级；二级公路的变异水平等级应不大于中级。确有困难时，可按表 6-54 规定的主要设计参数的变异系数范围选择相应的变异系数。

表 6-54　变异系数 c_v 的范围

变异水平等级	低	中	高
水泥混凝土的弯拉强度	$0.05 \leq c_v \leq 0.1$	$0.1 < c_v \leq 0.15$	$0.15 < c_v \leq 0.2$
基层顶面当量回弹模量	$0.15 \leq c_v \leq 0.25$	$0.25 < c_v \leq 0.35$	$0.35 < c_v \leq 0.55$
水泥混凝土面层厚度	$0.02 \leq c_v \leq 0.04$	$0.04 < c_v \leq 0.06$	$0.06 < c_v \leq 0.08$

水泥混凝土路面结构分析应采用弹性地基板理论。除粒料类基层外，其他各类基层与混凝土面层应按分离式双层板模型进行结构分析。粒料类基层及各类底基层和垫层，应与路基一起视作多层弹性地基，以地基顶面当量回弹模量表征。

水泥混凝土路面结构设计应以面层板在设计基准期内，在行车荷载和温度梯度综合作用下，不产生疲劳断裂作为设计标准；并以最重轴载和最大温度梯度综合作用下，不产生极限断裂作为验算标准。其极限状态设计表达式可分别采用下式：

$$\gamma_r(\sigma_{pr} + \sigma_{tr}) \leq f_r \quad (6-29)$$

$$\gamma_r(\sigma_{p,max} + \sigma_{t,max}) \leq f_r \quad (6-30)$$

式中　σ_{pr}——面层板在临界荷位处产生的行车荷载疲劳应力（MPa）；

σ_{tr}——面层板在临界荷位处产生的温度梯度疲劳应力（MPa）；

$\sigma_{p,max}$——最重的轴载在临界荷位处产生的最大荷载应力（MPa）；

$\sigma_{t,\max}$——所在地区最大温度梯度在临界荷位处产生的最大温度翘曲应力（MPa）；

γ_r——可靠度系数，依据所选目标可靠度、变异水平等级及变异系数通过计算确定；

f_r——水泥混凝土弯拉强度标准值（MPa），见表 6-55。

表 6-55 水泥混凝土弯拉强度标准值

交通荷载等级	极重、特重、重	中等	轻
水泥混凝土弯拉强度标准值/MPa	≥5	4.5	4
钢纤维混凝土的弯拉强度标准值/MPa	≥6	5.5	5

经济混凝土或碾压混凝土基层应以设计基准期内行车荷载不产生疲劳断裂作为设计标准。其极限状态设计表达式可采用下式：

$$\gamma_r \sigma_{bpr} \leq f_{br} \tag{6-31}$$

式中 σ_{bpr}——基层内产生的行车荷载疲劳应力（MPa）；

f_{br}——基层材料的弯拉强度标准值（MPa）。

按疲劳断裂设计标准进行结构分析时，以 100kN 单轴-双轮组荷载作为设计轴载；对极重交通荷载等级的水泥混凝土路面，宜选用货车中占主要份额的特重车型的轴载作为设计轴载。各级轴载作用次数 N_i，可按下式换算为设计轴载的作用次数 N_S：

$$N_S = \sum_{i=1}^{n} N_i \left(\frac{P_i}{P_S}\right)^{16} \tag{6-32}$$

式中 N_S——设计轴载的作用次数；

N_i——i 级轴载的作用次数；

P_i——第 i 级轴载重（kN），联轴时按每一根轴载单独计算；

P_S——设计轴载重（kN）；

n——各种轴型的轴载级位数。

水泥混凝土路面设计车道在设计基准期内所承受的设计轴载累计作用次数应按《公路水泥混凝土路面设计规范》（JTG D40—2011）中附录 A 进行调查和分析，按设计基准期内设计车道临界荷位处所承受的设计轴载累计作用次数分为 5 级，分级范围见表 6-56。

表 6-56 交通荷载分级

交通荷载等级	极重	特重	重	中等	轻
设计基准期内设计车道承受设计轴载（100kN）累计作用次数 N_e（10^4）	>1×10⁶	2000~1×10⁶	100~2000	3~100	<3

水泥混凝土的设计强度应采用 28d 龄期的弯拉强度。各交通荷载等级要求的水泥混凝土弯拉强度标准值不得低于表 6-55 的规定。

水泥混凝土面层的最大温度梯度标准值 T_g，可按公路所在地的公路自然区划按表 6-57 选用。

表 6-57 最大温度梯度标准值 T_g

公路自然区划	Ⅱ、Ⅴ	Ⅲ	Ⅳ、Ⅵ	Ⅶ
最大温度梯度/(℃/m)	83~88	90~95	86~92	93~98

注：海拔高时，取高值；湿度大时，取低值。

(三）混凝土板厚度的计算流程

1）按设计参数进行行车道路面结构的组合设计，初拟路面结构，包括路床、垫层、基层和面层的材料类型与厚度，并按表 6-46 所列的水泥混凝土面板厚度的参考范围，依据交通等级、公路等级和所选变异水平等级初选混凝土板的厚度。

2）按照初拟路面结构的组合情况，选择相应的结构分析模型。

3）参照图 6-13 所示的混凝土路面板厚度计算流程，分别计算混凝土面层板（单层板或双层板的面层板）的最重轴载产生的最大荷载应力、设计轴载产生的荷载疲劳应力、最大温度梯度产生的最大温度应力及温度疲劳应力。

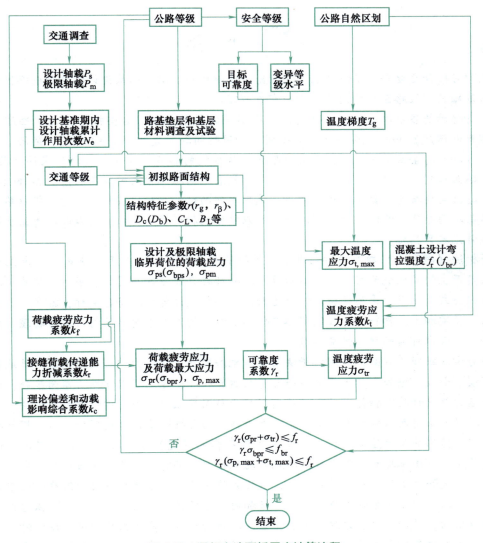

图 6-13 混凝土路面板厚度计算流程

4）当荷载疲劳应力与温度疲劳应力之和与可靠度系数的乘积，小于且接近于混凝土弯拉强度标准值，同时，最大荷载应力与最大温度应力之和与可靠度系数的乘积，小于混凝土弯拉强度标准值,即满足式(6-29)和式(6-30)时,初选厚度可作为混凝土板的计算厚度。

5)经济混凝土或碾压混凝土基层或者双层板的下面层板,需计算其荷载疲劳应力,并检算荷载疲劳应力与可靠度系数的乘积是否小于其材料的弯拉强度标准值,即应满足式(6-31)。

6)若不能同时满足式(6-29)~式(6-31),则应改选混凝土面层板厚度或(和)调整基层类型或(和)厚度,重新计算,直到同时满足为止。

7)计算厚度加 6mm 的磨损厚度后,应按 10mm 向上取整,作为混凝土面层的设计厚度。

小 结

本学习情景主要介绍了以弹性层状理论为基础的柔性路面结构设计方法和以弹性地基板理论为基础的刚性路面结构设计方法的有关内容。

沥青路面是多层次结构,各结构层可由不同的材料组成,这些材料的力学性质又随环境(温度和湿度)和荷载条件(应力级别、作用时间和重复次数)的改变而变化。路面结构设计方法只有全面反映了这些因素对路面结构性能的影响,才能使设计结果同实际相符。因此,路面结构设计只能选用多种指标,分别代表不同损坏模式的临界状态。各种设计方法根据对路面主要损坏现象的认识和分析,选用不同的设计指标。实际操作时一般以路表弯沉作为路基路面整体承载能力的控制指标,并以整体性材料层底的拉应力以及沥青面层的剪应力作为补充验算指标。

解析法(理论法)在业内得到迅速发展的基本原因之一就在于它使充分考虑上述复杂因素及其产生的变化成为可能,而不必像经验法那样只能依靠昂贵的、费时的试验观测资料建立回归公式。然而,采用解析法设计路面时,要想使设计结果符合实际,就必须收集足够的交通、环境和土质资料,并在同实际工作环境相符的条件下对路面材料进行物理、力学性质试验,以获取可靠的材料性质参数。

在力学基础理论方面,运用解析法及有限元法建立了弹性力学层状结构及弹性地基板体结构模型,形成了整套分析计算方法与计算机运算程序;建立了以弹性力学为基础,以混凝土弯拉应力为设计控制指标,综合考虑荷载应力与温度应力作用的设计体系与方法。

水泥混凝土路面板刚度大、荷载扩散能力强,由弹性地基板理论可知,地基模量的大小对板的应力值影响不太显著,但不能忽视对路基和基(垫)层的要求。采用稳定性好的材料铺筑基层,可保证路面整体强度,防止唧泥或错台等病害,延长路面板使用寿命。

面层厚度和面板平面尺寸是以疲劳开裂作为临界状态,按荷载应力和温度翘曲应力的疲劳损耗确定的。由于应力计算公式假设了板和地基保持接触,而疲劳方程是依据室内试验结果整理得出的,设计理论和方法并不能完全反映路面结构的实际工作状况。设计时,一方面应结合具体工作条件和设计经验,慎重选用各项计算参数;另一方面,要注重考虑采取适宜的结构措施以保证路面结构具备良好的工作条件,如排水、接缝、路肩和基层等。

各种接缝是混凝土路面板的薄弱环节,对接缝的布置和构造设计以及边角加强等应予重视。当然,更关键的是如何保证施工质量。

思 考 题

6-1　对路面有哪些基本要求？

6-2　试述路面面层的作用及基本要求。

6-3　试述路面基层的作用及基本要求。基层常用材料有哪些？

6-4　试述路面垫层的作用。

6-5　试绘出一个完整详细的路面结构层次、划分示意图，并标注各部分名称。

6-6　按路面面层的使用品质，我国目前将路面划分为哪几个技术等级？各举一例。

6-7　路面各结构层次的组合要遵循哪些原则？

6-8　设置垫层的条件有哪些？

6-9　泥结碎石、水泥稳定砂砾、填隙碎石、石灰粉煤灰碎石、石灰土及级配碎石，这些路面结构层材料中，哪些是整体性材料？

6-10　半刚性材料有何特点？

6-11　简述石灰土路面强度形成原理。

6-12　影响石灰土强度的因素有哪些。

6-13　请举两个采用半刚性路面结构层的高速公路实例。

6-14　石灰土混合料取料，取湿土重1200g，其风干含水率为3.5%，石灰的风干含水率为1.2%，石灰用量为6%，混合料的最佳含水率为18%，最大干密度为1.82。求混合料中的实际用水量。

6-15　常见的沥青路面有哪几种类型？

6-16　什么是沥青上拌下贯式路面结构？

6-17　沥青路面的设计指标有哪些？

6-18　简述轴载换算的原则。

6-19　如何确定土基回弹模量？

6-20　简述水泥混凝土路面设计的主要内容及程序。

6-21　为什么说沥青碎石路面比沥青混凝土路面的高温稳定性更好？

6-22　对刚性路面设置基层有何要求？

6-23　简述水泥混凝土路面的工作特性。

6-24　水泥混凝土面板设置接缝的原因是什么？接缝的分类以及构造要求有哪些？

6-25　水泥混凝土路面与沥青路面有何异同点？

学习情境七
路面施工

学习目标

1. 了解先进的道路施工技术与管理方法，以及施工前的准备工作和路面养护的要求；能依据规范指导施工。

2. 掌握半刚性基层、粒料类基层的施工工艺与要求；掌握沥青稳定碎（砾）石、刚性基层的特性，以及沥青混合料、水泥混凝土中各材料的要求。

3. 叙述不同类型沥青路面（沥青表面处治路面、沥青贯入式路面、热拌沥青混合料路面等）与水泥混凝土路面（滑模摊铺机施工路面、三辊轴机组与小型机具施工路面等）的施工方法及相应的工艺流程。

学习指南

本学习情境重点在于熟悉半刚性基层的施工工艺、柔性基层和刚性基层的特性、沥青混合料与水泥混凝土中各材料的要求、不同类型沥青路面（沥青表面处治路面、沥青贯入式路面、热拌沥青混合料路面等）与水泥混凝土路面（滑模摊铺机施工路面、三辊轴机组与小型机具施工路面等）的施工方法及相应的工艺流程，尤其是利用设计文件和施工图进行路面的施工准备工作，结合现有的施工机具和施工能力制订施工组织设计，处理道路施工中的具体问题的内容。

单元 1　路面施工认知

根据公路工程建设工期安排或在路基施工即将完工之前一定时间内，施工单位应着手进行路面施工的各种准备工作。路面施工的施工准备工作涉及面广，必须有计划、按步骤、分阶段地进行，才能在较短的时间内为工程的开工创造必要的条件。

如果路面施工和路基施工是同一个施工单位，那么其施工组织结构不会发生大的改变，仅是调整施工队伍，由路基施工队伍调换为路面施工队伍，或进行适当的人员及设备调整；若是换新的施工单位（承包人），那么就应提前进行施工前的各种准备工作。

准备工作的基本任务是了解施工的客观条件，根据工程的特点、进度要求，合理安排施工力量，从人力、物质、技术和施工组织等方面为工程施工创造一切必要的条件。

路面施工前的准备工作除与路基施工准备相同以外，还有确定料源及进场材料的质量检验、机械选型与配套、拌和厂选址、修筑试验路段等项工作。

一、组织准备

组织准备包括建立施工组织机构和组建施工队伍。

1. 建立施工组织机构

我国与国际施工惯例接轨，工程建设已全部按照 FIDIC 合同条件进行施工与监理，因此对一个施工单位来讲，主要是实行项目经理负责制，即项目经理全面负责的目标责任制。

2. 组建施工队伍

根据所承担的工程量的大小和工期要求，安排总进度计划网络图，进一步估算全部工程用工工日数、平均日出工人数、施工高峰期日出工人数，以及技术工种、机械操作工种、普通工种等的用工比例，选择能够适应工程质量、工期进度要求的作业队伍，并与施工劳动作业单位签订劳务合同，实行合同管理。

考虑到所担负工程的具体情况，结合施工队伍的施工特点、技术装备情况、技术熟练程度和施工能力，施工队伍应进行适当的培训，以满足工程施工的要求。

二、物质准备

1. 机械及工具准备

根据工程需要、工程量大小及施工进度要求，配备足够数量且有效的施工机械、设备及工具。机械设备要配套选择，以便充分发挥机械设备的性能，要保证机械设备的正常操作使用。

2. 材料准备

1) 编好材料预算，提出材料的需用量计划及加工计划。
2) 根据施工平面图确定材料的堆放场地和临时仓库设施。
3) 组织材料的分批进场。
4) 组织材料的加工准备，尽可能集中加工。

3. 生活设施准备

生活设施准备包括工地人员的食宿位置、办公地点、房舍区域及生活必需设备的准备，以及安全及劳动防护用品等的准备。

4. 安全防护准备

安全防护准备要以预防为主，消除事故隐患。

三、技术准备

1. 熟悉设计文件

领会文件精神，注意设计文件中所采用的各项技术指标，考虑其技术经济的合理性和施工的可行性。

2. 编制施工方案

编制施工方案主要是编制施工进度图和概（预）算控制文件等。

3. 技术交底

技术交底是指把设计对施工的要求、施工方案及施工措施传达到基层单位甚至是每个工人，这是落实技术责任制的前提。施工前应向参加施工的技术人员进行施工技术和操作规程的技术交底工作。

在每一单位工程或分部（分项）工程开工前，均应进行技术交底，以保证严格按照施工图、施工组织设计、施工操作规程、安全生产规程、工程施工及验收规程和其他技术规程进行施工作业。

技术交底应按工程情况分级进行，重要工程应先由项目经理部向施工单位交底，施工单位再向班组交底；一般工程由施工单位的单位工程技术负责人向班组长和工人交底。其内容主要包括：

1）有关工程的各项技术要求。
2）图样上必须注意的尺寸、轴线、标高，以及构造物的位置、规格和数量。
3）使用材料的品种、规格、等级、配合比和质量要求。
4）施工方法、施工顺序，各班组及各工种之间交叉配合注意事项。
5）工程质量要求和安全操作要求。
6）设计变更情况等。

上述各项交底一般用口头方式进行，再辅以图表，必要时可做示范操作或建立质量样板，以便上岗人员充分掌握要领。

4. 施工测量

工程开工前，要对建设单位及设计单位提供的现场控制桩等进行现场复核，确认无误后才能使用。

5. 清理现场

根据施工放样所确定的位置清理施工现场，为施工做好充分的准备。

四、路面施工现场组织

1. 路面施工组织的特点

1）路面除了基层或面层的构造有变化外，每公里的工作量大致是相同的。因此，路面工作队可以保持比较固定的组织，按均衡的施工流水速度向前推进。
2）在设计路面施工日程以及各工序的推进速度时，必须考虑路面施工的特殊技术要求。
3）由于路面施工用料量很大，并且对下面各层的平整度有一定的要求，所以堆料地点、运料路线以及机械的行驶位置都应予以适当的规定，也就是要做好工地布置。
4）施工不同的基层或面层时，要根据各工序的繁重程度以及所遇到的具体情况，决定哪种机械是主导机械。

2. 路面工程施工组织设计的编制

1）根据设计路面的类型进行料场勘察与选择，确定材料供应范围及加工方法。
2）选择施工方法并设计工序。
3）计算工作量。
4）编制流水作业图，布置工地，组织施工队伍。
5）编制工程进度横道图。
6）计算所需资源（劳动力、机械、材料）及平衡分期的需要量，编制材料运输日程计划。

五、确定料源及进场材料的质量检验

所有路面结构材料均应进行质量检验，合格后方可进场。

1. 结合材料

每批到货均应检验生产厂家所附的试验报告，检查装运数量、装运日期、订货数量、试验结果等。结合材料的试验项目应按规范要求进行常规检测，有时根据合同要求，可增加其他非常规检测项目，例如各交通荷载等级公路面层水泥混凝土用水泥的成分要求（表7-1）。

表7-1 各交通荷载等级公路面层水泥混凝土用水泥的成分要求

项次	水泥成发	极重、特重、重交通荷载等级	中、轻交通荷载等级
1	熟料游离氧化钙含量（%）≤	1	1
2	氧化镁含量（%）≤	5	6
3	铁铝酸四钙含量（%）	15~20	12~20
4	铝酸三钙含量（%）≤	7	9
5	三氧化硫含量[①]（%）≤	3.5	4
6	碱含量 $Na_2O+0.658K_2O$(%)≤	0.6	怀疑集料有碱活性时，0.6；无碱活性时，1
7	氯离子含量[②]（%）≤	0.06	0.06
8	混合材料类	不得掺窑灰、煤矸石、火山灰、烧黏土、煤渣，有抗盐冻要求时不得掺石灰岩粉	不得掺窑灰、煤矸石、火山灰、烧黏土、煤渣，有抗盐冻要求时不得掺石灰岩粉

①三氧化硫含量在硫酸盐腐蚀场合为必测项目，无腐蚀场合为选测项目。
②氯离子含量在配筋混凝土与钢纤维混凝土面层中为必测项目，在水泥混凝土面层中为选测项目。

2. 石料场选择

石料场选择主要是根据路面要求检查石料的技术标准能否满足要求，料场是否具有开采条件，并对各个料场的石料采集样品、制备试件、进行试验，并考虑经济性等问题综合确定。

3. 砂、石屑及矿粉

砂的质量是确定砂料场的主要条件，进场的砂、石屑、矿粉应满足规定的质量要求。

六、拌和设备的选择及场地布置

1. 拌和设备选择

根据工程量和工期选择拌和设备的生产能力。拌和设备的生产能力应和摊铺能力相匹配，不应低于摊铺能力，最好高于摊铺能力5%左右。高等级公路路面施工应选用拌和能力较强的设备。

2. 拌和站的选址与布置

拌和站的各个组成部分的总体布置应满足紧凑、相互密切配合又互不干扰各自工作的要求。站址不宜选在已有的或规划的居民区，但要满足拌和对供电和给（排）水的要求。站址离施工工地要近，还应处于主交通干线或至少有7m宽路面道路的旁边。在选择好站址后，要根据其生产能力估算场地面积。场地形状以矩形为佳，场地内各项设施的布置应协调。设备的主体结构一般应布置在中央位置；办公楼、宿舍和实验室等应位于站址的入口处，并沿路边建造；砂石料的堆场或储仓的位置既要便于向搅拌设备供料，又要便于车辆从外面运进和卸料。

七、现场准备

1. 土基检查

路面施工前，应按照有关路面结构层的施工技术规范的规定，对土基进行严格的检查，如发现软弱、"弹簧"等现象，必须及时处理。

2. 路面放样

在路面施工前，根据路面施工和施工放样精度要求恢复路面中线。根据路面各结构层的宽度和厚度分别放样，钉施工指示边桩、标宽度线、钉钢筋架、挂钢丝线等，以指导路面施工。

3. 交通管理

对施工范围内的公路两端和必经的交叉路口，要采取有效的措施进行交通管理，维护交通秩序，以确保施工安全。对于交通开放的旧路施工，更应做好交通管理工作。

八、施工机械配套与检查

根据工程量的大小、工期要求、施工现场条件、工程质量要求，按施工机械应互相匹配的原则，确定机械的类型、数量及组合方式，并对选用的各种施工机具做全面检查。

1）拌和与运输设备的检查。混合料拌和设备在开始运转前要进行一次全面检查，注意设备之间连接的紧固情况，注意检查电气系统，对于机械传动部分还要检查传动链的张紧度。

2）洒布机应检查泵系统、洒布管道、计量表、保温设备等有无故障，并将一定数量的沥青装入沥青箱，在路上先试洒，校核其洒布量。

3）摊铺机应检查其规格和主要机械性能，如振捣板、振捣器、熨平板、离合器、刮板送料器、料斗闸门、厚度调节器、自动找平装置等是否正常。

4）压路机应检查其规格和主要机械性能（转向、起动、振动、倒退、停驶等方面的能力），以及滚动表面的磨损情况。

九、修筑试验路段

高速公路和一级公路或采用新工艺、新技术、新方法或缺乏施工经验的路面，在大面积施工前，应采用计划使用的机械设备和混合料配合比铺筑试验路段。通过试验路段的修筑，优化拌和、运输、摊铺、碾压等施工机械设备的组合和施工工序；优化混合料配合比；明确人员的岗位职责；最后提出标准施工方法。

单元 2　基层（底基层）施工

一、材料要求和混合料的组成

1. 水泥稳定土

水泥稳定土的材料要求及混合料水泥用量分别见表 7-2、表 7-3。

表 7-2　水泥稳定土的材料要求

	1. 对于二级和二级以下的公路				
	适宜用水泥稳定集料的颗粒组成范围				
水泥稳定土用作底基层时	筛孔尺寸/mm	50	5	0.5	0.075	0.02
	通过质量分数（%）	100	50~100	15~100	0~50	0~30
	水泥稳定土作底基层时，颗粒最大粒径不应超过 50mm。土颗粒组成应在上述范围内（指方孔筛，下同。如为圆孔筛，则最大粒径可为所列数值的 1.2~1.25 倍）					
	实际工作中，宜选用均匀系数大于 10、塑性指数小于 12 的土；塑性指数大于 17 的土，宜采用石灰稳定或水泥和石灰综合稳定					

（续）

	1. 对于二级和二级以下的公路								
水泥稳定土用作基层时	适宜用水泥稳定集料的颗粒组成范围								
	筛孔尺寸/mm	40	20	10	5	2	1	0.5	0.25	0.075
	通过质量分数（%）	100	55~100	40~100	30~90	18~68	10~55	6~45	3~36	0~30
	水泥稳定土作基层时，土的最大粒径不应超过40mm 适宜用作水泥稳定土基层的材料有：级配碎石、未筛分碎石、砂砾、碎石土、砂砾土、煤矸石和各种粒状矿渣等。碎石包括岩石碎石和矿渣碎石								

	2. 对于一级公路和高速公路								
水泥稳定土用作底基层和基层时	适宜用水泥稳定集料的颗粒组成范围								
	级配编号	筛孔尺寸/mm							液限（%）	塑性指数
		40	30	20	10	5	2	0.5	0.075		
		通过的质量分数（%）								
	1	100	90~100	75~90	50~70	30~55	15~35	10~20	0~7	<25	<6
	2	—	100	90~100	60~80	30~50	15~30	10~20	0~7	<25	<6
	集料中粒径0.5mm以下的细土有塑性指数时，粒径小于0.075mm的颗粒含量不应超过5%；细土无塑性指数时，粒径小于0.075mm的颗粒含量不应超过7% 水泥稳定土用作底基层时，集料最大粒径不应超过40mm，采用表列1号级配 水泥稳定土用作基层时，集料最大粒径不应超过30mm，采用表列2号级配								

	3. 其他材料要求
碎（砾）石	水泥稳定土中碎（砾）石的抗压碎能力：二级和二级以下公路，集料压碎值不大于35%；一级公路和高速公路，集料压碎值不大于30%；二级以下公路底基层集料的压碎值可到40%
水泥	普通硅酸盐水泥、矿渣硅酸盐水泥和火山灰质硅酸盐水泥可用于稳定土，宜选用终凝时间在6h以上的水泥，可采用强度等级较低的水泥
石灰	应是消石灰粉或生石灰粉
水	饮用水可直接用于水泥稳定土施工。遇有可疑水源时，应进行试验鉴定

表 7-3　水泥稳定土混合料水泥用量（质量分数）

层　位	用土情况	不同水泥用量配制范围
用于基层	中粒土和粗粒土	3%，4%，5%，6%，7%
	塑性指数小于12的土	5%，7%，8%.9%，11%
	其他细粒土	8%，10%，12%，14%，16%
用于底基层	中粒土和粗粒土	3%，4%，5%，6%，7%
	塑性指数小于12的土	4%，5%，6%，7%，9%
	其他细粒土	6%，8%，9%，10%，12%

注：1. 在制备同一种土样的不同水泥用量的水泥稳定土混合料时，一般情况下按表列用量配制。
　　2. 在能估计合适用量的情况下，可将5个不同用量缩减到3个或4个。

2. 石灰稳定土

石灰稳定土的材料要求及混合料石灰用量分别见表7-4、表7-5。

表7-4 石灰稳定土的材料要求

材料（项目）名称	材 料 要 求
土	塑性指数为15~20的黏性土以及含有一定数量黏性土的中粒土和粗粒土（如天然砂砾土、旧级配砾石和泥结碎石路面等），均适宜用石灰稳定土 用石灰稳定不含黏性土或无塑性指数的级配砂砾、级配碎石和未筛分碎石时，应添加15%（质量分数，下同）的黏性土 塑性指数偏大的黏性土，要加强粉碎，粉碎后土块的最大尺寸不应大于15mm
石灰	用于石灰稳定的石灰质量应满足《建筑生石灰》（JC/T 479—2013）、《建筑消石灰》（JC/T 481—2013）的要求 有效钙含量20%以上的等外石灰、贝壳石灰、珊瑚石灰等，通过试验检查，只要石灰稳定土混合料强度符合设计要求即可使用 对于高速公路和一级公路，宜采用磨细生石灰粉
其他材料	适宜用作石灰稳定土基层的材料有：级配碎石、未筛分碎石、砂砾、碎石土、砂砾土、煤矸石和各种粒状渣等。碎石包括岩石碎石和矿渣碎石。石灰稳定土集料混合料中集料的含量应在80%以上，并宜有良好的级配
石灰稳定土颗粒最大粒径	石灰稳定土用作底基层时，颗粒的最大粒径不应超过50mm 石灰稳定土用作基层时，颗粒的最大粒径不应超过40mm
碎（砾）石抗压碎能力	石灰稳定土中碎石或砾石的抗压碎能力：一般公路的底基层，集料压碎值不大于40%；高速公路、一般公路的底基层，二级以下公路的基层，集料压碎值不大于35%；二级公路的基层，集料压碎值不大于30%
土的硫酸盐含量	硫酸盐含量超过0.8%的土和有机质含量超过10%的土，不宜用石灰稳定

表7-5 石灰稳定土混合料石灰用量（质量分数）

层 位	土料情况	不同石灰用量配制范围
用于基层	砂砾土和碎石土	3%，4%，5%，6%，7%
	塑性指数小于12的黏性土	10%，12%，13%，14%，16%
	塑性指数大于12的黏性土	5%，7%，9%，11%，13%
用于底基层	塑性指数小于12的黏性土	8%，10%，11%，12%，14%
	塑性指数大于12的黏性土	5%，7%，8%，9%，11%

注：制备同一种土样的不同石灰用量的石灰稳定土混合料，一般情况下可按表列用量配制。

3. 石灰工业废渣稳定土

石灰工业废渣稳定土的材料要求及混合料的组成分别见表7-6、表7-7。

表7-6 石灰工业废渣稳定土的材料要求

材料（项目）名称	材 料 要 求
石灰	石灰质量应满足《建筑生石灰》（JC/T 479—2013）、《建筑消石灰》（JC/T 481—2013）的要求 有效钙含量20%以上的等外石灰、贝壳石灰、珊瑚石灰等，通过试验检查，其混合料强度符合设计要求的也可采用

（续）

材料（项目）名称		材料要求
粉煤灰		粉煤灰中 SiO_2、Al_2O_3 和 Fe_2O_3 总含量应大于70%，粉煤灰的烧失量不应超过20%；粉煤灰的比表面积宜大于 $2500cm^2/g$ 干、湿粉煤灰均可应用，湿粉煤灰的含水率不宜超过35%
煤渣		煤渣的松散干密度在 700~1100kg/m³ 之间，煤渣的最大粒径不应大于30mm，颗粒组成宜有一定级配，且不宜含有杂质
土	细粒土	宜采用塑性指数12~20的黏性土（亚黏土），土中土块的最大尺寸不应大于15mm；不宜选用有机质含量超过10%的土
	中粒土和粗粒土	用作二灰混合料的集料应少含或不含有塑性指数的土
用于二级及二级以下公路的二灰稳定土		二灰集料混合料用作底基层时，集料的最大粒径不应超过50mm 二灰级配混合料用作基层时，集料的最大粒径不应超过40mm；集料质量宜占80%以上，并具有一定的级配
用于高速公路和一级公路的二灰级配集料		二灰级配集料除直接铺筑在土基上的二灰底基层的下层外，二灰稳定集料用作底基层时，集料的最大粒径不应超过40mm，其颗粒组成应符合下列级配编号1的要求 二灰稳定级配集料用作基层时，混合料中集料的质量应占80%~85%，集料的最大粒径不应超过40mm，其颗粒组成应符合下列级配编号2的要求，小于0.075mm的颗粒含量宜接近0
二灰级配集料的级配组成		二灰级配集料混合料中集料的颗粒组成范围 | 级配编号	筛孔尺寸/mm 通过的质量分数（%）								| |---|---|---|---|---|---|---|---|---|---| | | 40 | 30 | 20 | 10 | 5 | 2 | 1 | 0.5 | 0.075 | | 1 | 100 | 90~100 | 60~85 | 50~70 | 40~60 | 27~47 | 20~40 | 10~30 | 0~15 | | 2 | — | 100 | 90~100 | 55~80 | 40~65 | 28~50 | 20~40 | 10~20 | 0~10 |
碎石或砾石的抗压碎能力		对于二级和二级以下的公路，集料压碎值不大于35%（对于二级以下公路的底基层，集料压碎值可以到40%） 对于一级公路和高速公路，集料压碎值不大于30%

表 7-7 石灰工业废渣稳定土混合料的组成

采用材料	层位	材料配合比例
石灰粉煤灰	基层或底基层	石灰∶粉煤灰＝1∶（2~9）
石灰粉煤灰土	基层或底基层	石灰∶粉煤灰＝1∶（2~4）（对于粉土以1∶2为宜） 石灰粉煤灰∶细粒土＝（30~90）∶（10~70）
石灰粉煤灰集料	基层	石灰∶粉煤灰＝1∶（2~4） 石灰粉煤灰∶级配集料（中粒土、粗粒土）＝（15~20）∶（80~85）
石灰煤渣	基层或底基层	石灰∶煤渣＝（15~20）∶（80~85）
石灰煤渣土	基层或底基层	石灰∶煤渣＝1∶（1~4），石灰煤渣∶细粒土＝1∶（1~4），混合料中石灰不应少于10%，或由试验选取强度较高的配合比
石灰煤渣集料	基层或底基层	石灰∶煤渣∶粒料＝（7~9）∶（26~33）∶（67~58）

注：为提高石灰工业废渣的早期强度，可外加质量分数为1%~2%的水泥。

4. 级配碎石（砾石）

级配碎石、级配砾石用料的一般要求分别见表 7-8、表 7-9。

表 7-8 级配碎石用料的一般要求

项 目	内 容 要 求
碎石最大粒径	在二级和二级以下公路上，将级配碎石用作基层时，其最大粒径应控制在 40mm 以内 在高速公路和一级公路上，将级配碎石用作基层以及半刚性路面的中间层时，其最大粒径宜控制在 30mm 以下
混合料拌和	必须拌和均匀，没有粗、细颗粒离析的现象
压实度	基层和中间层为 98%，底基层为 96%，均应在最佳含水率时进行碾压，按重型击实试验确定

级配碎石或级配碎（砾）石基层的颗粒组成和塑性指数

编号	筛孔尺寸/mm							液限(%)	塑性指数
	40	30	20	10	5	2	0.5	0.075		
	通过的质量分数（%）									
1	100	90~100	75~90	50~70	30~55	15~35	10~20	4~10	小于 28	小于 6 或 9
2	—	100	85~100	60~80	30~50	15~30	10~20	2~8	小于 28	小于 6 或 9

潮湿多雨地区，塑性指数不大于 6；其他地区，塑性指数不大于 9
对于无塑性的混合料，粒径小于 0.075mm 的颗粒含量应接近高限，使压实后的基层透水性最小
级配碎石用作中间层时，应符合表内 2 号级配的要求

未筛分碎石底基层级配范围

未筛分碎石用作底基层时的颗粒组成和塑性指数	编号	筛孔尺寸/mm								液限(%)	塑性指数
		50	40	30	20	10	5	2	0.5	0.075		
		通过的质量分数（%）										
	1	100	85~100	65~35	42~67	20~40	10~27	8~20	5~18	0~15	小于 28	小于 6 或 9
	2	—	100	80~100	56~87	30~60	18~46	10~33	5~20	0~15	小于 28	小于 6 或 9

在潮湿多雨地区，塑性指数不大于 6；其他地区，塑性指数不大于 9

级配碎石或级配碎（砾）石所用石料压碎值要求	一级公路和高速公路的基层，集料压碎值不大于 26% 一级公路和高速公路的底基层、二级公路基层，集料压碎值不大于 30% 二级公路底基层、二级以下公路的基层，集料压碎值不大于 35% 二级以下公路的底基层，集料压碎值不大于 40%

表 7-9 级配砾石用料的一般要求

项 目	内 容 要 求
级配砾石的压实度	用于基层的压实度要求为 98%；用于底基层的压实度要求为 96%，均按重型击实试验确定
砾石最大粒径	级配砾石用作基层时，砾石的最大粒径不应超过 40mm；用作底基层时，砾石的最大粒径不应超过 50mm
砾石颗粒形状要求	砾石颗粒中细长及扁平颗粒含量不应超过 20%；形状不合格的颗粒含量超过 20%时，应掺入部分满足要求的石料

(续)

项　　目	内　容　要　求						
级配砾石用作基层的颗粒组成和塑性指数	级配砾石基层的集料级配范围						
	编号	通过下列筛孔尺寸（单位为mm）的质量分数（%）					
		50	40	30	20	10	
	1	100	90~100	—	65~85	45~70	
	2	—	100	90~100	75~90	50~70	
	3	—	—	100	85~100	60~80	
	编号	通过下列筛孔尺寸（单位为mm）的质量分数（%）				液限（%）	塑性指数
		5	2	0.5	0.075		
	1	30~55	15~35	10~20	4~10	小于28	小于6或9
	2	30~55	15~35	10~20	4~10	小于28	小于6或9
	3	30~50	15~30	10~20	2~8	小于28	小于6或9
	潮湿多雨地区，塑性指数不大于6；其他地区，塑性指数不大于9 对于无塑性的混合料，粒径小于0.075mm的颗粒含量应接近高限						
用于底基层的砂砾土的级配组成	砂砾土底基层的集料级配范围						
	通过下列筛孔尺寸（单位为mm）的质量分数（%）					液限（%）	塑性指数
	50	40	10	5	0.5	0.075		
	100	80~100	10~100	25~85	8~45	0~15	小于28	小于9
浸水4d的承载比值	当底基层集料在最佳含水率下施工，集料的干密度与工地规定的干密度相同时，浸水4d的承载比值应不小于40%（轻交通道路）、60%（中等交通道路）						
级配砾石基层石料的集料压碎值	一级和高速公路的底基层和二级公路的基层不大于30% 二级公路的底基层和二级以下公路的基层不大于35% 二级以下公路的底基层不大于40%						

二、水泥稳定土的施工

在粉碎的或已经松散的土（包括各种粗粒土、中粒土、细粒土或砂粒土、粉性土、黏性土）中掺入足够数量的水泥和水，经拌和得到的混合料在摊铺压实及养护后，当其抗压强度和耐久性符合规定要求时称为水泥稳定土。

由水泥稳定材料得到的混合料，依据所用原材料不同可简称为相应水泥材料的混合料，如水泥碎石（级配碎石和未筛分碎石）、水泥砂砾等。

在稳定各种土时，根据设计强度和耐久性等要求，以及地方材料的供应情况，同时用水泥和石灰、水泥和粉煤灰稳定某种土得到的混合料，称为综合稳定土。在实际应用中，也可以用水泥或水泥粉煤灰等稳定各种粒状矿渣。

使用少量水泥改善各种土的塑性指数或提高其强度（如CBR值），但达不到水泥稳定土规定的强度要求时，这种混合料可称为水泥改善土。

水泥稳定土适用于各种交通类别的道路基层和底基层，但不应用作高等级沥青路面的基层，只能用作底基层。

对水泥稳定土施工的要求是：要得到一个水泥用量符合规定要求，水和水泥分布均匀，密实度大的混合料；经过养护后，水泥稳定土成为一种硬结的整体性材料，而且表面平整，具有规定的路拱。

按拌和方法分类，水泥稳定土的施工方法主要有三种：

1）就地拌和法或路拌法。采用这种方法时，先将要稳定的土（沿线挖的土或从附近取土坑中挖的经选择的土）摊铺在下承层上，整形后在上面摊铺水泥或在已翻松整形的既有路基上或既有的中级路面上摊铺水泥；然后用多程式拌和机（在同一条工作道上必须拌和多次才能使水泥土混合料均匀）或单程式拌和机（在同一条工作道上只需拌和一次就能使水泥土混合料均匀）进行拌和，并进行整平和压实。

2）用移动式拌和机沿路线拌和。

3）中心站拌和法或集中厂拌法。这种方法是指集中在某一场地，用固定式拌和机拌和水泥混合料，用自卸卡车将拌成的混合料运送到铺筑工地，然后进行摊铺和压实。

一级公路和高速公路施工要求采用中心站拌和法，其他等级公路依据具体情况选择施工方法。

水泥稳定土宜在春末和气温较高的季节组织施工。施工的日最低气温宜在5℃以上，并应在第一次冰冻（-3~5℃）到来之前的半个月到一个月时间内完成。

（一）强度形成原理

水泥加入土中并加水拌和时，水泥、水和土之间发生了非常复杂的反应，从而使土的性能发生了明显的变化。水泥稳定土的强度形成是由水泥水化后自行硬化的水泥石骨架作用及水泥与土所产生的离子交换、硬凝、碳酸化等相互作用的结果，后者使黏土微粒和微团粒形成稳定的团粒结构，而水泥石则把这些团粒包裹和连接成坚强的整体。

水泥稳定土的水泥水化与水泥混凝土中水泥的水化之间是有区别的，这是因为：

1）土具有非常高的比表面积和亲水性。

2）水泥稳定土的水泥含量较少。

3）土对水泥的水化产物具有强烈的吸附性。

4）在一些土中常存在酸性介质环境。

基于上述特点，在水泥稳定土中，水泥的水化、硬化条件较混凝土中要差，故反应速度比在水泥混凝土中要慢，且稳定性降低。

（二）施工要点

1. 路拌法施工

铺筑水泥稳定土基层或底基层时，常使用路拌法施工，这个方法是目前广泛使用的方法，常用于高速公路和一级公路的底基层施工。因为该方法使用的机械比较简单，而且在没有专用拌和机械的情况下，可以利用农业机械（如铧犁、圆盘耙、旋耕机等）进行拌和。通常认为，路拌法的拌和质量不如中心站拌和法质量好，采用一般的拌和机械时，路拌法的拌和深度受到一定的限制（但采用单程式拌和机时，拌和深度可达30cm）。

路拌法施工时，必须严密组织，采用流水作业法施工，尽可能缩短从加水到碾压终了的延迟时间，此时间不应超过4h，并应短于水泥的终凝时间。

采用路拌法铺筑水泥稳定土时需要一系列机械的配合，并需要设专人跟在拌和机后面经常检查（用铁锹挖翻）是否拌和到设计标高。可靠的施工办法是用多铧犁（四铧犁或五铧犁）跟在拌和机后面从底部将素土翻起一道，再用专用拌和机拌和一遍。

水泥稳定土路拌法施工的工艺流程如图 7-1 所示。具体施工步骤如下：

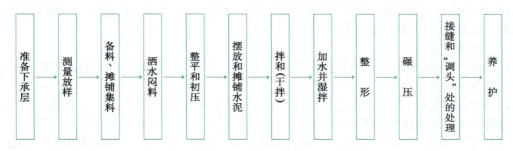

图 7-1　水泥稳定土路拌法施工的工艺流程

（1）准备下承层　在已做好的路基上进行全面检查验收，主要应进行标高、宽度、平整度、横坡坡度、压实度和弯沉值检查，检测值如不满足要求应处理至合格。另外，还必须用 12~15t 的三轮压路机或等效的碾压机械进行 3~4 遍的碾压检查，检查是否有"弹簧"现象，有无起皮、松散情况，如有应处理至合格。当检查结果完全符合要求后，方能进入下道工序。

（2）测量放样

1）在验收合格后，施工摊铺前，首先恢复中桩。直线段每 15~20m 设一桩，平曲线段每 10~15m 设一桩，并在两侧路肩边缘外设指示桩。

2）进行水平测量，每 200~300m 增设一个临时水准点，在两侧指示桩上用明显的标志标出水泥稳定土层边缘的设计标高。水泥稳定砂砾的松铺系数为 1.3~1.35，水泥土的松铺系数为 1.53~1.58。

3）测量放样后就可清扫下承层，并在上料前洒水润湿，使下承层潮湿且无积水。

（3）备料

1）备料分两种情况，一种是将原土层的上层翻松或将原中级路面（泥结碎石、级配砾石路面等）翻挖后，添加水泥；另一种是在料场备料。

2）在配合比设计前，在沿线选取技术、经济都比较合理的料场采集有代表性的土样进行原材料试验，以及水泥混合料的物理、力学和配合比试验。根据试验结果选定材料，优选施工配合比。

3）根据配合比计算材料用量。

① 根据各路段水泥稳定土层的宽度、厚度及预定的干密度，计算各路段需要的干燥集料数量。

② 根据料场集料的含水率和所用运料车辆的吨位，计算每车料的堆放距离。

③ 根据水泥稳定土层的厚度和预定的干密度及水泥用量，计算每平方米水泥稳定土需用的水泥用量，并计算每袋（通常重 50kg）水泥的摊铺面积。

④ 根据水泥稳定土层的宽度，确定水泥摆放的行数，计算每行水泥的间距。

⑤ 根据每包水泥的摊铺面积和每行水泥的间距，计算每袋水泥的纵向间距。

4）集料运输。将采集合格的集料，用自卸卡车运至准备好的铺筑段，卸载到指定位置。

（4）摊铺集料

1）应事先通过试验确定集料的松铺系数（或压实系数，它是混合料的松铺干密度与压实干密度的比值）。

2）摊铺集料应在摊铺水泥的前一天进行。摊料长度应以日进度的需要为准，够次日一天内完成加水泥、拌和、碾压成形即可。

3）检验松铺材料层的厚度（松铺厚度）是否符合预计要求。松铺厚度=压实厚度×松铺系数。必要时，应进行减料或补料工作。

(5) 洒水闷料

1）如已整平的集料（含粉碎的旧路面）含水率过小，应在集料车上洒水闷料。洒水要均匀，防止出现局部洒水过多的现象。

2）细料土洒水后需经一夜充分闷料；中粒土和粗粒土，根据其中细土含量的多少，可缩短闷料时间。如为水泥和石灰综合稳定土，应先将石灰和土拌和后一起进行闷料。

(6) 整平和初压　将人工摊铺的集料层整平后，用6~8t的两轮压路机碾压1~2遍，使其表面齐整。

(7) 摆放和摊铺水泥

1）按计算的每袋水泥的纵横间距，用石灰或水泥在集料层上做安放每袋水泥的标志。

2）打开水泥袋，将水泥倒在集料层上，并用刮板将水泥均匀摊铺。应注意使每袋水泥的摊铺面积相等。

(8) 拌和（干拌）

1）当水泥撒布完成后，立即使用稳定土拌和机进行拌和，拌和深度应到达稳定层底部。通常应拌和2遍以上。

2）先用平地机或铧犁（四铧犁或五铧犁）将铺好水泥的集料翻拌2遍，使水泥分布到集料中。但不应翻犁到底，以防止水泥落到底部。第1遍由路中心开始，将混合料向中间翻，施工机械应慢速前进。第2遍按相反方向，从两边开始，将混合料向外侧翻。接着，用旋转耕作机拌和2遍，再用铧犁或平地机将底部料翻起，翻犁2遍。随时检查、调整翻犁的深度，使稳定土层全部翻透。然后，再用旋转耕作机拌和2遍，用铧犁或平地机再翻犁2遍。

(9) 加水并湿拌

1）当水泥全部拌入土中后，应根据测量的混合料含水率进行定量补水拌和，补水量应使混合料的含水率略高于最佳含水率1%~2%。洒水距离应长些，水车起洒处和另一端"调头"处都应超出拌和段2m以上。洒水后，应再次进行拌和，使水分在混合料中分布均匀。拌和机械应紧跟在洒水车后面进行拌和。

2）混合料拌和均匀后应色泽一致，没有灰条、灰团和花面，没有粗、细颗粒"窝"，且水分合适和均匀。

(10) 整形

1）混合料拌和均匀后，立即用平地机初步整平和整形。在直线段，平地机由两侧向路中心进行刮平；在平曲线段，平地机由内侧向外侧进行刮平。

2）用拖拉机、平地机或轮胎压路机立即在初平的路段上快速碾压一遍，以暴露潜在的不平整处。然后用平地机进行整形，再碾压一遍。

(11) 碾压

1）整形后立即进行碾压，并根据路宽、压路机的轮宽和轮距的不同制定碾压方案，以求各部分碾压到的次数尽量相同（通常路面的两侧应多压2~3遍）。

2）整形后，当混合料的含水率等于或略大于最佳含水率时，立即用12t以上的三轮压路机、重型轮胎压路机或振动压路机在路基全宽内进行碾压。直线段由两侧路肩向路中心碾压；平曲线段由内侧路肩向外侧路肩进行碾压。碾压时，应重叠 1/2 轮宽，后轮必须超过两段的接缝处。后轮压完路面全宽时，即为 1 遍。应在规定的时间内碾压到要求的密实度，同时没有明显的轮迹。一般需碾压 6~8 遍。压路机头两遍的碾压速度以 1.5~1.7km/h 为宜，以后用 2~2.5km/h 的速度碾压。

3）碾压过程中，水泥稳定土的表面应始终保持潮湿，如表层水蒸发过快，应及时补洒少量的水。

4）在碾压结束之前，用平地机再终平一次，使其纵向顺适，路拱和超高符合设计要求。终平应仔细进行，必须将局部高出部分刮除并扫出路外；对于局部低洼之处，不再进行找补，留待铺筑沥青面层时处理。

（12）接缝和"调头"处的处理

1）同日施工的两工作段的衔接处，应搭接拌和。第一段拌和后，留 5~8m 不进行碾压；第二段施工时，前段留下的未压部分要再加部分水泥重新拌和，并与第二段一起碾压。

2）每天最后一段施工缝和洞口处的处理如图 7-2 所示。

① 在已完成的水泥稳定土层的末端用直尺检查平整度，在压实度和平整度都符合要求的部分与不符合要求部分的分界处拉垂直于中线的线，并沿该线垂直切至底面。

② 将与结构层等厚等宽的方木放在切除后的断面处，并紧靠做好的水泥稳定土层，以便保护该层不被破坏。

③ 为保护已做好的水泥稳定土层，在其表面覆盖 10cm 厚的土或砂等物，长度以满足施工机械调头要求为宜。

④ 经过上述处理后，就可上料进行正常施工作业。

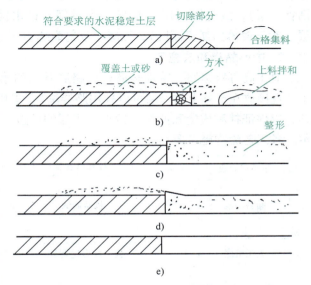

图 7-2 每天最后一段施工缝和洞口处的处理
a）将已完成的不符合要求的部分切除 b）清除切除料，将与结构层等厚等宽的方木紧靠在结构层边，并在方木和已完成段上面覆盖土或砂等物 c）进行下个施工段的正常作业 d）压实成形 e）清除覆盖物，刮除接头处高出的部分

⑤ 当拌和、平整完成并达到要求后，将方木取出，并用拌和好的混合料回填方木处；按要求的松铺厚度进行填筑整形，一般应比已铺筑层高 5cm 左右，待压实后刮除高出的部分。

3）纵缝的处理。水泥稳定土层的施工应该避免纵向接缝，在必须分两幅施工时，纵缝必须垂直相接，不应斜接。纵缝应按下述方法处理：

① 在前一幅施工时，在靠中央一侧用方木或钢模板作为支撑，方木或钢模板的高度与稳定土层的压实厚度相同。

② 混合料拌和结束后，靠近支撑木（或板）的水泥稳定混合料，应人工进行补充拌和，然后整形和碾压。

③ 在铺筑另一幅时，或在养护结束后，拆除支撑木（或板）。

④ 第一幅混合料拌和结束后，靠近第二幅的部分应人工进行补充拌和，然后进行整形和碾压。

（13）养护　水泥稳定土经压实成形后，必须保水养护7d，应使表面潮湿，防止水分蒸发，保证水泥充分硬化，且在铺筑前应始终保持下层表面湿润。否则，含水率减少后易产生干缩裂缝。

每一层碾压完成并经压实度检查合格后，应立即养护。养护宜采用厚度为7~10cm的湿砂进行，砂铺匀后及时洒水，并在整个养护期间使砂保持潮湿状态，也可采用塑料薄膜，以及润湿的粗麻袋、稻草或其他合适的材料覆盖。

养护期结束后，应根据面层厚度、结构情况尽快铺筑其上的结构层。如果其上直接为沥青面层，应立即铺沥青面层，以保护水泥稳定土基层，不让其产生收缩裂缝（对于较厚的沥青面层），或先铺一层，通车一段时间，让水泥稳定土基层充分开裂后再铺筑沥青面层（对于较薄的沥青面层），以减少反射裂缝。

2. 中心站拌和法施工

对于高等级道路，特别是高速公路底基层的第二层及基层，一般采用中心站拌和法施工（直接放在土基上的一层可以采用路拌法）。采用中心站拌和法施工，延迟时间不应超过2h，以保证拌和质量和消除"素土"夹层的危险。中心站拌和法施工的工艺流程如图7-3所示。各工艺流程施工要点如下：

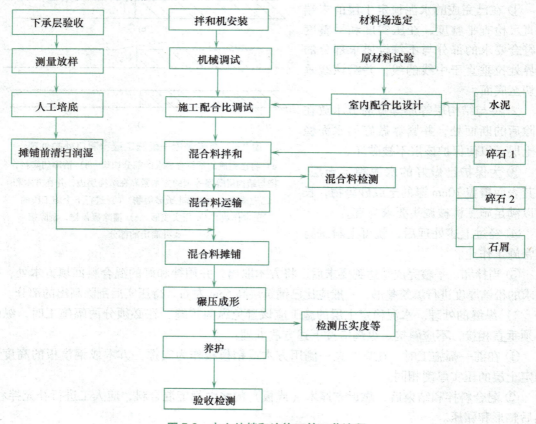

图7-3　中心站拌和法施工的工艺流程

(1) 机具

1) 自卸卡车、汽车或其他运输车辆，平地机、推土机或人工摊铺工具。
2) 洒水车。
3) 压路机：轮胎压路机、钢轮压路机、振动压路机。
4) 集中拌和设备：强制式拌和机、双转轴桨叶式拌和机（卧式叶片拌和机）等设备。
5) 其他夯实机具。

(2) 混合料配合比设计（室内配合比设计和施工配合比调试）

(3) 下承层的验收检查及测量放样　下承层的验收检查同路拌法。测量放样中的水准测量与路拌法施工相同。

1) 在铺筑段两侧培土路肩，土模宽度比设计宽度宽 10~20cm，土模高度与水稳层松铺厚度同高。土模必须拉线垂直切除，其密实度在 80% 左右。培设路肩后应每隔一定距离（5~10m）交错留置泄水沟或做盲沟。
2) 设置钢丝基准线。选用 2~3mm 的钢丝作为基准线，每段基准线长度以 300m 左右为宜（曲线上不超过 100m）。在钢丝两端必须用紧线器同时张拉，张力应在 1kN 以上，以钢丝不产生挠度为准。
3) 固定钢丝基准线的钢钎采用刚度大的直径为 16~18mm 的光圆钢筋加工，并配固定架。固定架采用螺纹连接，以便拆除和调整标高。

(4) 拌和

1) 拌和前先调试拌和设备，使混合料的颗粒组成和含水率达到规定要求。如有变化，应及时调试设备和调整加水量。
2) 混合料摊铺、碾压的含水率应小于最佳含水率；配料要准确，拌和要均匀。

(5) 运输　将拌和好的混合料从拌和机直接卸入自卸卡车，并尽快送到铺筑现场。车上的混合料应覆盖，以减少水分损失。

(6) 摊铺

1) 采用沥青混凝土摊铺机、专用的稳定粒料摊铺机摊铺混合料。
2) 拌和机与摊铺机的生产能力应互相协调。如拌和机的生产能力较低，在用摊铺机或摊铺箱摊铺混合料时，应采用最低速度摊铺，以减少摊铺机停机待料的时间。
3) 下承层如是稳定细粒土，应先将下承层顶面拉毛，再摊铺混合料。
4) 在摊铺机后面应设专人消除粗、细集料的离析现象，特别是局部的粗集料"窝"应该铲除，并用新拌混合料填补。
5) 松铺系数的确定与调整。使用不同的摊铺机、不同的混合料、不同的夯击频率时，常会产生不同的松铺系数，施工时使用的松铺系数应在铺筑试验路段时经实测计算确定。在摊铺前，应按松铺系数调整好摊铺机。
6) 最好选用两台摊铺机一前一后错列前进、同时摊铺。摊铺均匀后应立即碾压。当摊铺机允许的摊铺宽度较大时，也可采用单台摊铺机一次摊铺成形，但要注意摊铺过程中避免混合料发生离析。
7) 用摊铺机或平地机摊铺混合料后的整形和碾压均与路拌法施工相同。

(7) 横向接缝处理

1) 用摊铺机摊铺混合料时，中间不宜中断。如中断时间超过 2h，应设置横向接缝，摊铺机应驶离混合料末端。

2）人工将末端混合料整平，紧靠混合料处放两根方木。方木的高度应与混合料的压实厚度相同，整平紧靠方木的混合料。

3）方木的另一侧用砂砾或碎石回填约 3m 长度，其高度应高出方木几厘米，并将混合料碾压密实。

4）在重新开始摊铺混合料之前，将砂砾或碎石和方木除去，并将下承层顶面清扫干净。

5）摊铺机返回压实层的末端，重新开始混合料摊铺。

6）如摊铺中断后未按上述方法处理横向接缝，且中断时间超过 2h，则应将摊铺机附近及其下面未经压实的混合料铲除，并将已碾压密实且高程和平整度符合要求的末端挖成一横向（与路中心线垂直）垂直向下的断面，然后再摊铺新的混合料。

(8) 纵向接缝处理　在不能避免出现纵向接缝的情况下，纵向接缝必须垂直相接，严禁斜接，并按下述方法处理：

1）在前一幅摊铺时，在靠后一幅的一侧用方木或钢模板作为支撑，方木或钢模板的高度应与稳定土层的压实厚度相同。

2）养护结束后，在摊铺另一幅之前，拆除支撑木（或板）。应避免纵向接缝。如摊铺机的摊铺宽度不够、必须分两幅摊铺时，宜采用两台摊铺机一前一后、相隔 5~8m 同步向前摊铺混合料，并一起进行碾压。

(9) 养护及交通管制　中心站拌和法施工的养护与路拌法施工相同。在养护期间未采用覆盖措施的水泥稳定层上，除洒水车外，应封闭交通。在采用覆盖措施（如覆盖砂养护或喷洒沥青膜养护）的水泥稳定土层上，不能封闭交通时，应限制车速不得超过 30km/h。

三、石灰稳定土的施工

在粉碎的或松散的土（包括各种粗粒土、中粒土和细粒土）中，掺入足够数量的石灰和水，经拌和得到的混合料，经摊铺压实及养护后，当其抗压强度或耐久性符合规定要求时，称为石灰稳定土。

路面施工-石灰稳定土的施工

用石灰稳定各材料得到的混合料，按其所用原材料的名称来定义其相应的石灰稳定土，如石灰土、石灰砂砾土和石灰碎石土等。

使用少量石灰改善各种土的塑性指数或提高其强度（如 CBR 值），但达不到石灰稳定土规定的强度要求时，这种混合料称为石灰改善土。

石灰用量是指石灰质量占全部土颗粒的干质量的百分率，即石灰用量=石灰质量/干土质量。

石灰稳定类材料适用于各级公路路面的底基层，可用作二级和二级以下公路的基层，但石灰土不应用作高等级公路的基层。

(一) 石灰稳定土强度形成原理

在土中掺入适量的石灰，并在最佳含水率下拌匀压实，使石灰与土发生一系列的物理、化学作用，从而使土的性质发生根本的变化，这种变化一般通过离子交换作用、结晶硬化作用、火山灰作用或碳酸化作用体现。

1. 离子交换作用

土的微小颗粒具有一定的胶体性质，它们一般带有负电荷，表面吸附着一定数量的钠、氢、钾等低价阳离子。石灰是一种强电解质，在土中加入石灰和水后，石灰在溶液中电离出来的钙离子就与土中的钠、氢、钾离子产生离子交换作用,原来的钠(钾)土变成钙土,土颗粒表面所吸附的离子由一价变成了二价,减少了土颗粒表面吸附水膜的厚度,使土粒相互之间更为接近,分子引力随即增加,许多单个土粒聚成小团粒,组成一个稳定结构。

2. 结晶硬化作用

在石灰土中只有一部分熟石灰 [$Ca(OH)_2$] 进行离子交换作用,绝大部分饱和的熟石灰自行结晶。熟石灰与水作用生成熟石灰结晶网格。

3. 火山灰作用

熟石灰的游离钙离子与土中的活性氧化硅(SiO_2)和氧化铝(Al_2O_3)作用生成含水的硅酸钙和铝酸钙的化学反应就是火山灰作用。

上述熟石灰结晶网格和含水的硅酸钙和铝酸钙结晶都是胶凝物质,它们具有水硬性并能在固体和水两相环境下发生硬化。这些胶凝物质在土微粒团的外围形成一层稳定的保护膜,并填充颗粒空隙,使颗粒间产生结合料,减少了颗粒间的空隙与透水性,同时提高了密实度。这是石灰土获得强度和水稳定性的基本原因,但这种作用比较缓慢。

4. 碳酸化作用

在土中的熟石灰与空气中的二氧化碳发生反应,生成碳酸钙。碳酸钙是坚硬的结晶体,它和生成的其他复杂的盐类把土粒胶结起来,从而显著提高了土的强度和整体性。

由于石灰与土发生了一系列的相互作用,土的性质发生了根本的改变。在初期,主要表现为土的结团、塑性降低、最佳含水率增加和最大密实度减少等;后期主要表现为结晶结构的形成,从而提高其板体性、强度和稳定性。

(二)路拌法施工

石灰稳定土的施工与水泥稳定土的施工基本相同,一般采用路拌法施工。随着高速公路建设速度和规模的扩大,在部分地区和高速公路的路面施工中,也开始采用中心站拌和法(简称厂拌法)施工。

石灰稳定土路拌法施工的工艺流程如图 7-4 所示。

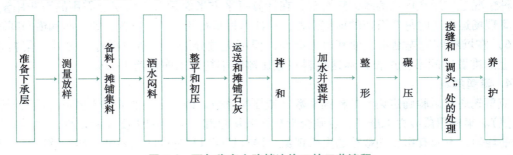

图 7-4 石灰稳定土路拌法施工的工艺流程

1. 准备下承层

1)石灰稳定土的下承层表面应平整、坚实,具有规定的路拱,没有任何松散材料和软弱地点。下承层的平整度和压实度应符合有关规定要求。

2)当用石灰稳定土作基层时,要准备底基层;当石灰稳定土用作旧路面的加强层时,要准备好旧路面;当石灰稳定土用作底基层时,要准备好土基。

① 对已有的土基,不论是路堤或路堑,必须用 12~15t 的三轮压路机或等效的碾压机械

进行碾压检验（压3~4遍）。在碾压过程中，如发现土过干、表层松散，应适当洒水；如土过湿，发生"弹簧"现象，应采用挖开晾晒、换土、掺石灰或粒料等措施进行处理。

② 对新完成的底基层或土基，必须按规定或规范要求进行验收。凡验收不合格的路段，必须采取措施，使其达到规定的要求后方能铺筑石灰稳定土层。

③ 应逐个断面检查下承层标高是否符合设计要求。下承层标高的误差应符合有关规定的要求。

3）在槽式断面的路段，两侧路肩每隔一定距离（如5~10m）应交错开挖泄水沟（或做盲沟）。

2. 测量放样

1）在底基层或旧路面或土基上恢复中线，直线段每15~20m设一桩，平曲线段每10~15m设一桩，并在两侧路肩边缘外设指示桩。

2）进行水平测量，在两侧指示桩上用明显标志标出石灰稳定土基层边缘的设计标高。

3. 备料

1）依据具体情况，可利用旧路面或土基上部材料或料场的集料。

2）采集集料前，应先将树木、草皮和杂土清除干净。集料中的超规格颗粒应设法粉碎或予以筛除，使其颗粒满足最大粒径要求。

3）对于塑性指数小于15的黏性土，机械拌和时，可依据土质和机械性能确定是否需要过筛。人工拌和时，应筛除15mm以上的土块。

4）石灰宜选在公路两侧宽敞而临近水源且地势较高的场地集中堆放。预计堆放时间较长时，应用土、塑料布或其他材料覆盖封存。生石灰应在使用前7~10d充分消解。每吨生石灰消解需要用水500~800kg。消解后的石灰应保持一定的湿度，以免发生飞扬污染环境，但也不能过湿成团而造成使用困难。消石灰原则上应过孔径10mm的筛，并尽快使用。

5）计算材料用量。根据各路段石灰稳定土层的宽度、厚度及预定的干密度，计算各路段需要的干燥材料用量。

在计算材料用量时，有两种情况：一种情况是与水泥稳定土施工时的材料用量计算相同；另一种情况是使用在现场消解的熟石灰，在计算每平方米面积石灰稳定土需用的石灰用量后，再计算现场运石灰时每车石灰的摊铺面积，并计算每车石灰的卸放位置，即纵向和横向间距。

6）在堆料前应先洒水，使其表面湿润，但不应过分潮湿而造成泥泞。另外，集料在下承层上的堆置时间不应过长，运送集料只宜比摊铺集料的工序提前1~2d。

4. 摊铺集料

应事先通过试验确定集料的松铺系数（或压实系数，即混合料的松铺干密度与压实干密度的比值）。集料用量应力求准确，否则会影响石灰用量和混合料的强度及稳定性。集料应尽可能摊铺均匀，不应有粗、细颗粒的离析现象。摊料长度以日进度的需要量为准，够次日一天内完成加灰、拌和、碾压成形即可。人工摊铺混合料时，其松铺系数可参考表7-10取值。

表7-10　石灰稳定土混合料松铺系数

材料名称	松铺系数	备　　注
石灰土	1.53~1.58	现场人工摊铺土和石灰，机械拌和、人工整平
	1.65~1.7	路外集中拌和，运到现场人工摊铺
石灰土砂砾	1.52~1.56	路外集中拌和，运到现场人工摊铺

5. 洒水闷料

如集料过干,应事先洒水闷料,使土的含水率接近最佳含水率。细粒土宜闷料一夜;中粒土和粗粒土,依据细土含量可缩短闷料时间。

6. 整平和初压

将石灰在已摊铺均匀的土层或集料层上摊铺均匀是路拌法施工的重要一环。如果石灰摊铺不均匀,不管用多好的施工机械都不可能使石灰在混合料中(从表面到深度范围内)分布均匀。只有土层或集料层的表面平整并具有一定的密实度,在用人工摊铺石灰时,才能将石灰摊铺均匀。因此,将土或集料摊铺好后,必须进行整平,使其表面具有规定的路拱,并用两轮压路机碾压1~2遍,使土或集料层表面平整和较密实。

7. 运送和摊铺石灰

按事先计算得到的每车或每袋石灰的纵向和横向间距,用石灰在土层或集料层上做好卸置石灰的标志,同时画出摊铺石灰的边线。用刮板将石灰均匀摊开,石灰摊铺后,表面应没有空白位置。然后,量测石灰的松铺厚度,根据石灰的含水率及松散密度校核石灰用量是否合适。

8. 拌和、加水并湿拌与整形

拌和、加水并湿拌与整形的方法和要求与水泥稳定土施工相同。石灰稳定土层表面的低洼处,严禁用薄层石灰土混合料找补,因为极易在使用过程中起皮压碎,导致表层破坏。因此,石灰稳定土在摊铺和整形时,要严格控制纵向坡度和路拱。摊铺时,一般按"宁高勿低"的原则施工;最后整形(终平)时,一般按"宁刮勿补"的原则处理。

9. 碾压、接缝和"调头"处的处理

整形后,经检查标高、横坡坡度、平整度、含水率等均符合要求后,可进行碾压。

在人工摊铺和整形的情况下,由于稳定土层很松,需要先用拖拉机、6~8t的两轮压路机或轮胎压路机碾压1~2遍;再用重型轮胎压路机、振动压路机或12t以上的三轮压路机进行碾压。

在机械摊铺和整形的情况下,用12t以上的三轮压路机、重型轮胎压路机或振动压路机在路基全宽内进行碾压。碾压一直进行到要求的密实度以及表面无明显的压印为止。碾压速度开始时以1.5~1.7km/h为宜,以后用2~2.5km/h的速度碾压。路面的两侧,应多压2~3遍。

接缝和"调头"处的处理同水泥稳定土施工。

10. 养护

养护的方法和要求与水泥稳定土施工相同。

(三)中心站拌和法施工

石灰稳定土既可以在中心站用多种机械进行集中拌和,也可以用机械或人工在场地进行分批集中拌和。

石灰稳定土中心站拌和法施工的工艺流程如图7-5所示。

准备下承层、测量放样、摊铺混合料、整形、碾压、接缝和"调头"处的处理、养护等同路拌法施工。

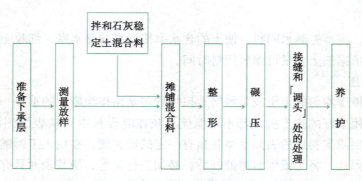

图 7-5　石灰稳定土中心站拌和法施工的工艺流程

四、石灰工业废渣稳定土的施工

工业废渣包括粉煤灰、炉渣、煤渣、高炉矿渣（镁渣）、钢渣（已经过崩解达到稳定）、煤矸石和其他粉状废渣，用一定比例的石灰与这些废渣中的一种或两种经加水拌和、压实和养护后得到的一种强度和耐久性都有很大提高并符合规范要求的混合物，称为石灰工业废渣稳定土。

石灰工业废渣材料可分为两大类：石灰粉煤灰类和石灰其他废渣类。

同时用石灰和粉煤灰稳定细粒土（含砂）得到的混合料，称为二灰土；同时用石灰和粉煤灰稳定级配砂砾（砂砾中无土）或级配碎石（包括未筛分碎石）得到的混合料，称为二灰砂砾或二灰碎石。

石灰工业废渣稳定土适用于各级公路的基层和底基层，但二灰土不应用作高级沥青路面的基层，只能用作底基层。在高速公路和一级公路的水泥混凝土面板下，二灰土也不应用作基层。

（一）石灰工业废渣稳定土基层施工工艺流程

石灰工业废渣稳定土基层施工工艺流程如图 7-6 所示。

（二）石灰工业废渣稳定土基层（底基层）施工要点（以二灰稳定土为例）

1. 二灰稳定土的特性

1) 二灰稳定土具有较高的强度，它虽然早期强度偏低，但后期强度比较高，如在夏季建成后一个月内就能达到 2MPa，二个月内能达到 3MPa，以后还会慢慢增长。

2) 二灰稳定土成形后，经过一段时间的养护，强度逐渐增高，最后形成一个板体，有较好的扩散应力的作用。

3) 二灰稳定土在形成过程中，内部进行物理、化学反应，形成致密整体，具有良好的水稳定性和抗冻性。

4) 二灰稳定土具有废物利用、有利于环保的优点。特别在粉煤灰废料多的地区，如果当地土的塑性指数过小或过大，光靠石灰稳定达不到要求的强度或是难以压实成形时，这时就适宜采用二灰稳定土。

2. 二灰稳定土的施工方法

二灰稳定土施工最突出的特点是容易施工，不需要严格控制从加水拌和到完成压实的时间。另外，可使用传统的施工设备施工，可根据工程情况，采用路拌设备进行路拌法施工；采用中心站拌和法拌和，摊铺机摊铺施工；采用中心站拌和法拌和，平地机摊铺施工。

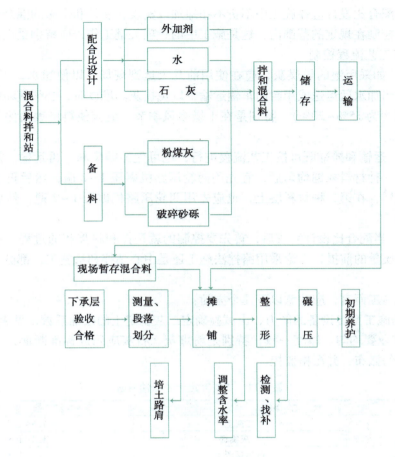

图 7-6　石灰工业废渣稳定土基层施工工艺流程

3. 二灰稳定土施工质量控制重点

二灰稳定土施工与石灰稳定土施工基本相同，但在下面几个方面需作重点控制：

（1）原材料控制　严格控制原材料的质量，不使用不合要求的材料。

以二灰土为例，从二灰土的材料组成上看，土在二灰土中所占的比例最大，它是起骨架作用的。有关试验资料表明，在同样组成比例的二灰土中，由于土的塑性指数的变化，特别是塑性指数在 10~20 之间变化，其二灰土强度的变化尤为明显。塑性指数高的土，强度也高，但是土的塑性指数越高，越难粉碎，不易施工，塑性指数在 20 以上的土更是难以施工。因此，应尽量挑选塑性指数在 13~18 之间的土，既方便施工，而且各项技术指标易达到设计要求。在实际施工中，应结合当地土质情况，多做试验，多比较，同时考虑工程成本，进行优选。

粉煤灰由于产地的不同，其材料性能差别较大。由于它在二灰土中，在石灰的激发下，有慢性固结作用，使后期强度有较多的增长。因此，应选用较细的、比表面积大的、烧失量小的粉煤灰。

石灰只要能满足设计要求即可。

（2）配合比设计控制　应采用正交试验的方法进行配合比设计。

一个好的配合比设计应在施工中不折不扣地加以实现,使拌和出来的混合料能把各种材料的组成误差控制在规定的范围内,这是施工中的一项关键工作,应特别重视。

(3) 施工工艺流程控制

1) 备料。如采用湿的粉煤灰,应在使用前几天运到现场,以便滤水;干燥的粉煤灰,应在装运前适当加水后运送或用封闭车辆运输,以免扬灰。堆放时,必须使粉煤灰含有足够的水分(含水率为15%~20%),特别是在干燥多风季节,更应使料堆表面保持湿润或加覆盖,以防扬灰。

2) 摊铺。运输和摊铺既可按工艺流程进行;也可先摊铺集料,再运输、摊铺预拌的二灰混合料。第一种材料摊铺均匀后,宜先用两轮压路机碾压1~2遍,然后再运输并摊铺第二种材料;同样,在第二种材料层上,也应先用两轮压路机碾压1~2遍,然后再运送并摊铺第三种材料。

3) 拌和。当配合比设计完成后,首先要控制的就是拌和料拌和的过程。拌和料均匀一致是保证施工质量的前提,无论采用路拌法施工还是中心站拌和法施工,都必须严格控制拌和质量。

就路拌法施工而言,应注意以下几个方面:

① 要根据施工配套设备的能力,由试验确定二灰稳定土的松铺系数,见表7-11。

② 摊铺作业要均匀、厚度一致,特别是粉煤灰、石灰应码成标准断面,控制用量,人工施工时要均匀撒布,并严格监控。

表7-11 二灰稳定土的松铺系数

材 料 名 称		松 铺 系 数
人工整形	二灰土	1.5~1.7
	二灰集料	1.3~1.5
	石灰煤渣土	1.6~1.8
	石灰煤渣集料	1.4

二灰稳定土路拌法施工的工艺流程如图7-7所示。

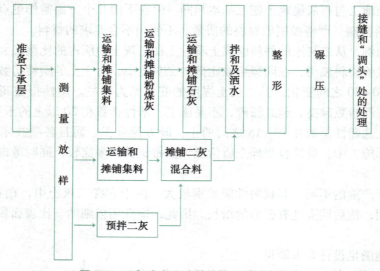

图7-7 二灰稳定土路拌法施工的工艺流程

采用中心站拌和法施工时，如用摊铺机施工，可采用"走钢丝"的方式控制标高、横坡坡度；如用平地机施工，宜采用推土机分料初平，然后用平地机终平。

五、级配砂砾垫层与基层施工

粗、细砾石集料和砂各占一定比例的混合料，当其颗粒组成符合密实级配要求，经拌和、摊铺、碾压及养护后，其抗压强度、稳定性和密实度符合规定要求时，称为级配砾石。

天然砂砾符合规定的级配要求，而且塑性指数也满足规定要求时，可作为级配砂砾；级配不符合要求的天然砂砾，需要筛除超尺寸颗粒或需要掺加另一种砂砾或砂，使其符合级配要求。

含砂或土过多的砂砾，可采用筛除一部分砂或土的办法使其符合级配要求。塑性指数偏大的砂砾，可加少量石灰或水泥降低其塑性指数；有时也可以用无塑性的砂或石屑进行掺配，使其塑性指数降低到符合要求。

在天然砂砾中掺加部分碎石或轧制碎（砾）石，可以提高混合料的强度和稳定性。天然砂砾掺加部分未筛分碎石组成的混合料称为级配碎（砾）石。级配碎（砾）石的强度和稳定性介于级配碎石和级配砾石之间。

级配碎石既可用作各级公路的基层和底基层，也可作为较薄沥青面层与半刚性基层之间的中间层。

级配砾石适用于轻交通的二级和二级以下公路的基层以及各等级公路的底基层。

（一）级配砂砾垫层与基层施工工艺流程

级配砂砾垫层与基层施工工艺流程如图 7-8 所示。

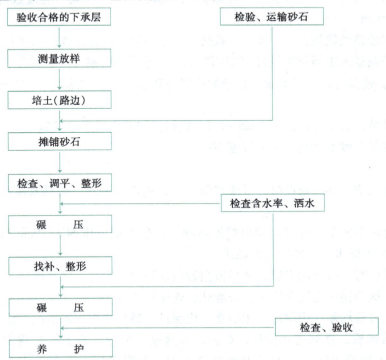

图 7-8　级配砂砾垫层与基层施工工艺流程

(二) 级配砂砾垫层与基层施工要点

级配砂砾作为路面垫层或基层时，一般厚度大于10cm并取5进制。

1. 材料准备

1) 应采用天然级配砂石，颗粒应坚硬，最大粒径应小于0.7倍的砂石层厚度，但不宜大于10cm。

2) 5mm以下颗粒的含量不大于35%（体积分数）。

3) 含泥量不大于砂重（直径小于5mm的）的10%。

2. 机具准备

1) 自卸卡车、汽车或其他运输车辆，平地机、推土机或人工摊铺工具。

2) 洒水车。

3) 压路机：轮胎压路机、钢轮压路机、振动压路机。

4) 其他夯实机具。

3. 作业条件

土基（路床或其他改善土基）已全部完成（包括配合工程、地下管线、雨水口及支管等均已竣工），并经验收合格。一般砂砾层宽度每侧须大于路面15cm以上，以保证现场运输、机械调转作业方便。各种测桩应齐备、牢固，不影响各工序施工。

(三) 施工程序

1. 摊铺

1) 摊铺前，应对土路基（路床）中线的纵（横）断面的高程、宽度进行复核测量，表面应清洁、无杂物。

2) 按计划段落的数量上料，按顺序摊铺，以创造各工序连续作业的条件。

3) 机械摊铺或人工摊铺按设计厚度×压实系数得到的松铺厚度，反复检测松铺厚度的高程及横断面，使其符合设计要求。作业面边线应齐正，过宽的路面（≥22m）适合分条进行摊铺。

4) 压实系数：人工摊铺采用1.25~1.3，机械摊铺采用1.2~1.25。

5) 每层摊铺厚度不宜超过松铺厚度30cm。

2. 碾压

1) 人工摊铺30~50m长度时，可泼水碾压。如用汽车洒水，摊铺长度应适当延长，以60m为宜。

2) 应结合季节施工，待表面潮湿时即可碾压。砂石层厚度薄于10cm时，不宜摊铺后洒水，可在料堆上泼水，摊铺后立即碾压。

3) 开始碾压时一般应用轻碾，之后依据砂石层厚度确定是否换重碾。

4) 由路两侧向路中心逐次碾压，边缘处应先碾压3~4遍。

5) 碾压全过程均须一边碾压一边洒水，应保持在最佳含水率的情况下碾压。

6) 碾压两遍后，立刻进行找补，如发现砂窝或"梅花"现象，应将多余的砂或砾石挖除，分别掺入适量的砾石或砂后彻底翻拌均匀，补充碾压，不能采用粗砂或砾石覆盖处理。

7) 碾压中局部有"软弹""翻浆"现象时,应立即停止碾压,待翻松晒干,或换含水率合适的材料后再行碾压。

3. 养护

1) 砂石层碾压成形后,应连续进行上层施工。如不能连续铺筑上层时,应人工洒水养护,保持湿润。

2) 养护期间,禁止车辆特别是履带车辆通行。

六、沥青稳定碎石基层

沥青稳定碎石基层按其使用特性可分为密实式、半开式及开式三类。我国传统意义上的沥青稳定碎石基层属于半开式,由于其粗集料相对较多,所以热稳定性好;但其设计孔隙率一般在10%以上。实践表明,孔隙率在8%~14%时,水分容易进入结构层却无法顺畅排出,在动水压力作用下易产生水损害等病害。国际上普遍采用的沥青稳定碎石类材料主要分为两类,即开级配沥青稳定碎石混合料和密级配沥青稳定碎石混合料。沥青稳定碎石可用于承受重交通水泥混凝土路面的基层。

1) 开级配沥青稳定碎石混合料不同于孔隙率大于10%的AM型沥青碎石,属于骨架孔隙结构,其最大公称粒径通常大于19mm,设计孔隙率大于15%,用作路面的排水基层时,可使水分顺畅地排出,不会滞留在路面结构中造成水损害。此外,开级配沥青稳定碎石基层有较强的柔性和变形能力,可以有效减少路面中的应力集中现象,减少或延缓反射裂缝的发生。

开级配沥青稳定碎石作为排水基层时,工作性能良好,其孔隙率较大,为达到一定的强度,集料与沥青应具有良好的黏附性,故应选石灰岩碎石,且颗粒形状接近正方体,有棱角,并有合适的级配。沥青稳定碎石基层的沥青用量通常为2%~2.5%(质量分数),其20℃的抗压模量为490~750MPa。

2) 密级配沥青稳定碎石混合料的最大公称粒径一般大于26.5mm,设计孔隙率为3%~6%,也称为大粒径沥青混合料。密级配沥青稳定碎石混合料的配合比设计包括目标配合比设计、生产配合比设计及生产配合比验证,通过配合比设计确定混合料的材料品种及配合比、矿料级配、最佳沥青用量。混合料配合比确定之后,须验证其性能是否满足预期要求。

密级配沥青稳定碎石常用的配合比设计方法有大马歇尔法、旋转压实法及振动成形法等。

密级配沥青稳定碎石属于热拌沥青混合料,其施工工序有施工准备、混合料拌制、运输、摊铺、压实及成形、接缝处理等。

七、刚性基层

刚性基层主要是指经济混凝土基层和碾压混凝土基层,常用的是经济混凝土基层。

与水泥稳定碎石、二灰碎石等半刚性基层材料相比,经济混凝土基层具有更高的强度、刚度和其他良好性能。由于经济混凝土的水泥用量变动范围较大,以及水泥强度等级选用的不同，其强度和刚度可有较大调整。较高强度和刚度的基层可以为面层提供更为均匀而坚实的支撑；可以增加路面结构的整体刚度，从而减少混凝土面层板边和角隅处的挠度，保证接缝的传荷能力及耐久性；还可以减少基层在荷载反复作用下的塑性变形，从而减少面层板底的脱空。而且，经济混凝土具有良好的抗疲劳性能。同时，经济混凝土具有优良的抗冲刷、抗裂及抗冻等性能。经济混凝土基层的应用范围较广，它既可以作为高级路面的基层，也可以作为路面的下面层。随着行车轴载的增大、轴次的增多，经济混凝土越来越多地用于承受重载交通的道路。

由于强度较高的经济混凝土基层会产生收缩裂缝，导致混凝土面层出现反射裂缝，因此经济混凝土基层的强度不宜过高。根据路面应力分析，经济混凝土基层厚度的适宜范围为 $12\sim20cm$。

单元3　路面垫层施工

路面的垫层介于基层和土基之间，其主要作用是调节和改善土基的工作条件，以保证面层和基层具有必要的强度、稳定性、抗冻胀能力及承载能力，减少土层产生的变形。因此，垫层的材料选择、结构形式和施工工艺须满足排水、隔水、防冻等方面要求。

一、分类及特点

垫层根据选用材料的不同，分为透水性垫层和稳定性垫层；根据设置的目的和作用不同，又可分为稳定层、隔离层、防冻层、防污层、整平层和辅助层。

透水性垫层是由松散的颗粒材料如砂、砾石、炉渣、片石、锥形块石及圆石等构成的。其对材料的强度要求不高，但水稳定性、隔热性和吸水性一定要好。这类垫层具有较大的孔隙，能切断毛细管，使水不能上升，冻融时又能蓄水、排水，可减少路面的冻胀和沉陷。

稳定性垫层是由整体性材料如水泥土、石灰土等构成的。这类垫层成形后，强度高，有良好的水稳定性和冻稳定性。其中，煤渣石灰土垫层具有较强的保温性能，可以减少翻浆和冻胀的危害。

二、常用材料的要求

（一）砂垫层

砂垫层的材料宜采用中、粗砂，不得掺有细砂及粉砂，砂的等级与含泥量应满足规范的要求。

（二）石灰土垫层

石灰土垫层能提高地基的承载力、减少沉降，在厚度不大于3m的软弱土层中使用的效果较好。

1. 石灰

现场使用的石灰一般为熟石灰，过筛后的粒径不得大于5mm，且不得夹有未熟化的生石灰块，含水率也不宜过大，氧化钙与氧化镁的含量不低于50%。拌制强度高的石灰土，宜选用Ⅰ级或Ⅱ级石灰，石灰的储存时间不宜超过三个月。

2. 土料

作为填料和胶结材料，土颗粒不得大于 50mm，其中细颗粒（<0.005mm）的含量宜多些，一般采用塑性指数大于 4 的黏土。

3. 石灰用量

石灰土中的石灰用量应在合适的范围内，一般情况下采用 2∶8 或 3∶7。

（三）其他垫层

当采用石灰、粉煤灰作为二灰垫层时，与石灰土垫层相似，但强度较石灰土垫层更高，施工最佳含水率为 50% 左右，石灰与粉煤灰的配合比为 20∶80 或 15∶85。

三、施工程序

（一）砂垫层

1. 施工要点

1）施工时应分层铺砂，逐层振密或压实，分层的厚度一般为 15~20cm。密实度的控制方法有振动法（包括平振、插振、压实）、水撼法、碾压法等。

2）级配砂砾垫层应无明显的粗、细粒料分离，最大粒径不宜大于 5cm。

3）级配砂砾垫层的宽度应宽出路基边脚 0.5~1m。两侧墙体以片石护砌，以免砂料流失。

4）碾压时的最佳含水率一般控制在 8%~12%。

2. 施工程序

1）当地基表层具有一定厚度的硬壳层，承载力较好，能通行运输机械时，一般采用机械分堆摊铺法施工，即先堆成若干砂堆，然后用机械或人工摊平。

2）当硬壳层承载力不足时，一般采用顺序推进摊铺法施工。

3）当地基表层很软时，首先要改善地基表层的持力条件，使其能通行轻型运输工具和人员。通常采用地基表面铺荆笆、铺设塑料编织网和土工聚合物等措施。

（二）石灰土垫层

1. 施工要点

1）施工前须对下卧地基进行检验，对局部软弱土坑应挖除，用素土或灰土填平夯实。

2）施工时应将灰土拌和均匀，控制含水率，如土料水分过多或不足时应晾干或洒水浸润。

3）控制分层松铺厚度，按采用的压实机具现场试验确定，一般松铺厚度为 30cm，分层压实厚度为 20cm。

4）压实后的灰土应采取排水措施，3d 内不得受水浸泡。

5）灰土垫层铺筑完毕后，要防止日晒雨淋，及时铺筑上层。

2. 施工程序

石灰土垫层施工程序与石灰稳定土的施工程序相似。

单元 4　沥青路面施工

沥青路面施工应贯彻"精心施工,质量第一"的方针,并应符合环保的要求。

沥青路面施工必须有施工组织设计,并保证合理的施工工期。沥青路面不得在气温低于10℃（高速公路和一级公路）或5℃（其他等级公路),以及雨天、路面潮湿的情况下施工。沥青面层宜连续施工,避免与可能污染沥青层的其他工序交叉干扰,以杜绝污染。

一、沥青路面材料的要求

1. 沥青材料

沥青路面所用的沥青材料有石油沥青、煤沥青、液体石油沥青和沥青乳液等。

道路石油沥青适用于各类沥青面层,选用时应根据道路等级及地区气候条件、施工季节、气温、路面类型、施工方法等有所区别,见表7-12。

表 7-12　道路石油沥青的适用范围

沥青等级	适 用 范 围
A 级沥青	各个等级公路的任何场合和层次
B 级沥青	1. 高速公路、一级公路沥青下面层及以下的层次,二级及二级以下公路的各个层次 2. 用作改性沥青、乳化沥青、改性乳化沥青、稀释沥青的基质沥青
C 级沥青	三级及三级以下公路的各个层次

沥青路面采用的沥青标号宜按照公路等级、气候条件、交通条件、路面类型及在结构层中的层位及受力特点、施工方法等,结合当地的使用经验,经技术论证后确定。

1）沥青面层各层既可采用相同标号的沥青,也可以采用不同标号的沥青。面层的上层宜选用较稠的沥青,下层或联结层宜选用相对较稀一些的沥青。对热拌热铺沥青路面,由于沥青材料和矿料均须加热拌和,并在热态下铺压,故可采用稠度较高的沥青材料。而热拌冷铺沥青路面,所用沥青材料的稠度可较低。对贯入式沥青路面,若采用的沥青材料过稠,则难以贯入碎石中,过稀又易流入路面底部。因此,这类路面宜采用中等稠度的沥青材料。当气候寒冷、施工气温较低、矿料粒径偏细时,宜采用稠度较低的沥青材料;炎热季节施工时,由于沥青材料的温度散失较慢,则可用稠度较高的沥青材料。对于路拌类沥青路面,一般仅采用稠度较低的沥青材料。总之,应根据具体情况和当地的实践经验选用沥青材料及其标号。

2）当缺乏所需标号的沥青时,可采用标号掺配的调和沥青,其掺配比例由试验决定。掺配后的沥青质量应符合表7-13的要求。

学习情境七 路面施工

表 7-13 道路石油沥青技术指标

指标	单位	等级	160号[3]	130号[3]	110号	90号				70号[2]				50号	30号[3]	试验方法
针入度(25℃, 5s, 100g)	0.1mm	—	140~200	120~140	100~120	80~100				60~80				40~60	20~40	T0604
适用的气候分区[5]	—	—	注[3]	注[3]	2-1 2-2 3-2	1-1 1-2 1-3 2-2 2-3				1-3 1-4 2-2 2-3 2-4				1-4	注[3]	附录A[5]
针入度指数PI[1]	—	A				−1.5~1.0										T0604
		B				−1.8~1.0										
软化点, 不小于	℃	A	38	40	43	45				46			45	49	55	T0606
		B	36	39	42	43				44			43	46	53	
		C	35	37	41	42					43			45	50	
60℃动力黏度[1], 不小于	Pa·s	A	—	60	120	160				180				200	260	T0620
10℃延度[1], 不小于	cm	A	50	50	40	30	30			20	20			15	10	T0605
		B	30	30	30	20	20			15	15			10	8	
15℃延度, 不小于	cm	A, B	80	80	60	50				40						
		C													80	50	
蜡含量(蒸馏法), 不大于	%	A				2.2										T0615
		B				3										
		C				4.5										
闪点, 不小于	℃	—	230	230	245					260						T0611
溶解度, 不小于	%	—	99.5													T0607
密度(15℃)	g/cm³	—	实测记录													T0603
TFOT(或RTFOT)[4]																T0601或T0609
质量变化, 不大于	%	—	±0.8													
残留物针入度比(25℃), 不小于	%	A	48	54	55	57				61				63	65	T0604
		B	45	50	52	54				58				60	62	
		C	40	45	48	50				54				58	60	
残留物延度(10℃), 不小于	cm	A	12	12	10	8				6				4	—	T0605
		B	10	10	8	6				4				2	—	
残留物延度(15℃), 不小于	cm	C	40	35	30	20				15				10	—	T0605

注：表中试验方法按照《公路工程沥青及沥青混合料试验规程》(JTG E20—2011)规定的方法执行。

① 经建设单位同意, 表中PI值、60℃动力黏度、10℃延度可作为选择性指标, 也可不作为质量检验指标。用于仲裁试验求取PI时的5个试验温度的针入度关系的相关系数不得小于0.997。

② 70号沥青可根据需要, 要求供应商提供针入度范围为60~70或70~80的沥青, 50号沥青可要求提供针入度范围为40~50或50~60的沥青。

③ 30号沥青仅适用于沥青稳定基层。130号和160号沥青除寒冷地区可直接在中低级公路上直接应用外, 通常用作乳化沥青、稀释沥青、改性沥青的基质沥青。

④ 老化试验以沥青薄膜加热试验(TFOT)为准, 也可以沥青旋转薄膜加热试验(RTFOT)代替。

⑤ 气候分区参见《公路沥青路面施工技术规范》(JTG F40—2004)中的附录A。

281

乳化沥青是石油沥青与水在乳化剂、稳定剂等的作用下经乳化加工制得的均匀沥青产品，也称为沥青乳液。

乳化沥青适用于沥青表面处治路面、沥青贯入式路面、冷拌沥青混合料路面，还可用于修补裂缝，喷洒透层、黏层与封层。

乳化沥青的类型应根据使用目的、矿料种类、气候条件选用。对于酸性石料，或当石料处于潮湿状态或在低温下施工时，宜采用阳离子乳化沥青；对于碱性石料（石料处于干燥状态）或与水泥、石灰、粉煤灰共同使用时，宜采用阴离子乳化沥青。

在高温条件下宜采用黏度较大的乳化沥青，寒冷条件下宜使用黏度较小的乳化沥青。道路用乳化沥青技术要求应符合表 7-14 的规定。

表 7-14 道路用乳化沥青技术要求

试验项目		单位	品种及代号										试验方法
			阳离子				阴离子				非离子		
			喷洒用			拌和用	喷洒用			拌和用	喷洒用	拌和用	
			PC-1	PC-2	PC-3	BC-1	PA-1	PA-2	PA-3	BA-1	PN-2	BN-1	
破乳速度		—	快裂	慢裂	快裂或中裂	慢裂或中裂	快裂	慢裂	快裂或中裂	慢裂或中裂	慢裂	慢裂	T0658
粒子电荷		—	阳离子（+）				阴离子（-）				非离子		T0653
筛上残留物（1.18mm 筛），不大于		%	0.1				0.1				0.1		T0652
黏度	恩格拉黏度计 E_{25}	—	2~10	1~6	1~6	2~30	2~10	1~6	1~6	2~30	1~6	2~30	T0622
	沥青标准黏度计 $C_{25,3}$	s	10~25	8~20	8~20	10~60	10~25	8~20	8~20	10~60	8~20	10~60	T0621
蒸发残留物	残留物含量，不小于	%	50	50	50	55	50	50	50	55	50	55	T0651
	溶解度，不小于	%	97.5				97.5				97.5		T0607
	针入度（25℃）	0.1mm	50~200	50~300	45~150	50~200	50~200	50~300	45~150		50~300	60~300	T0604
	15℃延度，不小于	cm	40				40				40		T0605
与粗集料的黏附性，裹覆面积，不小于		—	2/3			—	2/3				2/3		T0654

(续)

试验项目		单位	品种及代号										试验方法
			阳离子				阴离子				非离子		
			喷洒用			拌和用	喷洒用			拌和用	喷洒用	拌和用	
			PC-1	PC-2	PC-3	BC-1	PA-1	PA-2	PA-3	BA-1	PN-2	BN-1	
与粗、细粒式集料拌和试验		—	—	—	—	均匀	—	—	—	均匀			T0659
水泥拌和试验的筛上剩余，不大于		%	—				—				—	3	T0657
常温存储稳定性	1d，不大于	%	1				1				1		T0655
	5d，不大于		5				5				5		

注：1. P为喷洒型，B为拌和型，C、A、N分别表示阳离子、阴离子、非离子乳化沥青。
  2. 黏度可选用恩格拉黏度计或沥青标准黏度计之一测定。
  3. 表中的破乳速度与集料的黏附性、拌和试验的要求、所使用的石料品种有关，质量检验时应采用工程上实际使用的石料进行试验，仅进行乳化沥青产品质量评定时可不要求此三项指标。
  4. 储存稳定性根据施工实际情况选用试验时间，通常采用5d，乳液生产后能在当天使用时也可用1d的稳定性。
  5. 当乳化沥青需要在低温冰冻条件下储存或使用时，还需按T0656试验方法进行-5℃低温储存稳定性试验，要求没有粗颗粒、不结块。
  6. 如果乳化沥青是将高浓度产品运到现场经稀释后使用的，表中的蒸发残留物等各项指标是指稀释前乳化沥青的要求。
  7. 试验方法参照《公路工程沥青及沥青混合料试验规程》（JTG E20—2011）的规定执行。

  道路液体石油沥青是指用汽油、煤油、柴油等溶剂将石油沥青稀释而成的沥青产品，也称为轻质沥青或稀释沥青，适用于透层、黏层及拌制冷拌沥青混合料。根据使用目的与场所，可选用快凝、中凝、慢凝的液体石油沥青。

  道路用煤沥青由于渗透性好，常用于半刚性基层上的洒透层油施工，在旧路面的软化剂配制、补缝中也时有使用。但因煤沥青是致癌物质，故热拌沥青混合料中严禁采用煤沥青。

  道路用煤沥青的标号应根据气候条件、施工温度、使用目的来选用，其技术要求应符合表7-15的规定。

表7-15　道路用煤沥青技术要求

试验项目		T-1	T-2	T-3	T-4	T-5	T-6	T-7	T-8	T-9	试验方法
黏度/s	$C_{30.5}$	50~25	26~70	—	—	—	—	—	—	—	T0621
	$C_{30.1}$	—	—	5~25	26~50	51~120	121~200	—	—	—	
	$C_{50.1}$	—	—	—	—	—	—	10~75	76~200	—	
	$C_{60.1}$	—	—	—	—	—	—	—	—	35~65	
蒸馏试验，馏出量（%）	170℃前，不大于	3	3	3	2	1.5	1.5	1	1	1	T0641
	270℃前，不大于	20	20	20	15	15	15	10	10	10	
	300℃前，不大于	15~35	15~35	30	30	25	25	20	20	15	
300℃蒸馏残留物软化点（环球法）/℃		30~45	30~45	35~65	35~65	35~65	35~65	40~70	40~70	40~70	T0606

（续）

试验项目	T-1	T-2	T-3	T-4	T-5	T-6	T-7	T-8	T-9	试验方法
水分，不大于（%）	1.0	1.0	1.0	1.0	1.0	0.5	0.5	0.5	0.5	T0612
甲苯不溶物，不大于（%）	20	20	20	20	20	20	20	20	20	T0646
萘含量，不大于（%）	5	5	5	4	4	3.5	3	2	2	T0645
焦油酸含量，不大于（%）	4	4	3	3	2.5	2.5	1.5	1.5	1.5	T0642

注：黏度可选用恩格拉黏度计或沥青标准黏度计之一测定。试验方法参照《公路工程沥青及沥青混合料试验规程》（JTG E20—2011）的规定执行。

改性沥青是指掺加橡胶、树脂、高分子聚合物、天然沥青、磨细的橡胶粉，或者其他材料等外掺剂（改性剂）制成的沥青结合料，从而使沥青或沥青混合料的性能得以改善。

改性沥青可单独或复合采用高分子聚合物、天然沥青及其他改性材料制作。聚合物改性沥青技术要求应符合表 7-16 的规定。

表 7-16 聚合物改性沥青技术要求

指标	单位	SBS 类（Ⅰ类）				SBR 类（Ⅱ类）			EVA、PE 类（Ⅲ类）				试验方法
		Ⅰ-A	Ⅰ-B	Ⅰ-C	Ⅰ-D	Ⅱ-A	Ⅱ-B	Ⅱ-C	Ⅲ-A	Ⅲ-B	Ⅲ-C	Ⅲ-D	
针入度（25℃，100g，5s）	0.1mm	>100	80~100	60~80	40~60	>100	80~100	60~80	>80	60~80	40~60	30~40	T0604
针入度指数 PI，不小于	—	-1.2	-0.8	-0.4	0	-1	-0.8	-0.6	-1	-0.8	-0.6	-0.4	T0604
5℃延度，5cm/min，不小于	cm	50	40	30	20	60	50	40	—	—	—	—	T0605
软化点，不小于	℃	45	50	55	60	45	48	50	48	52	56	60	T0606
135℃ 运动黏度[①]，不大于	Pa·s	3											T0625 T0619
闪点，不小于	℃	230				230			230				T0611
溶解度，不小于	%	99				99			—				T0607
25℃ 弹性恢复，不小于	%	55	60	65	75	—							T0662
黏韧性，不小于	N·m	5											T0624
韧性，不小于	N·m	—				2.5							T0624
储存稳定性[②]，离析，48h 软化点差，不大于	℃	2.5				—			无改性剂明显析出、凝聚				T0661

（续）

指标	单位	SBS 类（Ⅰ类）				SBR 类（Ⅱ类）			EVA、PE 类（Ⅲ类）				试验方法
		Ⅰ-A	Ⅰ-B	Ⅰ-C	Ⅰ-D	Ⅱ-A	Ⅱ-B	Ⅱ-C	Ⅲ-A	Ⅲ-B	Ⅲ-C	Ⅲ-D	
TFOT（或 RTFOT）后残留物													
质量变化，不大于	%	±1.0											T0610 或 T0609
25℃ 针入度比，不小于	%	50	55	60	65	50	55	60	50	55	58	60	T0604
5℃延度，不小于	cm	30	25	20	15	30	20	10	—				T0605

① 表中 135℃ 运动黏度采用《公路工程沥青及沥青混合料试验规程》（JTG E20—2011）中的 T0625 试验方法进行测定。

② 储存稳定性指标适用于工厂生产的成品改性沥青。现场制作的改性沥青对储存稳定性指标可不作要求，但必须在制作后保持不间断的搅拌或泵送循环，保证使用前没有明显的离析。

表中试验方法参照《公路工程沥青及沥青混合料试验规程》（JTG E20—2011）执行。表中 SBS、SBR、EVA、PE 的说明参照《公路沥青路面施工技术规范》（JTG F40—2004）。

2. 粗集料

沥青路面所用的粗集料有碎石、筛选砾石、破碎砾石、钢渣、矿渣等，但高速公路和一级公路不得使用筛选砾石和矿渣。

粗集料应该洁净、干燥、表面粗糙，质量技术要求应符合表 7-17 的规定。

表 7-17　沥青混合料用粗集料质量技术要求

指标	单位	高速公路及一级公路		其他等级公路
		表面层	其他层次	
石料压碎值，不大于	%	26	28	30
洛杉矶磨耗损失，不大于	%	28	30	35
表观相对密度，不小于	—	2.6	2.5	2.45
吸水率，不大于	%	2	3	3
坚固性，不大于	%	12	12	—
针片状颗粒含量（混合料），不大于	%	15	18	20
针片状颗粒（混合料）中粒径大于 9.5mm 的颗粒含量，不大于	%	12	15	—
针片状颗粒（混合料）中粒径小于 9.5mm 的颗粒含量，不大于	%	18	20	—
水洗法粒径小于 0.075mm 颗粒含量，不大于	%	1	1	1
软石含量，不大于	%	3	5	5

注：1. 坚固性试验根据需要进行。

2. 用于高速公路、一级公路时，多孔玄武岩的视密度限度可放宽至 2.45t/m³，吸水率可放宽至 3%，但必须得到建设单位的批准，且不得用于 SMA 路面。

3. 对于表 7-18 中 S14 的粗集料，针片状颗粒含量可不予要求，粒径小于 0.075mm 的颗粒含量可放宽到 3%。

沥青混合料用粗集料规格应满足表 7-18 的规定。

表 7-18 沥青混合料用粗集料规格

规格名称	公称粒径/mm	通过下列筛孔（mm）的质量分数（%）											
		106	75	63	53	37.5	31.5	26.5	19.0	13.2	9.5	4.75	2.36	0.6
S1	40~75	100	90~100	—	—	0~15	—	0~5	—	—	—	—	—	—
S2	40~60	—	100	90~100	—	0~15	—	0~5	—	—	—	—	—	—
S3	30~60	—	100	90~100	—	—	0~15	—	0~5	—	—	—	—	—
S4	25~50	—	—	100	90~100	—	—	0~15	—	0~5	—	—	—	—
S5	20~40	—	—	—	100	90~100	—	—	0~15	—	0~5	—	—	—
S6	15~30	—	—	—	—	100	90~100	—	0~15	—	0~5	—	—	—
S7	10~30	—	—	—	—	100	90~100	—	—	0~15	0~5	—	—	—
S8	10~25	—	—	—	—	—	100	90~100	—	0~15	—	0~5	—	—
S9	10~20	—	—	—	—	—	—	100	90~100	—	0~15	0~5	—	—
S10	10~15	—	—	—	—	—	—	—	100	90~100	0~15	0~5	—	—
S11	5~15	—	—	—	—	—	—	—	100	90~100	40~70	0~15	0~5	—
S12	5~10	—	—	—	—	—	—	—	—	100	90~100	0~15	0~5	—
S13	3~10	—	—	—	—	—	—	—	—	100	90~100	40~70	0~20	0~5
S14	3~5	—	—	—	—	—	—	—	—	—	100	90~100	0~15	0~3

碎石由各种坚硬岩石轧制而成。沥青路面所用的碎石应具有足够的强度和耐磨性能，应根据路面的类型和使用条件选定石料的等级。碎石应匀质、洁净、坚硬、无风化、无杂质，不能含有太多的粒径小于 0.075mm 的颗粒（含量小于 2%），吸水率应小于 3%。碎石的颗粒形状接近正立方体并有多个棱角，细长或扁平的颗粒（长边与短边或长边与厚度之比大于 3）含量应小于 15%，压碎值应不大于 30%。

路面抗滑表层的粗集料应选用坚硬、耐磨、抗冲击性好的碎石，不得使用筛选砾石、矿渣及软质集料。用于高速公路、一级公路沥青路面表面层及各类抗滑表层的粗集料，应符合规定的石料磨光值要求。为了保证石料与沥青之间有较好的黏结性能，经检验属于酸性岩石的石料，用于高速公路、一级公路和城市快速路、主干路时，宜使用针入度较小的沥青，必要时可在沥青中掺加抗剥离剂，或用干燥的磨细消石灰或生石灰粉、水泥作为填料的一部分，相关材料用量宜为矿料总量的 1%~2%。将粗集料用石灰浆处理后使用也可以有效地提高石料与沥青之间的黏结力。

3. 细集料

粗、细集料通常以 2.36mm 作为分界，沥青面层的细集料可采用天然砂、机制砂及石屑。

细集料应洁净、干燥、无风化、无杂质，并有适当的颗粒级配，其质量应符合沥青混合料用细集料质量要求，见表 7-19。

表 7-19 沥青混合料用细集料质量要求

项 目	单位	高速公路、一级公路	其他等级公路
表观相对密度，不小于	—	2.50	2.45
坚固性（>0.3mm 部分），不小于	%	12	—
含泥量（小于 0.075mm 的含量），不大于	%	3	5
砂当量，不小于	%	60	50
亚甲蓝含量，不大于	g/kg	25	—
棱角性（流动时间），不小于	s	30	—

注：坚固性试验可根据需要进行。

热拌沥青混合料的细集料宜采用优质的天然砂或机制砂，在缺砂地区也可以用石屑。但由于一般情况下石屑的含泥量较高，强度也不高，因此用于高速公路、一级公路沥青混凝土面层及抗滑表层的石屑用量，不宜超过天然砂及机制砂的用量。细集料应与沥青有良好的黏结能力，与沥青黏结性能很差的天然砂及用花岗岩、石英岩等酸性石料破碎后制成的机制砂或石屑不宜用于高速公路、一级公路沥青面层。必须使用时，应有抗剥落措施。

天然砂可采用河砂或海砂，通常宜采用粗、中砂，其规格应符合表 7-20 的规定，砂的含泥量超过规定时应水洗后使用，海砂中的贝壳类材料必须筛除。热拌密级配沥青混合料中天然砂的用量通常不宜超过集料总量的 20%，沥青玛琋脂碎石混合料（SMA）和开级配抗滑磨耗层（OGFC）混合料不宜使用天然砂。

表 7-20 沥青混合料用天然砂规格

筛孔尺寸/mm	通过各孔筛的质量分数（%）		
	粗砂	中砂	细砂
9.5	100	100	100
4.75	90~100	90~100	90~100
2.36	65~95	75~90	85~100
1.18	35~65	50~90	75~100
0.6	15~30	30~60	60~84
0.3	5~20	8~30	15~45
0.15	0~10	0~10	0~10
0.075	0~5	0~5	0~5

石屑是采石场破碎石料时通过 4.75mm 或 2.36mm 的筛下部分，其规格应符合表 7-21 的要求。采石场在生产石屑的过程中应具备抽吸设备，高速公路和一级公路的沥青混合料，宜将 S14 与 S16 组合使用，S15 可在沥青稳定碎石基层或其他等级公路中使用。

表 7-21　沥青混合料用机制砂或石屑规格

规格	公称粒径/mm	水洗法通过各筛孔的质量分数（%）							
		9.5	4.75	2.36	1.18	0.6	0.3	0.15	0.075
S15	0~5	100	90~100	60~90	40~75	20~55	7~40	2~20	0~10
S16	0~3	—	100	80~100	50~80	25~60	8~45	0~25	0~15

注：当生产石屑采用喷水抑制扬尘工艺时，应特别注意含粉量不得超过表中要求。

4. 填料

沥青混合料的填料必须采用石灰岩或岩浆岩中的强基性岩石等憎水性石料经磨细得到的矿粉，原石料中的泥土杂质应除净。矿粉要求干燥、洁净，其质量应符合表 7-22 的要求。当采用水泥、石灰、粉煤灰作填料时，其用量不宜超过矿料总量的 2%。

表 7-22　沥青混合料用矿粉质量要求

项目		单位	高速公路、一级公路	其他等级公路
表观密度，不小于		t/m³	2.5	2.45
含水率，不大于		%	1	1
粒度范围	<0.6mm	%	100	100
	<0.15mm	%	90~100	90~100
	<0.075mm	%	75~100	70~100
外观			无团粒结块	
亲水系数		—	<1	
塑性指数			<4	
加热安定性			实测记录	

5. 纤维稳定剂

纤维稳定剂目前普遍使用于 SMA 混合料中，在一般沥青混合料中也可以使用，常用的纤维稳定剂有木质素纤维、矿物纤维等。纤维稳定剂应在 250℃ 的干拌温度下不变质、不发脆，使用纤维稳定剂时必须符合环保要求，不危害身体健康。纤维稳定剂必须在混合料拌和过程中能充分地分散。

二、沥青表面处治的施工

（一）基本规定

由于沥青表面处治层很薄，一般不起提高强度的作用，其重要作用是抵抗行车的磨耗，增强路面的防水性，提高路面的平整度，改善路面的行车条件。沥青表面处治宜在干燥和较热的季节进行施工，并应在雨季及日最高温度低于 15℃ 以前的半个月内结束施工，使表面处治层在开放交通后压实，结构更稳定。

沥青表面处治可采用拌和法或层铺法施工。采用层铺法施工时，按照洒布沥青及铺撒矿料的层次，沥青表面处治可分为单层式、双层式、三层式。其中，单层式是指洒布一次沥青，铺撒一次矿料，厚度为 1~1.5cm；双层式是指洒布二次沥青，铺撒二次矿料，厚度为 2~2.5cm；三层式是指洒布三次沥青，铺撒三次矿料，厚度为 2.5~3cm。

（二）材料规格和用量

沥青表面处治可采用道路石油沥青、乳化沥青、煤沥青铺筑，沥青标号应按规范规定选用。

沥青表面处治所用的集料最大粒径应与处治层的厚度相当，其规格和用量应按表 7-23 选用。矿料的最大与最小粒径之比应不大于 2，介于两个筛孔之间颗粒的含量应不小于 70%。

表 7-23 沥青表面处治材料的规格和用量

沥青种类	类型	厚度/cm	集料用量/(m³/1000m²)						沥青或乳液用量/(kg/m²)			
			第一层		第二层		第三层		第一次	第二次	第三次	合计用量
			粒径规格	用量	粒径规格	用量	粒径规格	用量				
石油沥青	单层	1	S12	7~9	—	—	—	—	1~1.2	—	—	1~1.2
		1.5	S10	12~14	—	—	—	—	1.4~1.6	—	—	1.4~1.6
	双层	1.5	S10	12~14	S12	7~8	—	—	1.4~1.6	1~1.2	—	2.4~2.8
		2	S9	16~18	S12	7~8	—	—	1.6~1.8	1~1.2	—	2.6~3
		2.5	S8	18~20	S12	7~8	—	—	1.8~2	1~1.2	—	2.8~3.2
	三层	2.5	S8	18~20	S10	12~14	S12	7~8	1.6~1.8	1.2~1.4	1~1.2	3.8~4.4
		3	S6	20~22	S10	12~14	S12	7~8	1.8~2	1.2~1.4	1~1.2	4~4.6
乳化沥青	单层	0.5	S14	7~9	—	—	—	—	0.9~1	—	—	0.9~1
	双层	1	S12	9~11	S14	4~6	—	—	1.8~1.2	1~1.2	—	2.8~3.2
	三层	3	S6	20~22	S10	9~11	S12	4~6	2~22	1.8~2	1~1.2	4.8~5.4
							S14	3.5~4.5				

注：1. 煤沥青表面处治的沥青用量可较石油沥青用量增加 15%~20%。
2. 表中的乳液用量按乳化沥青的蒸发残留物含量 60% 计算，如沥青含量不同，应予折算。
3. 在高寒地区及干旱、风沙大的地区，可超出高限 5%~10%。

当采用乳化沥青时，应减少乳液流失，可在主层集料中掺加 20% 以上较小粒径的集料。沥青表面处治施工后，应在路侧另备碎石或石屑、粗砂或小砾石作为初期养护用料，其中碎石的规格为 S12(5~10mm)，粗砂或小砾石的规格为 S14(3~5mm)。

（三）准备工作

1. 材料准备

1）表面处治使用的矿料，应按所需的规格、数量进行备制，并运到指定堆放地点或指定施工路段上按要求堆放，防止材料被污染。

2）沥青选购后运到工地，应取样试验合格后存放备用。

3）沥青加工站的准备工作包括安置沥青锅、开挖预热火道、整理装料场地、搭建工人休息棚及修筑洒布机运输通道。

2. 基层准备

对已做好的基层进行验收检查。首先是强度、压实度应满足要求，表面应坚实、平整、干净、纵坡坡度、路拱和标高也应符合设计要求，否则应处理至符合要求为止。在喷洒透层沥青前先进行测量放样。

3. 机具准备

沥青洒布机可以用来完成高温液态沥青（渣油）的储存、转运和洒布工作，其外貌与结构如图7-9、图7-10所示。

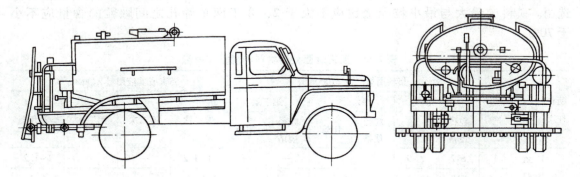

图7-9 沥青洒布车机外貌示意

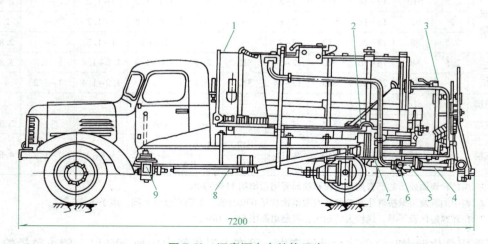

图7-10 沥青洒布车结构示意

1—沥青箱 2—主三通阀 3—操纵机构 4—管道系统 5—左管道三通阀
6—洒布口 7—沥青泵 8—传动轴 9—动力输出箱

（四）沥青表面处治的施工工艺

沥青表面处治一般采用层铺法施工。层铺法施工按施工工序的不同，可分为先油后料法和先料后油法两种方法。一般多用先油后料法，但当路肩过窄无法堆放全部矿料，采用人工撒料施工或在低温施工时，为加快成型，可采用先料后油法施工。先料后油法的优点是节省一道洒沥青的工序，但由于没有底层沥青，可能会产生路面脱皮现象。故施工前应严格清扫底层，初期养护时应加强控制车辆速度，防止上述病害发生。

先油后料法是指先洒布一层沥青，后铺撒一层矿料。在双层式沥青表面处治施工中采用先油后料法的施工工艺流程如下：

备料→清理基层及放样→浇洒透层沥青→洒布第一层沥青→铺撒第一层矿料→碾压→洒布第二层沥青→铺撒第二层矿料→碾压→初期养护

单层式和三层式沥青表面处治的施工程序与双层式相同，仅需相应地减少或增加一次洒布沥青、铺撒矿料和碾压工序。

（五）层铺法施工注意事项

1）洒布沥青要洒布均匀，不应有空白或积聚现象，以免产生松散、鼓包或推挤等病害。采用沥青洒布车洒布沥青时，应根据单位面积的沥青用量选定沥青洒布车的型号，沥青洒布车的行驶速度要均匀。若采用手推式洒布机洒布沥青，应根据施工时的气温和风向调节喷头到地面的高度和洒布机的移动速度，以保证沥青洒布均匀，并应按洒布面积来控制沥青用量。沥青的洒布温度应根据施工时的气温及沥青标号选择，石油沥青的洒布温度宜为130～170℃，煤沥青的洒布温度宜为80～120℃，乳化沥青可在常温下洒布。当气温偏低，破乳及成型过慢时，可将乳液加温后洒布，但乳液温度不得超过60℃。沥青洒布的长度应与集料撒布机的能力相配合，应避免沥青洒布后等待较长时间才撒布集料。

如果是两次喷洒或多次喷洒时，应使纵向接头处的宽度控制在10～15cm范围内，覆盖用的铁板应备足数量，并重复使用（洒在铁板上的沥青，可在使用前清除后重复使用）。

2）铺撒矿料。当洒布车喷洒第一层沥青后（不必等全段洒完），应立即铺撒第一层（主层）矿料，按规定用量一次撒足。矿料要铺撒均匀、全面覆盖、厚度一致，矿料不得有重叠或漏空现象。局部有缺料或过多时，应适当找补或扫除。当使用乳化沥青时，集料撒布应在乳液破乳之前完成。两幅搭接处，第一幅洒布沥青后应暂留100～150mm宽度不撒布石料，待第二幅施工时一起撒布。

3）碾压。铺撒矿料后立即用6～8t的双轮压路机或轮胎压路机及时碾压。碾压应从一侧路缘压向路中心。碾压时，每次轮迹重叠约30mm，碾压3～4遍。

4）初期养护。碾压结束后即可开放交通，但应禁止车辆快速行驶（不超过20km/h），要控制车辆行使的路线，使路面全幅宽度获得均匀碾压。对局部泛油、松散、麻面等现象，应及时修整处理。

三、沥青贯入式路面施工

（一）基本规定

沥青贯入式路面具有较高的强度和稳定性，其强度的构成主要依靠矿料的嵌挤作用和沥青材料的黏结力。沥青贯入式路面适用于三级及三级以下的公路，也可作为沥青路面的联结层或基层。

由于沥青贯入式路面是一种多孔隙结构，为了防止水的浸入和增强路面的水稳定性，其面层的最上层必须加铺封层或加铺拌和层。乳化沥青贯入式路面铺筑在半刚性基层上时，应铺筑下封层。沥青贯入层作为联结层时，可不撒表面封层料。沥青贯入式路面宜在干燥和较热的季节施工，并宜在雨季及日最高温度低于15℃以前的半个月内结束施工，使贯入式结构层在开放交通后压实。

沥青贯入式路面是在初步碾压的矿料层上洒布沥青，再分层铺撒嵌缝料、洒布沥青和碾压，并在开放交通后经压实而成，其厚度一般为4～8cm。乳化沥青贯入式路面的厚度不宜超过5cm。当贯入层上部加铺拌和的沥青混合料面层成为沥青路面上拌下贯式路面时，其拌和层的厚度宜不小于1.5cm。

(二) 材料要求

沥青贯入式路面的结合料可采用黏稠石油沥青、煤沥青或乳化沥青。沥青贯入式路面所用的集料应选择有棱角、嵌挤性好的坚硬石料，其规格和用量要求见表7-24。

表7-24 沥青贯入式路面材料规格和用量

(用量单位：集料为 $m^3/1000m^2$，沥青及沥青乳液为 kg/m^2)

沥青品种	石 油 沥 青					
厚度/cm	4		5		6	
规格和用量	规格	用量	规格	用量	规格	用量
封层料	S14	3~5	S14	3~5	S13 (S14)	4~6
第三遍沥青	—	1~1.2	—	1~1.2	—	1~1.2
第二遍嵌缝料	S12	6~7	S11 (S10)	10~12	S11 (S10)	10~12
第二遍沥青	—	1.6~1.8	—	1.8~2	—	2~2.2
第一遍嵌缝料	S10 (S9)	12~14	S8	16~18	S8 (S6)	16~18
第一遍沥青	—	1.8~2.1	—	2.4~2.6	—	2.8~3
主层石料	S5	45~50	S4	55~60	S3 (S4)	66~76
沥青总用量	4.4~5.1		5.2~5.8		5.8~6.4	

沥青品种	石 油 沥 青				乳 化 沥 青			
厚度/cm	7		8		4		5	
规格和用量	规格	用量	规格	用量	规格	用量	规格	用量
封层料	S13 (S14)	4~6	S13 (S14)	4~6	S13 (S14)	4~6	S14	4~6
第五遍沥青	—	—	—	—	—	—	—	0.8~1
第四遍嵌缝料	—	—	—	—	—	—	S14	5~6
第四遍沥青	—	—	—	—	S14	0.8~1	—	1.2~1.4
第三遍嵌缝料	—	—	—	—	—	5~6	S12	7~9
第三遍沥青	—	1~1.2	—	1~1.2	S12	1.4~1.6	—	1.5~1.7
第二遍嵌缝料	S10 (S11)	11~13	S10 (S11)	11~13	—	7~8	S10	9~11
第二遍沥青	—	2.4~2.6	—	2.6~2.8	S9	1.6~1.8	—	1.6~1.8
第一遍嵌缝料	—	18~20	S6 (S8)	20~22	—	12~14	S8	10~12
第一遍沥青	S6 (S8)	3.3~3.5	—	4~4.2	S5	2.2~2.4	—	2.6~2.8
主层石料	S3	80~90	S1 (S2)	95~100	—	40~45	S4	50~55
沥青总用量	6.7~7.3		7.6~8.2		6~6.8		7.4~8.5	

注：1. 煤沥青贯入式的沥青用量可较石油沥青用量增加15%~20%。
2. 表中乳化沥青的乳液用量，适用于乳液中沥青用量约为60%的情况，如果浓度不同，用量应予换算。
3. 在高寒地区及干旱、风沙大的地区，可超出高限，再增加5%~10%。

(三) 施工准备

1) 基层准备的要求同沥青表面处治施工。
2) 材料准备工作同沥青表面处治施工。

3）施工机具准备。沥青贯入式路面的主层料可以采用碎石摊铺机摊铺、人工摊铺或平地机摊铺，嵌缝料宜采用集料撒布机撒布。本单元只介绍使用平地机摊铺主层料、集料撒布机撒布嵌缝料的施工方法。

（四）施工工艺

沥青贯入式路面施工分为浅贯入与深贯入两种方式，但施工工艺流程基本相同：

整修和清扫基层→洒透层沥青或黏层沥青→摊铺主层集料→碾压（如需洒水时应先洒水）→洒布第一遍沥青→铺撒第一遍嵌缝料→碾压→洒布第二遍沥青→铺撒第二遍嵌缝料→碾压→洒第三遍沥青→撒封层料→碾压→初期养护

当表面层为加铺热拌沥青层时，在撒完第二次嵌缝料并碾压完成后，就可加铺热拌沥青混合料，成为下贯上拌式沥青路面，加铺热拌沥青混合料的方法同热拌沥青混合料施工。

（五）施工要求

1）采用碎石摊铺机、平地机或人工摊铺主层集料，铺筑后严禁车辆通过。

2）碾压主层集料。主层集料撒布后应采用 6~8t 的轻型钢轮压路机自路两侧向路中心碾压，碾压速度宜为 2km/h，每次轮迹重叠约 30cm；碾压一遍后检验路拱和纵向坡度，当不符合要求时，应调整找平后再压。然后用重型钢轮压路机碾压，每次轮迹重叠 1/2 左右，宜碾压 4~6 遍，直至主层集料嵌挤稳定，无显著轮迹为止。

3）洒布第一层沥青时，洒布方法同沥青表面处治施工。采用乳化沥青贯入时，为防止乳液下漏过多，可在主层集料碾压稳定后，先撒布一部分上一层的嵌缝料，再洒布主层沥青。

4）采用集料撒布机或人工撒布第一层嵌缝料，撒布后尽量扫匀，不足处应找补。当使用乳化沥青时，石料撒布必须在乳液破乳前完成。

5）第一层嵌缝料撒布完成后，立即用 8~12t 的钢筒压路机碾压嵌缝料，轮迹重叠轮宽的 1/2 左右，宜碾压 4~6 遍，直至稳定为止。碾压时随压随扫，使嵌缝料均匀嵌入。因气温较高使碾压过程中发生较大推移现象时，应立即停止碾压，待气温稍低时再继续碾压。

6）按上述方法洒布第二层沥青、撒布第二层嵌缝料，然后碾压，再洒布第三层沥青。

7）应按撒布嵌缝料的方法撒布封层料。

8）采用 6~8t 的压路机进行最后的碾压，宜碾压 2~4 遍，然后开放交通。

9）当铺筑上拌下贯式路面时，贯入层不撒布封层料，拌和层应紧跟贯入层施工，使上下结构成为整体。贯入部分采用乳化沥青时，应待其破乳、水分蒸发且成型稳定后方可铺筑拌和层。当拌和层与贯入部分不能连续施工，且要在短期内通行施工车辆时，贯入部分的第二遍嵌缝料应增加用量 $2~3m^3/1000m^2$。在摊铺拌和层沥青混合料前，应作补充碾压，并浇洒黏层沥青。

四、热拌沥青混合料路面施工

（一）一般规定

热拌沥青混合料适用于各种等级道路的沥青面层。高速公路、一级公路和城市快速路、主干路的沥青面层的上面层、中面层及下面层应采用沥青混凝土铺筑，沥青碎石混合料仅适用于过渡层及整平层。其他等级道路的沥青面层的上面层宜采用沥青混凝土混合料铺筑。

热拌沥青混合料按集料公称最大粒径、矿料级配、空隙率划分种类，其种类见表 7-25。

表 7-25 热拌沥青混合料的种类

混合料类型	密级配 连续级配 沥青混凝土	密级配 连续级配 沥青稳定碎石	密级配 间断级配 沥青玛琋脂碎石	开级配 间断级配 排水式沥青磨耗层	开级配 间断级配 排水式沥青碎石基层	半开级配 沥青碎石	公称最大粒径/mm	最大粒径/mm
特粗式	—	ATB-40	—	—	ATPB-40	—	37.5	53
粗粒式	—	ATB-30	—	—	ATPB-30	—	31.5	37.5
粗粒式	AC-25	ATB-25	—	—	ATPB-25	—	26.5	31.5
中粒式	AC-20	—	SMA-20	—	—	AM-20	19	26.5
中粒式	AC-16	—	SMA-16	OGFC-16	—	AM-16	16	19
细粒式	AC-13	—	SMA-13	OGFC-13	—	AM-13	13.2	16
细粒式	AC-10	—	SMA-10	OGFC-10	—	AM-10	9.5	13.2
砂粒式	AC-5	—	—	—	—	AM-5	4.75	9.5
设计空隙率（%）	3~5	3~6	3~4	>18	>18	6~12	—	—

注：1. 设计空隙率可按配合比设计要求适当调整。
2. 表中各符号的意义：
AC—密级配沥青混凝土混合料；ATB—密级配沥青稳定碎石混合料；SMA—沥青玛琋脂碎石混合料；OGFC—大孔隙开级配排水式沥青磨耗层；ATPB—铺筑在沥青层底部的排水式沥青稳定碎石混合料；AM—半开级配沥青碎石混合料

热拌沥青混合料的材料种类应根据具体条件和技术规范合理选用，应满足耐久性、抗车辙、抗裂、抗水损害等多方面要求，同时还需考虑施工机械、工程造价等实际情况。

沥青面层集料的最大粒径宜从上至下逐渐增大，并应与压实层厚度相匹配。对热拌热铺密级配沥青混合料，单层沥青层的压实厚度不宜小于集料公称最大粒径的 3 倍；对 SMA 和 OGFC 等嵌挤型混合料，不宜小于集料公称最大粒径的 2.5 倍，以减少离析，便于压实。

石油沥青加工及沥青混合料施工的温度应根据沥青标号及黏度、气候条件、铺装层的厚度确定。热拌沥青混合料的施工温度应符合表 7-26 的规定。

表 7-26 热拌沥青混合料的施工温度 （单位：℃）

施工工序		石油沥青的标号			
		50 号	70 号	90 号	110 号
沥青加热温度		160~170	150~165	150~160	145~155
矿料加热温度	间歇式拌和机	集料加热温度比沥青温度高 10~30			
矿料加热温度	连续式拌和机	矿料加热温度比沥青温度高 5~10			
沥青混合料出料温度		150~170	145~165	140~160	135~155
混合料储料仓储存温度		储料过程中温度降低不超过 10			
混合料废弃温度，高于		200	195	190	185
运输到现场温度，不低于		150	145	140	135

（续）

施工工序		石油沥青的标号			
		50 号	70 号	90 号	110 号
混合料摊铺温度，不低于	正常施工	140	135	130	125
	低温施工	160	150	140	135
开始碾压的混合料内部温度，不低于	正常施工	135	130	125	120
	低温施工	150	145	135	130
碾压终了的表面温度，不低于	钢轮压路机	80	70	65	60
	轮胎压路机	85	80	75	70
	振动压路机	75	70	60	55
开放交通的路表温度，不高于		50	50	50	45

注：1. 沥青混合料的施工温度采用具有金属探测针的插入式数字显示温度计测量；表面温度可采用表面接触式温度计测定；当采用红外线温度计测量表面温度时，应进行标定。

2. 表中未列入的 130 号、160 号及 30 号沥青的施工温度由试验确定。

（二）施工工艺流程

热拌沥青混合料路面施工工艺流程如图 7-11 所示。

（三）施工准备

1）拌和站（场、厂）的建设要求如下：

① 沥青混合料拌和站的选址处应有良好的排水、防水措施，料场地面应硬化，保证矿料清洁不受污染。

② 选择适合工程需要的拌和设备。

③ 建立能满足工程需要的实验室，并配有足够的、技术熟练的、有一定经验的试验检测人员，以保证各项试验检测工作的顺利进行。

2）下承层准备工作如下：

① 下承层的检测验收。面层铺筑前，应对基层或旧路面的厚度、密实度、平整度、路拱等进行检查。基层或旧路面若有坎坷不平、松散、坑槽等，必须在面层铺筑之前整修完毕，并应清扫干净。

② 测量放样。在交验合格的下承层上恢复中桩并把中桩加密为每 10m 一个，复核水准点，并每 200~300m 增设临时水准点一个，再根据中桩及摊铺宽度定出边桩（用于设置基准线）和边线桩（指示摊铺机的前行方向）。为了控制混合料的摊铺厚度，沿路面中心线和四分之一路面宽处设置样桩，标出混合料的松铺厚度。

③ 安装好路缘石或培好路肩。

④ 清扫下承层。在稍带湿润的基层上，按规定的质量要求、施工量喷洒透层沥青。要一次喷洒均匀，不流淌，同时应封闭交通，待其充分渗透或水分蒸发后再摊铺；或在下层沥青表面上喷洒黏层沥青后再铺筑上层沥青。

⑤ 在摊铺之前根据边桩钉好可调基准线支架，按设计高程挂好基准线，作为摊铺机控制高程的基准，并用石灰标明摊铺边缘线。

3）建立健全施工组织机构。

4）前台路面施工机械配套准备。

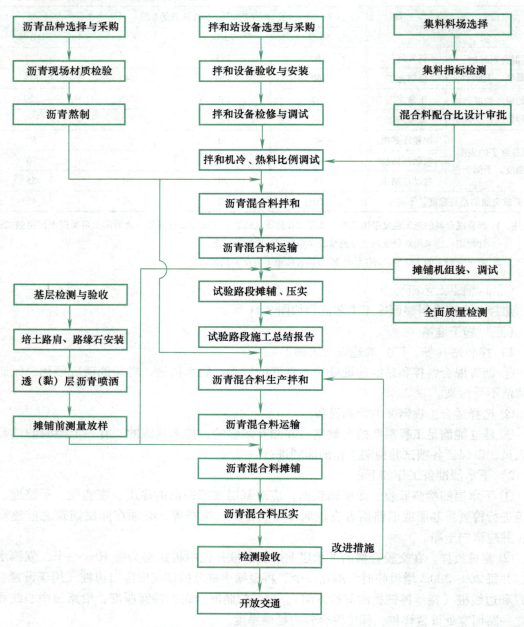

图 7-11 热拌沥青混合料路面施工工艺流程

5）沥青混合料配合比设计。一个好的沥青混合料配合比必须满足设计要求，同时应在符合质量标准的前提下就地取材；在保证工程质量的前提下，以降低成本增加经济效益为目的进行优化设计。

沥青混合料的配合比设计一般采用马歇尔试验设计方法，沥青混合料技术要求应符合规定要求，并有良好的施工性能。

高速公路、一级公路沥青混合料的配合比设计按以下步骤进行：

① 目标配合比设计阶段。在此阶段，优选矿料级配，确定最佳沥青用量（OAC），符合配合比设计技术标准和配合比设计检验要求，以此作为目标配合比，供拌和机确定各冷料仓的供料比例、进料速度，一般在试拌时使用。

热拌沥青混合料的目标配合比设计宜按图7-12的步骤进行。

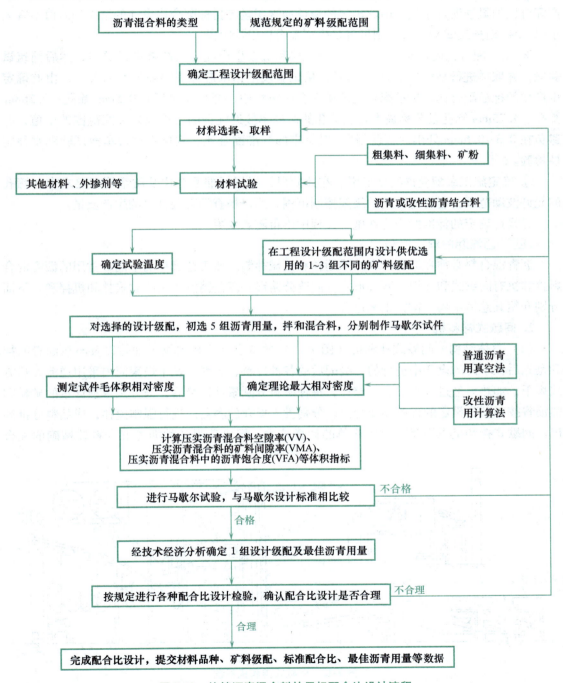

图7-12　热拌沥青混合料的目标配合比设计流程

② 生产配合比设计阶段。在此阶段，对间歇式拌和机，应按规定方法取样测试各热料仓的材料级配，确定各热料仓的生产配合比，供拌和机控制室使用；同时，选择适宜的筛孔尺寸和安装角度，尽量使各热料仓的供料大体平衡；并取目标配合比设计的 OAC、OAC±0.3%等沥青用量数据进行马歇尔试验和试拌，通过室内试验及拌和机取样试验综合确定生产配合比的最佳沥青用量，由此确定的最佳沥青用量与目标配合比设计的结果的差值不宜大于±0.2%。对连续式拌和机，则可省略生产配合比设计阶段。

③ 生产配合比验证阶段。在此阶段，拌和机按生产配合比结果进行试拌，然后铺筑试验段，并取样进行马歇尔试验；同时，从试验段上钻取芯样观察空隙率的大小，由此确定生产用的标准配合比。标准配合比的矿料合成级配中，至少应包括 0.075mm 筛孔、2.36mm 筛孔、4.75mm 筛孔及公称最大粒径筛孔的通过率接近优选的工程设计级配范围的中值，并避免在 0.3~0.6mm 处出现"驼峰"。对确定的标准配合比，宜再次进行车辙试验和水稳定性检验。

④ 确定施工级配允许波动范围。在此阶段，根据标准配合比及质量管理要求中各筛孔的允许波动范围，制订施工用的级配控制范围，用以检查沥青混合料的生产质量。

经设计确定的标准配合比在施工过程中不得随意变更。

（四）沥青混合料的拌制

沥青混合料必须在沥青拌和站采用拌和机械拌制。按工艺流程的不同，常用的沥青混合料拌和机有间歇式和连续式两种形式，高速公路和一级公路宜采用间歇式拌和机拌和。下面分别介绍其总体结构及搅拌工艺过程。

1. 间歇式拌和机

（1）总体结构　间歇式拌和机（图 7-13）的特点是冷矿料烘干加热以及与热沥青的拌和是先后在不同的设备中进行的，级配后的各种冷料、石料，在干燥滚筒内采用逆流加热方式烘干；加热后经过二次筛分、储存，每种矿料分别累计计量后，与分别单独计量的矿粉和热沥青按照预先设定的程序和配合比，分别投入搅拌的容器内进行强制搅拌，成品料分批卸出。间歇式拌和机采用相对比较简单的计量技术，即可获得各种沥青混合料较精确的配合

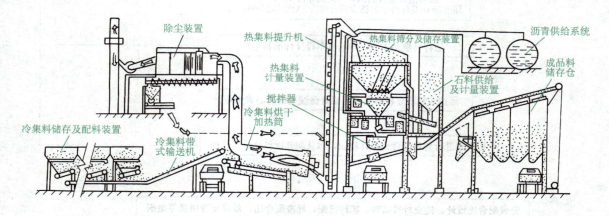

图 7-13　间歇式拌和机系统

比，尤其适用于矿料品种复杂、不规范的情况。由于结构的特点，间歇式拌和机能保证矿料的级配、配合比达到相当精确的程度，并能根据需要随时变更矿料级配和配合比，所以拌制出的沥青混合料质量好，可满足各种施工要求。其缺点是在同等生产能力条件下设备庞杂，对除尘设备要求高（除尘设备投资通常达到整套设备投资的30%~40%）。

间歇式拌和机应符合下列要求：

1）总拌和能力满足施工进度要求。拌和机除尘设备完好，能达到环保要求。

2）冷料仓的数量满足配合比需要，通常不宜少于5个。具有添加纤维、消石灰等外掺剂的设备。

（2）工艺流程　间歇式拌和机拌和工艺流程如图7-14所示。

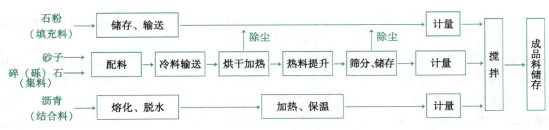

图7-14　间歇式拌和机拌和工艺流程

2. 连续式拌和机

（1）总体结构　连续式拌和机示意如图7-15所示，其特点是沥青混合料的制备在烘干筒中进行，即动态计量级配的冷集料和石粉连续从干燥滚筒的前部进入，采用顺流加热的方式烘干加热；然后在滚筒的后部与动态计量、连续喷洒的热沥青混合，采取跌落搅拌方式连续搅拌沥青混合料。

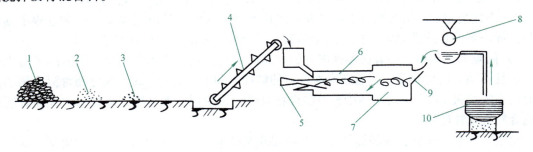

图7-15　连续式拌和机示意

1—粗粒矿料　2—细粒矿料　3—砂　4—冷拌提升机　5—燃料喷雾器　6—干燥器
7—拌和器　8—沥青计量装置　9—活门　10—沥青罐

（2）工艺流程　连续式拌和机拌和工艺流程如图7-16所示。

与间歇式拌和机相比，连续式拌和机的拌和工艺流程大为简化，设备也随之简化，不仅搬迁方便，而且制造成本、使用费用和能源消耗均有显著降低，维修费用也明显减少；另外，由于冷集料在干燥烘干筒内烘干，加热后即被热沥青裹覆，使粉尘难以逸出，因而易于达到环保要求。连续式拌和机施工的缺点是集料的加热采用热气顺着料流的前行方向移动的形式，热利用率较低、成品的含水率大且温度较低（110~140℃）。

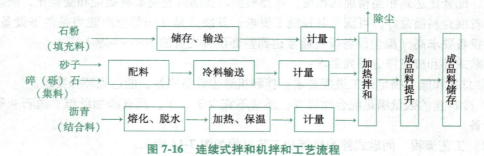

图7-16 连续式拌和机拌和工艺流程

一般情况下采用间歇式拌和机施工，因为间歇式拌和机有二次筛分装置，并且各种材料在与热沥青拌和之前分别进行计量，矿料的适应性较好。

在拌制沥青混合料之前，应根据确定的配合比进行试拌。试拌时，对所用的各种矿料及沥青应严格计量。通过试拌和抽样检验确定每盘混合料的配合比及其总质量（对间歇式拌和机）或各种矿料进料口开启的大小及沥青和矿料进料的速度（对连续式拌和机）、适宜的沥青用量、拌和时间、矿料和沥青的加热温度以及沥青混合料的出厂温度。对试拌的沥青混合料进行试验之后，即可选定施工配合比。为使沥青混合料拌和均匀，在拌制时需要控制矿料和沥青的加热温度与拌和温度。各类沥青混合料的拌制温度和运输及施工温度应满足规范规定的要求。

3. 拌和注意事项

1）拌和料应拌和均匀、色泽应一致，无杂色料，不离析，不结块成团；沥青应均匀地裹覆在矿料颗料表面，表面黑色并略带棕色光泽。

2）间歇式拌和机每盘的生产周期不宜少于45s（其中干拌时间不少于5s）。

3）高速公路和一级公路施工用的间歇式拌和机必须配备计算机设备，拌和过程中逐盘采集并导出各个传感器测定的材料用量和沥青混合料拌和量、拌和温度等参数。

4）间隙式拌和机宜备有保温性能好的成品储料仓，储存过程中混合料的温降不得大于10℃，且不能有沥青滴漏。普通沥青混合料的储存时间不得超过72h，改性沥青混合料的储存时间不宜超过24h，沥青玛琋脂碎石混合料只限当天使用，大孔隙开级配排水式沥青磨耗层混合料宜随拌随用。

总之，拌和、试验、现场铺筑是一个密切联系的整体，应互通信息，以便协调，每日应召开协调会，及时发现问题，制定改进措施。

（五）沥青混合料的运输

热拌沥青混合料宜采用较大吨位的运料车运输，但不得超载运输，运输注意事项为：

1）沥青混合料运输应考虑拌和能力、运输距离、道路状况、车辆吨位，合理确定车辆数量。

2）运送沥青混合料的自卸汽车，后退卸料时，应在后轮胎与摊铺机接触前10~30cm处停车，严防撞击摊铺机，此时汽车挂空挡等候，由摊铺机推动前进并卸料。

3）拌和机向汽车车厢内卸料时，每卸一斗沥青混合料后，汽车向前移动一下位置，以减少沥青混合料中粗、细集料的离析。

4) 满载的车辆不得在中途停留，必须直接将混合料运至施工现场等候摊铺，运到施工现场的沥青混合料温度应满足规范要求。

(六) 铺筑

摊铺前，应检查并确认下承层的质量，当下承层质量不符合要求，或未按规定洒布透层沥青、黏结层沥青或铺筑下封层时，不得铺筑沥青面层。

1. 机械摊铺工艺

热拌法沥青混合料应采用沥青混合料摊铺机摊铺。沥青混合料摊铺机是用来将拌制的沥青混合料按一定的技术要求（厚度和横截面形状）均匀地摊铺在路基或基层上，并给以初步捣实和整平的专用设备。

沥青混合料摊铺机的类型较多，按行走方式分为拖式或自行式；按行车装置分为轮胎式、履带式和轮胎履带组合式；按传动方式分为机械式和液压式等。其主要组成部分为基础车（发动机与底盘）、供料设备（料斗、传送装置、闸门）、工作装置（螺旋摊铺器、振捣板、摊平板）及控制系统（图 7-17）。

图 7-17 沥青混合料摊铺机

沥青混合料摊铺机在摊铺的过程中，自卸汽车将沥青混合料卸到摊铺机料斗后，经链式传送器将混合料往后传到螺旋摊铺器，随着摊铺机向前行驶，螺旋摊铺器即在摊铺宽度范围内均匀地摊铺混合料；随后由振捣板捣实，并由摊平板根据规定的摊铺厚度修整成适当的横断面，并加以熨平。沥青混合料摊铺机操作示意如图 7-18 所示。沥青混合料的摊铺顺序，应从进料方向由远而近逐步后退。

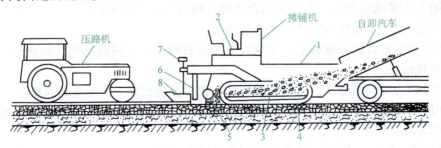

图 7-18 沥青混合料摊铺机操作示意
1—料斗　2—驾驶台　3—送料刮板　4—履带　5—螺旋摊铺器　6—振捣板
7—厚度调节螺杆　8—摊平板

2. 机械摊铺要点

1）铺筑高速公路、一级公路沥青混合料时，一台摊铺机的铺筑宽度不宜超过 6（双车道）~7.5m（3 车道以上），通常宜采用两台或更多台数的摊铺机前后错开 10~20m，呈梯队方式同步摊铺，两幅之间应有 30~60mm 宽度的搭接，并躲开车道轮迹带，上、下层的搭接位置宜错开 200mm 以上。

2）在准备就绪的下承层上，将摊铺机就位于正确的位置上。如是在已铺筑沥青混合料的面层接槎处摊铺时，应先将已铺层的接头处进行切除处理，切除长度用 3m 直尺反复量测确定，把切除后的断面用黏层沥青涂刷后就位摊铺机。根据摊铺宽度调整好熨平板宽度，按摊铺的松铺系数（根据试验路段施工确定）垫好垫块，按路面横坡坡度调整好摊铺机，使摊铺机上自动找平传感器的标尺与横坡坡度保持一致，并用横向拉线进行校准。

3）摊铺机的螺旋摊铺器应相对于摊铺速度以稳定的速度均衡地转动，两侧应保持有不少于摊铺器 2/3 高度的混合料，以减少在摊铺过程中混合料的离析。

4）摊铺机应采用自动找平方式找平，下面层或基层宜采用由钢丝绳引导的高程控制方式控制高程，上面层宜采用平横梁或雪橇式摊铺厚度控制方式来控制摊铺厚度，中面层根据实际情况选用找平方式。

5）摊铺机在操作前应提前 0.5~1h 预热熨平板，温度不低于 100℃。

6）沥青混合料摊铺温度应满足规范要求。

7）摊铺机开始受料前，应在受料斗和送料刮板上涂刷少许隔离剂（柴油∶水＝1∶3），防止沥青混合料黏在其上。

8）混合料进入摊铺器的数量，可由装在送料刮板上方的闸门来控制（机械传动）或由送料刮板的速度来控制（液压传动）。摊铺层的厚度由两侧牵引点的液压缸和厚度调节螺杆来调整。

9）沥青混合料的松铺系数和松铺厚度，必须从实际施工中测得，因为摊铺机不同，混合料类型不同，松铺系数和松铺厚度也就不同。每天在开铺后的 5~15m 范围内进行实测，以便准确控制路面的摊铺厚度与横坡坡度。

10）摊铺机摊铺作业时，必须缓慢、均匀、连续不间断地摊铺，不得随意变换速度或中途停顿，以提高路面平整度，减少混合料的离析。

3. 人工摊铺

在路面狭窄部分、曲线半径过小的匝道或加宽部分，以及小规模工程不能采用摊铺机铺筑时，可用人工摊铺混合料。人工摊铺沥青混合料应符合下列要求：

1）半幅施工时，路中一侧宜事先设置挡板。

2）沥青混合料宜卸在铁板上，摊铺时应扣锹布料，不得扬锹远甩。铁锹等工具宜涂有隔离剂或加热使用。

3）边摊铺边用刮板整平，整平时应轻重一致，控制次数，严防集料离析。

4）摊铺不得中途停顿，并快速碾压。如因故不能及时碾压时，应立即停止摊铺，并对已卸下的沥青混合料覆盖毡布。

5）低温施工时，每次卸下的混合料应覆盖毡布保温。

沥青混合料摊铺厚度为沥青路面设计厚度乘以压实系数，压实系数随混合料的种类和施工方法而异。

（七）碾压

沥青混合料摊铺平整之后，应在合适的温度下尽快碾压成形。

1. 控制好沥青混合料的压实温度

在合适的温度下压实，有事半功倍的效果。沥青混合料碾压温度过高，沥青混合料不易稳定，碾压轮迹较深且不易消除，同时容易发生推移，产生开裂，不但压实效果不好，还会对平整度产生影响；如碾压温度过低，碾压效果会变差，沥青混合料难于压实。混合料的压实温度应符合规范要求。

2. 控制压实厚度

压实成形的沥青路面应符合压实度及平整度的要求。沥青混凝土的压实层最大厚度不宜大于100mm，沥青稳定碎石混合料的压实层厚度不宜大于120mm，但当采用大功率压路机且经试验证明能达到压实度时允许增大到150mm。

3. 合理选择压实机械组合和压实程序

（1）初压

1）初压应紧跟在摊铺机后进行，并保持较短的初压区长度，以尽快使表面压实，减少热量散失。

2）通常宜采用钢轮压路机碾压1～2遍。碾压时应将压路机的驱动轮面向摊铺机，从外侧向中心碾压；在超高路段则由低向高碾压；在坡道上应将驱动轮从低处向高处碾压。

3）初压后应检查平整度、路拱，有严重缺陷时应进行修整乃至返工。

（2）复压

1）复压应紧跟在初压之后进行，且不得随意停顿。压路机碾压段的总长度应尽量缩短，通常不超过60～80m。

2）密级配沥青混合料的复压宜优先采用重型轮胎压路机进行搓揉碾压，以增加密水性，压路机总质量不宜小于25t。

3）对以粗集料为主的较大粒径的混合料，尤其是大粒径沥青稳定碎石基层，宜优先采用振动压路机复压。振动压路机折返时应停止振动。

4）当采用三轮钢筒压路机时，总质量不宜小于12t，相邻碾压带宜重叠后轮的1/2宽度，并不应少于200mm。

（3）终压　终压应紧跟在复压之后进行，可选用双轮钢筒压路机或关闭振动模式的振动压路机碾压不宜少于2遍，至无明显轮迹为止。

除上述压实机械外，还应配备1～2t的手扶小型振动压路机，以便在边角及狭窄路段使用。

（4）压路机碾压速度控制　压路机碾压原则上是要求均匀慢速进行，其具体要求见表7-27。

表7-27　压路机碾压速度　　　　　　　　　　　　　　（单位：km/h）

压路机类型	初压		复压		终压	
	适宜	最大	适宜	最大	适宜	最大
钢筒压路机	2～3	4	3～5	6	3～6	6
轮胎压路机	2～3	4	3～5	6	4～6	8
振动压路机	2～3（静压或振动）	3（静压或振动）	3～4.5（振动）	5（振动）	3～6（静压）	6（静压）

（八）接缝施工

沥青路面的施工必须接缝紧密、连接平顺，不得产生明显的接缝离析。但各种施工缝（包括纵缝、横缝、新旧路面的接缝等）处，往往由于压实不足，容易产生"台阶"、裂缝、松散等病害，影响路面的平整度和耐久性，施工时必须十分注意。

1. 纵缝施工

上下层的纵缝应错开 150mm（热接缝）或 300mm（冷接缝）以上。相邻两幅及上下层的横向接缝均应错位 1m 以上。接缝施工应用 3m 直尺检查，确保平整度符合要求。

（1）纵缝摊铺　摊铺时采用梯队作业的纵缝应采用热接缝，将已铺部分留下 100~200mm 宽暂不碾压，作为后续部分的基准面，然后施以跨缝碾压以消除缝隙。后施工的摊铺面应与先施工的摊铺面重叠 5cm 左右。

当半幅施工或因特殊原因产生纵向冷接缝时，宜加设挡板或加设切刀切齐，也可采用在混合料尚未完全冷却前用镐刨除边缘留下毛面的接缝方式，但不宜在冷却后采用切割机作纵向切缝。加铺另半幅前，应洒涂少量沥青，重叠在已铺层上 50~100mm，最后铲走铺在前半幅上面的混合料。

（2）纵缝碾压　一般使用两台压路机进行阶梯碾压作业。纵缝为热接缝时，应以 1/2 轮宽进行跨缝碾压，以消除缝隙；如分成两半幅施工形成冷接缝时，压路机应先在已压实路面上移动，只碾压新铺层 10~15cm 宽度，随后将压实轮伸过已压实部分 10~15cm 压实其他新铺层部分，直至把纵缝全部压平压实。

2. 横缝施工

横缝应与路中线垂直。高速公路和一级公路的表面层横向接缝应采用垂直的平接缝，表面层以下各层可采用自然碾压的斜接缝，沥青层较厚时也可作阶梯形接缝（图 7-19）。其他等级公路的各层均可采用斜接缝。

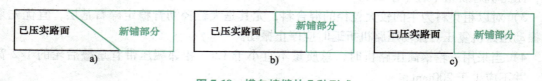

图 7-19　横向接缝的几种形式
a）斜接缝　b）阶梯形接缝　c）平接缝

斜接缝的搭接长度与层厚有关，宜为 0.4~0.8m。搭接处应洒少量沥青，混合料中的粗集料颗粒应予剔除，并补上细料，搭接处要平整、充分压实。阶梯形接缝的台阶经铣刨而成，并洒黏层沥青，搭接长度不宜小于 3m。

平接缝宜趁沥青尚未冷透时，用凿岩机或人工垂直刨除端部层厚不足的部分，使工作缝呈直角连接。当采用切割机制作平接缝时，宜在铺设当天混合料冷却但尚未结硬时进行，刨除或切割不得损伤下层路面。切割时留下的泥水混合物必须冲洗干净，待干燥后涂刷黏层沥青。铺筑新混合料接头时应使接槎处软化，压路机先进行横向碾压，再纵向碾压成为一体，要充分压实、连接平顺。

（九）开放交通及其他

热拌沥青混合料路面应待摊铺层完全自然冷却，混合料表面温度降低 50℃ 后，方可开放交通。需要提早开放交通时，可洒水冷却降低混合料温度。

沥青路面雨期施工应符合下列要求：

1）注意气象预报，加强工地现场、沥青拌和站及气象台之间的联系，各项工序应紧密衔接。

2）运料车和工地应备有防雨设施，并做好基层及路肩排水。

铺筑好的沥青层应严格控制交通，做好保护，保持整洁，不得造成污染，严禁在沥青层上堆放施工产生的土或杂物，严禁在已铺沥青层上拌制水泥砂浆。

单元5　水泥混凝土路面施工

一、材料要求

水泥混凝土路面是由适当级配的粗（细）集料、水泥、外加剂和水混合后，经过水泥的水化作用凝固硬化而成的路面结构。其组成材料的技术要求如下：

（一）水泥

水泥的品质直接影响水泥混凝土路面的抗弯强度和疲劳强度、耐久性、体积稳定性。因此，极重、特重、重交通荷载等级公路的面层水泥混凝土应采用旋窑生产的道路硅酸盐水泥、硅酸盐水泥、普通硅酸盐水泥，中、轻交通荷载等级公路的面层水泥混凝土可采用矿渣硅酸盐水泥。高温期施工宜采用普通型水泥，低温期施工宜采用早强型水泥。

面层水泥混凝土所用水泥的技术要求除应满足《道路硅酸盐水泥》（GB/T 13693—2017）或《通用硅酸盐水泥》（GB 175—2007）的规定外，各龄期的实测抗弯强度、抗压强度还应符合《公路水泥混凝土路面施工技术细则》（JTG/T F30—2014）的规定。

各交通荷载等级公路面层水泥混凝土用水泥的物理指标应符合表7-28的规定。

表7-28　各交通荷载等级公路面层水泥混凝土用水泥的物理指标要求

项次	水泥物理性能		极重、特重、重交通荷载等级	中、轻交通荷载等级	试验方法
1	出磨时安定性		雷氏夹和蒸煮法检验均必须合格	蒸煮法检验必须合格	T0505 （JTG 3420—2020）
2	凝结时间/h	初凝时间，≥	1.5	0.75	
		终凝时间，≤	10	10	
3	标准稠度需水量（%），≤		28	30	
4	比表面积/(m²/kg)		300~450	300~450	T0504 （JTG 3420—2020）
5	细度（80μm筛余）(%)，≤		10	10	T0502 （JTG 3420—2020）
6	28d 干缩率（%），≤		0.09	0.1	T0511 （JTG 3420—2020）
7	耐磨性/(kg/m²)，≤		2.5	3	T0510 （JTG 3420—2020）

水泥进场时,每批量应附有化学成分,物理、力学指标合格的检验证明,并应符合规范要求。另外,还应通过混凝土配合比试验,根据其配制弯拉强度、耐久性与和易性优选适宜的水泥品种、强度等级。

采用滑模摊铺机施工时,宜选用散装水泥。高温期施工时,散装水泥的入罐最高温度不宜高于60℃;低温期施工时,水泥进入搅拌缸前的温度不宜低于10℃。

(二)掺合料

使用道路硅酸盐水泥或硅酸盐水泥时,可在混凝土中掺入适量粉煤灰;使用其他水泥时,不应掺入粉煤灰。

面层水泥混凝土可单独或复配掺用符合规定的粉状低钙粉煤灰、矿渣粉或硅灰等掺合料,不得掺用结块或潮湿的粉煤灰、矿渣粉和硅灰。不得掺用高钙粉煤灰或Ⅲ级及Ⅲ级以下的低钙粉煤灰。粉煤灰进货应有等级检验报告。

各种掺合料在使用前,应进行混凝土配合比试配检验与掺量优化试验,确认面层水泥混凝土弯拉强度、和易性、抗磨性、抗冰冻性、抗盐冻性等指标满足设计要求。

(三)粗集料与再生粗集料

(1)粗集料 粗集料应使用质地坚硬、耐久、洁净的碎石、碎卵石和卵石,极重、特重、重交通荷载等级公路面层混凝土用粗集料质量不应低于表7-29中Ⅱ级的要求;中、轻交通荷载等级公路面层混凝土可使用Ⅲ级粗集料。

表7-29 碎石、碎卵石和卵石质量标准

项次	项 目	技术要求			试验方法
		Ⅰ级	Ⅱ级	Ⅲ级	
1	碎石压碎值(%),≤	18	25	30	T0316 (JTG E42—2005)
2	卵石压碎值(%),≤	21	23	26	GB/T 14685—2022
3	坚固性(按质量损失计)(%),≤	5	8	12	T0314 (JTG E42—2005)
4	针片状颗粒含量(按质量计)(%),≤	8	15	20	T0311 (JTG E42—2005)
5	泥含量(按质量计)(%),≤	0.5	1	2	T0310 (JTG E42—2005)
6	泥块含量(按质量计)(%),≤	0.2	0.5	0.7	T0310 (JTG E42—2005)
7	吸水率[①](按质量计)(%),≤	1	2	3	T10307 (JTG E42—2005)
8	硫化物及硫酸盐含量[①](按SO_3质量计)(%),≤	0.5	1	1	GB/T 14685—2022
9	洛杉矶磨耗损失[③](%),≤	28	32	35	T0317 (JTG E42—2005)
10	有机物含量(比色法)	合格	合格	合格	T0313 (JTG E42—2005)

(续)

项次	项目		技术要求			试验方法
			Ⅰ级	Ⅱ级	Ⅲ级	
11	岩石抗压强度 /MPa② ≥	岩浆岩	100			T0221 (JTG E41—2005)
		变质岩	80			
		沉积岩	60			
12	表观密度/(kg/m³)，≥		2500			T0308 (JTG E42—2005)
13	松散堆积密度/(kg/m³)，≤		1350			T0309 (JTG E42—2005)
14	空隙率（%），≤		47			T0309 (JTG E42—2005)
15	磨光值③（%），≥		35			T0321 (JTG E42—2005)
16	碱活性反应②		不得有碱活性反应或疑似碱活性反应			T0325 (JTG E42—2005)

① 有抗冰冻、抗盐冻要求时，应检验粗集料吸水率。
② 硫化物及硫酸盐含量、碱活性反应、岩石抗压强度在粗集料使用前应至少检验一次。
③ 洛杉矶磨耗损失、磨光值仅在要求制作露石水泥混凝土面层时检测。

（2）再生粗集料　中、轻交通荷载等级公路面层水泥混凝土可使用再生粗集料，其质量应符合表 7-30 的规定。再生粗集料可单独或掺配新集料后使用，但应通过配合比试验验证，确定混凝土性能满足设计要求，并符合下列规定：

1）有抗冰冻、抗盐冻要求时，再生粗集料不应低于Ⅱ级；无抗冰冻、抗盐冻要求时，可使用Ⅲ级再生粗集料。
2）再生粗集料不得用于裸露粗集料的水泥混凝土抗滑表层。
3）不得将出现碱活性反应的混凝土作为原料生产再生粗集料。

表 7-30　再生粗集料的质量标准

项次	项目	技术要求			试验方法
		Ⅰ级	Ⅱ级	Ⅲ级	
1	压碎值（%），≤	21	30	43	T0316 (JTG E42—2005)
2	坚固性（按质量损失计）（%），≤	5	10	15	T0314 (JTG E42—2005)
3	针片状颗粒含量（按质量计）（%），≤	10	10	10	T0311 (JTG E42—2005)
4	微粉含量（按质量计）（%），≤	1	2	3	T0310 (JTG E42—2005)
5	泥块含量（按质量计）（%），≤	0.5	0.7	1	T0310 (JTG E42—2005)

（续）

项次	项目	技术要求			试验方法
		Ⅰ级	Ⅱ级	Ⅲ级	
6	吸水率（按质量计）(%)，≤	3	5	8	T10307（JTG E42—2005）
7	硫化物及硫酸盐含量（按SO$_3$质量计）(%)，≤	2	2	2	GB/T 14685—2022
8	氯化物含量（以氯离子质量计）(%)，≤	0.06	0.06	0.06	GB/T 14685—2022
9	洛杉矶磨耗损失（%），≤	35	40	45	T0317（JTG E42—2005）
10	杂物含量（按质量计）(%)，≤	1	1	1	T0313（JTG E42—2005）
11	表观密度/(kg/m^3)，≥	2450	2350	2250	T0308（JTG E42—2005）
12	空隙率（%），≤	47	50	53	T0309（JTG E42—2005）

注：1. 当再生粗集料中碎石的岩石品种发生变化时，应重新检测上述指标。
2. 硫化物及硫酸盐含量、氯化物含量、洛杉矶磨耗损失在再生粗集料使用前应至少检验一次。

为了使路面混凝土形成嵌锁型的骨架密实结构，提高路面使用品质及耐久性，应严格控制粗集料与再生粗集料的级配。粗集料与再生粗集料应根据混凝土配合比的公称最大粒径分为2~4个单粒级的集料，并掺配使用。粗集料与再生粗集料的合成级配及单粒级级配范围宜符合表7-31的要求，不得使用不分级的统料。

表7-31 粗集料与再生粗集料的级配范围

方孔筛尺寸/mm		2.36	4.75	9.5	16	19	26.5	31.5	37.5	试验方法
级配类型		累计筛余（以质量计）(%)								
合成级配	4.75~16	95~100	85~100	40~60	0~10	0	—	—	—	T0302（JTG E42—2005）
	4.75~19	95~100	85~95	60~75	30~45	0~15	0	—	—	
	4.75~26.5	95~100	90~100	70~90	50~70	25~40	0~5	0	—	
	4.75~31.5	95~100	90~100	75~90	60~75	40~60	20~35	0~5	0	
单粒级级配	4.75~9.5	95~100	80~100	0~15	0	—	—	—	—	
	9~16	—	95~100	80~100	0~15	0	—	—	—	
	9.5~19	—	95~100	85~100	40~60	0~15	0	—	—	
	16~26.5	—	—	95~100	55~70	25~40	0~10	0	—	
	16~31.5	—	—	95~100	85~100	55~70	25~40	0~10	0	

各种面层水泥混凝土配合比的不同种类粗集料与再生粗集料的公称最大粒径宜符合表7-32的规定。

表 7-32 各种面层水泥混凝土配合比的不同种类粗集料与再生粗集料公称最大粒径（单位：mm）

交通荷载等级		极重、特重、重		中、轻		试验方法
	面层类型	水泥混凝土	纤维混凝土、配筋混凝土	水泥混凝土	碾压混凝土、砌块混凝土	
最大公称粒径	碎石	26.5	16	31.5	19	T0302（JTG E42—2005）
	破碎卵石	19	16	26.5	19	
	卵石	16	9.5	19	16	
	再生粗集料	—	—	26.5	19	

（四）细集料

混凝土中用的砂，称为细骨料或细集料。细集料应采用质地坚硬、耐久、洁净的天然砂或机制砂，不宜使用再生细集料。

（1）天然砂 极重、特重、重交通荷载等级公路面层水泥混凝土用天然砂的质量标准不应低于表 7-33 中规定的Ⅱ级，中、轻交通荷载等级公路面层水泥混凝土可使用Ⅲ级天然砂。

表 7-33 天然砂的质量标准

项次	项目	技术要求			试验方法
		Ⅰ级	Ⅱ级	Ⅲ级	
1	坚固性（按质量损失计）（%），≤	6	8	10	T0340（JTG E42—2005）
2	含泥量（按质量计）（%），≤	1	2	3	T0333（JTG E42—2005）
3	泥块含量（按质量计）（%），≤	0	0.5	1	T0335（JTG E42—2005）
4	氯离子含量[①]（按质量计）（%），≤	0.02	0.03	0.06	GB/T 14684—2022
5	云母含量（按质量计）（%），≤	1	1	2	T0337（JTG E42—2005）
6	硫化物及硫酸盐含量[①]（按 SO_3 质量计）（%）	0.5	0.5	0.5	T0341（JTG E42—2005）
7	海砂中的贝壳类物质含量（按质量计）（%），≤	3	5	8	JGJ 206—2010
8	轻物质含量（按质量计）（%），≤	1			T0338（JTG E42—2005）
9	吸水率（%），≤	2			T0330（JTG E42—2005）
10	表观密度/（kg/m³），≥	2500			T0328（JTG E42—2005）
11	松散堆积密度/（kg/m³），≥	1400			T0331（JTG E42—2005）

(续)

项次	项目	技术要求			试验方法
		Ⅰ级	Ⅱ级	Ⅲ级	
12	空隙率（%），≤	45			T0331（JTG E42—2005）
13	有机物含量（比色法）	合格			T0336（JTG E42—2005）
14	碱活性反应①	不得有碱活性反应或疑似碱活性反应			T0325（JTG E42—2005）
15	结晶态二氧化硅含量②（%），≥	25			T0324（JTG E42—2005）

① 碱活性反应、氯离子含量、硫化物及硫酸盐含量在天然砂使用前应至少检验一次。
② 按《公路工程集料试验规程》（JTG E42—2005）T0324岩相法，测定除隐晶质、玻璃质二氧化硅以外的结晶态二氧化硅的含量。

天然砂的级配范围宜符合表7-34的规定。面层水泥混凝土使用的天然砂的细度模数宜在2～3.7之间。

表7-34 天然砂的推荐级配范围

砂分级	细度模数	方孔筛尺寸/mm							
		9.5	4.75	2.36	1.18	0.6	0.3	0.15	0.075
		通过各筛孔的质量百分率（%）							
粗砂	3.1～3.7	100	90～100	65～95	35～65	15～30	5～20	0～10	0～5
中砂	2.3～3	100	90～100	75～100	50～90	30～60	8～30	0～10	0～5
细砂	1.6～2.2	100	90～100	85～100	75～100	60～84	15～45	0～10	0～5

（2）机制砂 机制砂宜采用碎石作为原料，并用专用设备生产。极重、特重、重交通荷载等级公路面层水泥混凝土用机制砂的质量标准不应低于表7-35中规定的Ⅱ级，中、轻交通荷载等级公路面层水泥混凝土可使用Ⅲ级机制砂。

表7-35 机制砂的质量标准

项次	项目	技术要求			试验方法
		Ⅰ级	Ⅱ级	Ⅲ级	
1	机制砂母岩的抗压强度/MPa，≥	80	60	50	T0221（JTG E41—2005）
2	机制砂母岩的磨光值，≥	38	35	30	T0321（JTG E42—2005）
3	机制砂单粒级最大压碎指标（%），≤	20	25	30	T0350（JTG E42—2005）
4	坚固性（按质量损失计）（%），≤	6	8	10	T0340（JTG E42—2005）
5	氯离子含量（按质量计）（%），≤	0.01	0.02	0.06	GB/T 14684—2022

（续）

项次	项目		技术要求			试验方法
			Ⅰ级	Ⅱ级	Ⅲ级	
6	云母含量（按质量计）（%），≤		1	2	2	T0337 （JTG E42—2005）
7	硫化物及硫酸盐含量（按SO_3质量计）（%），≤		0.5	0.5	0.5	T0341 （JTG E42—2005）
8	泥块含量（按质量计）（%），≤		0	0.5	1	T0335 （JTG E42—2005）
9	石粉含量（%），<	MB值<1.4或合格	3	5	7	T0349 （JTG E42—2005）
		MB值≥1.4或不合格	1	3	5	
10	轻物质含量（按质量计）（%），≤		1			T0338 （JTG E42—205）
11	吸水率（%），≤		2			T0330 （JTG E42—2005）
12	表观密度/(kg/m³)，≥		2500			T0328 （JTG E42—2005）
13	松散堆积密度/(kg/m³)，≥		1400			T0331 （JTG E42—2005）
14	空隙率（%），≤		45			T0331 （JTG E42—2005）
15	有机物含量（比色法）		合格			T0336 （JTG E42—2005）
16	碱活性反应		不得有碱活性反应或疑似碱活性反应			T0325 （JTG E42—2005）

注：碱活性反应、氯离子含量、硫化物及硫酸盐含量在机制砂使用前应至少检验一次。

机制砂的推荐级配范围宜符合表 7-36 的规定。面层水泥混凝土使用的机制砂细度模数宜在 2.3~3.1 之间。

表 7-36　机制砂的推荐级配范围

机制砂分级	细度模数	方孔筛尺寸/mm						
		9.5	4.75	2.36	1.18	0.6	0.3	0.15
		通过各筛孔的质量百分率（%）						
Ⅰ级砂	2.3~3.1	100	90~100	80~95	50~85	30~60	10~20	0~10
Ⅱ级、Ⅲ级砂	2.8~3.9	100	90~100	50~95	30~65	15~29	5~20	0~10

配筋混凝土路面及钢纤维混凝土路面中不得使用海砂。细度模数差值超过 0.3 的砂应分别堆放，分别进行配合比设计。采用机制砂时，外加剂宜采用引气高效减水剂或聚羧酸高性能减水剂。

（五）拌和与养护用水

拌和与养护用水应是符合《生活饮用水卫生标准》（GB 5749—2006）要求的饮用水。

非饮用水应进行水质检验，并应符合《公路水泥混凝土路面施工技术细则》（JTG/T F30—2014）第3.5.2节的要求。

（六）外加剂

水泥混凝土路面的混合料中加入外加剂后，能改变路面的使用品质并满足施工的特定要求，尤其是满足机械化施工的要求。外加剂已成为水泥混凝土混合料中不可缺少的组成成分。

外加剂的产品质量除应符合国家和行业现行相关标准的要求外，还应满足《公路水泥混凝土路面施工技术细则》（JTG/T F30—2014）中表3.6.1的要求，各项性能的检验方法应符合《混凝土外加剂》（GB 8076—2008）的规定。

引气剂应选用表面张力降低值较大、水泥稀浆中起泡量多而细密、泡沫稳定时间长、不溶性残渣少的产品。

（七）钢筋

各交通荷载等级的混凝土路面、桥面和搭板用的钢筋网、传力杆、拉杆等钢筋，应符合国家和行业现行有关标准的技术要求。

（八）钢纤维

用于路面和桥面水泥混凝土的钢纤维除应满足《纤维混凝土应用技术规程》（JGJ/T 221—2010）等标准的要求外，还应符合下列技术要求：

1）钢纤维抗拉强度等级不应低于600级。

2）钢纤维应进行有效的防锈蚀处理。

3）钢纤维的几何参数及形状精度应满足规定的要求。钢丝切断型钢纤维或波形、带倒钩的钢纤维不应使用。

4）钢纤维表面不应沾染油污及妨碍水泥黏结及凝结硬化的物质，结团、黏结连片的钢纤维不得使用。

（九）填缝材料

水泥混凝土路面的面板，会因气温变化而热胀冷缩，板间的接缝会夏天变窄、冬天变宽。因此，板缝间的填缝材料对于高速公路、一级公路宜采用塑胶板、橡胶泡沫板或沥青纤维板；其他等级公路可采用各种胀缝板。填缝材料的技术要求除应符合国家有关规定外，还需满足下列要求：

1）填缝材料应当坚韧且富有弹性。

2）能阻止砂、石嵌入，以免板体自由收缩受阻。

3）具有良好的封水性能，并能与板缝黏结牢固，避免水分渗入。

4）应具有良好的耐老化性能、耐磨性、耐油性。

（十）其他材料

（1）夹层与封层材料　沥青混凝土夹层用材料应符合《公路沥青路面施工技术规范》（JTG F40—2004）的规定。热沥青表面处治与改性乳化沥青稀浆封层用材料应符合《公路沥青路面施工技术规范》（JTG F40—2004）的规定。

（2）养护材料　水泥混凝土路面当无机械化施工时，为满足养护的需要可使用洒水覆盖养护方法。养护剂是机械化施工的重要材料，养护剂的性能应符合规范要求。

二、混凝土配合比

普通混凝土路面的配合比设计在兼顾经济性的同时应满足弯拉强度、和易性和耐久性这三项技术要求。

混合料配合比设计要根据工程的设计要求、当地材料品质、施工方法、操作水平及工地环境等方面，通过选择、计算和试验来确定水泥、水、砂、碎石（砾石）、外加剂相互之间的比例关系。在确定混合料中水、水泥、细集料、粗集料四种基本成分的用量时，关键是选择好水灰比、用水量和砂率这三个参数。

1. 混凝土配合比设计应遵循的一般原则

1）根据已有的配合比试验参数或以往的经验，得出初拟设计配合比。

2）按初拟设计配合比进行试拌，考虑混合料的和易性，根据试拌结果再作必要调整，得到设计配合比。

3）根据现场混凝土的实际浇筑条件，比如集料供应情况（级配、含水率）、摊铺机具和气候等，进行适当调整，提出施工配合比，使所修筑的水泥混凝土路面具有足够的强度和耐久性，有良好的施工和易性，方便施工，且造价经济。

2. 混凝土配合比试配、调整和确定的具体步骤

（1）初步配合比的计算

1）按设计要求的强度等级计算混凝土的配制强度。

2）按配制强度计算相应的水灰比，并校核是否满足最大水灰比的规定。

3）选定砂率。

4）选定混凝土单位用水量。

5）计算单位水泥用量，并校核是否满足最小水泥用量的规定。

6）计算粗集料和细集料的用量。

7）最后得出混凝土的初步配合比。

（2）试拌调整，提出基准配合比　先按初步配合比进行混凝土拌和物的试拌，检查拌和物的和易性。不能满足所选坍落度的要求时，应在保持水灰比不变的条件下相应调整单位用水量或砂率，反复试验，直到符合要求为止。由此提出供混凝土强度试验用的基准配合比。

（3）强度测定，确定试验配合比　按基准配合比拌制试件，测定其实际密度，并进行强度检验。

通过上述步骤得到和易性和强度均满足要求的配合比后，还应按混凝土的实测密度再进行必要的校正，而后得到校正后的混凝土设计配合比。

（4）施工配合比　校正后的混凝土设计配合比确定后，在实际铺筑路面前，还应进行大型搅拌站配合比试验检验，检验通过后，其配合比方可用于实际施工。另根据施工的具体情况，还应对施工配合比进行微调与控制，其内容包括微调外加剂掺量和微调用水量。

三、施工准备

施工前的准备工作是水泥混凝土路面施工的重要组成部分，此工作做得充分与否，直接影响到工程能否按计划顺利进行，因此必须对现场进行深入了解，提出数个备选方案加以比较，选出最合理、最经济的方案作为整个工程的施工指导。

（一）施工质量保证体系

1. 不同等级的公路对施工工艺及机械装备的要求

在一般施工技术水平下，不同等级公路混凝土路面的施工应满足表7-37推荐的适宜摊铺工艺及机械装备要求。

表7-37　公路等级与适宜的混凝土路面摊铺工艺及机械装备

摊铺工艺及机械装备	高速公路	一级公路	二级公路	三级公路	四级公路
滑模摊铺机	√	√	√	▲	○
轨道摊铺机	▲	√	√	√	○
三辊轴机组	○	▲	√	√	√
小型机具	×	○	▲	√	√
碾压混凝土机械	×	○	√	√	▲
计算机自动控制强制搅拌站	√	√	√	√	○
强制搅拌站	×	○	▲	√	√

注：√表示必须具备；▲表示应该具备；○表示可具备；×表示可不具备。

碾压混凝土也可用于高速公路、一级公路复合式路面的下面层和经济混凝土的基层。

2. 施工的质量管理

施工全过程的质量动态检测、控制和管理内容应包括施工准备、铺筑试验段、施工过程中各项技术指标的检验等。

（二）施工组织

根据工程的工期以及在现场实地踏勘调查的基础上，编制一套合理并切实可行的施工组织设计，它是指导施工、加强计划、控制预算、保证质量、完成任务的必要措施。

1. 技术交底

开工前，建设单位应组织设计、施工、监理单位进行技术交底。

2. 施工组织设计

施工方应根据设计图样、合同文件、摊铺方式、机械设备、施工条件等，确定混凝土路面施工组织机构、施工工艺流程、施工机具、施工方案，编制详细的切实可行的施工组织设计，并确定施工实施方案。

3. 技术培训

开工前，施工单位应对施工、试验、机械、管理等岗位的技术人员和各工种技术工人进行培训。

4. 施工测量

施工方应根据设计文件，测量并校核平面和高程控制桩。根据图样放出路中心及路边线（或侧面线），并检查基层标高和路拱横坡，在路中心线上除每隔20m设一个中心桩外，还应设胀缝、缩缝、曲线起讫点和纵坡转折点等的中心桩，并相应在路边各设一对边桩。测设临时水准点于路线两旁的固定建筑物上或另设临时水准桩，要求每隔100m左右设置一个，间距不宜过大，以便于施工时就近对路面进行标高复核。测量精度应满足相应公路等级路面施工测量规范的规定。

5. 摊铺位置准备

路面施工的摊铺宽度和位置应尽可能与车道、路肩标线位置相重合，滑模摊铺还应保证基准线设置所需的宽度。摊铺机履带应行走在基层、底基层或压实稳固的垫层上。

6. 现场实验室

混凝土路面的施工工地应建立具备资质要求的现场实验室，并能对原材料、配合比和路面的全部技术指标进行全面质量控制和检测，并提供符合交工检验、竣工验收、全面质量管理和计量支付要求的自检结果。

（三）拌和站设置

1. 拌和站设置位置

拌和站（图 7-20）的选址应防止噪声扰民和粉尘污染，距摊铺路段的最长运输距离不宜大于 20km。拌和站应布置粗、细集料储存区，水泥或掺合料罐仓，蓄水池，搅拌生产区，工地实验室，钢筋储备库和加工场。使用袋装水泥时还应设置水泥库。拌和站的规模和场地布置应根据施工需求确定，应布置紧凑，节约用地。

图 7-20　拌和站

2. 供水、供电和燃料供应

拌和站应做好通水、通电和确保机械等动力设备的燃料供应，并保证水质。

3. 水泥、粉煤灰储存和供应

1）混凝土路面工程宜使用散装水泥，每座搅拌楼应至少配置 2 个水泥罐仓和 1 个粉煤灰罐仓储存散装水泥和粉煤灰。当水泥的日用量很大，需要 2 个以上的水泥厂供应水泥时，不同厂家的同品种、同强度等级的水泥或粉煤灰不得混罐，应分别入罐存放，分罐使用，在水泥罐换装水泥时，必须清仓再灌。严禁粉煤灰与水泥混罐。

2）应确保施工期间的水泥和粉煤灰供应，水泥和粉煤灰供应保证率不足或运距较远时，应储备和使用散装水泥或袋装水泥，但应准备水泥及粉煤灰仓库、拆包及输送入罐设备。散装水泥或袋装水泥仓库应进行覆盖或设置雨篷防雨，并应设置在地势较高处，严禁水泥、粉煤灰受潮或浸水。

4. 砂石料储备

1) 施工前，宜储备正常施工一个月以上的砂石料。

2) 料场应建在地势较高、排水通畅的位置，其底部应采用胶凝材料处置或水泥混凝土硬化处理，严防料堆积水或受泥土污染。不同规格的砂石料之间应有隔离设施，并设标示牌，严禁混杂。

应防止混凝土原材料在搅拌场发生积水、二次污染或混杂；禁止直接使用淌水、夹冰雪、表面沾染尘土和局部暴晒过热的砂石料搅拌混凝土，否则这些不利因素将严重影响新拌混凝土的均质性和弯拉强度。

5. 场内道路与排水

拌和站原材料运输与混凝土运输车辆不应相互干扰，应设置车辆进出道口的环形道路，每台或每两台安装在一起的搅拌楼应设相对独立的运料进出口，并有临时停车场。搅拌楼下的装车部位应设置厚度不小于 200mm 的混凝土铺筑层，并应设置清洗污水排放管沟、积水渗水坑或清洗搅拌楼的废水处理回收设备。这些规定的目的是提高运输效率，防止砂石潮湿及施工污染。

（四）原材料与设备检查

1. 当地材料调研

在施工准备阶段，应根据混凝土路面的设计要求、工程规模，对当地及周边的水泥、钢材、粉煤灰、外加剂、砂石料、水资源、电力、运输等状况进行实地调研，确认符合铺筑混凝土路面的原材料质量、品种、规格、供应量、供应强度、供给方式、运距等。通过调研，初步选择原材料供应商。

在满足路面工程质量的前提下，就地取材，以降低原材料的价格，节省运费及土地占用费等，最终降低工程造价。

2. 原材料确定和配合比优化

路面开工前，工地实验室应对计划使用的原材料进行质量检验和混凝土配合比优选，监理单位应对原材料抽检和配合比试验进行验证，报请业主正式审批。原材料和配合比发生变化时，应重新审批。

3. 原材料进场规定与检验

应根据路面施工进度安排，保证及时地供给符合技术指标规定的各种合格的原材料，不合格原材料不得进场。每个施工工地宜设置称量设备，对所有进场原材料进行称量计量。

原材料进场以及施工过程中材料来源、规格及批量等发生变化时，应将相同料源、品种、规格的原材料作为一批，分批检验、储存。原材料的检验项目和批量应符合规范要求。

4. 施工设备、机具的全面检查

施工前必须对机械设备、测量仪器、基准线或模板、机具、工具及各种试验仪器等，进行全面的检查、调试、校核、标定、维修和保养，要求试运行正常。主要施工机械的易损零件应有适量储备。

（五）路基沉降观测与基层检查修复

1. 路基稳定性要求

路基应稳定、密实、均质，对路面结构提供均匀的支撑。对桥头、软弱地基、高填方、填挖方交接等处的路基段,应进行连续沉降观测,并采取切实有效的措施保证路基的稳定性,当发现局部路基段沉降尚未稳定时,不得进行该段面层施工。

2. 垫层和基层的要求

新建和改建公路混凝土路面垫层、基层适宜的材料类型、设计厚度等应符合《公路水泥混凝土路面设计规范》(JTG D40—2011)的规定;混凝土路面垫层、基层的材料要求、施工工艺及质量指标等应符合《公路路面基层施工技术细则》(JTG/T F20—2015)的规定。此外,混凝土路面基层还应符合下列特殊技术要求:

(1) 排水渗水　半刚性基层应具有足够的强度、抗裂性和耐冲刷性,适宜的刚度和防渗性。柔性基层应具有良好的稳固性和透水性,透水基层应具有规定的设计强度、稳固性和渗透系数。硬路肩厚度薄于面板时,应设排水基层或排水盲沟。缘石和软路肩底部应有渗透排水措施。

(2) 基层厚度、横坡坡度与路拱控制　基层厚度应满足设计要求,并保持均匀一致,(上)基层纵、横坡坡度一般应与面层一致,但横坡坡度可略大于0.15%,并不得小于路面横坡坡度。高程应符合要求。

(3) 基层作业面　面层开始摊铺前,宜至少提供面层施工机械连续施工10d以上的合格基层,此规定是为了保证机械摊铺路面和基层的稳固性。

3. 局部破损的基层应按下列规定进行修复

1) 存在挤碎、隆起、空鼓等病害的基层,应清除病害部位,并使用相同的基层材料重新铺筑。

2) 当基层产生非扩展性温缩、干缩裂缝时,可先灌沥青进行密封防水,再采用土工合成材料进行防裂处理。

3) 局部开裂、破碎的部位,应局部全厚度挖除,并采用经济混凝土修复。

四、混凝土的拌和与运输

(一)拌和技术要求

1. 配料精度和拌和时间

每座搅拌楼在投入生产前,必须进行标定和试拌。在标定有效期满或搅拌楼搬迁安装后,均应重新标定。施工中应每15d校验一次搅拌楼计量精度。

应根据拌和物的黏聚性、均质性及强度稳定性经试拌后确定最佳拌和时间。一般情况下,单立轴式搅拌机的总拌和时间宜为80~120s,全部材料到齐后的最短纯拌和时间不宜短于40s;行星立轴和双卧轴式搅拌机的总拌和时间为60~90s,最短纯拌和时间不宜短于35s;连续双卧轴搅拌楼的最短拌和时间不宜短于40s。各拌和设备的最长总拌和时间不应超过高限值的2倍。

2. 拌和物质量检验与控制

检查项目有水灰比及稳定性、坍落度及其均匀性、坍落度损失率、振动黏度系数、钢纤维体积率、含气量、泌水率、视密度、温度、凝结时间、水化发热量、离析、VC值及稳定性、压实度、松铺系数等。

搅拌过程中,拌和物质量检验与控制应符合规范要求。低温或高温天气施工时,拌和物出料温度宜控制在10~35℃,并应测定原材料温度、拌和物的温度、坍落度损失率和凝结时间等。即冷天不低于10℃；热天不高于35℃。

(二) 混凝土运输

1. 运输车辆

应根据施工进度、运量、运距及路况选配车型和车辆总数。运距远、路况差，应增加车辆数量；反之，减少车辆数量。总运力应比总拌和能力略有富余，以确保新拌混凝土在规定时间内运到摊铺现场。远距离运输或摊铺钢筋混凝土路面时，宜选配混凝土罐车。可选配车况优良、载重量5~20t的自卸车，自卸车后挡板应关闭紧密，运输时不漏浆撒料，车厢板应平整光滑。

2. 运输时间

混凝土运输的基本要求是：运输到摊铺机前的拌和物必须方便摊铺，不同摊铺工艺的混凝土拌和物从搅拌机出料到运输、铺筑完毕的允许最长时间应符合表7-38的规定。

表7-38 混凝土拌和物出料到运抵现场允许最长时间 （单位：h）

施工气温/℃	滑模摊铺	三辊轴机组摊铺、小型机具摊铺	碾压铺筑
5~9	1.5	1.2	1
10~19	1.25	1	0.8
20~29	1	0.75	0.6
30~35	0.75	0.4	0.4

注：使用缓凝剂延长凝结时间的，本表数值可增加0.25~0.5h。

3. 混凝土拌和物运输的其他技术要求

1）装料时，自卸车应自行挪动车位，防止拌和物发生离析。搅拌楼卸料落差不应大于2m。

2）混凝土运输过程中应防止漏浆、漏料和污染路面，途中不得随意耽搁。自卸车运输应减少颠簸，防止拌和物发生离析。车辆起步和停车应平稳。

3）使用自卸车运输混凝土的最远运输半径不宜超过20km。

4）车辆倒车及卸料时，应有专人指挥。卸料应到位，严禁碰撞摊铺机、前场施工设备及测量仪器。卸料完毕，车辆应迅速离开。运输车辆在模板或导线区调头或错车时，严禁碰撞模板或基准线，一旦碰撞，应告知施工人员重新测量纠偏。

五、滑模摊铺机摊铺

水泥混凝土采用滑模摊铺机铺筑路面，其特征是不架设边缘固定模板，能够一次完成布料摊铺、振捣密实、挤压成形、抹面修饰等混凝土路面摊铺施工，此工艺称为水泥混凝土路面滑模摊铺。

(一) 滑模摊铺施工工艺

水泥混凝土路面滑模摊铺施工的施工组织必须根据施工工艺流程的要求来进行，其施工工艺流程如图7-21所示。

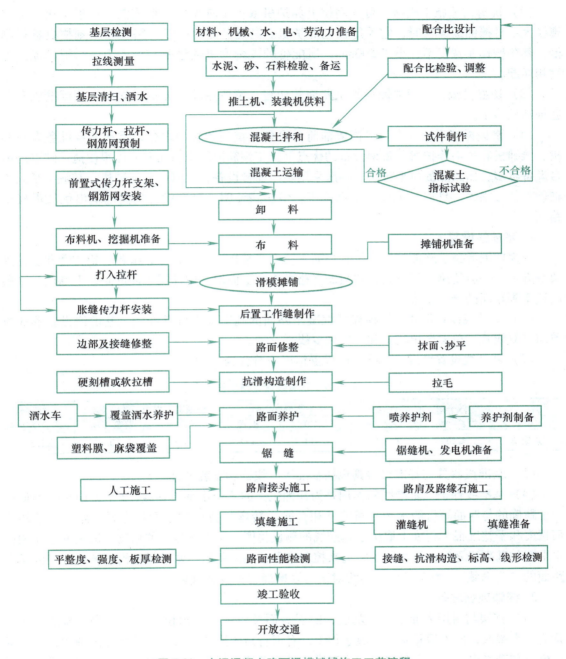

图 7-21 水泥混凝土路面滑模摊铺施工工艺流程

（二）施工过程

1. 材料和设备的选择

（1）滑模摊铺机选型　高速公路、一级公路施工，宜选配能一次摊铺 2~3 个车道宽度（7.5~12.5m）的滑模摊铺机；二级及以下公路路面的最小摊铺宽度不得小于单车道设计宽度。硬路肩的摊铺宜选配中小型多功能滑模摊铺机，并宜连体一次摊铺路缘石。

（2）抗滑构造施工机械　可采用拉毛养护机或人工软拉槽由形式制作抗滑沟槽。工程规模大、日摊铺速度快时，宜采用拉毛养护机。高速公路、一级公路宜采用刻槽机进行刻槽，其刻槽作业宽度不宜小于500mm，所配备的硬刻槽机数量及刻槽能力应与滑模摊铺进度相匹配。

（3）切缝机械　滑模摊铺混凝土路面的切缝，可使用软锯缝机、支架式硬锯缝机和普通锯缝机施工。

（4）滑模摊铺系统配套　滑模摊铺前台设备有重型和轻型之分，重型前台设备有布料机、摊铺机和拉毛养护机，重型设备的优点是施工钢筋混凝土路面和桥面很便捷；缺点是前台设备越多，出故障的概率越高。一般采用轻型前台设备，只有一台摊铺机，其缺点是人工辅助工作量很大，且需其他设备辅助施工。但实践证明，轻型设备也能铺筑出优质混凝土路面。

2. 基准线设置

滑模摊铺混凝土路面的拉线设置与沥青路面非常接近，有拉线、滑靴、铝方管和多轮支架等方式，一般使用拉线方式，它与沥青路面摊铺上面层和中面层不同的是，上基层的平整度达不到路面的严格要求。

（1）基准线设置形式　滑模摊铺混凝土路面的施工应设置基准线。基准线设置形式有单向坡双线式、单向坡单线式和双向坡双线式三种。

（2）基准线设置精度　基准线的设置精度应符合表7-39规定。

表7-39　基准线设置精度要求

项　目	中线平面偏差/mm	路面宽度偏差/mm	面板厚度/mm		纵断面高程偏差/mm	横坡坡度偏差（%）	连接纵缝高差/mm
			代表值	极值			
规定值	≤10	≤+15	≥-13	≥-8	±5	±0.1	±1.5

（3）基准线器具　基准线器具包括基准线、线桩和安装器具。

（4）基准线保护　基准线的作用是为摊铺机上的4个水平传感器、2个方向传感器提供一个精确的与路面平行的水平（横坡）和直线（转弯）方向的平面参考系。路面摊铺的几何精度和平整度很大程度上取决于基准线的测设精度。水平参考系的精度一般是通过在测桩水平面与基准线之间保持相同的距离来控制和保证的。所以，基准线是滑模摊铺施工混凝土路面的"生命线"。准确设置基准线对于滑模摊铺施工极其重要。

3. 摊铺现场准备

（1）基层与封层表面处理　基层、封层表面及履带行走部位应清扫干净。摊铺面板位置应洒水湿润，但不得积水。高温条件下，有沥青封闭层或在旧沥青路面上加铺时，可喷洒白色石灰膏降温。基层上的降温和保湿措施是为了使面板底部正常凝结硬化，提供设计所需的弯拉强度。

（2）测量放样　用全站仪按设计坐标准确放出挂线桩的位置，挂线桩间距：平面直线段每10m一桩，圆曲线段、平面纵曲线或纵面竖曲线加密到5m一桩，并做好标志。

（3）板厚检查　板厚控制必须在摊铺前的拉线施工中进行，并要求旁站监理人员认可，必须严格控制基层标高。在面板标高误差范围内可适当调整面板（拉线）高程，但应在30m以上长度内调整。

（4）传力杆支架固定点放样　一个传力杆支架用 2×4 个点来固定。可以制作一个放样模板，借助放好的挂线点，用模板来放出固定点，并在固定点处用冲击钻钻出直径 14mm、深 70mm 的孔，在钻好的孔中打入木钉。

（5）连接纵缝处理　横向连接摊铺时，前次摊铺路面纵缝的溜肩胀宽部位应切割顺直。侧边拉杆应校正扳直，缺少的拉杆应钻孔锚固植入。纵向施工缝的上半部缝壁应满涂沥青。这些是保证纵缝顺直及防水密封措施。

（6）安放传力杆及钢筋网　按设计位置先打好木钉，摆放传力杆支架。以 8.25m 长的板为例，基层上应每隔 5m 打好两排木钉，这样既便于指挥倒料，又能保证摊铺时快速固定两个传力杆支架。具体操作为：两人将沿线摆放在一边的传力杆支架抬放到木钉处，在木钉中钉入圆钢钉将其固定；用脚轻推传力杆支架，以不摆动为合格。传力杆支架检查合格后，人工配合挖掘机将混凝土浇入传力杆支架中，以刚能盖平传力杆为限，再用插入式振捣棒振捣密实。注意传力杆支架上不能过多覆盖混凝土与过分振实，以免摊铺机布料经过时，因松铺密实度不均造成摊铺机振捣过后传力杆处面板厚度不均、收缩不一致，导致平整度受到影响。

4. 卸料、布料

（1）卸料　采用自卸汽车运料，正面直接卸在基层上。因此，必须有专人指挥车辆卸料。要求卸料分布均匀，既不欠料也不多料，料位高度应在螺旋布料器叶片最高点以下，最高料位不得高于松方控制板上缘。

（2）布料　当坍落度在 10~50mm 时，布料松铺系数宜控制在 1.08~1.15 之间。布料机与滑模摊铺机之间的施工距离宜控制在 5~10m。

卸料、布料应与摊铺速度相协调。

5. 摊铺

（1）滑模摊铺机的施工参数设定及校准　摊铺开始前，应对摊铺机进行全面的性能检查和施工部件位置参数设定。摊铺机各工作机构的施工位置设定既是滑模摊铺技术中的关键技术环节之一，也是摊铺机调试的主要工作内容。必须透彻了解振动黏度理论并严格遵循摊铺机工艺设计原理，使每项工作参数都设定在正确位置。

（2）滑模摊铺机摊铺作业操作要点　摊铺过程中的操作要领来源于振动黏度理论和摊铺机工艺设计原理。滑模摊铺机施工必须一遍铺成，达到密实、排气充分、挤压平整、外观规矩的目的，不能倒车重铺。

1）布料器控制。滑模摊铺施工常用的是螺旋式布料器，这种布料器具有二次搅拌的功能，可使布料均匀、离析小。布料时一定要控制好布料的数量，不宜过多或过少。两侧布料要均衡，边角的料一定要充足。

2）进料门的控制。进料门是滑模摊铺施工的第一关，一定要控制好，否则不仅会使平整度变差，还会损坏机械。控制进料门的依据是振捣仓内的料位高度。

3）摊铺机施工的行进速度控制。滑模摊铺机应缓慢、匀速、连续不间断地作业，施工行进速度根据拌和能力可在 0.5~3m/min 之间选择，一般宜控制在 1m/min。

4）振捣频率控制。正常摊铺时，振捣频率可在 100~183Hz 之间调整，宜采用 150Hz 左右的频率。应防止混凝土过振、欠振或漏振。应根据混凝土的稠度大小随时调整摊铺的振捣频率或施工速度。

5）控制成形密度。经过捣实后的混凝土能进入成形模板，成形模板可根据施工要求调整成各种形状。成形模板与左、右两侧模板组合可调整成前宽后窄的喇叭口形，能使更多的混凝土进入，随后受到挤压，增加混凝土的密实度。成形模板调整成仰角后，同样能使更多的混凝土进入，随后受到挤压。仰角大小根据施工情况确定，但要注意仰角过大也会影响摊铺质量，使路面表面不光滑，同时增加施工阻力，一般控制在2°~5°。

6）加设加长滑模板。为了减少水泥混凝土的塌边，在摊铺机后设有加长模板。其与侧模板组合，可调整成侧模端上窄、下宽；加长模板也可上窄、下宽，外边缘略高并向内收，呈内八字形。当摊铺机驶过后，由于水泥混凝土的收缩作用，上边缘高的部分微微塌落，正好消除内八字形结构，使两侧的上下轮廓线正好形成直角，而表面横坡形状正好符合要求，这样能防止混凝土因坍落度偏大而塌边，保证了施工质量。

7）拉杆置入。摊铺单车道路面时，应根据路面的设计要求配置一侧或双侧打入纵缝拉杆的机械装置。拉杆打入分手推、液压、气压等方式，压力应满足一次打（推）到位的要求，不允许多次打入或人工后打。滑模摊铺是没有固定模板的快速施工方式，在无支撑的软混凝土路面边侧或中间打拉杆，容易造成塌边和破坏。

同时摊铺2个以上车道时，除侧向打拉杆的装置外，还应在假纵缝位置的中间配置1个以上的中间拉杆自动插入装置，该装置有机前插和机后插2种配置。机前插时，应保证拉杆的设置位置；机后插时，要消除插入点上部混凝土的破损缺陷，应有振动搓平梁或局部振动板来保证修复插入缺陷，保证插入部位混凝土的密实度。带振动搓平梁和局部振动板的滑模摊铺机应选择机后插配置；其他滑模摊铺机可使用机前插配置。打入的拉杆必须处在路面板厚度的中间位置。中间和侧向拉杆打入的高低误差均不得大于±2cm；前后误差不得大于±3m。

8）设置横向施工缝。每天工作结束或是摊铺过程中因故中断作业时，中断时间超过混凝土初凝时间的2/3时，必须设置横向施工缝。施工缝的设置位置应与胀缝或缩缝设计位置相匹配，并与路中线垂直。横向施工缝采用平缝加传力杆方式。

9）横向连接摊铺。后幅横向连接摊铺时，摊铺机的履带有一边要在先铺筑的面板上通行。因此，控制先铺筑面板的养护时间应不少于7d。对纵缝的连接部位先进行人工修整，要求连接缝顺直，横向平整度不大于3mm，极值不超过5mm，并校正前幅已设好的拉杆，在侧立面上半部涂刷沥青。连接摊铺过后，要清理干净黏在前幅板面上的砂浆，要求清刷出抗滑构造。同时，还应使第二幅的抗滑构造与前幅的抗滑构造对应上，以利于排水。

6. 振捣

摊铺中应经常检查振捣棒的工作情况和位置。路面出现麻面或拉裂现象时，必须停机检查或更换振捣棒。摊铺后，路面上出现发亮的砂浆条带时，必须调高振捣棒的位置，使其底缘在挤压底板的后缘高度以上。

7. 抹面

摊铺中应采用自动抹平装置进行抹面。对少量局部麻面和明显缺料部位，应在抹平板后或搓平梁前补充适量拌和物，由搓平梁或抹平板修整。

滑模摊铺的混凝土面板在下列情况下，可用人工进行局部修整：

1）采用人工操作抹面抄平器精整摊铺后在表面出现的小缺陷，但不得在整个表面以加薄层的方式修补路面标高。

2）对纵缝边缘出现的倒边、塌边、溜肩现象，应顶支侧模或在上部支铝方管进行边缘补料修整。

3）对纵向施工接头处，应采用水准仪抄平，并采用大于3m的靠尺一边测量一边修整。滑模摊铺结束后，必须及时清洗滑模摊铺机，进行当日保养。

六、三辊轴机组与小型机具施工

（一）一般规定

1）三辊轴机组铺筑工艺既可用于二级及二级以下公路的水泥混凝土路面面层、桥面和隧道混凝土面层的施工，也可用于高速公路、一级公路硬路肩、匝道、收费广场边板、封闭式中央分隔带、弯道超高加宽段硬路肩及局部异型面板等的施工。

2）小型机具铺筑工艺可用于三级、四级公路水泥混凝土面层的施工，不得用于隧道水泥混凝土面层与桥面铺装施工。

3）三辊轴机组与小型机具两种铺筑工艺的混凝土应采用集中搅拌。铺筑长度不足10m时，可使用小型搅拌机现场搅拌。严禁采用人工拌和。

4）采用三辊轴机组与小型机具铺筑时，混凝土拌和物的出机与摊铺坍落度应符合相关规定。

5）三辊轴机组与小型机具铺筑时，应加强各工序之间的衔接，振捣密实与成型饰面所需时间不得超过拌和物的初凝时间。

（二）模板及其架设与拆除

模板不仅是路面摊铺的几何基准，还是铺筑设备作业和拌和物所依托的支撑条件，关系到定模摊铺时几何线型的顺直度、厚度、平整度等关键质量指标。

（1）模板技术要求

1）模板应采用钢材、槽钢或方木制成。模板高度应为面层设计厚度，直线段模板长度不宜小于3m，小半径弯道及竖曲线部位可配备长度为3m的短模板。

2）纵向施工缝侧模板应按照设计的拉杆直径和间距钻拉杆插入孔，模板每米长度应设置不少于1处支撑固定装置。

3）模板加工与矫正精度应符合相关的规定。

4）横向工作缝的端模板应按设计规定的传力杆直径和间距设置传力杆插入孔及定位套管，两边缘传力杆到自由边的距离不宜小于150mm。端模板每间隔1m应设置1个垂直固定孔套。工作缝端模板侧立面如图7-22所示。

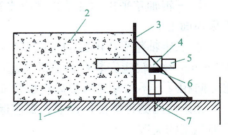

图7-22 工作缝端模板侧立面
1—基层 2—混凝土路面 3—钢端模板
4—定位套管 5—传力杆 6—支撑横梁
7—固定钉

5）模板数量应根据施工进度和施工气温确定，并满足拆模周期、周转需要，模板总数量不宜少于两次周转的需要。

（2）模板架设与安装

1）模板安装前应进行测量放样，并核对路面高程、面板分块、胀缝和构造物位置。路面中心桩应每20m设一处，水准点宜每100m布设一处。测量放样的质量要求和允许偏差应符合相关规范的规定。

2）安装水平曲线与纵曲线路面模板时，应将每块短模板中点安装在曲线的切点上。

3）模板应采用三角形木块调整高度。厚度不足时，可会同设计单位调整设计线，不得在基层上挖槽后再嵌入安装模板。

4）模板应安装稳固、顺直、平整，无扭曲，相邻模板连接应紧密平顺，底部不得有漏浆、前后错位、高低错台等现象。

5）模板应能承受摊铺、振实、平整等设备的往复作用，受冲击和振动时不发生位移。模板架设最主要的要求是稳固，在各种荷载作用下不发生位移，且不妨碍各项作业。

(3) 模板拆除及矫正　当混凝土抗压强度不小于 8MPa 时方可拆模。拆模时既不得损坏板边、板角和传力杆、拉杆周围的混凝土，也不得造成传力杆和拉杆松动或变形。

（三）水泥混凝土面层三辊轴机组铺筑

1）三辊轴机组铺筑水泥混凝土面层时，应按照支模→安装钢筋→布料→振捣→三辊轴整平→精平→养护→刻槽（拉毛）→切缝→填缝的工艺流程进行。

2）三辊轴整平机应由振动辊、驱动辊和甩浆辊组成，材质应为三根等长度同直径的无缝钢管，并具有足够的刚度和耐磨性。三辊轴整平机的技术参数应符合表 7-40 的要求，并应根据面层厚度、拌和物和易性和施工进度等合理选用。

表 7-40　三辊轴整平机的技术参数要求

轴直径/mm	轴速/(r/min)	轴长/m	轴质量/(kg/m)	运行速度/(m/min)	整平轴距/mm	振动功率/kW	驱动功率/kW	适宜整平路面厚度/mm
168	300	5~9	65±0.5	13.5	504	7.5	6	200~260
219	380	5~12	77±0.7	13.5	657	17	9	160~240

3）三辊轴整平机的使用功能应符合下列规定：

① 三辊轴整平机的辊轴长度应比实际铺筑的面层宽度至少长出 0.6m，两端应搭在两侧模板顶面上。

② 三辊轴整平机的振动辊应有偏心振捣装置，偏心距应由密实成型所需振幅决定，宜为 3mm。振动辊应安装在整平机前侧，由单独的动力驱动。甩浆辊的转动方向应与铺筑前进方向相反，不振动时可提离模板顶面。

无论使用哪种摊铺机摊铺，都应保证摊铺的均匀性和平整度，要控制好松铺厚度，这是摊铺施工的关键。

（四）混凝土的振捣

混凝土振捣机是紧跟在摊铺机后面，对混凝土进行再次整平和振捣的机械。三辊轴机组铺筑水泥混凝土面层时，应配备振捣机。振捣机应符合下列规定：

1）振捣机应由机架、行走机构和一排振捣棒组成，并配备螺旋布料器和松方控制刮板，具备自行或推行功能。

2）连续式振捣机的振捣棒组宜水平或小角度布置，直径宜为 80~100mm，振动频率宜为 100~200Hz，工作长度宜为 400~500mm，振捣棒之间的间距宜为 350~500mm。振捣机的移动速度应可调整，调整范围宜为 0.5~2m/min。

3) 间歇式振捣机的振捣棒可垂直或大角度布置,振捣棒的直径、振动频率、工作长度和间距要求应与连续式振捣机相同。振捣棒每次插入振动的最短时间不应短于20s,应在缓慢抽出振捣棒后再移动振捣机,每次移动距离不应超过振捣棒有效作用半径的5倍,并不宜大于0.6m。

4) 振捣机振实后,料位应高于模板顶面5~15mm,局部坑洼不得低于模板顶面,过高时应铲除,过低时应及时补料。

(五) 混凝土表面的修整

振捣密实的混凝土必须进一步整平、抹光,以获得平整光洁的表面。混凝土的表面修整采用修面抹光机进行。修面抹光机有斜向移动和纵向移动两种。斜向移动修面抹光机修面是通过一对与机械行进方向呈10°~13°夹角的整平梁做相对运动来完成的,其中一根整平梁为振动梁,其工作情况如图7-23所示。纵向移动修面抹光机修面是整平梁在混凝土表面沿纵向滑动的同时,还要在横向往返移动,依据机体前进而将混凝土板表面整平,其工作情况如图7-24所示。

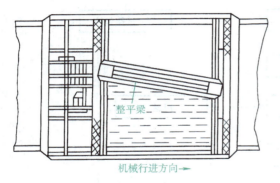

图7-23 斜向移动修面抹光机作业示意

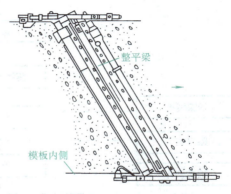

图7-24 纵向移动修面抹光机作业示意

(六) 水泥混凝土面层小型机具铺筑

1. 施工工艺流程

小型机具配套施工工艺流程如图7-25所示。

2. 施工过程

(1) 混合料的摊铺

1) 检查。摊铺前应在已准备就绪的基层上做进一步检查,检查模板的间距(板宽)、高度(板厚),模板支撑的稳定性,基层平整度,基层润湿情况,钢筋传力杆位置等是否符合要求。

2) 摊铺。运到现场的混合料,应先检查拌和质量,如发现问题应及时处理。运输车卸料时应尽可能分成几个小堆,如有离析现象,应用铁锹翻拌均匀后再摊铺。路面板厚不大于24cm时,可一次摊铺;大于24cm时,宜分两次摊铺。下层摊铺厚度宜为总厚的3/5。松铺厚度应考虑振实影响,应预留一定的高度,一般宜比设计要求高出2cm,或者由试验确定。用铁锹摊铺时一定要扣锹摊料,严禁抛掷;当摊铺到模板附近时,应用铁锹靠模板插捣几次,捣出砂浆,以免发生蜂窝麻面。人工摊铺混凝土拌和物的坍落度应控制在5~20mm,拌

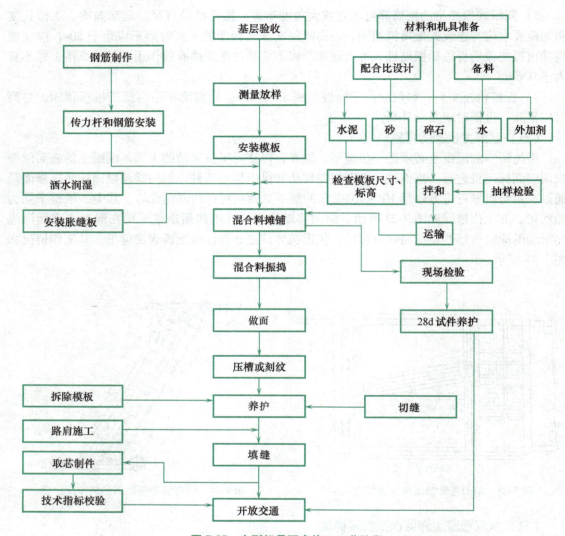

图 7-25 小型机具配套施工工艺流程

和物松铺系数宜控制在 1.1~1.25。

3) 传力杆。摊铺有传力杆或布设有钢筋的混凝土时,需要配合传力杆、角隅钢筋、钢筋网的安放工作进行,即先摊铺钢筋下半部混合料,待钢筋就位后再摊铺上半部混合料。

4) 停工处理。当摊铺未完成一整块板而因故停工时,应根据停工时间做特殊处理。停工半小时内的,可将混合料表面用湿布盖上,待恢复工作时把此处混合料耙松,继续摊铺;停工超过半小时以上时,可根据施工时的气温和水泥混凝土的初凝时间做施工缝处理,应把不足一块板的混合料铲除后废弃。

5) 试件。现场取样制作抗压试件 1 组 3 块,制作抗弯试件 1 组 3 块,并与路面同条件养护。

(2) 混凝土的振捣 摊铺好的混合料应立即进行振捣,应先用插入式振捣棒和平板振动器联合振捣。插入式振捣棒宜选 4000 次/min 以上工作频率的,平板振动器宜选激振力较大型号的。

待混合料基本铺平后才能进行振捣,不能边摊铺边振捣,以防过振和漏振。

1)先用插入式振捣棒在模板边缘、角隅处按顺序全面振捣一次,振捣点至模板的距离不应大于振捣棒作用半径的0.5倍,移动距离不应大于其作用半径的1.5倍,振捣棒在一个位置振动的时间不宜少于20s,以混合料停止下沉,不再冒气泡振出砂浆为准。振捣时要避免碰撞模板与钢筋。

2)上述工作完成后,用平板振动器进行全面的覆盖性振捣,再用振动梁全幅拖拉振实2~3遍,使表面泛浆并赶出气泡。振动梁移动速度要缓慢、均匀,前进速度以每分钟1.2~1.5m为宜,振实过程中发现不平之处由人工及时挖填找平。补料时宜使用较细的混合料,禁止使用砂浆找补。振动梁作业时不允许中途停留。

(3)混凝土的抹面 水泥混凝土路面的平整度、抗滑能力、耐磨能力的好坏关键在于抹面,施工中必须高度重视。

1)提浆刮平。经振动梁振实后,立即采用提浆辊提浆刮平,起到进一步的揉压、二次匀浆作用,一般沿纵向操作3~4次即可。遇到有个别露出石子处,要在原地反复提浆刮平数次以解决石子露头问题。经过提浆刮平操作后,以水泥混凝土路面表面有一层厚度为3~4mm的湿润砂浆为宜,为下一步的抹面做好准备。

2)抹面。提浆刮平工序完成后,就可立即着手抹面修整工作,这道工序有人工用木抹子抹面和用抹光机抹面两种抹面方法。

①人工用木抹子抹面。施工时,人工用大木抹子多次抹面至表面无泌水为止。用木抹子抹面时,每次抹面应与上一次抹面的痕迹重叠一半。同时,用3m直尺边抹边检查,并刮填不平之处,保证表面平整、接缝平顺。

②用抹光机抹面。采用普通的抹光机只能起到局部平整作用,达不到要求的平整度。为此,利用改制的抹光机可以沿纵横向自动全幅抹平,一般每处横向抹平3~4次,纵向的两次相接处抹平重叠至少1/3,就可达到很好的抹平效果。抹光机抹平后,两人配合用精刮尺(用6m长的方钢制成)沿横向来回刮动,将因抹光机造成的砂浆棱消除;随后用3m直尺检查,不平整处用原浆找补。

七、面层接缝、抗滑构造施工及养护

(一)路面接缝的施工

水泥混凝土路面接缝分为纵向接缝和横向接缝。纵向接缝包括纵向缩缝和纵向施工缝;横向接缝包括横向缩缝、横向施工缝和横向胀缝。

路面施工-
面层
接缝施工

经济混凝土基层、复合式路面混凝土下面层、缩缝设传力杆混凝土路面、钢筋混凝土路面、钢纤维混凝土路面,无论采用哪种工艺方式施工,其接缝的设置和施工方式是相同的。水泥混凝土路面的接缝设计与施工历来被认为是水泥混凝土路面设计、施工的关键节点,接缝施工质量的好坏,直接影响到水泥混凝土路面的使用寿命,应引起工程建设者的高度重视。

1. 纵缝施工

(1)纵向施工缝 当一次铺筑宽度小于路面和硬路肩的总宽度时,应设纵向施工缝,其位置应避开轮迹,并与车道线重合或靠近,构造可采用平缝加拉杆形式。当所摊铺的面板厚度不小于260mm时,也可采用插拉杆的企口纵缝;板厚薄于260mm时不宜使用企口纵缝。采用滑模摊铺工艺施工时,纵向施工缝的拉杆可用摊铺机的侧向拉杆装置插入;采用固定模板施工方式时,应在振实过程中,从侧模预留孔中人工插入拉杆。

(2) 纵向缩缝　当机械一次摊铺宽度大于2个以上的车道时,应设纵向假缩缝,纵向假缩缝可由机械自动插入拉杆,并用切缝法施工假纵缝。当一次铺筑宽度大于4.5m时,应采用假缝拉杆型纵缝,即锯切纵向缩缝,纵缝位置应按车道宽度设置,并在摊铺过程中以专用的拉杆插入装置插入拉杆。

2. 横缝施工

(1) 横向施工缝　每天摊铺结束或摊铺中断时间超过30min时,应使用端头钢模板设横向施工缝。其位置宜与胀缝或缩缝重合,确有困难不能重合时,施工缝应采用设螺纹传力杆的企口缝形式。这样使横向施工缝中不仅保证优良的荷载传递能力,并且能拉成整体板。这种板中的施工缝也会由于面板混凝土干缩形成微细裂缝,所以也需要切缝和灌缝。横向施工缝应与路中心线垂直。横向施工缝在缩缝处采用平缝加传力杆形式,如图7-26所示。

(2) 横向缩缝施工

1) 缩缝间距。规范规定缩缝应按5m板长等间距布置,不推荐1/6斜缩缝和不等间距的缩缝形式。我国特重、重交通混凝土路面上采取的消灭错台、提高舒适性的主要方式是每条缩缝均插传力杆,在这种路面上,是通过传力杆来解决共振和异响问题的。必须在接近构造物的路面上调

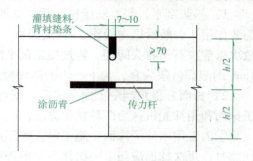

图7-26　横向施工缝构造示意

整缩缝间距时,最大板长不大于6m(从延长使用寿命考虑一般不宜超过5.5m);最短板长不小于板宽。

2) 不设传力杆缩缝。不设传力杆缩缝适用于中、轻交通的公路水泥路面,其横向缩缝可采用不设传力杆的假缝形式,如图7-27a所示。

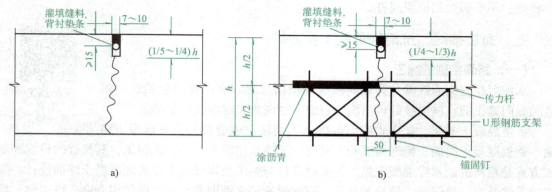

图7-27　横向缩缝构造
a) 假缝形式　b) 假缝加传力杆形式

3) 在特重和重交通公路、收费广场环境下,以及邻近胀缝或路面自由端的3条缩缝应采用假缝加传力杆形式。缩缝传力杆的施工方法可采用前置钢筋支架法(图7-27b)或传力

杆插入装置（DBI）法。钢筋支架应具有足够的刚度，传力杆应准确定位。摊铺之前应在基层表面放样，并用钢钎锚固，宜使用插入式振捣棒振实传力杆高度以下的混凝土，然后进行机械摊铺。传力杆无防黏涂层的一侧应焊接，有涂层的一侧应绑扎。用 DBI 法置入传力杆时，应在路侧缩缝的切割位置做好标志，保证切缝位于传力杆中部。

（3）横向胀缝施工　胀缝是与路中心线垂直的缝，它的缝壁必须垂直，缝宽必须一致，缝中不得有砂浆进入。胀缝下部是胀缝板，上部灌胀缝填料，板中设传力杆，要求其位置固定，定向准确。

胀缝应采用前置钢筋支架法施工，也可以预留一块面板，高温时再铺封。前置钢筋支架法施工时，应预先加工、安装和固定胀缝钢筋支架，并在使用插入式振捣棒振实胀缝板两侧的混凝土后再摊铺。胀缝板应连续贯通整个路面板宽度。胀缝施工的技术关键有两条：一是保证钢筋支架和胀缝板准确定位，使机械或人工摊铺时不发生位移，支架不弯曲，胀缝板不倾斜；二是胀缝板上部嵌入临时木条。因为胀缝板顶部会提前开裂，来不及切缝就已经弯曲断开，缝宽不一致，难以处理时可临时软嵌（20~25）mm×20mm 的木条，保持缝宽均匀和边角完好，直到填缝完成后，剔除木条（施工车辆通行期间不剔除），再粘胀缝多孔橡胶条或填缝。

1）施工终了设置胀缝。采用顶头端模固定的形式施工胀缝时，其传力杆长度有一半穿过端模挡板，固定于外侧模板中，如图 7-28 所示。混凝土浇筑前应先检查传力杆位置。浇筑时，应先浇筑传力杆下层的混合料，并用插入式振捣棒振实，并校正传力杆位置；再浇上层混凝土。浇筑邻板时先拆除端模板，并设置下部胀缝板、木制嵌条和传力杆套管。

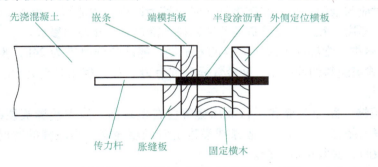

图 7-28　胀缝施工（顶头端模固定）示意

2）施工过程中设置胀缝（前置钢筋支架法）。在施工过程中需要设置胀缝时，应在设置胀缝的位置按图 7-29 所示形式固定传力杆。将传力杆长度的一半穿过胀缝板和端模挡板，并用钢筋支架将传力杆固定就位。浇筑时应先检查位置，再在胀缝两侧摊铺混凝土至板面。振实后抽出端模挡板，空隙部分填补混合料并用插入式振捣棒振实。

3. 切缝技术要求

经济混凝土基层、各种混凝土面层、加

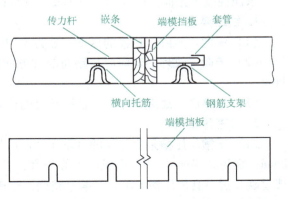

图 7-29　胀缝施工（前置钢筋支架固定）示意

铺层、桥面和搭板的纵横向缩缝均应采用切缝法施工。切缝是一道相当重要的工序，若此道工序不能及时进行，轻者会出现啃边掉角现象，严重时会产生断板现象，前面所做的一切工作都会前功尽弃，只能返工重新摊铺。

水泥混凝土路面的切缝技术已经有了很大发展，设备有软切缝机、普通切缝机、支架切缝机等；切缝方式有全部硬切缝、软硬结合切缝和全部软切缝三种。切缝方式的选用应由施工期间该地区路面从摊铺完毕到切缝时的昼夜温差确定。

切缝完成后，应立即用高压水枪冲洗干净，混凝土路面表面不得残余砂浆。若不及时清除，砂浆会形成具有一定强度的混凝土块，从而影响以后填缝工作的进行。

4. 灌缝

（1）各级公路的水泥混凝土路面接缝必须及时灌缝 由于坚硬的砂石、玻璃、煤炭等嵌入接缝后。可使路面缩缝张开 20~25mm，这会严重影响路面的使用寿命。所以，必须通过填缝来保证接缝质量，并维持其宽度，控制板底的水冲刷破坏和接缝口破坏，延长路面的使用寿命。

（2）灌缝技术要求

1）清缝。填缝前应使接缝处清洁干燥，施工时可采用 0.5MPa 的压力水流或压缩空气清除接缝中的杂物和清洗缝槽，确保缝壁及内部清洁、干燥。

2）填缝材料。常用的填缝材料有常温施工式填缝料和加热施工式填缝料两种。

3）灌缝质量控制。灌缝的形状系数宜控制在 2 左右，灌缝深度宜为 15~20mm，最浅不得小于 15mm。施工时，先挤压嵌入直径 9~12mm 的多孔泡沫塑料背衬条，再灌缝。灌缝顶面在炎热气候时应与板面齐平；在寒冷气候时应填为凹面，中心低于板面 1~2mm。填缝必须饱满、均匀、厚度一致，并连续贯通，填缝料不得缺失、开裂和渗水。

4）灌缝料养护。常温施工式填缝料的养护期，寒冷气候时宜为 24h，炎热气候时宜为 12h；加热施工式填缝料的养护期，寒冷气候时宜为 2h，炎热气候时宜为 6h。在灌缝料养护期间应封闭交通。

（3）胀缝填缝 路面胀缝和桥台隔离缝等应在填缝前，凿去接缝板顶部嵌入的木条，涂黏结剂后，嵌入胀缝专用多孔橡胶条或灌进适宜的填缝料。当胀缝的宽度不一致或有啃边、掉角等现象时，必须采取灌缝。

（二）抗滑构造施工

水泥混凝土路面上的纹理是行车安全保证的必要措施。

1. 纹理要求

（1）深度 压纹、拉槽的深度一般为 1~2mm，纹宽 3~4mm，间距为 20mm。

（2）走向 纹理的走向应与路面前进方向垂直，横向相邻板的纹理应互相连通以利于排水。

（3）平整度 纹理制作应保证平整度的要求。

2. 纹理施工

（1）压槽 压槽是靠压辊的自重在抹面后的面板上压出要求的横向槽纹，一般深为 1~2mm，宽为 3~4mm，凹槽间距以不等为宜，槽纹应垂直于路中心线。压槽的时间不宜过早或过晚，过早会使压槽太深，影响平整度；过晚会压不进去，满足不了压槽纹理深度要求。一般凭经验掌握，以混凝土表面不泛浆，用手指按压有轻微硬感时压槽为宜。

（2）拉纹 路面修整后、硬化之前，采用拉纹工艺制作路面的微观抗滑构造（图7-30）。混凝土面层经摊铺机的抹平器抹平后，用拖挂在加长模板后与摊铺机宽度相同的1~3层叠合麻布、帆布或棉布进行纵向拉纹。拖挂麻布的长度不宜太长，与混凝土的接触面在1m内时效果最好。纵向拉纹后，不仅能消除混凝土表面的气泡，还能形成路面的粗糙度，增加行车安全系数。

面板表面纹理也可用专用工具拉出，可根据面板对纹理要求的深度、宽度制作工具，在抹面结束后拉成即可。

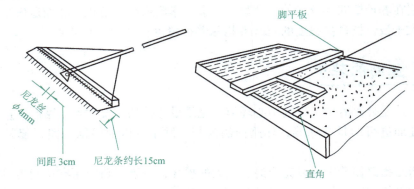

图7-30 混凝土表面拉纹（槽）

（3）硬刻槽 特重和重交通混凝土路面应采用硬刻槽，凡使用圆盘、叶片式抹面机精平后的混凝土路面、钢纤维混凝土路面必须采用硬刻槽方式制作抗滑沟槽。为降低噪声，宜采用非等间距刻槽工艺。硬刻槽尺寸宜为：槽深3~5mm，槽宽3mm，槽间距在12~24mm之间随机调整。

（4）修整 压纹和拉纹后，混凝土面板上会出现"毛刺"，这对平整度有不良影响。为此，压纹和拉纹工序后10~12h可用平锹或水平刮尺沿横向铲刮一下，将突出的"毛刺"铲刮掉。

（三）面层养护
混凝土板抗滑构造制作完毕后应立即进行养护。

1. 养护剂养护

采用养护剂养护可阻止混凝土表面水分的散失，可以显著延长养护时间，只要养护剂没有被磨掉，路面始终处于养护当中，不受时间限制；在较短的时间内可增加混凝土的抗压、抗弯拉强度，提高混凝土表面的硬度，从而延长路面的使用寿命；可有效防止塑性收缩裂缝的出现。

养护剂养护的要点是注意控制喷洒养护剂的厚度，标准是形成一层完全封闭的薄膜，喷洒必须均匀，不能漏喷、多喷，喷洒后的混凝土路面不得出现明显的颜色差异，有效保水率应大于90%。

2. 覆盖养护

高速公路路面施工中，除按规定采用养护剂养护外，还要求使用麻袋、草袋等进行覆盖养护，并及时洒水，每天洒水遍数由现场施工情况确定。要保证在任何气候条件下，保持覆盖物底部在养护期间始终处于湿润状态。覆盖养护的养护时间宜为2~3周。

3. 雨期施工养护

雨期施工养护的方法之一是盖塑料薄膜,薄膜长度应大于覆盖面 60cm;两条薄膜对接时,搭接宽度不应小于 40cm,并在薄膜上加盖细土或细砂压严实,以防止被风吹破或掀起;方法之二是用钢管制作若干个长 10m、大于路面宽度 2m 左右的防雨棚,为便于拖拉,可安装车轮,跟随摊铺机后移动。雨期施工养护期间应始终保持薄膜完好,若发现破裂情况应立即修补或更换。

4. 养护期间的保护

混凝土板在养护期间和填缝前,严禁人、畜、车辆通行,防止对路面造成难以弥补的破坏。在达到大于设计抗弯拉强度的 80% 并撤除养护覆盖物之后,方可通行。

单元 6　路面的养护

路面的养护是公路养护工作的中心环节,是质量考核的首要对象。路面养护一般是指为保持路面功能而进行的日常保养,如路面的清扫、洒水,以及轻微的路面修补、填补、接缝等。

路面维修是指路面养护难以完成的、较大的损坏,以恢复路面原有功能为目标的修理工程,如路面的翻修和罩面等。

路面补强是指恢复或进一步改善原有功能的路面加层补强的大修或改建工程。

一、路面养护的目的

汽车在路面上行驶,除了克服各种阻力外,还会通过车轮把垂直力和水平力传给路面,水平力又分为纵向力和横向力两种。另外,路面还会受到车辆的振动作用和冲击作用。在上述各种因素的综合作用下,路面结构层内会产生大小不同的压应力、拉应力和剪应力。如果这些应力超过了路面结构整体或某一组成部分的强度,路面就会出现断裂、沉陷、波浪面、松散和磨损等破坏。因此,路面结构整体及其各部分必须通过养护保持足够的强度,以抵抗在行车作用下产生的各种应力。同时,路面还应有一定的抵抗变形的能力,即路面应具有一定的刚度。如果路面结构整体或某一组成部分刚度不够,即使强度足够,在车轮荷载作用下也会产生过量的变形,从而出现车辙、沉陷或者波浪面等破坏。必须采取预防性养护和经常性养护、修理措施,使路面保持一定的强度、刚度及稳定性,使路面结构具有足够的抗疲劳强度以及耐老化能力,确保其耐久性,并使路面平整、完好,路拱适度,排水畅通,行车顺适、安全;还应对原有路面有计划地进行改善,提高其技术状况,以适应运输发展的需要。

二、路面养护的要求

1) 及时、经常地对路面进行保养和修理,以防止路面松散、裂缝和鼓包等各种病害的产生和发展。

2) 通过对路面的保养和修理,保持和提高路面的平整度和抗滑能力,以确保路面拥有安全、舒适的行驶性能。

3) 通过对路面的养护和维修,保持和提高路面的强度,以确保路面的耐久性。

4) 防止因路面损坏和养护操作污染沿线环境。

三、路面养护工程的分类及主要内容

1. 小修、保养工程

1）小修的主要内容包括局部处理砂土路的翻浆、变形，添加稳定料；碎（砾）石路面的局部加宽、修补坑槽、整段修理磨耗层或扫浆铺砂；沥青（渣油）路面的修补坑槽、沉陷，处理波浪面、啃边等病害；水泥混凝土路面面板的局部修理和调整平整度。

2）保养工程的主要内容包括清除路面上的泥土、杂物，保持路面整洁；排除路面上的积水、积雪、积冰、积沙；对碎（砾）石路面要扫匀面砂、添加面砂、洒水润湿、刮平波浪面、修补磨耗层；处理黑色路面的泛油、鼓包、裂缝、松散等病害；对砂石路面要刮平、修理车辙；对水泥混凝土路面要修理板边接缝及堵塞裂缝等。

2. 路面中修工程

路面中修工程主要包括砂石路面的大面积处理翻浆，修理横断面；碎（砾）石路面的局部地段加厚、加宽、调整路拱、加铺磨耗层、加铺保护层、处理严重病害；沥青（渣油）路面的整段封层罩面；沥青（渣油）路面的严重病害处理；水泥混凝土路面个别面板的更换、浇筑或加铺沥青磨耗层。

3. 路面大修工程

路面大修工程主要包括整线整段路面用稳定材料改善土路；整段路面加宽、加厚或翻修重铺碎（砾）石路面，翻修或补强重铺，或加宽高级、次高级路面。

4. 路面改善工程

路面改善工程主要包括分段提高公路技术等级，铺筑高级、次高级路面；新铺碎（砾）石路面等。

四、沥青路面养护

（一）沥青路面的破坏

沥青路面的破坏大体上可分为两类：一类是结构性破坏，它是路面结构的整体或其某一个或几个组成部分的破坏，严重时已不能承受车辆的荷载；另一类是功能性破坏，例如由于路面的不平整，使其不再具有预期的功能。这两类破坏不一定同时发生，但都是逐渐积累起来的。对于功能性破坏，可以通过修整、养护来恢复路面的平整性，以满足行车使用要求；但对结构性破坏，一般需要进行彻底的翻修。

沥青路面所用的矿料质量和粒径规格如不符合要求，往往因强度不足和劈裂作用使矿料压碎，最后导致路面破坏。夏季高温时，沥青材料黏度降低，在荷载作用下，可能使路面表面泛油；也可能是沥青材料与矿料一起被挤动，引起面层出现车辙、推挤、波浪面等变形破坏。在冬季低温下，沥青材料会因为收缩作用而产生脆裂破坏。在水分和温度作用下，沥青材料与矿料间的黏结力降低，沥青面层会出现松散、剥落等破坏。

（二）沥青路面的病害

虽然沥青路面的破损现象形态各异、错综复杂，但都是行车和自然因素对路面作用的结果，并随着路面工作特性和外界因素的影响程度的不同而变化。根据损坏现象的原因、危害性及对路面使用性能的影响，沥青路面的损坏分为以下几种主要模式：

1. 沉陷

沉陷是指路面在车轮荷载作用下，在路面表面产生的较大凹陷变形，有时凹陷两侧伴有隆起现象，如图 7-31 所示。引起沉陷的主要原因是路基水文条件很差且过于湿软，不能承受通过路面传给路基的荷载，便产生较大的竖向变形，并导致路面产生沉陷。

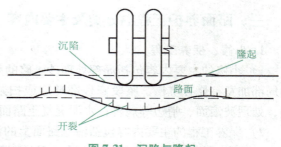

图 7-31　沉陷与隆起

2. 车辙

车辙是指路面在车轮重复荷载作用下，沿行车轮迹产生的纵向带状凹陷，也常伴有以纵向为主的裂缝，是路基和路面各层永久变形的逐步积累。车辙是沥青路面的主要破坏形式之一。沥青路面的使用寿命较长，即使每次行车荷载作用产生的残余变形量很小，但多次重复作用累积起来的残余变形总和是很大的，足以影响车辆的正常行驶。

3. 泛油

泛油大多是由于混合料中沥青用量偏多，沥青稠度太低等原因引起；但有时也可能是由于在低温季节施工，表面嵌缝料散失过多，待气温变暖之后，在行车作用下矿料下挤，沥青上泛，表面形成沥青层而引起泛油。沥青表面处治和沥青贯入式路面容易产生此类病害，可以根据泛油的轻重程度，采取铺撒较粗粒径的矿料予以处理。

4. 波浪面

波浪面是指路面上形成有规则的低洼和凸起变形。波浪面的产生主要是由于沥青洒布不均形成"油垄"，沥青多处矿料厚、沥青少处矿料薄，再经过行车不断撞击造成的高低不平。道路交叉口、停车站、陡坡路段的行车水平力作用较大的地方，易产生波浪面变形。波浪面变形处理较为困难，轻微的波浪面可在夏季采用强行压平的方法处理，严重的波浪面则需用热拌沥青混合料填平。

5. 鼓包

在行车水平力作用下，沥青面层材料的抗剪强度不足时，易产生推挤、鼓包（图 7-32）。这类病害大多是由于所用的沥青稠度偏低、用量偏多，或因混合料中矿料级配不好，细料偏多导致的。此外，面层较薄，或面层与基层的黏结较差，也易产生推挤、鼓包。这种病害一般只能采取铲平的办法来处理。

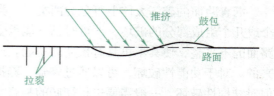

图 7-32　推挤与鼓包

6. 滑溜

沥青路面滑溜主要是由于常年行车造成的矿料磨光；沥青面层中多余的沥青在行车荷载重复作用下泛油，也易形成路面滑溜。这类病害通常采用加铺防滑封面来处理。

7. 裂缝

沥青路面裂缝的形式有纵向裂缝、横向裂缝、龟裂与网状裂缝等。低温缩裂和反射裂缝的基本形态是沿着路面纵向一定距离出现的间隔性横向裂缝，这些横向裂缝在水分侵蚀下，会促使面层疲劳开裂，在其周围逐步发展成网状裂缝。

产生低温缩裂的主要原因是在低温（通常为零下温度）时，当气温下降过快、沥青类路面材料因急剧收缩受阻而产生较大的拉应力,若拉应力超过路面材料的抗拉强度,面层就会拉裂,当路面纵向尺度远大于横向,即纵向约束大于横向,就出现间隔性横向裂缝。

产生反射裂缝的主要原因是水硬性结合料稳定类基层因湿度变化产生的收缩裂缝反映到面层上来,使面层也相隔一定距离出现横向裂缝。当在旧水泥混凝土路面上加铺沥青类面层时,其原有的接缝或裂缝也会反映到沥青面层上来。

沥青路面沿路线纵向产生开裂的原因,一种是因填土未压实,路基产生不均匀沉陷或冻胀作用造成;另一种是沥青混合料摊铺时间过长,或接缝处理不当,接缝处压实未达到要求,在行车作用下形成纵向裂缝。

路面整体强度不足,沥青面层老化,往往形成闭合的龟裂、网状裂缝。

对较小的纵缝和横缝,一般用灌入热沥青材料加以封闭的方法处理。对较大的裂缝,则用填塞沥青石屑混合料的方法处理。对于大面积的龟裂、网状裂缝,通常采用加铺封层或进行沥青表面处治的方法处理。网状裂缝、龟裂严重的路段,则应进行补强或彻底翻修。

8. 松散

松散是指沥青路面集料的松动、散离现象。当面层材料组合不当或施工质量差,结合料含量太少或黏结力不足时,会使面层混合料中的集料失去黏结力而成片散开,形成松散。松散大多发生在沥青路面使用的初期。施工时,采用的沥青稠度偏低,黏结力差,用量偏少;或所用的矿料过湿、铺撒不匀;或所用嵌缝料不满足规格要求而未能被沥青黏牢,就易发生松散。若基层湿软,则应清除松散的沥青面层后重新压实,待基层干燥后再铺面层。

9. 坑槽

坑槽是指松散材料散失后形成的凹坑。若松散材料被车轮后的真空吸力以及风和雨水带离路面,或是龟裂及其他裂缝进一步发展,使松动碎块脱离面层,便形成大小不等的坑槽。沥青路面产生坑槽的原因是面层的网状裂缝、龟裂未及时处理而逐渐形成坑槽;基层局部强度不足,在行车作用下也易产生坑槽。坑槽处理的方法是将坑槽范围挖成矩形,槽壁应垂直,在四周涂刷热沥青后,从基层到面层用与原结构相同的材料填补,并予夯实。

10. 啃边

在行车作用和自然因素影响下,沥青路面边缘不断缺损、参差不齐,路面宽度减小,这种现象称为啃边。产生啃边的原因是路面过窄,行车压到路面边缘造成缺损;另外,边缘强度不足,路肩太高或太低,雨水冲刷路面边缘也会造成啃边。对啃边病害的处理方法是设置路缘石、加宽路面、加固路肩;有条件时可加宽路面基层到面层宽度外 20~30cm。

五、水泥混凝土路面维修、养护

水泥混凝土结构因为混凝土本身老化或施工缺陷,常致混凝土结构发生局部破损。例如,混凝土浇筑过程因水化引起收缩而产生裂缝,施工不当带来构件缺陷。另外,使用过程因构筑物的沉降不均、磨损或大气影响造成剥落开裂等破损情况也是常有的。

道路工程中的混凝土路面,除发生上述破损外,还要经受长期自重与重复荷载作用,混凝土更易产生裂缝和破损,不仅会降低结构的刚度和整体性,还会加剧钢筋锈蚀;或因改变受力状况而缩短混凝土结构的使用寿命。所以,对已破损的混凝土构筑物进行修补是非常必要的。

（一）水泥混凝土路面常见病害及其原因分析

水泥混凝土路面由于混凝土板刚度高、脆性大的特点，又需设置接缝，在行车和环境因素的不断作用下出现的损坏模式常不同于柔性路面，可分为断裂、挤碎、拱起、唧泥、错台等类型，如图7-33所示。

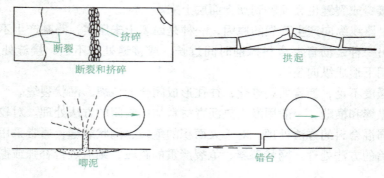

图7-33　水泥混凝土路面常见损坏现象

（1）断裂　路面板内的应力超过混凝土强度时会出现横向、纵向、斜向或板角处的拉断和折断裂缝，形成断裂；严重时，裂缝交叉而使路面板破裂，形成碎块（称为破碎板）。其原因是多方面的，如板太薄或车辆轮载过重和作用次数过多，板的平面尺寸太大（使温度应力过大），地基下沉过量或不均匀下沉使板底脱空失去支撑，施工养护期间收缩应力过大或混凝土强度不足等。断裂的出现，破坏了板的结构整体性，使板丧失应有的承载能力。因而，断裂可视为混凝土路面结构破坏的临界状态。

（2）挤碎　在接缝（主要是胀缝）附近数十厘米范围内的板因受挤压而碎裂，形成挤碎。胀缝内的滑动传力杆排列不正或不能正常滑动，缝隙内有混凝土碎块或落入坚硬的杂屑等，使路面板的伸胀受到阻碍，在接缝处的边缘部分产生较高的挤压应力将路面板剪裂成碎块。

（3）拱起　混凝土路面板在热膨胀受阻时，接缝两侧的板会突然向上拱起。这主要是因为板在收缩时接缝缝隙张开，填缝料失效，硬物嵌满缝隙，致使板受热膨胀时产生较大的热压应力，从而出现这种纵向屈曲失稳现象。采用膨胀性较大的石料（如硅质岩石等）作粗集料时，容易引起板块拱起。

（4）唧泥　车辆行经接缝或裂缝处时，由缝内喷溅出稀泥浆的现象称为唧泥。在车辆轮载的频繁作用下，基层（地基）产生塑性变形累积而同混凝土板脱离接触，水分沿缝隙下渗而积聚在脱空的间隙内，又在车辆轮载作用下积水变成压力水，并同基层内浸湿的细集料混搅成泥浆，再沿缝隙喷溅出来，唧泥会使路面板边缘和角隅部分逐步失去承载能力，从而导致断裂。

（5）错台　错台是指接缝或裂缝两侧路面板端部出现的竖向相对位移。一方面，横缝处传荷能力不足，车轮经过时相邻板的端部会出现挠度差，使沿缝隙下渗的水带着基层被冲蚀的碎屑向后方路面板的下方运动，把该板抬起，形成错台。另一方面，胀缝下部的填缝板与上部缝槽未能对齐，或胀缝两侧的混凝土壁面不垂直，使缝的两端在伸胀挤压过程中因上下错位而形成错台。当地基承载力在横向各块板之间不一致时，纵缝处也会产生错台现象。

错台现象的出现，降低了行车的平稳性和舒适性。

（二）水泥混凝土路面维修

针对水泥混凝土路面的各种破损可采用下列修补方案进行维修，具体修补的地点、范围应依据现场状况确定。

1. 裂缝修补

可采用黏结法进行裂缝的黏结，或采用压注灌浆法与扩缝灌浆法直接进行灌浆处理，或在面板上用罩面法进行罩面。

2. 碎裂修补

碎裂修补一般是用早强混凝土重筑。其修补工艺流程为：切割→翻挖→黏结界面清理→配料→搅拌→灌注早强混凝土→振捣→抹平→拉毛→养护（3d）→观察→开放交通。

3. 坑洼、错台修补

在原路面上用黏结剂进行加层铺罩，使原路面保持平整和恢复结构强度。其修补工艺为：切割→清凿→修补材料配制→搅拌→浇筑→养护→灌缝→观察→开放交通。

4. 边角缺损、胀缝破坏修补

清除破损混凝土，选择黏结型材料补强整修。其修补工艺流程为：切割→凿除破损混凝土→配制→搅拌→浇筑→灌缝→养护（3d）→观察→开放交通。

六、碎（砾）石路面及其他粒料路面的养护

1. 磨耗层的修复

当磨耗层出现高低不平时，可铲去凸出部分，并用同样的湿润混合料补平低凹部分，碾压密实，使其与原磨耗层保持一致。

磨耗层经行车碾压而变薄时，可用同样的材料加铺一层。为使上下层结合良好，须先将旧磨耗层上的浮砂、泥土等扫净，然后摊铺一层黏土，再洒水扫浆，或浇洒一层黏土浆，再铺上拌和好的混合料，然后整平、洒水、压实。

2. 路面坑槽和车辙的修复

路面产生坑槽或车辙后，为避免积水和扩大损坏范围，应按其破坏的面积及深度采取不同方法及时修补，修补时尽量采用与原路面相同的材料。

对于面积较小、深度小于3cm的较浅的坑槽和车辙，可先将坑槽和车辙内及其周围的杂物清除，洒水润湿，再用与原路面相同的材料拌和后填补压实。对面积较大、深度大于3cm的较深的坑槽和车辙，应进行挖槽修复。

3. 路面松散和波浪面的修复

（1）路面松散的修复　如路面上出现厚度小于3cm的松散层，应将松散层材料与松动的材料扫集起来，然后整平路面的表层，扫除泥土，洒水润湿，将扫集的松散层材料与松动的材料拌和均匀后摊铺，并压实。如松散层厚度大于3cm，应进行挖槽修补，先挖除所有松散层材料，然后按修补坑槽和车辙的方法重铺。

（2）路面波浪面的修复　波浪面稳定后，应铲高补凹，使表面保持平整。如波浪面的波峰与波谷高差在5cm以上时，可进行大修。

4. 路面翻浆的修复

当路面发现有潮斑时，可在路肩上每隔5m开挖横沟，深达路面以下，用以排除水分。

若路面发软、翻浆,这主要是因为路基水分过大和聚冰冻融造成的,其修复方法详见路基养护工程。

小 结

本学习情境主要介绍了常见路面的施工工艺和施工规范应用的有关内容,其任务就是要把知识点从理论计算转移到"懂设计、精施工"上来,并将设计理论与工程实践密切结合起来。

常见的路面类型有沥青路面和水泥混凝土路面等,这些路面各有所长,也各有所短。我国高速公路多采用半刚性基层的沥青路面,高速公路沥青路面的建造技术和工艺水平要高于水泥混凝土路面。因为沥青路面的大规模建设时期要先于水泥混凝土路面,沥青路面建设中积累的成功经验比滑模摊铺工艺水泥混凝土路面更丰富、也更加成熟。我国目前的高速公路滑模摊铺工艺水泥混凝土路面的建设规模、施工速度、平整度、强度及使用年限等具体指标已经达到很高的水平,故沥青路面和水泥混凝土路面应相互补充,取长补短。

由于沥青路面与水泥混凝土路面是一柔一刚,因而对基层的要求有所不同。用于沥青路面中的基层要求有足够的强度和刚度;而用于水泥混凝土路面中的基层必须有足够的抗冲刷性能,有一定的强度即可。

由于半刚性基层收缩裂缝严重,沥青路面普遍存在反射裂缝。防治反射裂缝的措施有采用改性沥青、使用高性能的沥青;或设置隔离过渡层、联结层;或改用柔性基层。

思 考 题

7-1 路面施工前的准备工作有哪些?
7-2 请用箭头形式表达石灰土机械拌和法的施工工艺。
7-3 简述采用层铺法进行沥青表面处治施工的施工工艺(先油后料法)。
7-4 沥青混合料对材料有何要求?
7-5 简述热拌沥青混合料施工工艺流程。
7-6 沥青混凝土路面的碾压分为哪几个阶段?各阶段的作用是什么?
7-7 简述沥青材料的性能对沥青路面的性能有何影响?
7-8 间歇式拌和机拌和的工艺流程是什么?
7-9 简述沥青路面施工时的温度要求。
7-10 简述混凝土配合比试配、调整和确定的具体步骤。
7-11 简述滑模摊铺机施工前,基准线设置的注意事项。
7-12 简述对板缝间的填缝材料的要求。
7-13 简述水泥混凝土表面纹理的处理方法。
7-14 简述水泥混凝土胀缝施工的注意事项。
7-15 简述路面养护的目的、主要内容。
7-16 水对沥青路面有何影响?
7-17 水泥混凝土板产生裂缝的原因主要有哪几个方面?

参 考 文 献

[1] 黄晓明. 路基路面工程 [M]. 6版. 北京：人民交通出版社，2019.
[2] 朱学坤，蔡龙成. 路面工程施工 [M]. 北京：人民交通出版社，2015.
[3] 袁芳. 公路养护技术与管理 [M]. 4版. 北京：人民交通出版社，2020.
[4] 金仲秋. 公路工程 [M]. 3版. 北京：人民交通出版社，2015.